국경 없는 자본

국경 없는 자본

전 세계 0.1% 부의 동선을 관리하는 자들의 이야기

초판 1쇄 펴낸날 2018년 5월 30일

지은이 브룩 해링턴 **옮긴이** 김영선
펴낸이 이건복 **펴낸곳** 도서출판 동녘

등록 제311-1980-01호 1980년 3월 25일
주소 (10881) 경기도 파주시 회동길 77-26
전화 영업 031-955-3000 편집 031-955-3005 **전송** 031-955-3009
블로그 www.dongnyok.com **전자우편** editor@dongnyok.com

ISBN 978-89-7297-907-4 03330

CAPITAL
WITHOUT
BORDERS

국경 없는 자본

브룩 해링턴 지음 · 김영선 옮김

**전 세계 0.1% 부의 동선을
관리하는 자들의 이야기**

동녘

이 책에 쏟아진 찬사

조세도피 비즈니스의 배후를 생생하게 밝힌 소름 돋는 책!
- 《가디언》

슈퍼리치와 자산관리사의 은밀한 거래를 파헤친 역작!
- 《더 애틀랜틱》

불평등을 해결하기 위해서는 생각의 전환이 필요함을 알려주는 매우 중요한 책.
부자나 정부가 아닌, '대리인'에게 관심을 가져라!
- 〈런던정경대 북리뷰〉

자산관리사가 어떻게 불평등을 조장하는지 적나라하게 드러낸 책!
- 《뉴욕 리뷰 오브 북스》

공정성, 법의 지배, 공평한 기회를 원하는 사람이라면 반드시 읽어야 할 책이다. 당
신이 1퍼센트에 속하는 사람이라면 더더욱 말이다.
- 《밸류워크》

이 책은 우리가 중요한 것을 간과하고 있음을 알린다. 파나마 페이퍼가 폭로한 유명
인사들보다 그 뒤에 있는 세력이 훨씬 막강하다는 것 말이다.
- 《뉴스테이츠맨》

평등한 미래를 꿈꾸는가? 그렇다면 읽어라.
- 《팝매터스》

자산관리사들의 지혜와 기술에 맞상대하는 일이 쉽지는 않을 것이다. 하지만 이 책은 더 이상 그 영역이 비밀에 싸인 곳이 아님을 알린다. 체계적 연구와 합리적 토론을 통해 통제하고 관리할 수 있는 영역이라는 희망과 가능성을 우리에게 안겨주는 것이다. 지금 전 세계에서 일어나고 있는 과도한 신자유주의적 금융 지구화에 대한 반성의 물결과 함께, 이러한 노력이 빠른 시간 안에 일정한 제도적 결실을 맺을 수 있기를 희망한다.
- 홍기빈(글로벌정치경제연구소 소장)

매우 귀한 책이다. 해링턴의 성취에 경외와 감탄을 표한다.
- 리차드 머피(시티대학교 국제정치경제학 교수)

상위 1퍼센트의 사람들이 어떻게 돈을 벌고 유지하는지 관심을 가진 사람들에게, 그 한 축을 이루는 직업에 관한 이야기를 들려주는 중요한 책이다.
- 대럴 웨스트(브루킹스연구소 부실장,《부자들은 왜 민주주의를 사랑하는가》 저자)

슈퍼리치를 위해 일하는 흥미로운 자산관리사의 세계로 안내한다. 이런 책은 생판 처음이다.
- 존 L. 캠벨(다트머스대학교 사회학과 학과장)

화폐가 기체가 되는 것을 막으려면

홍기빈(글로벌정치경제연구소 소장)

화폐의 액수는 물체의 형태에 비유할 수 있을 것이다. 화폐는 그 액수가 올라갈수록 고체에서 액체, 다시 액체에서 기체로 변하여 마침내 에테르^{Ether}가 되어 허공으로 소멸하기 때문이다.

아이의 손에 쥐여준 동전 한 닢은 단단한 고체이며, 이것으로 할 수 있는 일 또한 달콤한 사탕을 입에 무는 것 같은, 아주 구체적인 일이다. 아무런 모호함도 없다. 서민 가정의 주부가 경험하는 화폐도 크게 다르지 않다. 한 달 소득이라고 해야 얼마 되지 않는 돈은 은행 계좌에 입금되는 구체적인 숫자다. 전혀 변하지도 않으며, 그것을 써야 할 용처도 거의 결정되어 있어 들어오자마자 다 빠져나가기 일쑤다.

그런데 액수가 커지면 이야기가 달라진다. 액수가 억 단위로 들어서면 이 돈이 모두 은행에 현금으로 보유되는 경우는 많지 않다. 채권이든 주식이든 부동산이든, 여러 다른 형태의 자산으로 모습을 바꾸게 마련이다. 이때부터 단단하고 확실해 보이던 화폐라는 것이 흐물흐물한 유동체가 되기 시작한다. 어떤 자산으로 어느 만큼씩 쪼개어 보유하고 있을 것인가의 문제가 돈 주인의 머리를 괴롭히기 시작한다. 그럴 수밖에 없다. 이 포트폴리오를 어떻게 짜느냐에 따라 돈이 순식간에 몇 배로 불어날 수도, 또 형편없이 쪼그라들 수도 있기 때문이다. 그래서 자산관리를 해줄 전문가의 도움이 필요하다.

자산의 액수가 커지면 또 다른 변화가 벌어진다. 기껏해야(!) 몇십억 정도의 돈이라면 성실한 자산관리 전문가의 지혜와 상식에 따라 몇 개의 자산들 사이에서 정기적으로 이리저리 모습을 바꾸면서 '나쁘지 않은' 수익률로 불어날 수 있다. 하지만 액수가 그보다 월등히 큰 자산은 이런 식으로 관리되지 않는다. 변화무쌍한 사바세계의 흥망성쇠를 뚫고서 대대손손 그 가치를 유지시키거나, 아니, 소망대로 일정한 수익률의 '복리'로 불어나게 하는 일은 정해진 자산을 몇 가지 상식적 방법으로 오가는 것으로는 불가능하다. 이때부터 돈은 액체로 변하여 사회 곳곳으로 스며든다. 온갖 사회적·정치적·문화적 관계들이 사고팔고 돈을 뿌려둘 밭이 된다. 사회 전반에 스며든 돈은 공산주의 혁명이나 천지개벽이 벌어지지 않는 한 끄떡없이 무럭무럭 자라나며 세기를 넘긴다.

액수가 더 커지면? 아예 사회 바깥으로 기화氣化한다. 그렇게 생겨난 기체는 사회 전체를 감싸고 마음대로 움직이고 주물럭거리는 권력이 된다. 주어진 상황과 제도, 법률에 맞추어 자산의 보존과 증식을 도모하는 것이 아니라, 거꾸로 자산의 보존과 폭발적 증식을 위하여 사회의 제도와 법률을 바꾸고, 필요하다면 음모를 꾸며 전쟁이나 혁명을 일으키거나 저지하는 일까지도 한다.

칼 폴라니Karl Polanyi는 19세기 유럽의 이른바 '백년간의 평화'가 로스차일드 가문의 배후 공작으로 지휘된 것일 가능성이 높다고 의심했다. 그밖에도 14세기 플로렌스의 메디치 가문 이래로 '큰손금융haute finance' 이 주권 국가들의 운명과 국제 정치의 흐름을 좌우한 예들은 얼마든지 있다. 이 정도면 화폐는 기체를 넘어서서 이 세상의 모든 것을 주재하는 권력이자 에테르Ether와 같이 신비한 지고의 존재다.

이러한 돈의 변화를, 앞서 이야기한 동전을 든 어린아이와 동전을 쥐어준 서민 어머니에게 이해하기 쉽게 설명하는 것은 대단히 어려운 일이다. 액체에서 기체로 변해가는 과정부터는 체계적인 사회과학적 연구조차 많지 않다. 실제로 그 과정의 비밀스러운 본성 때문에 애초부터 용이할 수가 없다. 그러니 금융 관련 신문과 매체에서 벌어지는 일들을 접하고, 역사책에서 금융자본과 대자산가들의 행태를 접해 이러한 화폐의 성장변태metamorphosis를 감 잡은 이들도 그 과정을 체계적으로 알아내기는 힘들다. 또 이를 쉽게 설명하는 것은 더더욱 어려워, 방금 쓴 글처럼 어설픈 문학적 상상력과 비유를 통해서 모호하게 이야기하는 것이 고작이다. 그래서 이른바 '슈퍼리치'들의 자산이 어떻게 관리되고 어떻게 운동하는지의 '기체 역학'은 거의 탐구되지 않았다. 보수적인 사회과학계에서는 음모 이론쯤으로 치부되기 일쑤였다.

《국경 없는 자본》은 이러한 공백을 메꾸는 데 크게 기여하는 드문 책이다. 믿을 수 없는 과장된 억측으로 가득 찬 질 낮은 저널리즘의 책자도 아니다. 저자는 훈련 받은 정통 사회과학자로서, 스스로 자산관리사 훈련을 통과하고 문화기술지ethnography라는 장기적인 사회과학 연구 방법을 통해 이 잘 알려지지 않은 영역을 소상히 밝혀낸다. 이를 통해 우리는 앞에서 말한 대로, 오늘날 슈퍼리치들의 돈이 얼마나 강력한 에테르로 변하여 세상을 바꾸고 있는지 절감할 수 있다.

자산관리 이론이 처음 생기던 르네상스 시기까지만 해도 큰돈을 가진 부자들은 극히 일부의 큰손금융가들을 제외하면 권력의 중심에 있는 이들이라 할 수 없었다. 교회의 겁박에 기부로 돈을 뜯기거나 영주들의 전쟁에 울며 겨자먹기로 투자하는 일들이 많았다. 하지만 지구적 자본주의가 전 세계를 정복한 21세기의 오늘날, 권력의 존재 형태는 액수로 표현되는 화폐가 되었다. 그래서 슈퍼리치들이 가지고 있는 돈은 노력으로 일군 개인의 재산이 아니라 권력 관계에서 우위를 점한 결과로 얻어진, 국민국가의 주권마저 넘어서는 최고의 권력이 된 것이다. 그리고

20세기 말과 21세기 초에 나타난 지구적 차원의 금융 자본주의에서 권력이 정점에 도달했다.

이 책을 읽은 우리들은 심각한 고민을 하지 않을 수 없다. 화폐가 액체에서 기체로, 또 에테르로 변하는 이러한 양상을 언제까지 허용하고 참아주어야 하는가? 부자들의 돈을 뺏자는 것도 아니요, 그들의 자산관리와 투자를 방해하자는 것도 아니다. 돈과 자산이 우리 사회와 경제를 골고루 풍요하게 적시도록 우리가 일껏 짜놓은 각종 법률과 제도 안에서 움직이는 유동체 정도로 머물게 하자는 것이다. 돈이 기체로 변하여 극소수의 이익을 위해 우리의 민주주의와 국가 주권과 사회적 생산성과 평등을 위협하는 일을 막자는 것이다.

몇십 년, 몇백 년에 걸쳐 발전한 자산관리사들의 지혜와 기술에 맞상대하는 일이 쉽지는 않을 것이다. 하지만 이 책은 더 이상 그 영역이 비밀에 싸인 곳이 아님을 알린다. 체계적 연구와 합리적 토론을 통해 통제하고 관리할 수 있는 영역이라는 희망과 가능성을 우리에게 안겨주는 것이다. 지금 전 세계에서 일어나고 있는 과도한 신자유주의적 금융 지구화에 대한 반성의 물결과 함께, 이러한 노력이 빠른 시간 안에 일정한 제도적 결실을 맺을 수 있기를 희망한다. 《국경 없는 자본》이 이러한 노력에 큰 도움이 될 것을 확신한다.

홍기빈

서울대학교 경제학과와 외교학과 대학원을 졸업하고 요크대학교 정치학과에서 지구정치경제학을 공부했다. 금융경제연구소 연구위원을 거쳐 현재 글로벌정치경제연구소 소장, 칼폴라니사회경제연구소 연구위원장을 맡고 있다. 저서로 《살림/살이 경제학을 위하여》(2012), 《비그포르스, 복지국가와 잠정적 유토피아》(2011), 《자본주의》(2010), 《소유는 춤춘다: 세상을 움직이는 소유 이야기》(2007) 등이 있다.

차례

1장

자산관리사는
누구인가

"가족의 신뢰가 빚어내는 신비스러운 후광이 그를 둘러싸고 있다. 그는 그 신뢰의 과묵한 수탁자로 알려져 있다."[1] 찰스 디킨스는 그의 소설에 등장하는 가장 인상적인 한 인물을 이렇게 소개한다. 그는 바로 《황폐한 집Bleak House》의 악한 털킹혼 씨다. 털킹혼은 신탁 및 상속 전문 변호사여서 영국 귀족의 사생활에 접근할 수 있다. 복잡한 법적 사항을 따지는 데 대가인 털킹혼의 얼굴은 감정이 드러나지 않아 무슨 생각을 하는지 알 수 없다. 덕분에 그는 고객의 재산뿐 아니라 비밀을 지켜준다는 대단히 좋은 평판을 받는다.

털킹혼은 고객의 고용인이기는 하지만 영향력을 행사해 조용히 고객의 삶을 제어한다. 이런 점에서 이 소설에 나오는 다른 많은 직업인이나 고용인과는 구별된다. 귀족의 시중을 드는 주치의, 집사, 가정교사와 달리 가족의 가장 내밀한 일까지 알고 있기에 그들을 마음대로 좌지우지한다. 이 '내부의 외부자'는 사적인 가족생활과 공적인 법률 및 시장 세계의 경계에서 거대한 자본의 흐름을 관리하는 역할을 한다. 이를 감안하면, 전보다 좀 더 철저히 이들을 검토해볼 만하다.[2] 나는 이 책에서 이 이해의 빈틈을 메워보고 싶다.

어떤 의미에서 《황폐한 집》은 귀족에 대한 전문직업인의 승리, 부에 대한 지식의 승리를 담은 이야기로 읽을 수 있다. 디킨스가 '대저택의 신비스러운 대가'라 털킹혼을 묘사한 것은 막스 베버Max Weber가 페르시아

샤shah*의 궁정 회계관에 관해 쓴 글을 떠올리게 한다. 궁정 회계관은 "예산 기법을 비밀에 부치고 심지어 비밀 서식을 사용하기도 했다." 장부를 읽기 어렵게 해서 샤가 자신에게 의존하게 만들어 영향력을 굳건히 하기 위함이었다.[3] 이는 특히 오늘날 '자산관리'로 알려진 영역의 엘리트 전문직이 보여주는 한 가지 특징이다. 자산관리란 법과 금융에 관한 전문지식을 효율적으로 이용해서 고액 순자산(부채를 뺀 자산 가운데 당장 현금화할 수 있는 자산이 100만 달러 이상)을 보유한 개인과 가족의 재산을 보호하는 일을 말한다. 자산관리사Wealth Manager는 우리 시대 털킹혼 씨의 후계자다.

이 책은 자산관리사에 중점을 둔다. 자산관리사가 하는 일이 프랑스 인류학자 마르셀 모스Marcel Mauss가 말한 '총체적인 사회적 사실un fait total social**', 다시 말해 사회의 온갖 주요 제도를 종합하는 총체적 사회 행위이기 때문이다.[4] 자산관리사의 소관은 전문 분야와 사회 분야를 모두 포괄하며, 국가와 조직의 역할뿐 아니라 재정과 가족에도 닿아 있다.[5] 또한, 자산관리사가 하는 일은 불평등, 과세, 세계화 같은 오늘날의 여러 쟁점에도 영향을 미친다. 한 논평자는 자산관리사가 "재정이나 정치 등 어떤 분야에서든 가장 복합적인 역할을 한다"고 말했다.[6]

자산관리업의 기원

자산관리업은 '하나로 합쳐져 체계화되는 과정에 있는 직업 세계'다.[7]

---

* 샤는 왕이나 군주를 일컫는 페르시아어다.
** 사실을 사회적 단위들의 총체적 관계 속에 놓고 이해함을 의미한다.

《황폐한 집》의 배경인 19세기 중반까지도 자산관리는 직업으로서 지위를 인정받지 못했다. 자산관리업을 대표하는 주요 단체는 런던에 근거지를 둔 STEP^{Society of Trust and Estate Practitioners, 신탁및상속전문가협회}인데, 이 단체 역시 1991년에야 설립되었다. 최근까지도 자산관리 분야의 대학 학위나 자격증을 받는 일은 불가능했다.[8] 그 결과, 자산관리업은 다른 분야에서 인력을 끌어온다. 오늘날 많은 자산관리사가 털킹혼과 마찬가지로 전공 변호사이며, 자산관리업이 인력을 끌어오는 또 다른 주요 집단은 회계사다.[9] 하지만 학계나 환경운동처럼 다양한 배경의 자산관리사도 있다. 자산관리사는 프라이빗뱅크^{private bank}*와 신탁회사부터 패밀리오피스^{family office}**와 개인기업까지, 다양한 상황에서 고용된다.[10]

자산관리는 최근에 직업화되었기 때문에 자산관리의 경계를 어떻게 정의할지 그리고 이 일에 종사하는 사람을 어떻게 부를지 같은 일부 기본적인 문제가 여전히 남아 있다. 자산관리에 관한 몇 안 되는 연구는 "일반적으로 인정되는 자산관리의 표준적인 정의는 없다"고 인정한다. 반면에 학자들과 업계 종사자들은 "기본 정의는 부유한 고객, 즉 주로 개인과 그 가족에게 제공하는 금융 서비스"라는 데 널리 동의한다.[11] 자산관리협회의 설립자들은 협회 명칭을 정하면서 봉건시대 신탁관리 관습과의 역사적 연관성을 강조하며 스스로 '신탁 및 상속 전문가'라고 불렀다.[12] 하지만 자산관리사가 하는 복잡한 일에는 이런 명칭이 부적절해 보인다. STEP가 95개 나라의 2만 명 이상 되는 회원을 대표하는 현재,

---

* 프라이빗뱅크는 주로 거액의 자산이 있는 부호들을 대상으로 맞춤 서비스를 제공하는 은행을 말한다. 은행뿐 아니라 증권사, 투신사 등 대부분의 금융기관이 단골 우량 고객 확보를 위해 프라이빗뱅킹 팀을 운영하고 있다.
** 패밀리오피스는 초고액 자산가들이 자산 배분, 상속과 증여, 세금 문제 등을 포함해 자신의 자산을 관리하고 운용하기 위해 설립한 개인 운용사다. 미국의 석유왕 록펠러가 1882년 '록펠러 패밀리오피스'를 설립한 이래 미국과 유럽에서 꾸준히 발전했다.

자산관리는 보통 신탁관리 업무만이 아니라 가족사업 관리, 전 세계에 흩어진 다양한 자산의 관리, 그리고 언제나 중요하게 여겨지는 소유와 거래에 따른 세금 계산까지 포함한다.

이들의 복잡한 업무를 담아내기 위해 기발하다('재정의 연금술사'), 실리적이다('거래 설계자'), 정치적으로 첨예하다('소득 방어 제공자')는 등의 말이 동원되었다.[13] 하지만 STEP 회원들 사이에서는 '자산관리사'라는 용어로 의견이 일치된 듯하다.[14] 실제로, 자주 논의된 《STEP 저널》의 한 기사는 STEP 전문가야말로 '진정한 자산관리사'라고 주장했다. 그들은 변호사, 은행가 및 다른 경쟁 직업군과 달리 고객 자산과 다른 재정 문제 전반을 광범위하게 다루기 때문이라는 것이었다. 자산관리는 다양한 투자 전문가, 조세 전문가, 그 밖에 다른 전문가의 조언을 종합해 하나의 일관된 계획으로 이끄는 대단히 중요한 역할을 하는 것으로 보인다.[15] 따라서 나는 이 책에서 '자산관리사'라는 용어를 사용하려 한다.

신탁 및 상속 설계의 직업화가 여전히 미완성인 것은 어느 정도 부의 속성 자체가 변화하기 때문이다. 역사적으로 토지 소유는 전 세계적으로 막대한 부의 주된 원천이었다. 세계의 많은 지역, 특히 아프리카와 라틴아메리카에서는 여전히 그렇다.[16] 이런 상황에서는 전문가의 개입 없이 근친결혼, 장자상속제, 한정상속제 같은 관습을 통해 가족 재산을 지킬 수 있었다.[17] 중세 유럽에서 기사들은 십자군 원정을 떠나면서 교회, 국가, 또는 경쟁하는 귀족에게 토지를 몰수당하기 쉬웠다. 이처럼 근친결혼, 장자상속제, 한정상속제 같은 방법을 이용할 수 없거나 실행할 수 없는 경우에, 일부 사람들은 자산을 신탁하는 관습을 택했다. 즉, 스스로 재산을 소유할 법적 지위를 가지고 있지 않아서 몰수당하기 쉬운 원소유주의 아내와 아이들 등 제3자를 위해 믿을 만한 친척이나 친구에게 재산의 법적 소유권을 이전한 것이다.

이렇게 재산의 법적 소유권과 수익 이용권beneficial use*을 분리시키고 더불어 (대가를 받지 않고) 자발적인 신탁관리자를 이용하는 것은 재산을 지키는 아주 효과적이면서 유용한 수단이었다.[18] 19세기가 훌쩍 넘어서 까지 전문가의 개입 없이도 (귀족) 계층의 연대만으로 이런 체제를 유지 하는 데 충분했다.

신탁 및 상속 설계의 직업화는 표면상 1830년 하버드대학교와 애머 리 간 소송사건의 판결**과 더불어 시작되었다. 당시 매사추세츠 최고법 원은 최초로 신탁관리자를 직업 계층으로 인정했다.[19] 이는 신세계에서 특유한 새로운 종류의 부가 성장한 것과 부합한다. 미국 토착의 최대 규 모 가족 재산은 농업보다는 포경업, 모피업, 직물업 등의 세계무역을 통 해 성장했다. 이 사업으로 엄청난 액수의 현금이 쏟아지면서 투자 기회 와 자문에 대한 욕구가 생겨났다. 부가 유형재산에서 상인자본으로 이 동해 새로운 형태를 띠자 부를 관리하는 데 전문가의 도움을 받아야 할 필요성도 높아졌다. 다시 말해 자본주의 자체가 탈바꿈하면서 전문적인 자산관리가 생겨나기 시작했다.

신탁 및 상속 설계를 전문직업이 담당하게 만든 두 번째 촉매는 역

---

* 수익 이용권이란 특정 재산의 수익을 누릴 권리를 이르는 법률 용어다.
** 존 맥린은 1823년 사망하면서 조너선 애머리와 프랜시스 애머리에게 신탁으로 5만 달러를 남겨 "그들의 현명한 판단과 재량에 따라 공공기금, 은행 주식이나 다른 채권에 투자하도록" 했다. 투자수익은 그의 아내에게 분기별로 또는 반년에 한 번씩 지급될 것이었다. 그의 아내 가 사망하면 자금 평가액의 반은 하버드대학교로, 나머지는 매사추세츠종합병원의 신탁관리 자에게 갈 예정이었다. 1828년 프랜시스 애머리가 신탁관리를 그만두자, 하버드대학교와 매 사추세츠종합병원은 투자손실을 이유로 그에게 소송을 제기했다. 조너선 애머리와 프랜시스 애머리의 투자 선택이 투기적이고 태만했다는 것이다. 매사추세츠 최고법원은 애머리가 그 손실에 대해 법적 책임이 없다고 판단했다. 새뮤얼 퍼트넘 판사는 이렇게 의견을 밝혔다. "신 탁관리자에게 요구할 수 있는 것은 오로지 충실히 처신하고 재량권을 견실히 행사하라는 것 이다. 그는 재량권과 지성을 가진 신중한 사람이 투기가 아니라 자금의 영속성에 관심을 두 고 투자 자본의 확실한 안전뿐 아니라 확실한 수익을 고려하면서 어떻게 일을 처리하는지 알 것이다. (…) 자신이 할 일을 하라, 자본에는 위험이 따르기 마련이다."

외 금융[*]이 발달하고 세계적으로 통화 송금 제한이 완화된 일이었다. 이 과정은 1960년대부터 시작해 1980년대를 거치면서 전개되었다.[20] 이런 변화로 국경을 넘나드는 자본의 흐름에 제한이 풀렸다. 금융의 관점에서 보면 국가의 경계를 드나드는 일이 훨씬 쉬워져 부유한 집안과 개인이 자신들의 자산에 가장 유리한 세금, 규제, 정치 환경을 자유로이 찾아다닐 수 있게 되었다. 이런 환경은 계속해서 변화한다. 많은 나라들이 개인의 재산을 자기 관할권 안으로 끌어오려고 경쟁하기 때문이다. 그래서 최선의 거래를 찾아내는 일이 복잡한 업무가 되어, 대개 자산관리사에게 외주를 맡기게 되었다. 자산관리사는 고객의 자산을 수용하기에 가장 적합한 법적, 조직적, 재정적 구조와 최선의 지리적 조건을 결정한다. 이런 결정은 고객의 목표뿐 아니라 해당 자산의 유형(요트, 미술, 수집품, 주식 등)에 따라 달라진다.

자산관리사는 무슨 일을 할까

자산관리사의 일상 업무는 건축가의 일과 다소 비슷하다. 복잡하고 다목적인 구조를 설계하기 때문이다. 실제로 노벨상 수상자인 경제학자 로버트 실러^{Robert Shiller}는 최근 재정학을 "목표 설계의 학문, 즉 일련의 목표를 성취하는 데 필요한 경제 계획과 목표 달성에 필요한 자산관리를

---

* 역외 금융이란 예금주의 거주 국가 바깥에 있는 역외 은행을 통한 비거주자 간 금융거래를 말한다. 역외 금융으로 조세 회피 또는 세금 경감, 강력한 비밀 보장 등의 재정적·법적 이득을 얻을 수 있다. 영어로 'offshore finance'인데, 영국 앞바다(offshore)에 있는 채널 제도의 건지섬, 저지섬 등에 위치한 은행을 통해 이루어졌기에 붙여진 명칭이다. 역외은행이 있는 나라들은 대부분 관광산업에 의존하는 작은 나라들로, 경제 안정과 자국민의 고용 확보를 위해 이런 형식의 은행을 설립했다.

조직하는 학문"으로 정의했다.[21] 이런 관점에서 볼 때 자산관리사는 재정의 핵심에서 일하는 직업이다.

자산관리사가 만들어낸 재정적 건축물은 사람보다는 자산을 담는다. 그 구조는 벽돌과 모르타르 대신에 신탁, 기업, 재단 같은 연관된 조직체로 구성된다. 보통 세금 감면, 규제 회피, 가족사업 지배, 상속과 승계 계획, 투자, 기부 등 다양한 목적에 기여한다. 유언장이나 신탁증서 같은 법적 구속력이 있는 문서가 이런 설계의 청사진 역할을 한다.

건축가와 달리, 자산관리사는 자신이 만들어내는 구조를 관리하기까지 한다. 법률, 금융, 정치 환경이 변화하기 때문에, 고객 자산의 관리에 필요한 전략 역시 변화한다. 이 모두를 따라잡으려면 복합적인 기술이 필요하다. 이러한 이유로 재산을 스스로 일구거나 상속받은 부자들이 직접 자산을 관리하는 것은 비현실적이다. 대신 그들은 (STEP 교육자료에 쓰인 대로) 반쯤은 변호사, 반쯤은 세무사, 반쯤은 회계사, 반쯤은 투자 고문역 역할을 모두 행하는 자산관리사를 고용한다.[22] 한 관할권 안에서라면 이 모든 분야의 전문지식을 숙달한 전문가가 일부 있지만, 국제 거래를 위해서는 자산관리사가 고문 팀을 모아 조직화해야 한다. 이런 의미에서 자산관리사는 건축가보다 종합건설업자와 더 비슷하다. 종합건설업자는 고객의 전략적 계획을 실행하는 책임을 맡지만 대단히 전문화된 부분은 하도급업자 팀에 의지한다.

이런 복잡한 구조의 정확한 배치 형태는 세상에 거의 알려져 있지 않지만, 협회의 간행물에서 짐작해볼 수 있다. 다음은 STEP 교육자료에 나오는 일반적인 고객의 상황이다.

위의 신탁설정자는 브라질 국적이지만 지난 15년 동안 본인이 영구 거주지로 생각하는 캐나다에 거주했다. 신탁관리자는 케이맨 제도에 있는 신탁기관이 될 예정이다. 이 신탁기관은 바하마 제도에 위치한 전문 보호자를 두고 있다. 신탁자산은 2개 자회사의 지분으로 이루어질 계획이다. 신탁설정자의 라틴아메리카 기업왕국^{business empire}* 의 지주회사는 버뮤다 제도의 면제기업^{exempt company}** 이 되고, 영국령 버진 제도^{British Virgin Islands}*** 에 있는 국제기업^{International Business Corporation}**** 이 채권과 주식을 보유한다. 재량수익자^{discretionary beneficiary}***** 는 유럽과 남아메리카에 거주하는 사람들로 이루어진다.[23]

자산관리의 복잡성을 분명히 보여주기 위해, 이 상황의 세 가지 측면에 주목해보겠다. 첫째는 고객이 처한 환경의 범위가 세계적이라는 점이다. 이 자산 보유 구조에는 6개국과 각국의 법률이 연관되어 있다. 수익자들(이 자산관리 계획으로 재정적 수익을 얻게 될 사람들)이 거주하는 유럽과 남아메리카의 다양한 나라들을 제외하고도 말이다. 자산관리사는 각 관할권의 전문가들과 협력해서 세법과 규제 변화를 따라잡아야 한다. 또, 산업의 국유화 혹은 상당한 정도의 인플레이션이나 조세 인상으로 인해 환경이 고객의 이익에 불리해지면 해당 관할권에서 자산을

이동시킬 채비가 되어 있어야 한다. 둘째, 복잡한 인물들이 연관되어 있다는 점이다. 케이맨 제도의 신탁관리자와 버뮤다 제도에 있는 국제기업 관리자 같은 전문가만이 아니라 고객(신탁설정자)과 수익자가 얽혀 있다. 마지막으로 셋째, 하나의 신탁이 다수 자회사의 지분을 보유하여 구조들이 뒤섞여 있다는 점이다. 이런 신탁-기업 배치 형태(4장에서 설명한다) 덕분에 '탁월한 셸 게임shell game* 수법'으로 자산을 이리저리 이동시킬 수 있다.[24] 이 게임의 목적에는 과세와 채권자와 상속법을 피하는 것이 포함되어 있다. 그림 1은 그 하부구조들 사이의 관계를 간단히 보여준다.

이런 구조 안에서 여러 관할권을 가로지르며 자산을 순환시키면 거의 저항 없이 국가들의 규제 장치를 빠져나갈 수 있다. 여기서 '저항'이란 주로 조세 당국, 법원, 그리고 다른 정부조직체의 활동을 말한다. 법률을 위반하지 않고 국가의 목표를 좌절시키는 것은 '소유권 측면을 조작하는 속임수'라고 법학자들은 말한다.[25] 자산관리사는 신탁, 재단, 기업 등의 수단을 능숙하게 이용해 "자, 이게 보이죠? 그런데 어라, 사라졌네요" 게임을 무한정 계속하면서, 조세 당국, 채권자, 상속인, 그리고 어느 누

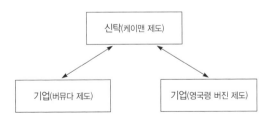

그림 1. 신탁과 자회사를 결합한 자산 보유 구조

---

* 셸 게임은 콩이나 작은 공이 든 종지 하나를 포함해 종지 세 개를 엎어놓고 여러 번 위치를 바꾸어 어느 종지 안에 콩이나 작은 공이 들어 있는지 알아맞히는 도박을 말한다.

구든 고객의 재산을 갉아먹으려는 이들이 손대지 못하게 할 수 있다.

이 책의 주제

이 책은 자산관리사가 무슨 일을 하는지뿐만 아니라 그들의 일이 왜 중
요한지 밝히려 한다. 그래서 자산관리라는 직업이 주요 사회구조에 미치
는 영향과, 우리의 제도적 삶과 개인 삶의 변화에 무엇을 말해줄 수 있
는지 살핀다. 주제에는 다음의 내용이 포함된다.

경제 불평등   자산관리의 근거인 중세 영국의 관습은 처음 생겨날 때부
터 가족 재산의 보호와 엘리트층의 재생산이라는 두 가지 연관된 목적
을 위한 것이었다. 이 책은 자산관리사가 이 과정에서 하는 중심 역할을
알아봄으로써 계층화 연구에서 주요한 이론상의 난제를 다룬다. 즉 '누
가 어떻게 상황을 지속시키는지 알아내는 문제' 말이다.[26] 다른 연구들
은 전문직업과 불평등의 연관성을 기정사실로 보았으나, 나는 세계의 계
층화 과정에서 매우 중요하고 대체할 수 없는 새로운 관계자 집단을 비
롯해 그들이 고객의 부를 지키기 위해 사용하는 기법을 구체적으로 살
핀다.[27]
　　이 직업의 영향력은 봉건시대 유럽으로 거슬러 올라가는 세습재산
^{dynastic wealth}과 깊은 역사적 연관성이 있다. 세습재산이 혁신적인 법률 및
금융 기법의 이용과 결합하면서, 자산관리업은 현대 세계 금융의 선두
에 섰다. 보통 자산관리사를 고용하는 고객은 이미 부를 축적한 사람들
이다. 그래서 자산관리사가 할 일은 자산의 가치를 늘리기보다는 조세
당국, 채권자, 상속인이 자산을 소모하지 못하도록 지키는 것이다. 자산

관리는 이런 방어 지향적인 성향으로 인해, 이 직업과는 달리 적극적으로 수익을 추구하는 금융산업 내에서 색다른 위치를 차지한다.[28]

한 세기 전, 자산관리사의 고객은 대부분 '유한계급*'이었다. 이 집단은 그 수가 네 자리 숫자밖에 되지 않았는데, 북아메리카와 유럽에 집중되어 있었다.[29] 오늘날에는 고객이 훨씬 다양하다. 세계가 더 부유해지고 부의 많은 부분이 전통적으로 부유한 나라들에 있기보다는 전 세계에 광범위하게 흩어졌기 때문이다.[30] 그래서 적어도 3000만 달러의 투자 가능 자산을 가진 이들로 정의되는 세계의 '초고액 순자산 보유자' 16만 7669명이 자산관리 고객 기반에 포함된다.[31] 이 엘리트층은 이전과 달리 전 세계에 널리 분포해 있고, (일정 부분 자산관리사라는 전문가의 개입 덕분에) 전 세계의 자본을 지배한다.[32]

세계의 부가 최근 기록적인 수준(241조 달러에 달한다고 추산된다)으로 증가하면서 불평등 역시 증가하고 있다. 세계 인구의 0.7퍼센트가 세계 자산의 41퍼센트를 소유하고 있다.[33] 이는 부의 이동성이 낮아진 사실과 맞물리는데, 대를 이어가며 부자는 여전히 부유하고 가난뱅이는 여전히 가난함을 의미한다.[34] 이 사실은 중요하다. 왜냐하면 최근 소득 불평등이 관심을 끌고 있지만, 사실은 재산의 분배가 훨씬 더 불평등하고 훨씬 더 일관성을 보이기 때문이다.[35] 소득은 변동을 거듭하는 반면 재산은 안정성을 유지하면서 교육부터 노동시장, 결혼, 재산권, 정치권력에 이르기까지 사실상 모든 영역에서 '기회에 대한 접근성'에 영향을 미친다.[36]

자산관리사는 가족 재산을 상속세 없이 세대 간에 이전하는 일을 포함해서 조세 회피를 가능하게 함으로써 이런 양상으로 증가하는 세계 불평등의 한 원인이 되었다. 최근의 한 연구에 따르면 이 전문가들은

---

* 생산 활동에 적극적으로 가담하지 않고 소유한 재산으로 주로 소비만 하는 계층을 가리킨다.

매우 중요하다. 자산관리사는 과세와 규제의 회피를 가능하게 하는 모든 법률 혁신의 순간마다 함께했기 때문이다.[37] 구체적으로, 자산관리사들은 21조 달러에 달하는 개인 재산의 흐름을 지휘한다고 추산된다. 그 결과 매년 세계에서는 약 2000억 달러의 세수稅收가 빠져나간다.[38] 이 전문가들은 세금을 부과하고 규제하고 싶어 하는 국가로부터 자산을 분리해서 자산의 소유주와 마찬가지로 '다국적'이면서 '아주 쉽고 빠르게 이동하는' 형태의 자본을 만들어냈다.[39] 자산관리사는 국경을 넘나드는 자금의 행적을 인위로 조작해, 자산을 보유하고 조세를 회피하는 구조만이 아니라 견제와 균형을 이루는 민주적 과정의 바깥으로 팽창하는 초국가적 협회라는 새로운 조직체를 만들어내고 있다.[40] STEP 교육자료는 협회 회원들이 하는 일에 이런 측면이 있다는 사실을 인정하지만, 그것은 '몰수하는' 국가의 약탈에 맞서 자본가를 보호하는 일이라고 끼워 맞추고 있다.[41]

자산관리사의 사회적 역할 자산관리사가 하는 대부분의 일상 업무는 '윤리적으로 애매한 영역', 즉 공식적으로는 합법이지만 사회적으로는 위법한 일의 영역에서 일어난다.[42] 여기에는 고객이 조세를 회피할 뿐만 아니라 채무 상환을 피하도록 돕고 합법적 권한을 가진 가족 일원의 상속 지분을 배제하기 위해 신탁, 역외 기업 등 여러 수단을 이용하는 일이 포함된다.[43] 기업 또한 조세와 규제를 피하기 위해 이 수단을 자주 이용한다. 이런 전략에 점점 대중의 관심과 비난이 쏟아지면서, 자산관리는 위협을 받고 있으며 시민사회와의 충돌이 불가피해졌다.[44]

실제로 정부기관들은 조세 회피, 돈세탁, 점점 증가하는 전 세계적 부의 불평등과 관련해서 이 직업을 지목하며 비난했다. 경제협력개발기구OECD는 2006년 서울 선언에서 조세 회피 행위에 대한 새로운 법적 제재를 추진하고, 국제법의 불이행과 관련해서 법률회사와 회계회사, 다른 조세 고문과 금융기관이 하는 역할을 특별히 언급했다.[45] 미국 상원 의원 칼 레빈Carl Levin은 자산관리사가 고객의 자산을 은폐하기 위해 만들어낸 자산 보유 구조에 관해 이렇게 불평했다. "대부분 아주 복잡해서 MEGO, 즉 '잘 이해가 안 된다My Eyes Glaze Over'. 이런 조합을 꾸며낸 사람들은 매우 복잡하게 만들어서 조사와 대중의 분노에서 벗어나기를 기대한다."[46]

한 예로, 시카고의 프리츠커 가를 보자. 프리츠커 가는 재산이 150억 달러로 미국 최고의 부자 집안이다. 이 집안의 자산은 60개 회사와 2500개 신탁에 보유되어 있다. 평소에는 부유한 엘리트층을 지지하는 《포브스》마저 여기에 이용된 구조와 수법에 도덕적 혐오감을 넌지시 내비치며 "수상쩍다. (…) 외부의 조사를 막기 위해 만들어졌으며 세법상 빠져나갈 구멍을 훌륭하게 이용하고 있다"[47]라고 썼다. 이 복잡한 자산 보유 구조는 프리츠커 가가 직접 만든 게 아니라 프리츠커 가가 고용한 변호사, 회계사, 세무 전문가, 투자 고문이 만들었다. 이 전문가들은 부를 과세로부터 지킬 뿐 아니라, 재산의 실소유주를 (불가능하지는 않더라도) 알아보기 어렵게 만드는 유령회사와 신탁 등을 이용해 눈에 잘 띄지 않게 경제력을 집중시키는 데 기여한다.[48] 신탁을 이용하는 경우가 일반적이다. 대부분 관할권에서 신탁은 등록할 필요가 없기 때문이다. 게다가 신탁관리자를 등록해야 하는 일부 관할권에서도 신탁설정자와 수익자의 신원은 여전히 비밀로 유지된다. 반면에 기업 구조를 이용하면 많은 관할권에서 공식적으로 등록해야 한다. 하지만 소유권은 차명 주주와 등기이사를 이용해 위장할 수 있다. 차명 주주와 등기이사는 재산에 대해 법적 책임을 가진 사람들과 재산으로부터 실제로 수익을 얻는 사람들 사이에 완충장치를 만들기 위해 특별히 고용한 제3자를 말한다.

"짧고 분명하군. 오늘이야. 마음에 들어."

그림 2. 대중은 자산관리에 부정적인 이미지를 가지고 있다.
출처: www.CartoonStock.com

그 결과, 털킹혼이 전형적으로 보여준 대로 한때 사람들의 주목을 거의 끌지 않으면서 흠잡을 데 없는 평판을 가졌던 직업이 그림 2에 풍자된 것처럼 대중 사이에서 아주 부정적인 이미지를 얻었다. 자산관리사들은 자기 직업의 평판에 대한 이런 위협과 다양한 차원에서 싸운다. 개인적으로 고객과 교류하고, 자산관리 회사는 정직한 중개인이라는 평판을 만들고 유지하려 노력하며, STEP는 대중매체와 정치인과 대중의 인식에 영향을 미치려 노력한다.

이런 노력은 자산관리업의 생존에 매우 중요하다. 평판이 고객, 시장, 그리고 이 직업의 관할권을 확대할 기회에 다가갈 수 있게 하기 때문이다. 한 연구는 이렇게 썼다. "평판자본은 직업시장에서 선전하는 복합적인 상품의 정점에 있다."[49]

반대로, 직업의 평판을 유지하는 데 실패하면 블랙리스트에 올라 재정적 불이익을 받고 경쟁자에게 관할 영역을 잃을 수 있다. 최근에 인정받은 직업으로서는 그 직업 행위가 형식상 합법적일 뿐 아니라 윤리적이라는 평판을 유지하는 게 특히 중요하다. 종사자들은 자신과 자신이 하는 일이 사회와 공공복지에 특별히 중요하다고 계속해서 정당화해야 하기 때문이다.[50] STEP가 정부기관에 영향력을 행사하고 대중매체를 통해 적극적으로 홍보활동을 함으로써 이 문제에 접근한다면, 자산관리회사와 자산관리 전문가는 한 번에 한 고객씩 따로따로 이 문제를 다루어야 한다. 서로 충돌하는 요구들을 처리해 초고액 순자산 보유자들에게 편안한 서비스를 제공하는 한편으로 그들이 하는 일을 둘러싼 여러 가지 법과 사회규범을 벗어나지 않으면서 말이다.[51]

가족, 국가, 시장 자산관리의 원래 목적은 세금과 법적 장애물 없이 세대 간에 토지를 순조롭게 이전하는 것이었다. 큰 재산을 가족 내에 이전하기 위한 자산 보유 구조를 만드는 일이 오늘날 대부분 자산관리사의 주된 소득원이다. 이런 이유로 이 직업 협회의 이름에 '상속 전문가'라는 말이 포함되어 있다. 미국의 사회학자 라이트 밀즈C. Wright Mills가 "적절한 장치로 전략적 위치에 있는 자식에게 물려주기"라고 설명한 이런 관습이 개인 재산과 개별 가족 구성원의 대인 관계보다 상속 문제에 훨씬 더 많은 영향을 미친다.[52] 이는 세대에 걸쳐 재원을 공고히 함으로써 세습재산을 창출하고, 차례로 정치권력 엘리트층에 연료를 공급한다. 미트 롬니Mitt Romney*와 조지 부시 같은 사람들로 상징되는 이들은 새로운 귀족이라 할 만하다. 상속재산과 다양한 신탁자금이 그들이 미국 대통령직에

---

* 미트 롬니는 미국의 사업가이자 정치가로, 매사추세츠 주지사를 지낸 후 2012년 미국 대선의 공화당 후보로 출마했으나 오바마에게 패했다. 그의 아버지 조지 롬니 역시 미시간 주지사를 지내고 1968년 공화당 대선 후보 경선까지 나섰던 인물이다.

입후보할 수 있었던 요인이다.[53] 자산관리사는 이런 가족 자산이 다른 사람에게 팔리지 않고 조세를 통해 재분배되지 않도록 해서 시장의 유동성을 박탈하여 발전을 방해한다.[54]

가족, 국가, 시장은 사회의 핵심 제도에 속한다.[55] 자산관리사가 하는 일은 이 모든 영역에 걸쳐 있어서 때로는 상충하고 때로는 상호 강화하는 방식으로 이들을 종합한다. 예를 들어, 다양한 사회과학자(신석기시대의 종족을 조사하는 고고학자부터 현대의 부모-자녀 관계를 연구하는 경제학자까지)들이 상속재산의 이전이 가족의 결속과 정체성을 유지하는 데 가장 중요한 요소라고 여긴다.[56] 자산관리사는 한 가족이 세대에 걸쳐 계속해서 자산을 소유하게 함으로써 그 가족과 사회구조의 안정에 기여한다.

반대로, 자산관리사가 가족의 결속을 약화하는 일을 주도할 수도 있다. 상속재산은 (마르크스와 엥겔스의 말을 빌리자면) "가족 관계를 단순한 돈 관계로 축소"한다.[57] 경우에 따라서는, 가족을 결속시키는 재산이 가족을 파괴할 수도 있다. 예를 들어, 앞서 말한 프리츠커 가 사람들은 감당할 수 없이 비용이 많이 드는 소송으로 재산의 상당 부분을 잃었다. 한 상속인이 수익을 불공정하게 배분한다는 이유로 집안의 자산관리사들을 고소한 까닭이다.[58] 자산관리협회가 이 문제와 관련해서 회원에게 많은 형태의 지원과 교육을 제공하고 있어서 가족 간에 이런 분쟁이 얼마나 빈번히 일어나는지 알 수 있다. 예를 들어, STEP에는 '논쟁을 초래하는 신탁 및 상속'을 위한 분과가 있고, 여기서 신탁 분쟁과 중재 분야의 고급 자격증을 제공한다. 최근 《STEP 저널》에 실린 한 기사는 채권자와 조세 당국이 가족 재산에 가하는 위협에 더해서 "'내부의 적'을 고려해야 한다"고 언급했다. "직설적으로 말하자면, 그 가족이 자폭 단추를 누르는 것을 막을 수 있는 방법 말이다."[59] 자산관리사가 이런 자폭을 막지 못할 수도 있다. 자산관리사는 자신이 만들고 관리하는 자산 보유 구조의 기초가 되는 유언장과 신탁서류의 조건을 법적으로 충실히 지켜야 하는 의무가 있기 때문이다. 이런 의무로 인해 자산관리사는 때로 오래 전에 사망한 남성 가장(여성 가장은 드물다)의 살아 있는 대리인이 되기도 한다. 이 남성 가장이 상속권을 제한해서, 예를 들어 형제자매 사이에 재산을 불평등하게 배분하도록 요구할 경우 후세대 사이에 깊은 분노를 불러일으킬 수 있다.[60]

자산관리사는 국가와 관련해서 마찬가지로 갈등을 겪는 위치에 있다. 자산관리사는 어떤 영역에서는 국가 건설자다. 역외 금융 중심지의 핵심 법안을 작성하고 전문 관할권 문제에 관한 (영국 의회 같은) 역내 입법기관의 자문에 응한다는 점에서 말이다.[61] 한편, 자산관리사가 하는 일은 현대 조세국가의 경제적 기반과 법적 권위를 철저히 약화시킨다.[62] '전문적인 전복'이 자산관리사가 하는 업무다.[63] 오로지 고객이 국가 권력의 한계를 벗어나도록 돕기 위해 빠져나갈 구멍과 규제의 공백을 찾아 이용할 뿐 아니라, 다수 관할권을 가로지를 때 상충하는 법들 사이에서 차익을 거두는 것이다.[64] 국가 기반을 약화시킬 때, 자산관리사와 규제기관의 대결보다는 엘리트층 사이의 동맹이 더 어려운 문제일 수 있다. 최근 연구가 보여주듯이 일부 국가(특히 미국)에서는 정치, 경제, 전문직 엘리트들이 결탁해서 대단히 복잡한 조세제도를 만든다. 그 덕분에 자산관리사가 영업을 계속하고, 부자 고객은 입법하는 국회의원의 선거운동에 기부하기에 충분할 정도로 부를 유지한다. 국가는 수십 억 달러의 세수를 잃지만, 자산관리사의 중개로 엘리트층과의 이해관계 사이에 미묘한 균형이 유지된다. 흔히 민주적 참여와 국민 주권을 희생시키면서 말이다.[65]

시장과 관련해서, 자산관리사는 수세대에 걸쳐 (더욱이 점점 더 영구적으로) 가족 재산을 묶어둠으로써 자본주의의 역동성과 충돌한다.[66] 일반적으로 가족 재산은 시간이 흐르면서 절로 소멸한다. 이런 현상은 전 세계의 다양한 문화와 언어에서 발견되는 '부자 3대 못 간다'는 속담으로 요약된다.[67] 자산관리사는 이 과정을 저지하려 한다. 하지만 조지프 슘페터(Joseph Schumpeter)가 관찰한 대로, 자본주의는 안정성보다는 변화에 의존한다.[68] 일찍이 계몽주의 시대에 시장이 발전하려면 부가 자유로이 순환해야 한다는 인식에 신탁, 한정상속제, 그리고 다른 시장과는 별개 형태의 자본 배분은 반대되었다.[69] 19세기에 세계무역이 성장하면서 존 스튜어트 밀(John Stuart Mill) 같은 철학자는 "'죽은 손dead hand(과거의 압박을 의미한다)'이 자유경제의 성장을 방해했다"고 지적했다.[70] 이런 비판은 워런 버핏(Warren Buffett)* 같은 부자들의 행보와 더불어 오늘날까지 계속되고 있다. 워런 버핏은 상속세가 존속되어 적어도 가족 재산의 일부가 경제에 재분배되어야 한다고 본다.[71]

마지막으로, 자산관리사가 고객 자산의 안정성을 성취하려는 의도는 보수적일지 모르지만, 이를 위해 혁신해온 방식은 시장의 붕괴를 초래하는 심각한 영향을 미칠 수 있다. 예를 들어 자산관리사가 고객 자산을 지키기 위해 개량한 많은 금융적·법적 수단은 비우량 주택 담보대출 위기를 불러온 조직 구조를 만들어냈다. 이는 역외 금융의 견고한 금고와도 같은 특수목적회사**의 경우 특히 분명하다. 이 자산 보유 구조는 오로지 내용물을 위험으로부터 보호하려는 목적에서 설계되었다. 자회사를 특수목적회사에 편입시키면 파산, 채권자, 소송 당사자로부터

---

* 워런 버핏은 2007년 미국 상원 금융위원회에 출석해서 공화당이 주도하는 상속세 폐지 움직임에 대해 "사회의 자원이 왕조가 세습되듯 대물림돼서는 안 된다"며 상속세의 존속을 주장했다.

** 특수목적회사(special-purpose vehicle)는 일시적인 목적을 달성하기 위해 만들어지는 일종의 페이퍼컴퍼니를 말한다. 보통 회사를 재정 위기에서 분리하기 위해 이용된다. 또, 부채(이윤 부풀리기), 소유권, 그리고 서로 관련된 다양한 회사 사이의 관계 등을 숨기기 위해 흔히 이용된다.

보호할 수 있다. 오늘날 많은 개인 재산이 기업 재산과 얽혀 있어, 자산을 특수목적회사에 편입시키면 엄청난 재산이 기업의 대차대조표에서 빠져나간다. 다시 말해 규제기관과 회계 감사관의 눈을 벗어나 금융제도에 새로운 위험을 불러올 수 있다.[72]

이 책의 계획

1장 이후로는 다음과 같은 내용을 다룬다.

2장은 자산관리의 기원과 발전 과정을 살핀다. 이 직업이 지나온 역사적 궤적은 두 가지 면에서 특이하다. 첫째로 국가 통제로부터 독립적이었기 때문이고, 둘째로 수세기 동안 자산관리는 엘리트층이 엘리트층을 위해 해주는 비전문적인 일이었기 때문이다. 자격증 과정 같은 정식 제도는 자산관리업 내에 늦게야 확립되었다. 이는 자산관리의 직업화에 계층 기반의 저항 또는 양가감정이라는 양상이 있었으며, 신사들 사이의 일처리에 상업 규범이 도입되었음을 보여준다. 자산관리가 이런 이행 과정을 어떻게 지나왔고 이 발전의 역사가 어떻게 현대의 자산관리사라는 직업을 형성했는지가 이 장의 주제다.

3장은 엘리트층 고객과 자산관리사의 관계와 통찰을 다룬다. 현대의 다른 직업과는 전혀 다르게 자산관리사는 고객과 놀라울 정도로 친밀해서, 사실상 고객 삶의 모든 측면을 파고든다. 일단 그런 관계가 확립되면 대개 한 가족을 위해 평생 또는 몇 세대에 걸쳐 서비스를 계속한다. 하지만 서비스를 하기 위해서는 먼저 이용당할까 봐 깊이 의심하고 경계하는(흔히 그럴 만한 타당한 이유가 있다) 개인에게 신뢰를 얻어야 한다. 세계화된 경제에서 이런 신뢰를 쌓으려면 문화, 언어, 종교의 장벽을 뛰어넘어야 한다. 자산관리사가 이런 간단하지 않은 환경에서 어떻게 고객의 신뢰를 얻고 유지하는지가 이 장의 주제다.

자산관리사는 금융과 법률의 혁신을 통해 '재산 방어'라는 목적을 이루는데, 4장은 이런 혁신을 깊이 있게 살핀다. 자산관리사가 이용하는 기본 수단인 신탁, 기업, 재단을 검토하고, 고객이 의뢰하는 일반적인 문제를 해결하기 위해 이런 수단을 어떻게 이용하는지 보여준다. 고객의 문제는 조세 회피를 넘어선다. 고객의 출신국에 따라 가족 재산을 부패 정부 공무원, 유괴, 또는 경솔한 소송으로부터 지키는 일을 도와야 할지 모른다. 또 단순히 부채를 갚고 싶지 않은 고객이 있을 수도 있다. 재산을 방어하고 법 규제를 피하는 데 역외 금융 중심지가 하는 역할을 상세히 검토하고, 여기에 이용되는 법적·금융적 구조에 관한 기본 사항을 부록에 제시한다.

5장은 불평등 주제를 상세히 다루면서 자산관리사가 하는 일이 고객뿐만 아니라 사회경제 조직에 미치는 경제적·정치적 영향을 검토한다. 더 잘 알려진 형태의 계층화인 소득 불평등과 비교해서 재산 불평등이 갖는 의미를 분석한다. 또한, 자산관리사가 개인의 잉여 소득을 부를 재생산하는 '영구기관'으로 바꿔놓는 수법을 통해 불평등에 기여하는 세 가지 과정을 분명하게 보여주는 사례를 제시한다. 이 장의 마지막 주제로, 세계적으로 경제 불평등을 심화시키는 자신의 역할에 관해 자산관리사들이 어떻게 생각하는지 살펴본다. 또 이때 자산관리사라는 직업에 대한 평판 문제에 어떻게 반응하는지도 살핀다.

6장은 역외 금융 중심지들의 신식민주의적 역학 관계를 포함해서 자산관리사와 국가의 복잡한 관계를 검토한다. 자산관리사는 국가 당국으로부터 독립성을 갖는데(2장에서 논의한다), 이 특징이 현대의 관습에서 이 직업에 뚜렷이 구별되는 위치를 부여한다. 자산관리사는 국가로부터 세수를 탈취하고 고객이 불편하게 여기는 법을 피하도록 도움으로써 많은 면에서 국가를 약화시킨다. 한편으로, 자산관리사가 하는 이런 일들은 오로지 국가의 주권 때문에 가능하다. 국가의 주권이 없다면, 자산관리사가 이용할 수 있는 법률(또는 빠져나갈 구멍이나 상충하는 법규)은 없을 것이다. 그래서 자산관리 전문가는 때로 직접 특정 관할권의 법규를 작성하는 (또는 재작성하는) 기회를 얻는다. 동시에 이들의 직업 협회인 STEP는 입법기관에 적극 압력을 가한다. 자산관리사와 국가의 다면적인 관계는 이 직업이 관리하는 세계 자본 흐름에 필수적인 역외 금융 중심지에서 표면화된다. 왜 자산관리가 어떤 면에서는 국가를 형성하는 힘이면서 또 어떤 면에서는 파괴하는 힘인지(그래서 어떤 결과를 낳는지) 알아보는 것이 이 장의 주제다.

7장은 이 직업의 미래를 관측하고 정책과 연구를 위한 시사점을 살피며 마무리 짓는다.

부 록

이 연구는 어떻게 이루어졌나

자산관리사는 비교적 새로운 직업이다. 금융적·법적 혁신과 개인의 거
대 자산이라는, 거의 검토된 적 없는 세계 사이의 교량 역할을 하기 때
문에 주목하지 않을 수 없는 연구주제다. 자산관리사가 법, 정치, 방대
한 자본 흐름에 미치는 영향을 고려하면, 이 주제가 활발히 연구되고 있
으리라 예상할 것이다. 하지만 이 직업은 학자들에게 거의 알려져 있지
않다. 최근 기사 몇 건과 20년이 넘은 한 책의 일부분 외에는 말이다.[73]
이는 관심 부족 때문이 아니라 정보를 얻기가 어렵기 때문이다. 지금부
터 이 어려움에 관해, 그리고 이를 극복하기 위해 내가 취한 특별한 수단
에 관해 좀 더 이야기하려 한다.

접근 장벽 부유하고 권력을 가진 사람들은 연구하기가 어렵다고 악명
이 높다.[74] 사생활 침해 우려, 지리적으로 먼 거리, 외부자를 차단하는 만
만찮은 문지기 등의 다양한 요인으로 인해, 엘리트층 사람들은 비행기가
닿을 수 있는 범위 바깥에 있다. "그들은 연구대상이 되는 걸 원치 않기
때문이다."[75] 그런 데다 자산관리는 직업 규범과 기술적 특성 때문에 진
입 장벽이 더욱 두터워 연구자가 접근하기 어렵다.

자산관리사가 하는 일은 샤의 회계관과 마찬가지로 효율성을 위해
복잡성과 비밀 유지에 의존한다.[76] 또 자산관리사는 신탁관리자로서 신
중해야 할 의무가 있다. 자산관리사는 행동수칙에 따라 고객의 재산과
재산을 보호하기 위해 이용하는 수단을 엄격히 비밀에 부쳐야 한다.[77]

그 결과 자산관리사는 공식적으로 세간의 이목을 끄는 일을 피해왔다. 최근 이 직업이 OECD 같은 곳에서 공격받고 있다는 인식으로 인해 이런 경향이 두드러졌다. OECD는 자산관리사를 돈세탁과 탈세의 중개인으로 묘사했다.[78] 이런 공식적인 묘사로 인해 일부 자산관리사 사이에서는 외부자에 대한 상당한 분노와 불신이 일었다.

특별한 접근 전략을 계획한 덕분에(아래에서 좀 더 상세히 설명하겠지만 나는 자산관리사 자격증을 따기 위해 전 교육과정을 시작했다), 이 탐사에 기초해 첫 두 논문을 발표한 연구 후반부까지도 자료 수집 과정에서 이런 불신이 특별히 문제가 되지는 않았다. 그때까지는 나와 이야기하고 싶지 않은 자산관리사는 인터뷰 요청을 무시하거나 정중히 거절했다. 이 연구계획에 착수해서 대략 6년차에 연구결과를 발표하기 시작하고 나서야 모든 자산관리사들이 나에게 노골적인 적의를 드러냈다. 특히 한 가지 사건은 언급하고 싶다. 일부 자산관리사는 자신이 하는 일에 대한 대중의 인식에 불만을 느끼고, 자신의 일을 캐는 사람과 이야기 나누기를 노골적으로 싫어하기 때문이다.

2013년 8월, 나는 영국령 버진 제도에서 전공교육을 받은 영국 태생인 60대 백인 남성 은행원과 사전에 약속해둔 인터뷰를 진행했다. 그는 나를 맞이하면서 나의 연구계획에서 나온 두 발표 논문을 읽었는데 연구작업이 "좌파 성향"이며 "(자산관리)산업과 부자들이 하는 일을 탐탁지 않아"한다는 걸 알았다고 말했다. 그러면서 이렇게 덧붙였다. "영국령 버진 제도의 STEP 사람들은 모두 당신이 이곳에서 뭘 하고 있는지 궁금해하고 있소." 그는 인터뷰 질문에 정중히 대답했지만 나의 '예정된' 주제와 관련해서는 답을 다하지 않았다. 인터뷰가 끝날 무렵, 그는 팔짱을 끼고서 의자에 앉은 채로 몸을 뒤로 젖히고는 자산관리사와 고객이 "일부 사람들이 내야 한다고 생각하는 만큼 세금을 내지 않는다는 이유로 부도덕하다는 비난을 받고 있다"고 분노를 드러냈다. 덧붙여서 영국령 버진 제도의 STEP 사람들 가운데 한 명은 "자산관리사에 대해 당신이 그런 글을 썼으니 이 섬에서 쫓아내야 한다"고 말했다고 했다. 나는 이 말에 실린 적의에 깜짝 놀라서 정중하면서 존중하는 태도를 취했다.[79] 그래서 학술적인 질문으로 대응하기보다는 시간을 내줘서 감사하다고 말하고 악수를 나눈 뒤, 묵고 있던 호텔의 주점으로 돌아와 한잔했다. 나는 당시 이 일과 관련성이 높은 전례前例를 알지 못했다. 2년 전, 또 다른 조세도피처(채널 제도의 저지섬)가 《뉴스위크》 기자를 구금, 강제추방하고 결국 그가 섬에 돌아오는 것을 금지시켰다. 그곳에서 불법행위가 이루어지고 있다는 주장을 조사한다는 이유에서였다. 그 이야기는 금융 서비스와 무관했지만, 이 섬에 부정적인 평판을 불러와 조용하고 사람들의 관심을 끌지 않는 곳이라서 엘리트층이 재산을 보관하기에 좋다는 세평을 위협할 터였다. 놀랍게도, 그 섬의 금융 당국은 연줄이 좋아서 그 기자가 저지섬에 다시 들어오지 못할 뿐 아니라 영국 전체에 입국하지 못하도록 금지시켰다.[80] 이 이야기를 알게 된 후 나는 영국령 버진 제도의 은행원과 나눈 대화를 새로운 관점에서 보게 되었다. 자산관리업과 적어도 역외의 국가 당국이 서로 얽혀 있다는 사실을 깨달은 것이다. 덕분에 6장에 나오는 자산관리와 국가에 관한 일부 분석을 구체화할 수 있었다.

　실제적인 관점에서, 이 연구를 수행하기 위해 완전히 잠입하는 방법을 취한 점은 분명히 유용했다.[81] 앞서 자산관리 교육과정에 2년을 투자하지 않았다면 나는 훨씬 더한 적의와 의심을 사지 않았을까 싶다. 자산관리 교육과정을 들으면서 나는 그렇지 않았던 때보다 좀 더 내부자 쪽으로 들어섰다. 잠입은 시간, 노력, 돈의 면에서 많은 비용이 들기 때문에 현대 사회과학에서 흔히 쓰는 방법은 아니다. 하지만 외부자가 접근하기에 너무 비밀스럽거나 방어적이거나, 외부자를 홀대하는 집단을 연구할 때는 고전적인 접근법이다. 나는 윌리엄 화이트$^{William Whyte}$와 존 밴 마넨$^{John Van Maanen}$의 계층 연구에 자극받아 이런 접근법을 취했다.[82]

밴 마넨은 특히 좋은 사례를 남겼다. 그는 나와 마찬가지로 유달리 좌파 성향의 교수들을 의심하는 직업 집단을 연구하고 싶어 했기 때문이다. 그의 주제는 경찰서였는데, 당시는 경찰서를 연구하기가 특히 어려운 시기였다. 밴 마넨은 1970년대 반권위주의가 절정에 이른 시기에 이 연구에 착수했다. 당시는 와츠 시위*가 캘리포니아 남부를 뒤흔든 직후였다.[83] 그는 처음에 지역 경찰서를 연구하게 해달라고 요청했으나 거절 편지만 20통 넘게 받았다. 하지만 연구주제를 좀 더 실행 가능하게 바꾸는 대신, 거절당하기 때문에라도 경찰서에 접근할 수 있는 계획을 더욱 추진해야 한다고 생각했다. 그는 박사과정 학생이 누리는 자유를 최대한 활용해 경찰학교에 등록해서 경찰관이 되기 위한 전 교육과정을 거쳤다(마지막에는 순찰을 나가기도 했다). 이런 방법을 취하고 난 후에야 획기적인 연구를 수행할 만큼 신뢰와 협조를 얻었다.

나는 밴 마넨과 마찬가지로 다시 학교에 다니면서 연구를 시작했다. 2007년 11월, 2년제 자산관리 교육과정에 등록했다. 이 과정은 현재 자산관리사가 되기 위한 자격증으로서 세계 표준으로 인정받는 TEP, 즉 신탁 및 상속 설계$^{Trust and Estate Planning}$ 자격증을 딸 수 있는 교육을 제공한다. 이 자격증을 받으려면 핵심적인 기술 역량 분야의 다섯 가지 과정, 즉 신탁법, 기업법, 투자, 금융, 회계 과정을 통과해야 한다. 스위스와 리히텐슈타인에서 이 과정에 다니면서 나는 세 가지 목표를 세웠다. 자산

---

* 1965년 로스앤젤레스 근처 와츠에서 경찰이 음주운전 혐의가 있는 흑인 청년을 체포하고 그 청년의 어머니까지 연행하자 흑인들이 들고 일어섰다. 6일 동안 34명이 사망했다.

관리업 내부에서 이 분야에 대해 배우면서 정보에 근거해 인터뷰 전략을 세우고, 자산관리 전문가, 상호작용, 환경에 관한 설명 자료를 충분히 수집하며, 긴 인터뷰에 동참해달라고 자산관리사들을 설득하는 것이었다.[84]

비록 자격증을 이용해서 자산관리사로 일하지는 못했지만, 교육과정을 우등으로 마친 후 자산관리업에 접근하는 것을 가로막는 높은 장벽을 극복할 수 있을 정도로 나는 내부자가 되어 있었다. 이것은 적법성과 실용성의 문제였다. 자산관리사 자격증을 가지고 있거나 자격증 취득을 위한 교육과정에 등록하는 것이 자산관리협회의 회의에 참석할 수 있는 전제조건이었기 때문이다. 결국 나는 자산관리협회 회의에서 연구계획에 참여한 대부분의 사람들을 모을 수 있었다. 자격증이 없었다면 이 책의 기초가 된 인터뷰를 하기 어려웠거나 하지 못했을 것이다.

이런 접근법을 추진하는 데 들어가는 시간과 돈은 상당했다. 엘리트층을 연구할 때 흔히 만나는 접근 장벽도 높았다.[85] 밴 마넨 그리고 화이트와 달리, 나는 시간이 많은 박사과정 학생이 아니었다. 하지만 운 좋게도 막스플랑크사회연구소와 알렉산더폰훔볼트재단으로부터 연구비 지원을 받았다. 두 기관은 이 비싼 교육과정에 다닐 수 있도록 재원을 제공해주었다. 또, 내가 다수 자산관리사와 마찬가지로 백인에다 영어권 태생이고 중상류층의 아비투스를 가진 점이 도움이 되었다.[86] 엘리트층을 연구할 때 제대로 된 말투, 제대로 된 태도, 적절한 언어를 가질 필요가 있다는 점은 이미 잘 알려진 사실이다. 이런 것들이 (자격증과 함께) 자산관리사에게 접근하는 데 도움이 되었다.[87]

왜 문화기술지ethnography*인가 엘리트층을 에워싼 많은 접근 장벽과 자산관리사에 대한 연구와 관련된 추가적인 문제로 인해, 문화기술지가 자산관리업을 연구하기에 현실적인 유일한 방법이었다. 설문조사는 비현실적이었다. 자산관리업에 관한 이전의 연구가 부족하고 최신 정보가 별로 없어서 타당한 설문지를 만드는 것이 불가능했기 때문이다. 세금 정산과 법인 등기 같은 보관기록 자료와 공식 기록을 이용하더라도 제한적인 가치를 가질 터였다. 면밀한 분석에 따르면, 자료와 기록은 흔히 오해를 불러일으키고 때로는 의도적으로 조작되기도 한다.[88] 특히 자산관리는 연구자에게 제한적인 가치를 지니는 서류상의 행적을 남긴다. 신탁(신탁 자체와 수익자는 공식적으로 등록되지 않는다)과 기업(실소유주를 숨기기 위해 차명 등기이사와 주주를 고용한다)은 자료 수집 노력에 높은 장벽을 만든다.

마지막으로, 이 연구의 접근법은 막스 베버의 연구에서 유래한 분명한 학문 이론에 근거를 둔다. 그는 사회학을 "사회적 행위를 해석적으로 이해Verstehen하는 학문"[89]이라고 정의했다. 이는 해석에 중점을 두는 정의다. 역사학과 인류학 같은 학문 역시 그러한데, 설명Erklären에 중점을 두는 물리학이나 화학 같은 자연과학의 접근법과는 구별된다. 설명 위주의 연구는 일반적으로 타당한 인과법칙을 규정하려는 반면, 해석적 이해 위주인 연구의 목적은 역사적으로 맥락화된 행동 유형을 창출하는 것이다. 이렇게 목표가 다르다 보니 연구계획 접근법이 달라진다. "이해의 강조는 좀 더 귀납적인 연구계획을 촉진하고 거시적 차원의 발전을 미시적 토대와 관련해서 설명할 것을 요구한다."[90] 이런 목표를 이루려면 문화기술지적 연구에 착수해야 했다.

문화기술지가 무엇인지에 관해서는 여러 가지 이견이 있지만, 이 연

---

* 문화기술지는 문화 현상을 탐구하는 방법으로, 연구자가 연구대상의 관점에서 사회를 관찰한다. 주로 현장 참여 관찰, 해당 문화에 관한 정보를 제공하는 이들의 인터뷰 등을 통해 이루어진다.

구는 보통 인터뷰, (참여자 또는 비참여자의) 관찰, 그리고 연구대상에게 중요한 문서 및 물건을 포함하는 물질문화에서 모은 자료에 근거한다.[91] 분석의 중점은 의미, 해석, 상호작용에 있다. 연구의 상호작용 측면은 특히 중요하다. '세계 정치체world polity' 접근법 같은 세계화에 대한 지배적인 관점이나, 국가와 계급 사이의 구조적 관계에 특권을 부여하는 이론은 대부분의 직업 활동을 이루는 교섭에 의한 대면을 간과하기 때문이다.[92] 그 결과, 상호작용이 어떻게 세계적 규범, 정책, 그리고 직업 행위와 연관되는지 거의 말해줄 수가 없다.[93]

반면, 문화기술지는 구체적이고 관계적이며 행위자 중심의 관점을 상정한다. 인터뷰와 관찰을 통해 모은 정보를 넘어, 대면 환경에서 확립된 신뢰와 관계가 새롭고 귀중한 자료의 원천으로 가는 길을 열어줄 수 있다. 다른 정보원의 소개부터 대면하지 않았다면 얻을 수 없었거나 이전에 알려지지 않은 문서의 제공까지 이른다. 이런 의미에서 문화기술지는 "다른 곳에 기록되지 않았거나 (설사 이용할 수 있다 하더라도) 아직 공개할 수 없는 정보에 접근할 수 있다."[94] 이런 문화기술지적 방법은 "외부자로부터 신중히 보호되어 (…) 내부자만이 아는, 거의 알려진 적 없는 전문직 엘리트의 무대 뒤쪽을 엿볼 수 있게 해준다."[95] 엘리트 고객의 재산에 관한 많은 정보와 함께, 자산관리사가 하는 일의 대부분이 가려진 무대 뒤쪽에 있다는 사실을 생각하면 이는 이 연구의 목적에 특히 유용한 특징이다.

왜 STEP인가 자산관리사가 속할 수 있는 직업 협회가 STEP만 있는 것은 아니지만, 이 협회에 대적할 만한 곳은 사실상 없다. 변호사협회는 오랫동안 신탁 및 상속 전문가를 위한 분과를 제공했지만, STEP가 구현한 직업적 일관성이나 자격증 과정 같은 제도를 만들어내지는 않았다.

자산관리라는 뚜렷한 직업 영역을 대표한다는 면에서 STEP와 가장 비슷한 단체는 미국신탁상속자문협회American College of Trust and Estate Counsel, ACTEC다. 1949년에 설립된 ACTEC는 STEP보다 오래되었지만, 회원 자격과 목적이 훨씬 더 제한적이어서 북아메리카의 변호사들로만 구성되어 있다. 따라서 이 협회 회원은 2600명에 지나지 않는데, STEP의 회원은 2만 명이다.

STEP 과정과 비슷한 영역의 자격증을 제공하는 다른 단체가 있지만, 이 단체들은 자산관리업 전체를 대변한다고 주장하지 않는다. 그래서 재무설계협회College for Financial Planning는 공인 자산관리 고문역이 되기 위한 교육을, 경영재무협회Institute of Business and Finance는 공인 상속 및 신탁 전문가 자격증을 제공하며, 미국재정관리학교American Academy of Financial Management는 공인 신탁 및 상속 설계사 자격증을 수여하는 교육과정을 제공한다.[96] 이 가운데 어느 단체도 STEP이 제공하는 TEP 자격증처럼 업계 표준이라는 위상을 얻지 못했다.[97] STEP는 의도적으로 세계의 자산관리업을 대변하는 조직 구조를 만들어왔다. 이와 더불어 엄청난 회원 수 덕에 이 분야에서 우월한 지위를 점했고, 그래서 이 직업을 연구하기에 최적의 현장이다.

참여 관찰 자산관리사 자격증 교육과정은 아주 엄격해서 간단하지 않았다. 다섯 가지 과정은 각각 마치는 데 약 2개월 정도가 걸렸다. 과정에 등록한 사람들은 대략 12~20명이었는데, 몇 주 동안 300~400쪽의 교재를 혼자 공부한 후 일주일 동안 강의실에서 만난 다음 시험을 치르고 과정이 끝났다. 나는 대단한 노력을 들여야 했고, 다른 사람들과 일종의 동지애가 생겨 연구계획을 수월하게 진행할 수 있었다. 우리 모두는 수강생으로서 교육과정을 통과하기 위해 열심히 공부해서 식사 시간, 쉬는 시간, 수업을 마친 후까지 상당한 시간을 함께 보냈다. 교재에 관해 상의하다 보면 업계 종사자들에게서 나온 '투쟁담'을 공유하게 되었다. 세계의 다양한 지역 출신인 고액 순자산 보유자 사이의 문화 차이에 대한 이해와, 지나온 경력, 규제기관을 피하는 최신 기법 등을 이야기했다. 수강생 집단의 인종과 성별 구성뿐만 아니라 그들의 자기연출 규범을 관찰하는 것도 귀중한 자료가 되어서 내가 나중에 진행한 인터뷰를 계획하는 데 반영되었다.

참여 관찰 단계에서 수강생들은 내가 누구인지 그리고 무엇을 하고 있는지 알았다. 스파이가 될 필요도, 자산관리사들이 비밀 유지 의무를 저버리도록 유도할 필요도 없었다. 그랬다면 어쨌든 사회학 연구 윤리를 위반하게 되었을 것이다.[98] 나는 모든 과정과 일에 실명과 소속 기관으로 등록했다. 내가 달고 있는 배지가 나의 정체성과 내가 그 교육과정에 들어온 이유에 대해 의문을 불러일으켰는데, 그것이 긴장을 깨는 유용한 역할을 했다. 나의 교수 신분과 학술 목적을 밝히자 일부 참여자는 나와 이야기를 나누기로 마음먹었다. 내가 그들의 직업 경쟁자도 아니고 일반 사회와 동떨어진 부자 고객의 환경에 속하는 사람도 아니라는 사실을 알았기 때문이라고 그들은 말했다. 그런 데다 익명을 보장하자, 그들은 내게 이야기를 하더라도 그들의 직업에 대한 평판이나 전문지식의 독점에 영향을 미칠 가능성은 없다고 보았다.

자산관리사들이 인터뷰에 협조한 마지막 이유는 그저 그 일을 잘 알면서 위협을 가할 일이 없는 사람이 자기 이야기를 들어주는 게 편해서였을 수 있다. 기술적으로 복잡한 직업을 가진 사람들은 누군가와 자기가 하는 일에 관해 털어놓고 이야기할 기회가 그리 많지 않다. 가족과 친구는 일의 특성을 이해할 성싶지 않고, 직업 동료와는 흔히 사업 비밀을 노출할 우려가 있다. 나는 이런 위험을 제기하지 않으면서 자산관리 전문가가 하는 이야기가 무슨 이야기인지 따라갈 수 있을 정도로 이 직업을 잘 아는 이점을 가지고 있었다. 자산관리사에게 나는 긴 비행을 하면서 이야기를 나누는 여행자와 비슷했을지 모른다. 대화를 벗어난 후에는 쌍방이 다시 마주칠 일이 없으리라는 것을 알기에, 이 인터뷰는 긍지 또는 곤혹감 또는 양가감정을 느끼게 하는 성취에 관해 털어놓고 이야기하는 방편인 것이다.

반정형화된 인터뷰[*] 나는 2008년과 2015년 사이에 영국에서 18개국의 자산관리사들과 65회의 인터뷰를 했다.[99] 인터뷰 장소에는 스위스, 리히텐슈타인, 홍콩, 싱가포르, 모리셔스, 그리고 건지섬, 저지섬, 영국령 버진 제도, 케이맨 제도 같은 영국의 왕실령과 해외 영토 같은 세계의 가장 중요한 금융 중심지가 많이 포함되었다. 특히 세이셸 제도처럼 아시아에서 증가하는 부를 다루는 새롭게 떠오르는 금융 중심지에서도 인터뷰를 진행했다. 그림 3은 자료를 수집한 곳들의 지리적 분포다.

인터뷰는 20분에서 3시간 이상까지 다양했고, 보통 90분 동안 이어졌다. 80퍼센트 이상의 인터뷰 사례는 문서작성 프로그램으로 바로 입력해 참여자의 대답을 정확하게 담아냈다. 이것이 불가능할 때는 손으로 메모해서 24시간 내에 옮겨 적었다. 인터뷰 질문은 고객 관계, 다양한 문화의 부에 대한 태도, 고객 자산을 보호하기 위한 금융적·법적 기법, 그리고 이 직업에서 성공하는 핵심 요인에 중점을 두었다.

표 1은 인터뷰 표본의 인구통계학적 구성을 보여준다. 인터뷰 참여자는 상당히 다양했다. 19개 국적에, 연령은 20대에서 60대 후반에 이르렀

---

[*] 정형화된 인터뷰는 질문이 엄격히 정해져 바꿀 수 없는 반면에 반정형화된 인터뷰는 열려 있어서 인터뷰 대상자가 하는 말에 따라 새로운 견해를 제기하는 것을 허용한다.

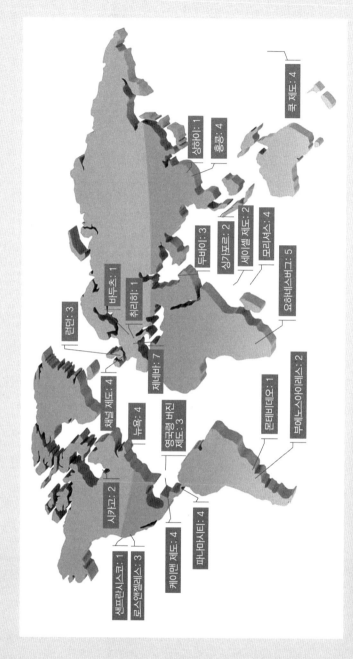

그림 3. 인터뷰를 진행한 자산관리사의 수와 위치

상하이: 1
홍콩: 4
쿡 제도: 4
두바이: 3
싱가포르: 2
세이셸 제도: 2
모리셔스: 4
요하네스버그: 5
바두츠: 1
취리히: 1
런던: 3
제네바: 7
저지 제도: 4
뉴욕: 4
영국령 버진 제도: 3
몬테비데오: 1
부에노스아이레스: 2
시카고: 2
세인트루이스: 1
로스앤젤레스: 3
케이맨 제도: 4
파나마시티: 4

표 1. 인터뷰 표본의 인구통계학적 구성

특징	총수	백분율
성별		
여성	19	29
남성	46	71
연령집단		
20대	1	2
30대	21	32
40대	21	32
50대	13	20
60대	9	14
인종/민족*		
백인	46	70
흑인	6	9
인도인 또는 파키스탄인	5	8
동아시아인	3	5
라틴아메리카인	5	8
직장 경력		
법률	25	39
프라이빗뱅킹	20	31
기업재무	6	9
회계	6	9
그 외	8	12
STEP 회원		
그렇다	44	68
아니다	21	32

* 이 연구는 사람들을 인종과 민족으로 분류하는 데 문제가 있음을 인정한다. 예를 들어 '흑인'의 범주에는 아프리카계 미국인, 아프리카계 카브리해인, 세이셸 제도인, 모리셔스인, 두 인종 혼혈 또는 다인종 혼혈이 포함된다. 이런 의미에서 인종-민족 집단은 부정확하고 환원주의적일 수밖에 없다. 하지만 좀 더 폭넓은 인구통계학적 양상을 제시한다는 맥락에서는 인종과 민족에 대한 정보가 도움이 될 수 있다. 특히 다수의 인터뷰 참여자가 문화와 신분이 자산관리사와 고객 사이에 신뢰를 확립하는 데 중요한 역할을 한다고 말하기 때문이다. 자산관리사와 고객 사이의 인종 및 민족 유사성이 중요하다는 사실은 최근 연구에서도 입증되었다. 특히 Becky Hsu, Conrad Hackett, and Leslie Hinkson, "The Importance of Race and Religion in Social-Service Providers," *Social Science Quarterly* 95(2014): 393-410을 참조하라.

다. 하지만 다른 전문 서비스 영역과 마찬가지로 성별이나 인종, 민족은 거의 다르지 않았다.[100] 다수의 인터뷰 참여자(71퍼센트)가 남성이었고, 70퍼센트가 유럽 출신 백인이었다. 이런 수치는 변호사업의 인구통계를 추적한 영국변호사회U.K. Bar Council와 미국변호사협회American Bar Association가 발표한 내용과 대략 일치한다. 이 비교는 유용한데, 다수 자산관리사가 전문 변호사이기 때문이다.[101]

이 책에서는 인터뷰 참여자를 익명으로 해서 일을 하고 있는 지역만 밝혔다. 인터뷰 참여자의 말을 맥락 속에서 이해해야 할 필요가 있을 때는 국적 또한 밝혔다. 나는 이 연구에 참여한 개인의 연령, 국적, 민족, 그리고 다른 인구통계학적 특징을 보여주는 표를 만들려고 생각했다. 하지만 그러면 그들을 너무 쉽게 알아볼 수 있으리라는 게 분명해서 포기해야 했다. 이 점은 작은 관할권에서 일하는 인터뷰 참여자에게 특히 걱정거리였다. 자산관리사가 몇 안 되기에 두세 가지 특징만으로도 충분히 누군지 알아볼 법했기 때문이다.

2장

직업으로서의
자산관리

이 장은 수세기 동안 비전문가가 해오던 일이 어떻게 현대 세계의 정치와 금융에 영향을 미치는 하나의 직업으로 발전했는지 살핀다. 이미 1930년대에 전문직업은 세계를 변화시키는 하나의 세력으로 인식되었다. 20세기의 주요 사회학자인 탤컷 파슨스Talcott Parsons는 지식을 제공하는 직업이 가족이나 관료국가와는 완전히 다른 방식으로 사회생활을 조직한다고 보았다.[1] 초기의 이런 낙관적인 관점은 전문직업이 근본적으로 진보적이며 현대사회의 원활한 기능에 필수적이라고 여겼다. 경영진도 노동자도 아닌, 무산자이지만 상당한 전문지식으로 무장한 이들은 조직, 시장, 정치에서 선의의 변화를 일으키는 힘을 지니고 있다고 평가되었다.[2]

한 세대가 지나 좀 더 비판적인 시각이 나타나기 시작했다. 전문직 종사자의 역할이 사회의 신탁관리자(공익의 수호자)에서 이익추구자로 달라졌다는 주장이다.[3] 자산관리업의 궤적과 대중의 평판은 여러 가지 면에서 이 같은 양상을 전형적으로 보여준다. 하지만 나의 연구는 사회의 신탁관리가 이익추구로 대체되었다기보다는, 이 두 지향점이 불안한 긴장 속에 공존하면서 현대의 전문직업에 독특한 형상을 부여했음을 말해준다.

자산관리업의 등장을 추적해보면 중세와 현대 사이에 몇 가지 연속성이 드러난다. 이는 "현대 엘리트 전문직의 기능은 중세 길드의 그것과 다르지 않았다"는 통찰과 부합한다.[4] 길드는 1300년대 후반과 1400년대 초반에 생겼다. 현대 자산관리업의 기원이 된 신탁 및 신탁관리가 생겨난 때와 대략 같은 시기다. 이는 우연의 일치가 아니다. 자기조직적이고 자치적인 단체인 신탁과 길드는 국가 권력에 도전했다.[5] 게다가 어떤 사람들은 조세와 규제로부터 부를 성공적으로 보호하는 자산관리의 영향으로 "시간을 거슬러 봉건세계의 가치관과 사회로 되돌아가고 있다"[6]고 말했다. 또 어떤 사람들은 세계 최고의 자산관리업 중심지가 된 많은 미소微小 국가들이 '봉건제도의 잔재'라고 말한다. 미소 국가들의 영토와 통치권은 베스트팔렌조약*에 따른 정치 질서가 출현하기 수세기 이전에 존재했던 공작 영지와 공국에서 생겨났다. 미소 국가에는 룩셈부르크, 리히텐슈타인, 몰타 등과 함께 조지섬과 건지섬이 있는 채널 제도(한때 정복자 윌리엄이 소유한 노르망디 공국의 마지막 자치령)가 포함된다.[7] 이 봉건제도의 잔재들 가운데 가장 중요한 것은 의심할 바 없이 '시티오브런던City of London'이다. 시티오브런던은 수도 런던과 구별되지만 런던에 둘러싸인 자치도시다. 영국 바깥에서 오는 1조 1000억 달러로 추정되는 개인 재산(전 세계 개인 역외 금융산업의 11퍼센트)이 1000년 역사의 이 도시를 거쳐가기에, 시티오브런던은 말 그대로 '자본을 대변하는 중세 자치도시'다.[8]

이들에 관한 나의 의견은 현대의 자산관리업을 규정하는 관습과 규범에 한정된다. 내가 인터뷰한 많은 자산관리 전문가가 자신이 하는 일이 중세의 기사도를 떠올리게 하는 윤리의 지배를 받는다고 본다. 봉사, 충성심, 명예에 기초해 엄청나게 집중된 부를 외부자의 공격으로부터 지킨다는 대의명분에 헌신하는 귀족의 관례 말이다. 과거에는 큰 부가 주

---

* 베스트팔렌조약은 30년 전쟁을 끝마치며 유럽 각국 사이에 맺어진 평화조약으로, 이후 중세의 질서가 빠르게 붕괴하면서 유럽 각국은 근대적 국민국가로 발전했다.

로 토지로 이루어져 병력에 의해 방어되었다. 오늘날 부는 주로 금융이고, 자산관리사는 법적·조직적 수단을 선택 무기로 이용한다. 하지만 현대 자산관리사가 하는 일의 목적과 결과는 과거와 두드러지게 일관된다. 개인이 축적한 큰 부를 유지함으로써 계층화된 사회구조를 유지하는 것이 목적이자 결과다.

부를 지키는 일이 직업화되는 과정은 두 가지 주요 단계를 거치며 일어났다. 첫째, 부가 좀 더 대체 가능한 것이 되면서, 부를 지키는 일이 토지소유권을 보유하는 것과 같은 소극적인 활동에서 적극적인 활동으로 바뀌었다. 이런 발전은 '사실상의 전문직 계층'의 출현을 인정하는 법제의 변화 덕에 가능했다. 법제의 변화로 인해 당시 신탁관리자로 알려져 있던 자산관리사는 자신이 하는 일로 보수를 받고 고객 자산의 투자에서 점점 더 많은 재량권을 행사할 수 있게 되었다.[9] 여전히 진행 중인 두 번째 단계는 이 직업 종사자들의 집단행동이다. 이들은 STEP의 형성과 자산관리 분야 학위과정의 설립 같은 제도의 구축뿐 아니라, 관할영역을 정하고 보호하기 위해 영향력을 행사하는 일에 동참한다.[10]

친척과 자원봉사자

1장에서 말한 대로, 현대의 자산관리는 신탁관리라는 영국의 봉건적 관습에서 직접적으로 파생되어 나왔다. 이 관습이 확산되어 세계 금융에서 없어서는 안 될 수단이 되었다. 14세기에 토지소유자는 가족 재산을 위험에 빠뜨리는 몇 가지 문제에 맞닥뜨린다. 특히 십자군 원정 시기에 토지소유자가 병역을 이행하는 동안 토지를 몰수당할 위험성이 있었다는 점은 앞서 언급했다. 하지만 이 시대의 토지소유자는 오늘날까지 지속되고 있는 '세금과 상속'이라는 두 가지 문제에도 직면한다. 토지소유권을 이전하려면 부담스러운 의무를 져야 했다. 또한, 유언장이 토지를 이전하는 유효한 수단으로 인정되지 않던 시대에는 가장이 사망하면 가족 재산이 사라질 수 있었다.[11] 원래 토지소유자가 살아 있을 때 성인 남성인 친구나 친척에게 명의를 이전해 신탁하면 단번에 이 모든 문제를 해결할 수 있었다. 첫째로, 신탁관리자건 재산을 이전할 상속인이건 명의인이 살아 있는 한 세금이 없었다. 둘째, 만약 원래 토지소유자에게 성인 남성 상속인이 없으면 그 가족이 토지를 지킬 수 있는 해결책(예를 들자면 결혼)을 찾을 때까지, 신탁관리자가 원래 토지소유자의 과부, 딸, 또는 미성년자 아들을 위해 소유권을 보유할 수 있었다. 신탁은 이렇듯 하나의 재산에 두 가지 형태의 소유권(법적 소유권과 수익 소유권)을 동시에 적용하는 혁신적인 전략을 썼는데, 이런 신탁이야말로 "영미법이 이룬 가장 두드러진 성취"였다.[12]

신탁은 신탁관리자에게 독특한 문화적·사회적 위치를 부여했다. 이는 봉건적인 관습과 밀접한 관련이 있었다. 예를 들어, 신탁관리자가 되는 가장 중요한 구성 행위는 소유권 이전이 아니라 약속이었다. 즉 신탁 토지를 자신의 이익을 위해 전용하는 일 없이 소유하다가 신탁설정자가 사망하면 그의 뜻을 받든다는 약속 말이다. 이 관습은 기사가 보호를 받는 대가로 영주에게 충성을 다해 봉사할 것을 약속하는 가신家臣 의식에서 유래했다. 가신 의식에는 흔히 성유물 같은 성스러운 대상 앞에서 서약을 주고받는 과정이 포함되었다. 그럼으로써 그 약속은 영구적이면서 돌이킬 수 없는 것이 되었고 신성한 권위로 보호되었다.[13]

비슷하게, 중세의 소유권 이전은 글로 쓰인 문서에 의존하는 일이 거의 없이 말로써 행해졌다.[14] 토지와 다른 귀중품의 소유권 이전은 재산 소유주가 특별히 지정한 증인들 앞에서 자신의 뜻을 큰 소리로 말하는 행위로 이루어졌다.[15] 이런 형식이 소유주의 말에 법적 효력을 부여했다. 신탁은 이런 맥락에서 생겼기 때문에 신탁을 정하고 신탁에 법적 구속력을 부여하는 데는 말로 하는 약속으로 충분했다. 따라서 중세에 토지의 신탁관리자가 되는 것은 당시 사람들이 생활하기 위해 하는 여러 '발화 행위' 가운데 하나였다. 이런 발화 행위의 또 다른 예는 봉건시대의 전형적인 발언인 "그대에게 기사 작위를 수여하노라"다.[16]

자산을 신탁한다는 약속은 가신의 서약과 마찬가지로 종교적인 의미에서 신성하다고 여겨졌다. 그래서 수세기 동안 신탁을 둘러싼 갈등은 법률재판소가 아니라 종교재판소에서 다루었다.[17] 신탁은 기사 작위와 마찬가지로, 중세 사회를 조직하고 정신적 영역으로 연결한 '서약 관계의 망'을 구성하는 필수요소였다.[18] 봉건시대의 한 역사가가 말한 대로 "그래서 자신을 내맡기는 행위가 봉건제에 매우 중요했다."[19]

물론 서약은 깨지곤 했는데, 때로는 해럴드 고드윈슨[Harold Godwinson] (그림 4 참조)처럼 서약을 위반한 일로 아주 유명해지기도 했다. 해럴드 고드윈슨은 노르망디의 윌리엄*에 대한 충성 서약을 깨뜨렸고, 이것이 1066년 헤이스팅스전투로 이어졌다고 한다.[20] 이미 1390년에 '신뢰할 수 없는 봉토 수령자(약속을 깨뜨리고 위탁받은 토지를 전용한 신탁관리자)'에 관한 기록이 있다.[21] 그렇지만 이 체제는 종교재판소의 공식적인 권위뿐만 아니라 수치심과 불명예가 강제하는 규범과 가치관의 비공식적인 권한에 기대어 유지되었다. 토지를 신탁한 사람들이 "신탁관리자로 하여금 의무를 이행하게 하"려면 "말 그대로의 신뢰와 공동체의 여론에 상당한 정도로 의지해야 했다."[22] 놀랍게도, 이런 관습은 19세기가 훨씬 넘어서까지

---

* 영국 노르만왕조의 제1대 왕(재위 1066~1087년)으로, 잉글랜드의 해럴드 2세 왕을 죽이고 노르만왕조를 열었다.

그림 4. 해럴드 고드윈슨이 노르망디의 윌리엄에게 서약하는 모습을 보여주는 프랑스 바이외에 있는 11세기 태피스트리. 신성시되는 성유물함 위에 손을 얹은 오른쪽 인물이 해럴드 고드윈슨이다. © Reading Museum(Reading Borough Council). All rights reserved.

영국, 미국, 그리고 다른 관습법 국가에서 많은 재산을 보호하기에 충분할 정도로 잘 작동했다.[23]

이 자율시행 제도가 굳건한 데는 계층의 연대 역시 기여했다. 신탁관리자 역할을 맡은 개인은 그의 봉사를 요청하는 토지소유자와 공동의 적을 됐다. 그 적은 바로 세습재산을 소멸시키려 하는 법이었다. 신탁관리자는 대개 신탁설정자 및 수익자와 "동일한 사회계층에 속하는 친구와 친척"이었다.[24] 실제로 20세기가 훌쩍 넘어서까지 거의 모든 부유한 남성이 신탁관리자였다.[25] 이 엘리트층에게 봉건적인 부대 의무(영주가 자신의 기사와 봉신[封臣]에게 부과할 수 있는 토지소유권 이전과 관련된 많은 세금)와 장자상속제는 특별한 근심거리였다. 전자는 가족 재산을 위협할 정도로 부담스러웠고 후자는 토지소유자가 죽으면 가족 가운데 맏아들 외에는 재산을 몰수당하리라는 것을 의미했다(제인 오스틴의 소설《오만과 편견[Pride and Prejudice]》에서 이런 재앙이 극적으로 표현되었다). 신탁의 제도화는 직접적이고 폭력적인 대립보다는 회피의 결과로 나타난 일종의 집단행동이었다. 신탁의 역사에 관한 한 권위자는 신탁의 발전에 계층의 연대가 기여했다는 주장을 이렇게 요약했다. "옛날의 신탁관리자는 무보수의 비전문가, 즉 가족과 지역의 정치인이었는데, 이들은 토지소유권 이전을 회피할 수 있도록 자신의 이름과 명예를 빌려주었다."[26]

오늘날과 마찬가지로 당시에도 신탁의 효과는 엘리트층이 통치 당국에 맞서 재산권을 행사하는 것이었다. 중세 영국에서 기사들은 토지소유자가 자신의 부를 온전히 운용해 어떤 중앙기관보다 더 강력해지도록 하는 데 중요한 역할을 했다.[27] 사회구조 안에서 한 사람이 갖는 지위가 재산권에 달려 있던 시대에, 기사는 지주 엘리트층의 이익을 보호했다. 신탁관리자는 자신의 귀족 동료가 예전에는 절대적이던 왕권으로부터 세금과 토지에 대한 권한을 빼앗아오도록 도왔다.[28]

현대의 자산관리사는 금융자산의 분배에서 중세의 기사와 엇비슷한 관계에 있다. 자산의 집중과 엘리트층의 사회경제적 지위를 유지하면서 통치기관에 대한 그들의 자율성을 주장하려는 것이다. 하지만 이런 통치기관에는 이제 국가 관료 조직과 OECD 같은 초국가적 조직이 포함되어서, 교전지는 현재 전 세계에 걸쳐 있다.[29] 자산관리사의 "'원료'는 자본이고 (…) 활동 무대는 전 세계다."[30]

봉건시대와 현대 사이에는 분명한 차이점들이 많아서, 기사와 신탁관리자의 사회경제적 역할이 비슷하다는 사실이 쉽게 간과된다. 중세 귀족 간의 관계에서 유래한 자산관리는 이제 보수를 받는 직업이 되었지만 명예, 사심 없는 봉사, 신중성, 충실성 같은 규범에 대한 기본적인 요구는 (실제로는 흔히 위반할 수도 있지만) 많은 면에서 이 직업의 기원과 달

고객의 자산을 위한 갑옷

그림 5. 《STEP 저널》 2014년 11월호에 고객 자산의 보호와 관련해서 실린 기사의 삽화.

라지지 않았다. 현대의 자산관리사가 자기 자신과 자신이 하는 일을 바라보는 시각에는 여전히 중세 기사의 윤리가 존속한다. 그림 5는 이를 보여주는 최근의 한 가지 예다.

더욱이 약속과 엘리트층의 연대는 현대의 사회경제 체제가 작동하는 데 여전히 매우 중요하다.[31] 중세 사회의 구조와 부의 분배가 '서약 관계의 망'에 의해 유지되었듯, "상업시대에 부는 주로 약속으로 조직된다"고 현대 자본주의의 논평자들은 말한다. 여기에는 자산관리사라는 전문직 계층에 의해 이루어지고 유지되는 약속이 포함된다.[32] 예전에는 이들의 행동 규범이 의식儀式이나 〈롤랑의 노래Le Chanson de Roland〉《캔터베리 이야기Canterbury Tales》 같은 글에 기록되었는데, 현재는 판례법과 직업윤리 규범에 성문화된다.[33]

직업 행동 규범의 발달에서 특히 중요한 것은 신탁 행위를 관리하는 법률의 출현이었다. '신탁'이란 신탁관리자와 수익자만이 아니라 대리인과 의뢰인, 게다가 기업 임원과 주주 사이에 존재하는 관계를 가리키는 일반적인 용어다. 모든 신탁은 충실성, 정직성, 성실성, 선의, 투명성을 가지고 행해야 하고, 본인principal*의 이익을 자신의 이익보다 우위에 두어 사적으로 이용하는 일을 피해야 한다.[34] 하지만 (이상주의적이라는 면에서 사실상 기사에게 어울리는) 앞서 말한 덕목 이외에 신탁관리자의 의무를 통제하는 일정한 규정은 없다. 대신에 실무 현장에서 규범이 생거나, 법에 명시된 것보다는 개개의 사례에 따라 적법하게 집행된다. 본인-대리인 이론principal-agent theory**의 말을 빌면, 이런 관계는 "비용이 대단히 많이 드는 명세화와 감시가 특징이다. 충실성 의무가 상세한 계약조건을 대신한다."[35]

자산관리사는 수탁자로서 의무를 짐으로써 고객과 고객 자산에 행사하는 권한에 균형을 잡는다. 예를 들어 자신이 부유해지기 위해 고객이 신탁한 자산의 법적 소유권을 남용해서 고객이 의도한 수익자의 이익을 희생하지 않아야 한다.[36] 원래는 수탁자 지정이 엄격해서 신탁관리자가 자신이 하는 역할에 대해 보수를 받지 못하도록 금지했다. 신탁설정자가 신탁증서에 보수를 명기해 넣은 경우를 제외하고 말이다. 18세기 말에 나온 법률 관련 논문은 이렇게 설명한다. "형평법*** 법원은 신탁을 금전적 동기가 아니라 명예를 위한 동기, 즉 위탁받는 사람(신탁관리자)의 명예와 양심에 부담을 지우는 것으로 여긴다."[37] 이런 관점이 자산관

---

* 본인은 비용과 위험부담 하에 거래하고 권한을 위임하는 사람으로서 신탁관리자, 대리인에 대비되는 말이다.
** 개인 또는 집단이 자신의 이해에 직결되는 의사결정 과정을 다른 사람에게 위임할 때 본인-대리인 관계가 성립한다. 이들 간에는 정보의 불균형, 감시의 불완전성 등으로 인해 도덕적 해이, 역선택 등의 문제가 발생할 수 있는데, 본인-대리인 이론은 이런 문제를 다룬다.
*** 관습법 국가에서 보통법만으로는 사회의 진전과 발달에 부응하지 못하는 면이 있어 이를 보충하기 위해 형평, 평등, 정의의 원리에 입각한 형평법이 생겨났다. 형평법은 처음에는 성직자에 의해 행해졌으나 그 후 점차 전문 법률가가 행하게 되었다.

리가 직업화되는 것을 가로막는 의도적이고도 높은 장벽이었다.

미국의 표준신중투자자법^{Uniform Prudent Investor Act}에 공식화된 주의의
무注意義務는 "합당한 주의, 기량, 조심성"을 가지고 행위하고 "신탁자산을
신중한 투자자처럼 관리"할 것을 신탁관리자에게 요구한다.[38] 이런 규범
은 의도적으로 해석을 폭넓게 열어둔다. 신탁관리에 따른 위험과 불확실
성 때문이다. 여기에는 투자 손실의 위험만이 아니라 여러 세대에 걸친
재산 이전에 따라 장기적으로 발생하는 미지의 일들이 포함된다. 이는
분명 중세의 기사가 봉건 영주의 재산에 의존하면서 맞닥뜨린 위험이나
불확실성과는 다르다. 하지만 두 경우 모두 봉사 조건을 구체적으로 밝
히거나 표준화할 수가 없다는 점에서 비슷하다.[39]

아마도 이런 규범과 관련된 가장 유명한 진술은 1928년 당시 뉴욕주
최고법원에서 일하던 벤저민 카도조^{Benjamin Cardozo} 판사의 진술이다. 나
중에 미국 연방 대법관으로 승진한 카도조는 메인하드 대 새먼 소송사
건*에서 이 판결의 다수 의견을 이렇게 썼다. "신탁관리자는 시장의 도덕
보다 더 엄격한 도덕을 고수한다. 그래서 신탁관리자는 정직성뿐만 아니
라 가장 민감하고 세심한 도의심을 행동 규범으로 품는다. (…) 수탁자의
품행 수준은 대중보다 더 높은 수준으로 유지되어왔다."[40] 이는 중세 기
사의 특징으로 여겨진다. '시장의 도덕보다 더 엄중한' 의무에 묶인 엄격
성(형식상의 절차와 예법에 대한 관심), 명예, 정직성, 그리고 대중 위에 있다는
의식 말이다. 사실 이것은 초서의 《캔터베리 이야기》에 나오는 순례하는

---

* 동업자였던 메인하드와 새먼 사이에 벌어진 소송이다. 뉴욕주 최고법원은 동업자 관계 도중
에 사업 기회가 발생할 때 동업자가 서로 수탁자 의무를 지는 것이 당연하다고 판단했다. 한
쪽 동업자가 상대 동업자에게 동업 관계를 모르는 제3자가 제공하는 수익성 있는 기회에 대
해 알리지 않는다면 수탁자의 연락 의무를 위반한 것이고, 게다가 그 동업자가 동업자로서의
지위로 얻은 이익을 상대 동업자 몰래 혼자 전용한다면 충실성의 의무를 위반한 것이라고 판
결했다.

기사의 최신판처럼 읽힌다. 그는 "기사도 정신, 진리, 명예, 그리고 모든 격식을 사랑했다."[41]

중세와 현대의 연속성

하지만 이런 역사적 연속성은 의문을 불러일으키기도 한다. 왜 중세 환경에 적응한 결과로 생겨난 것이 중세시대가 지나고도 오래도록 존속하는 걸까? 다시 말해, 봉건세와 상속 제한이 폐지되었는데도 왜 지주 엘리트층은 신탁과 신탁관리자가 필요했을까?

17세기 말에는 토지를 유언장으로 유증할 수 있었다. 이는 피상속인이 사망하는 즉시 집행하도록 한 서면을 통해 (돈이나 소유물만이 아니라) 부동산을 상속인에게 이전하는 게 법적으로 유효했음을 의미한다.[42] 또한, 역외 금융 중심지가 발전하면서 카리브해 지역 같은 곳에 기반을 둔 기업이 한때 신탁이 제공하던 조세도피처 기능을 제공할 수 있었다. 이 두 가지 요인으로 인해 재산 신탁 관습은 자동화기 시대에 날이 넓은 칼만큼이나 한물간 듯하다.

하지만 신탁은 여전히 부유한 개인과 기업 모두에게 인기를 끄는, 심지어 없어서는 안 될 자산관리 수단으로 남아 있다. 그리고 신탁은 신탁관리자가 필요하다. 다시 말해, 엘리트층에게 신탁은 여전히 타당성이 있었기 때문에 계속해서 신탁을 관리하는 일이 필요했다. 하지만 신탁 자산의 종류가 달라졌기 때문에(이 주제는 4장에서 상세히 다룬다), 신탁관리자의 역할과 의무에도 비슷한 변화가 있었으며, 이것이 자산관리업의 출현으로 이어진다.

수세기 동안 신탁관리자의 책임은 아주 단순했다. 일개 재산의 법적 소유권을 가지고 있다가 가능한 대로 이전하는 것이었다. 하지만 19세기에 산업자본주의의 영향으로 부의 구성요소가 달라졌기 때문에 이런 소극적인 역할을 더 이상 유지할 수 없었다. 금융자산의 관리에 관한 한 신탁관리자는 적극적인 역할을 맡아야 했다. 신탁이 "토지 이전을 위한 방책이 아니라 금융자산을 보유하기 위한 장치가 되"자 "관리 신탁으로 이어진 부의 성격 변화는 신탁관리 업무에서도 비슷한 변화를 불러왔다."[43] 부동산이 점점 금융자산으로 교체되어 부가 대체 가능한 것이 되면서, 신탁은 엘리트층에게 계약이나 회사를 통해서는 쉽게 흉내 낼 수 없는 지배 수단을 제공했다. 이것이 어떻게 자발적인 신탁관리자에 대한 수요를 변화시켜 전문적인 자산관리의 발전으로 이어졌는지가 다음에 다룰 주제다.

1단계: 자원봉사에서 직업화로

대항해 시대 이후 이루어진 발전 덕에 19세기 유럽과 북아메리카에서는 엄청난 상업적 부가 창출되었다. 부의 기반이 결정적으로 토지에서 자본으로, 즉 토지와는 다른 종류의 주의와 관리가 필요한 대체 가능한 부의 원천으로 이동했다. 19세기 영국에서는 거품규제법Bubble Act*이 폐지되어 기업(과 기업 투자)이 전에 없이 번창할 수 있었다.[44] 신탁관리자는 갑자기 엄청난 액수의 현금과 수백 개의 주식회사를 운용할 수 있게 되었

---

* 거품규제법은 18세기 초 남해거품사건을 초래한 투기를 막고자 만들어졌다. 영국의 남해회사는 1711년 아프리카의 노예를 에스파냐령 서인도 제도에 수송하고 이익을 얻는 것을 목적으로 설립되었다. 이 회사가 거액의 국채를 인수하는 대가로 에스파냐령 아메리카와의 무역 독점권을 갖자 주가가 폭등했으나 사업 내용이 부실한 것으로 드러나면서 주가가 폭락하고 파산자가 속출해 공황 상태가 되었다.

다. 하지만 신탁증서에 의해 특별히 권한을 부여받지 않는 한 유가증권에 투자할 권리가 없었다. 대부분 신탁증서는 수익자를 '신뢰할 수 없는 봉토 수령자'에게서 보호하기 위해, 신탁관리자에게 투자할 권한을 주지 않고 단순히 소극적인 토지 명의인 역할을 부여했다.

　법원이 신탁관리자의 투자 권한을 확장하는 일을 돕고 나서면서 직업화 과정을 향한 중요한 전진이 일어났다. 신탁법이 유래한 영국에서 1889년 신탁관리자투자법Trustee Investment Act이 만들어진 후의 일이다. 이 법은 신탁증서에서 투자 권한을 부여하지 않았더라도 신탁관리자가 영국의 국채나 토지에 투자할 수 있도록 허용했다. 투자 기회가 확대되면서, 신탁관리자는 법원과 입법기관이 허가한 선택지를 제공받았다. 이 법정 투자 목록은 대개 지역의 부동산이나 국채에 한정되었다. 이런 제한이 생각하는 만큼 실망을 불러일으키지는 않았다. 1720년 영국 남해회사의 실패가 계속되어 신탁금융에 길고 짙은 먹구름이 드리워졌기 때문이다. "신탁관리자가 투자할 권한을 가졌더라도 주식시장의 주식에 신탁자금을 투자하는 것은 신중치 못하다고 신탁 전문가들이 주장"할 정도였다.[45] 그래서 19세기 후반 주식에 투자할 수 있는 명시적인 권한을 얻었으나, 신탁관리자들은 흔히 법정 투자 목록에서 주식을 피하고 토지나 채권 등의 투자 항목을 선택함으로써 안전을 꾀했다. 영국 법원이 신탁관리자에게 신탁자산의 수익소유자인 듯이 주식에 투자할 수 있는 완전한 재량권을 부여하기까지, 다시 말해 2000년 신탁관리자법Trustee Act이 생기기까지 한 세기 이상이 걸렸다.[46]

　신탁관리자의 자율성에 대한 이런 제한은 신탁 재산에 초래되는 손실을 개인적으로 완전히 책임지도록 하는 요건과 부합했다. 즉, 자신의 행위와 결정에 의해 신탁 재산 가치에 손실이 발생하면 신탁관리자가 법에 따라 개인 재산으로 배상해야 했다. 비록 그 손실이 고의가 아니라 선의로 발생했을지라도 말이다.[47] 이런 요건이 파산 위험성이 많은 주식 투자를 가로막았다. 특히 신탁관리자는 보수를 받아서도, 회계사 같은 전문가에게 의사결정을 위임해서도 안 된다는 입장을 법원이 고수한 까닭이었다.

사회학의 관점에서 신탁관리자의 역할은 보상의 논리보다는 증여의 논리에 지배된다.[48] 실제로 신탁은 법률적으로 증여의 개념에서 유래했기 때문에, 계약을 맺을 때 통상적인 '보수' 요건이 적용되지 않았다.[49] 그래서 신탁관리자는 신탁설정자와 수익자를 대신하는 수고에 대해 보수를 받는 게 금지되어 경제적으로 금욕을 지켰다.[50] 이것이 전적인 책임 및 제한된 투자 재량권에 대한 부담과 결합되어 신탁을 전문적인 서비스가 아니라 도덕적 의무와 자원봉사에 기반을 둔 '개인적인 관계'로 여기는 전통이 유지되는 데 기여했다.[51]

결국 신탁관리자가 직업 계층으로 인정받고 별개의 전문직으로서 자산관리사가 출현하는 과정은 1830년 미국에서 시작되었다. 하버드대학교 대 애머리 소송사건에서 매사추세츠 최고법원이 내린 판결은 '신중한 투자자'의 원칙을 확립했다. 이 원칙은 신탁관리자의 전문지식을 법적으로 인정하고 그들에게 투자 결정에서의 자율성을 허용했다.[52] 한편으로, 이 원칙은 지금까지는 비공식적인 관습이던 엘리트층의 연대를 그야말로 성문화했다. 법원이 '신중함'을 '보스턴 상류사회 출신 실업가'의 품행과 관련해서 정의했기 때문이다.[53] 하지만 이 판결은 또한 국가가 신탁관리자를 인정하는(국가의 인정은 모든 직업이 성립하기 위한 필수요소다) 실질적이고 역사적인 발전을 상징했다.[54]

신탁관리자가 신생 직업 집단으로서 최초로 공식 인정을 받은 시기와 지역은 우연의 일치가 아니다. 영국이나 유럽대륙과 달리 미국 북동부 지역에서는 큰 면적의 토지가 여러 세대 동안 세습 귀족이나 플랜테

이션 농업에 의해 묶여 있지 않았다. 대신에 이 지역은 포경업을 통해, 그리고 직물, 럼주, 노예의 세계무역을 통해 부를 키웠다. 이 사업은 막대한 수익을 낳았고, 이에 따라 대부분의 가족이 한 세대 안에 쓸 수 있는 것보다 더 많은 현금 보유액을 어떻게 처분할지에 관한 자문이 필요했다.

다시 말해, 신탁과 상속 설계를 다루는 직업이 자본주의 자체의 변화와 더불어 동시에 생겨났다. 어떤 점에서 19세기 상류층 가족이 고용한 신탁관리자는 중세의 토지 신탁관리자와 '계층 연대의 유지'라는 동일한 목표와 동기를 공유했다. 신탁관리자는 일반적으로 자신이 봉사하는 가족과 동일한 계급의 인물일 뿐만 아니라 '안정적인 자본가계급의 제도적 통합'을 이루는 데 중요했다.[55]

이렇듯 목적에 연속성이 있기는 하지만, 신탁관리자는 산업자본주의 하에서 새로운 중요한 요구에 맞닥뜨린다. 부가 유형재산에서 상업자본으로 이동해 새로운 형태를 띠면서, 부를 관리하는 데 전문가의 도움을 받아야 할 필요성 역시 높아졌다. 이 일은 전통적인 무보수의 토지 신탁관리자에게 요구되는 것을 훨씬 넘어서는 시간과 전문지식을 요구했다. 이런 요구에 부응해 《신탁과 상속Trusts & Estates》이라는 잡지가 1904년에 발간되기 시작해서 자산관리에 관해 전문적으로 논의하는 최초의 공식적인 장이 조성되었다. 이는 자산관리라는 차별화되는 업무 분야의 윤곽을 그리는 아주 중요한 단계였다.[56]

낡은 봉건적 경제체제의 잔재가 부를 창출하는 새로운 방식에 무너지면서, 신탁관리 업무는 아주 다른 종류의 일이 되었다. 몇 세기 동안 안정성이 유지되다가 수십 년 내에 중대한 변화가 일어난 것이다. "빅토리아 여왕 시대 말기의 일반적인 신탁관리자는 초기와 상당히 달라졌다. 그는 한 가족의 소유지를 보호해주는 사람이라기보다는 돈과 투자를 관리하는 사람이 되었다. (…) 신탁관리는 영리 목적의 숙련된 직업이

유언으로 남기는 돈을 관리하기 위해
어느 쪽을 택하시렵니까?

노선트러스트		보통의 개인
죽지 않는다	1	수명이 불확실하다
결근하거나 장애를 입을 일이 없다	2	여행을 하거나 아플 수도 있다
매우 책임감이 있다	3	흔히 재정적으로 책임을 지지 않는다
편견에서 자유롭다	4	흔히 편견을 가지고 있다
경력이 있다	5	신탁관리 업무를 거의 모른다
설비와 조직을 갖추고 있다	6	모든 것을 스스로 해야 한다
정기적으로 정확하게 보고한다	7	보고를 회피하는 경향이 있다
신탁관리 업무를 업으로 한다	8	자기 일에 여념이 없을 수 있다
집단의 경험과 판단	9	한 사람의 판단

그림 6. 1917년 전문적인 자산관리 서비스를 이용할 때의 이점을 선전하는 노선트러스트의 광고.
출처: Northern Trust Company Annual Report, 1917.

었다."[57] 시카고에 기반을 두고 신탁관리를 전문으로 하는 노선트러스트Northern Trust가 1917년에 낸 광고에서 이 직업이 발전하면서 보이는 변곡점을 포착할 수 있다(그림 6). 이 광고는 친구나 가족보다는 전문가에게 자산관리를 맡기도록 부유한 개인을 설득한다.

이 광고가 만들어진 후 엘리트층의 투자, 조세도피 전략, 자산 보유를 위한 조직의 구조가 점점 복잡해져 자산관리는 탈바꿈했다.[58] 특히 지난 20~25년 사이에(STEP 설립 시기와 일치한다) 조세와 다른 규제기관으로부터 재산을 보호하는 일이 다면화되고 세계화되었다.[59] 같은 시기에, 서로 이질적인 산업 사이의 협력이 극적으로 증가해서 부의 유지를 돕는 상품과 서비스가 생겨났다. 여기에는 수많은 전문 자산관리회사와 개인 자산관리사뿐 아니라 은행, 법률회사, 회계회사, 보험회사가 포함된다.[60]

이런 세계적인 팽창과 협력은 새로운 종류의 전문지식을 요구한다. 이 전문지식은 그것이 봉사하는 자본과 고객만큼이나 '초국가적'이고 '대단히 이동이 자유로운' 성향이 있다.[61] 한 연구에서 말한 대로, 신탁관리자가 "추상적인 법과 돈의 작용을 구체적으로 구현하는 인간 화신"이라면 자본의 세계화가 이 직업의 변화를 추동하는 것은 어쩌면 불가피했다.[62] 신탁관리가 봉건 국가에 대응해 생겨난 것처럼, 자산관리는 세계 최고의 부자 집안들이 만들고 거주하는 초국가적 공간의 결과물이다.

2단계: STEP의 부상

초기 자산관리 전문가들이 19세기와 20세기를 향유했다는 인식이 늘고 있지만, 대부분 종사자들은 여전히 고립되어 있었다. 자산관리사가 하는 일은 금융 분야에서 "나이와 무명無名의 안식처" 가운데 하나로 여겨졌다.[63] 리버풀의 회계사인 조지 태스커가 1990년 11월 《신탁과 상속》 편집자에게 보낸 편지에서 이런 상황을 비난했다. 창간되고 86년이 지난 당시에도 계속 출간되던 이 잡지는 여전히 부의 구조화와 관리에 종사하는 다양한 전문가 집단을 연결하는 유일한 출판물이었다. 그의 편지에 만나서 경험과 모범 사례를 공유하자고 제안하는 수백 통의 답장이 쏟아졌다. 1991년 초에 82명의 전문가가 런던 중심부에 있는 신탁및상속전문가협회 창립총회에 참석했다. 1년 뒤 STEP 등록 회원은 1000명에 달했다.

이 초기 단계부터 자산관리업과 부유한 고객을 대표하는 많은 제도 구축 활동과 정치적 활동이 나타났다. 이 협회의 최초 회원 가운데 한 사람으로 1991년 10월 참여해서 지금은 이사로 활동하는 닉 제이콥 Nick Jacob은 원래 STEP를 순전히 영국 내 조직으로 운영할 작정이었다고 말했다. 하지만 채 2개월이 안 되어서 STEP가 국제 회원을 갖게 되리라는 점이 분명해졌다. 자산관리 전문가들이 주도해 다른 관할권에 지부를 만드는 형식으로 말이다. 전 세계 STEP 회원은 자원봉사를 바탕으로 매년 572회의 행사를 조직해 한 해에 평일마다 2건 이상의 행사를 치른다.[64]

STEP는 또 영향력 행사와 법 제정에 적극 임했다. 영국에서는 STEP 회원 같은 전문가만이 유언장을 작성할 수 있도록 한정함으로써 비전문가(또는 악덕업자)가 그 일을 하지 못하게 의회에 영향력을 행사했다.[65] STEP는 역외 관할권에서도 활발히 활동한다. 역외 관할권 회원들은 꾸준히 선출직 공무원들과 협력해서 금융 관련 법 초안을 작성한다.[66] OECD가 블랙리스트에 올리겠다고 하자 조세도피처들이 반대 운동을 벌였는데, 세계적으로 형성된 이 투쟁의 전선戰線에서 STEP는 핵심 역할을 했다. STEP 회원들은 설득력 있는 논의를 정교히 만들어내 설전에서 승리를 거두어 일부 관할권에 대한 제재를 제안한 OECD가 물러서게 했다.[67]

STEP는 회원 수가 늘어나면서 자산관리사가 가진 전문지식의 공식적인 경계를 확립하는 데도 적극 참여했다. 신탁 및 상속 설계 관련 일을 하는 사람들은 대부분 다른 전문직종에 속한 사람들이기도 하기 때문에, STEP는 부유한 고객에게 서비스를 전문으로 제공하는 사람들을 지정하기 위해 신탁 및 상속 전문가 자격증인 TEP를 개발했다. CPA가 표준적인 회계사 자격증인 것처럼, TEP는 사실상 세계적으로 인정받는 표준적인 자산관리사 자격증이 되었다.

대부분의 자산관리사 구인광고에는 지원자가 TEP 자격증이 필요하거나 이 자격증을 가지고 있는 것이 좋다고 명시한다(이 장의 부록을 참조하라). 그리고 고용주는 보통 직원이 이 자격증을 취득하기 위한 강좌를 듣도록 비용을 대준다. 이 자격증이 기업의 위상과 직업적 신뢰성을 강화하기 때문이다. 이런 효과는 다른 자격증보다 TEP가 더 크다. 영국령 버진 제도의 자산관리사인 셔먼은 이렇게 말했다. "나는 CTA(공인세무상담가)나 STEP 자격증을 따야 했는데, STEP 자격증이 훨씬 더 전망이 좋았죠. 그래서 2년에 걸쳐 STEP 자격증을 땄어요. 내가 다니는 회사는 이 자격증을 취득하도록 지원을 해줬어요. 내가 하는 일에 TEP가 아주 중요한 전문 자격증임을 인정했거든요."

TEP 자격증은 자산관리사라는 세계적인 직업을 통합하는 데에도 상징적으로 기여한다(STEP 회원들의 출신 배경이 대단히 다양하다는 사실을 고려하면 이런 통합은 반드시 필요하다). 자격증 취득을 위한 5주 간의 세미나는 지식 전달을 위한 체계이면서 사회화 과정이기도 하다.

자산관리업과 고등교육 간의 관계는 여전히 발전하고 있다. 전문지식이 "현대의 대학에서" 두드러지게 "중심적인 위치에 있고 대학과 동맹을 맺고" 있지만, 자산관리의 공식 학위과정은 최근 설립되었다.[68] 법과대학원(로스쿨)은 수십 년 동안 신탁법 전문 과정을 제공해왔다. 하지만 2011년 가을에야 한 대학이 자산관리 관련 학위를 제공했다. 맨체스터대학교는 STEP와 공동으로 2013년 봄에 신탁 및 상속 관리 분야의 최초 학사학위를 수여했는데, 이는 자산관리의 직업화 과정에서 또 다른 중요한 역할을 했다.

STEP는 세계적으로 빠르게 확산되고 있고, 더불어 공적 역할도 점점 커지고 있다. 일부 학자가 가장 중요하지만 가장 연구된 바가 적은 세계 제도 변화의 원천 가운데 하나로 이 직업 협회를 꼽은 것은 이런 이유에서다.[69] STEP는 《STEP 저널》 같은 대표적인 출판물뿐 아니라 자격증과 학위과정을 통해 학자들이 '지식공동체epistemic community'라고 부르는 것을 만들었다. 지식공동체란 다양한 학문 배경을 가지고 있지만 전문지식과 세계를 바라보는 방식으로 결속되어 있는 전문가 집단을 말한다.[70] 이 공동체가 세계의 정치경제에 미치는 영향력은 대단히 커서 법, 정치, 그리고 전문직 업무의 경계에 변화를 불러온다.

STEP는 특히 자신들의 관습을 세계적인 규범으로 확립하는 데 성공했다. (역내와 역외의) 법률에 관한 영향력 행사를 통해서 그리고 자격증 취득을 위한 교육과정 같은 제도를 만들어냄으로써, STEP는 금융 및 법률 혁신의 세계화에서 중요한 역할을 했다. 예를 들어, STEP 전문가들은 이전에 신탁을 인정하지 않던 관할권에서 신탁을 이용할 수 있도록 개념을 '해석하는' 데 영향력을 미쳤다. 또 영국령 버진 제도에 있는 VISTA 신탁-기업 결합과 같이 새롭게 변형된 신탁을 만들어내는 일을 도왔다(3장 참조). 이 변형된 신탁은 역외 세계가 지닌 경쟁력 있는 이점의 주요 원천이었다. 어떤 관습이 특정한 장소와 시간을 벗어나 세계적인 규범이 되는 이런 종류의 '세계화된 지역주의'가 초국가적인 제도 변화를 일으킨다.[71]

이 직업 협회는 자신들의 업무 영역을 규정하면서 또 다른 방식으로 세계 변화를 이끌어낸다. 어떤 직업이 아무리 자리를 확실히 잡았더라도, 그 영역은 언제나 이의 제기를 당하고, 역동적이며, "계속되는 주장과 반대주장"의 대상이 된다.[72] 자산관리처럼 새로 만들어진 직업은 현재의 전문지식 영역을 지키면서 확장할 수 있는 기회에 기민하도록 압력을 받는다. STEP는 이런 점에서 아주 전략적이었다. 영국에서 STEP 회원과 그들의 전문직 동료들만 유언장을 작성할 수 있도록 제한하기 위해 싸우고 있을 뿐 아니라 이를 세계적인 싸움으로 확대하고 있다. 최근의 한 인터뷰에서 닉 제이콥은 "우리의 미래 발전에 가장 중요한 부분은" 유럽대륙과 남아메리카의 민법* 국가에서 유언장 작성과 상속 설계의 영역을 점유하는 것이라고 주장했다. 민법 국가 사람들도 관습법 국가 사람들만큼이나 죽는데, 상속 문제를 처리하는 방식은 전 세계적으로 큰 차이가 있다고 그는 말한다. "많은 관할권에서 공증인이 이 일을 주도하는데 그들은 상당히 자위적自衛的이어서 거기에 끼어들기가 아주 어려워요. 하지만 나는 여전히 우리가 큰 역할을 담당할 수 있을 거라고 생각합니다."[73] STEP는 홈 경기장인 영국에서는 '악덕업자'인 유언장 작성자에 맞서는 데 앞장서고, 해외에서는 '주모자'인 공증인과 교전할 만반의 태세를 갖추고 있다.

이 관할권 전쟁은 자산관리업 자체에 중요할 뿐 아니라, STEP나 자산관리사와 접촉할 일이 없는 사람들뿐만 아니라 전 세계의 일상생활에도 영향을 미친다. 예를 들어, 남아프리카공화국의 자산관리사인 찰스는 자국에서 신탁의 실패율이 높은(85퍼센트의 신탁이 법원에서 무효화된다) 이유는 주로 직업 기준과 규제가 없기 때문이라고 설명했다. "자격 없는 사람들이 자기 형제를 신탁관리자로 해서 신탁을 설정하고, 그래서 소송에서 지게 되지요." 이런 식으로 신탁이 실패하면 관련된 개인이 치러야 하는 희생은 대개 아주 크다. 소송 비용뿐 아니라 신탁 구조 안에 분리해놓은 자산에 대한 세금과 벌금을 내야 한다.[74] 찰스는 계속해서 이

---

* 독일, 프랑스 등 유럽대륙의 대륙법은 법의 각 부문에 관한 법전이 존재하는 성문법인 데 반해 미국, 영국 등의 영미법은 관습법을 근간으로 삼고 있다.

렇게 말했다. "이런 까닭에 STEP가 이곳에 와서 직업 기준을 확립해 신탁이 법원에서 유효함을 인정받을 수 있도록 해줘서 다행이에요. 신탁과 상속 설계에 관한 자문에 응하려면 규제력 있는 시험을 치르고 등록해야 하도록 한 것도 그렇고요." 이 주장은 19세기 중반에 미국의학협회가 출현해 돌팔이 의사나 불법 의술을 행하는 사람들을 배제하는 기준을 마련하려 했던 이유와 아주 유사하다.[75] 남아프리카공화국의 사례가 보여주는 대로, 자산관리를 할 수 있는 권리를 제한하는 STEP의 해결책은 자산관리업의 이해관계와 실제로 보호해야 할 공익 모두를 어쩌다 충족시킨 것이다.

현대의 자산관리

자산관리가 현대의 직업으로서 어떻게 기능하는지 설명하려면 뚜렷이 구별되는 이 직업의 전문지식, 사회구조와의 관계, 그리고 다른 직업 집단과 비교할 때의 위상을 포함하는 '상징적 지형'에 관한 설명이 필요하다. 지위 경쟁은 전문직업인들이 사회 환경과 계층 내에서 자기를 규정하는 행위다. 앞서 말했다시피 전문지식의 경계를 규정하고 보호하는 것은 단지 수수료를 손에 넣는 문제만이 아니라 한 계층 안에 자리를 잡는 문제이기도 하다.[76] 지위를 얻기 위한 이런 경쟁은 전문직업인들이 자신의 일을 하나의 업무 분야로 확립하고 사회질서의 제도적 설계에 기여하는 한 가지 방법이다.[77] 현대 자산관리의 이런 차원을 분석하기 위해 급여, 직업 만족도, 그리고 자산관리 전문가가 얻는 비금전적 보상을 검토해보려 한다.

명망, 보수, 위상

현대의 분업으로 생겨난 온갖 분야 가운데 금융은 초국가적인 범위, 그리고 보수와 혜택 때문에 여러모로 가장 두드러진다.[78] 급여는 직업의 위상을 이루는 중요한 구성요소이지만, 금융 내에서는 특히 더 중요성을 띤다.[79] 급여를 기준으로 하면 자산관리는 금융 분야에서 중간 위치를 차지한다. 보수가 최저 수준은 아니지만 최고 수준과는 거리가 멀다. 자산관리사의 평균 보수는 6자리 수의 낮은 수준부터 중간 수준까지 맴도는데, 자산관리 업무의 인적자본 요건에 비해 현저히 적은 편이다.

예를 들어 최근의 한 구인광고는 제네바에 기반을 둔 '초초고액 순자산 보유자UUHNWI, ultra-ultra-high-net-worth individual'의 자산관리를 맡을 책임자에게 1년에 25만 달러에서 35만 달러까지 제시했다. 지원자는 자산관리 경력 최소 20년, TEP 자격증, 다국적 가족과 고문 팀 사이에서 연락 담당자로 서비스할 수 있는 능력, 그리고 '아주 중요한 사람들의 문제를 깔끔하게 조율하는 특출한 외교적 수완'이라는 조건을 갖춰야 했다. 같은 시기에 취리히의 한 프라이빗뱅크는 고객을 직접 상대하면서 신탁, 회사, 재단같이 복잡하게 구성된 구조를 A부터 Z까지 관리할, 적어도 10년 경력에 여러 언어를 구사하는 신탁관리자에게 매년 20만 달러를 제시했다(광고 전체를 보려면 이 장의 부록을 참조하라).

이들 급여는 재무관리자의 평균 연봉인 17만 5000달러보다는 다소 높지만, 많은 투자회사의 급여 수준보다는 상당히 낮다.[80] 예를 들어 골드먼색스의 경영이사 같은 비상임 직위의 기본급은 50만 달러이고, 모건스탠리와 크레디트스위스의 기본급은 40만 달러다.[81] 이들 회사의 매년 보너스는 평균 50만 달러다.[82] 금융은 세계적인 직종이기 때문에 이렇게 매우 높은 급여가 미국만의 현상은 아니다. 유럽과 다른 곳에서도 금융은 보수가 가장 높은 데다 다른 어떤 분야보다도 급여가 가파르게 오르

는 직업에 속한다.[83]

이런 급여 차이가 암시하는 것처럼, 자산관리는 금융 서비스 내에서 위신 문제를 겪는다. 다양한 다국적 회사(즉 자산관리를 전문으로 하지는 않지만 다각화된 금융 서비스를 제공하는 회사)에서 일하는 많은 자산관리사가 투자운용 전문가는 수익을 가져오는 반면에 자신들은 '비용 센터cost center*'로 여겨지는 데 대해, 즉 높은 비용으로 수익 낮은 일을 한다고 여겨지는 데 대해 불평한다.[84] 고액 순자산 보유 고객이 요구하는 개인 맞춤형 서비스는 실제로 비용이 많이 든다. 스위스의 한 부티크 회사boutique firm**에서 일하는 자산관리사 에리카는 이렇게 설명했다. "우리가 하는 일은 아주 돈이 많이 들어요. 우리가 수수료로 1프랑을 받을 때마다 60~70센트를 써야 합니다. 실제로 대개 우리가 1프랑을 받을 때마다 비용이 약 72센트 또는 73센트에 달해요. 지금 우린 고객에게 돈을 너무 많이 쓰고 있어요. 정확히 얼마라고 말해줄 순 없지만 계속 유지할 수가 없어요." 이 설명은 전 세계 자산관리에 관한 자료와 대략 일치한다. 이 자료는 자산관리사의 세전 평균 수익률이 23퍼센트라는 사실을, 그러니까 수수료 1달러당 약 23센트의 수익을 얻는다는 사실을 보여준다.[85] 이는 20퍼센트보다는 많지만 전 세계 금융자산 관리 분야의 평균 수익률인 29퍼센트에 못 미친다.[86]

어떤 의미에서는 이런 집중적인 고객 서비스가 다른 직업군과 구별지어 자산관리업의 경계를 뚜렷이 그음으로써 자산관리업의 이익을 증가시킨다. 일반적으로 전문직의 위상은 "그 일이 표준화되거나 합리화되

---

* 비용 센터는 기업 조직에서 직접적으로 수익을 창출하지는 않고 비용을 발생시키는 부서를 말하고, 이에 반해 실제 수익을 창출하는 부서는 수익 센터(Revenue Center)라고 한다.
** 부티크 회사는 한정된 고객을 대상으로 특정 금융상품만을 취급하는 소규모 금융회사를 말한다.

거나 또는 '상품화'될 수 없다는 믿음"에 달려 있다.[87] 자산관리사가 규정하는 서비스 모형은 표준화와 상업화에 반대한다. 그들은 두루 적용되도록 만든 상품보다는 각 고객의 특유한 명세에 맞춰 설계한 단 하나뿐인 구조를 만들어낸다. 실로, 이 분야에서는 "관리 재산의 규모가 커질수록 개인화가 (…) 비례해서 증가한다."[88] 자산관리는 개별화된 상품 그리고 고객과의 장기적인 관계를 약속한다. 이러한 특징은 현대성의 선두에 있는 자산관리산업을 시대착오적으로 보이게 한다.[89] 자산관리는 오트쿠튀르(고급맞춤복)처럼 이윤이 낮지만 사회적 명망이 높아 (적어도 이론상으로는) 균형을 이루는 사업 모형을 운영한다.[90]

하지만 자산관리가 큰 직업 체계에서 명망을 누릴지는 몰라도, 금융산업 내 동료 종사자들은 자산관리사의 위상을 별로 좋게 보지 않는다. 맞춤 서비스 비용과 함께, 규제 준수에 따른 비용이 높아지면서 자산관리업의 이윤이 더 낮아지고 있다.[91] 규제를 준수하려는 노력(한 기관이 활동을 통제하는 모든 규칙, 법, 규제를 따르려는 노력)은 비용이 많이 들 뿐 아니라 흔히 금융 내에서 원망을 사고 심지어 낙인이 찍히기도 한다.[92] 제네바에 기반을 둔 자산관리 전문가 브루스는 금융 서비스 내에서 자산관리가 갖는 이미지를 이렇게 보았다. "프라이빗뱅크 직원을 포함한 은행가들은 고객의 자산을 늘리는 게 자기가 할 일이라고 봐요. 그건 은행의 이익을 늘리는 걸 의미하기도 하고. 그 사람들은 규제 준수를 성가신 일로 여기죠. 반면에 좋은 자산관리사는 항상 규제 준수를 염두에 두고 있고 아주 보수적입니다. 자산관리사는 고객의 자산을 지키는 게 자기가 할 일이라고 보죠. 그래서 프라이빗뱅크 직원은 흔히 신탁관리자를 정말로 경멸해요." 프라이빗뱅킹산업에 관한 한 연구는 자산관리사들이 법에 저촉되는 일에 우려의 목소리를 내기 때문에 '사업 방해 부서'로 조롱받는다고 밝혔다.[93]

은행가는 고객에게 수탁자가 아니지만, 자산관리사는 수탁자다. 이런 관계의 차이에서 많은 결과가 생겨난다. 은행가는 고객의 이익을 희생시켜 (정보 비대칭을 기회주의적으로 이용하는) 경제적으로 합리적인 방식으로 행동할 수 있다. 수탁자 의무가 없기에 금융 서비스 산업 내의 많은 사람들이 자유로이 막대한 수익을 올리고 그에 비례해 엄청난 급여와 상여금을 받는다. 한 가지 극단적인 예를 투자은행인 골드먼색스에서 찾을 수 있다. 골드먼색스의 투자운용 전문가들은 주택저당증권 거래로 고객에게 바가지 씌운 일을 이메일로 자랑한 적이 있다.[94] 미국 상원의원인 수전 콜린스가 그 후 의회 청문회에서 "당신은 고객의 최선의 이익을 위해 행동할 의무가 있습니까?"라는 질문으로 골드먼색스의 경영진과 맞섰을 때, 이 은행가들은 그렇다고 대답할 수 없었다.[95]

자산관리사를 제약하는 수탁자 역할은 자원봉사만이 아니라 증여 개념에서도 기원한다.[96] 그래서 사심과 개인적인 이익이라는 동기 없이 봉사해야 하는 수탁자는 금융산업의 규범과 충돌한다. 시카고에 기반을 둔 자산관리사 필립은 급여 문제와 수탁 업무를 하는 데 필요한 성격 특성을 직접적으로 연관 지었다. "최고의 신탁관리자가 가진 한 가지 특징은 겸손입니다. 그 일을 하기 때문에, 다른 사람(고객)의 이익을 최우선해야 하죠. 고객이 자신에 관해 하는 이야기를 들어야 합니다. 이것이 기업 상황에서 우리가 아주 다른 심리를 갖는 한 가지 이유일지 모르고, 그게 보수 문제와 연결될지 몰라요. 우린 많은 사람들이 허풍을 떨어대는 데 아주 능숙한 산업에 속해 있지만 신탁관리자는 그렇지가 않습니다. 신탁관리자들은 정말로 자기가 봉사한다고 여기죠."

이런 봉사 지향과 겸손은 낮은 급여뿐 아니라 일부 자산관리사가 고객에게 청구서를 보내는 걸 주저하는 데도 반영된다. 건지섬에 기반을 둔 자산관리 전문가 로버트는 이렇게 말했다. "전문가로서 고객의 은행

계좌가 아니라 고객과의 장기적인 관계를 원합니다. 고객에게 청구서 지불을 요구하는 대신에 청구서를 승인해달라고 요청하죠. 고객의 돈이 지출되는 게 아니라는 걸 강조하기 때문에(그 돈은 신탁의 것이죠) 더 수월한 경향이 있거든요."

"이해관계를 따지는 세계에 '중립적인' 이런 윤리"가 자산관리 분야에서 성별 분업이 점점 늘어나는 현상과 연관이 있을지 모른다.[97] 오늘날 남성이 자산관리 전문가의 다수를 이루지만, 많은 인터뷰 참여자가 점점 더 많은 여성이 수탁자 자리를 차지하고 있다고 말했다. 내가 다닌 자격증 과정이 이런 관찰을 뒷받침해주는데, 그 모든 교육과정이 대부분 여성으로 이루어져 있었다. 수탁자의 성별이 보수에 어떻게 영향을 미치는지 보기 위해, 케이맨 제도에서 일하는 자산관리사 어밀리어의 예를 살펴보자. "저는 고객이 막심한 피해가 발생할 수 있는 투자를 피하도록 도와줘요. 한 남자분한테 헤지펀드에 투자하지 말라고 했을 때처럼 말이죠. 그 헤지펀드는 나중에 잘 안돼서, 투자했다면 대략 50만 달러 또는 (계좌의) 70퍼센트를 잃었을 거예요. 하지만 피해가 막심했을 투자에서 구해줬다고 해서 보수를 더 많이 받지는 않았어요. 어쩌면 그 남자분은 제가 그렇게 해줬다는 걸 알지도 못했을 거예요." 이 이야기에서 몇 가지를 주목할 만하다. 무엇보다 어밀리어가 고객의 재산을 구한 데 대한 보상이나 장려금이 없었다. 그래서 어밀리어 편에서는 경제적으로 합리적인 행위가 아니었다. 골드먼색스의 투자운용 전문가처럼 그냥 그 남성이 손해나는 투자를 하게 했다면, 어밀리어는 고객과 그 고객이 지불하는 수수료를 잃었을지 모른다. 하지만 그게 어밀리어의 보수에 영향을 미치지는 않았을 것이다.[98] 둘째, 어밀리어는 이렇게 손해나는 투자를 막아준 일로 인정받지 못했다. 그건 그야말로 당연한 일이었다. 이 사례는 봉사와 겸손에 대한 필립의 주장을 그대로 보여준다.

부가 인간의 욕구에 봉사하게 하는 일은 부 자체를 증식시키는 일보다 수익성과 명망이 덜하다. 만약 여성 자산관리 전문가의 수가 증가하고 있다면, 이는 자율성과 소득이 감소함에 따라 대부분 남성이던 종사자가 여성으로 바뀐다는 다소 잘 알려진 과정 때문일지 모른다.[99] 이런 일은 의학과 다른 분야에서 일어나고 있으며, 금융 분야에서도 일어나고 있다. 규제 준수 비용과 고객 서비스에 대한 높은 요구가 결합되어 남성에게 자산관리업의 매력이 떨어지고, 그래서 여성이 진입할 여지가 더 많아지는 것이다. 세이셸 제도의 신탁관리자 게이브리엘은 이렇게 설명했다. "여성들이 일을 잘하죠. 자산 운용에서는 남성을 찾아볼 수 있겠지만 대부분 일이 진행되는 수탁 부서에서는 안 그럴 거예요. 요구가 많은 고객을 상대하기에는 여성이 인내심, 사교 능력이 더 많다고 전 생각해요."

자산관리는 금융 서비스 산업에 속하기는 하지만 다른 금융 분야와는 아주 다르다. 이는 중세 기사의 봉사, 충성심, 그리고 표면에 나서지 않는 태도 같은 경로의존적path-dependent*인 관계 때문이다. 하지만 한때는 기사도 정신과 연관된 남성의 이상이었던 것이 (좀 얄궂게도) 현대에는 여성의 행동과 연관되고 있다.

일하는 시간과 직업 만족도

자산관리사는 비슷하게 숙련된 금융 분야의 다른 동료보다 보수가 적지만, 이 연구에 참여한 사람들은 많은 비금전적인 보상이 의미 있는 균형을 이루어준다고 말했다. 한 예로, 대부분 자산관리사는 일주일에 40

---

* 과거에 이루어진 하나의 선택이 관성 때문에 쉽게 변화하지 않는 현상을 사회심리학에서는 '경로의존적'이라고 한다.

시간을 일하는데, 이는 금융 서비스 분야의 다른 직종에 비해 아주 적다.[100] 이 점은 남성과 여성 모두에게 매력적이다. 예전에 선물업자로 일하려고 케이맨 제도로 이주한 영국인 자산관리 전문가 앨리스테어는 이렇게 떠올렸다. "전 증권거래에서 바꿨어요. 그 생활을 계속할 수 없다는 걸 깨달았거든요. 케이맨 제도 거래소 개장시간은 오전 3시에서 오후 7시까지였어요. 고객 대부분이 유럽인(에스파냐계)이고 S&Ps^Standard and Poor's* 거래는 하루 24시간 계속되기 때문이죠. 스트레스가 심했어요…. 혹독했죠. 매일 새벽 2시에 침대에서 몸을 이끌고 나와 출근하는 건 유쾌한 일이 아니었어요."

드류는 캐나다의 한 변호사 사무실에서 동업을 했는데 수익성이 좋았으나 그만두고 런던의 자산관리회사에 입사했다. 그가 직업을 바꾼 동기도 비슷했다. 자산관리사는 많은 고액 순자산 보유 고객이 가족과 소원해지는 걸 가까이 지켜보면서 돈을 벌고 재산을 불리기 위해 열심히 일하는 데는 개인 생활의 희생이 따른다는 사실을 절실히 느낀다고 그는 덧붙였다. 드류는 두 아이의 아버지인데, 비교적 여유가 있고 부담이 덜한 자산관리업계로 옮기기로 결정한 것은 부분적으로 다음의 이야기가 원인이었다. "한 고객이 이리저리 정신없이 출장을 다녀온 후 며칠 동안 집에 있었다더군요. 그는 어느 날 거실에 아내하고 딸하고 앉아 있었어요. 아내가 딸에게 '가서 아빠한테 인사드리렴' 하고 말했대요. 그러니까 딸이 고객 바로 옆으로 걸어와 전화기를 집어 들고는 '아빠, 안녕'이라고 했다나요." 드류는 이 일화를 이야기하고는, 현재 회사의 동료가 자신이 그만둔 변호사 사무실에서 일한다면 일하는 시간이 너무 적다는 이유로 해고되었을 거라고 즐거운 듯이 말했다. 그곳에서는 표준 근무시

---

* S&Ps는 미국의 유가증권 신용도 조사 및 경제 통계 서비스 회사다.

간이 주당 65시간에서 80시간이었다.

일부 자산관리사는 양쪽의 이점을 취한다. 즉 금전적 불이익 없이 노동시간을 줄이는 것이다. 세금이 낮거나 없는 관할권으로 옮긴 사람들에게는 이것이 가능하다. 역외에서 받는 보수가 고국에서 일할 때 세금 공제 후 집에 가져가는 급여와 거의 같기 때문이다. 예를 들어, 소득세가 없는 사우디아라비아로 이주한 프랑스인 뤼크는 파리에서 일할 때는 보통 오전 8시에서 오후 8시까지 사무실에 있었다고 말했다. "하지만 지금 리야드에서는 같은 보수에 오전 9시에서 오후 5시까지 일하죠!"

또 스스로 부를 일군 고객에게서 재산을 모으는 새로운 방법을 배울 기회가 있다. 제네바에서 일하는 브라질인 자산관리사 라파엘은 이렇게 말했다. "고객한테서 사업과 돈 버는 법을 많이 배워요. 어떤 고객은 진짜 똑똑하거든요. 그들이 뭔가에 투자하면 나도 그걸 사죠." 자산을 보호하고 지키는 일에 전념하는 전문가들에게, 이는 지향점의 중대한 변화이면서 수탁자 의무를 저버리는 일 없이 이득을 볼 수 있는 기회다. 고객에게 돈벌이 방법도 배우고 세금이 낮거나 없는 관할권에서 일하기 때문에, 보수가 높지는 않지만 자산관리사의 경제적 형편은 생각보다 더 나을 수 있다. "수탁자가 되면 좋은 돈벌이가 있어요" 하고 제이슨은 말했다. 그는 건지섬에 기반을 둔 오스트레일리아인 자산관리사다. "고객과 같은 수준은 아니지만 우리 스스로 상당한 수입 흐름을 만들어낼 수가 있거든요."

더욱이 이 연구에 참여한 많은 사람들이 동종업계 동료에 비해 일상 업무에서 더 큰 창의성, 다양성, 그리고 도전을 즐긴다고 말했다. 홍콩에서 일하는 영국인 자산관리사 시배스천은 이렇게 말했다. "투자은행 직원과는 다릅니다. 거기서는 전혀 관심도 없는 회사와 관련된 서류나 정리할 뿐이죠. 지적으로 훨씬 더 흥미롭고 만족스러워요. 비록 고객들은 쌀수가 없지만 (어떤 고객은 정말로 그렇답니다) 우리가 하는 일은 가족을 결속시키는 데 도움이 되죠." 자산관리사들이 공통적으로 자주 하는 말이다. 이 연구에 참여한 거의 모든 이들이 일상 활동에서 만족을 얻는 주된 이유가 '가족을 돕는 것'이라고 말했다. 이것은 STEP가 세계에 이 직업을 제시하면서 주요하게 다루는 한 가지 주제이기도 하다. STEP 웹사이트는 "STEP 회원은 무슨 일을 하는가?"라는 제목에 다음과 같은 답을 내놓는다. "STEP 회원은 가족들과 함께 일하고 현실적인 문제와 씨름하며 생활한다."[101] 금융과 법률 분야의 다른 동료들은 흔히 사람보다는 서류와 더 많은 시간을 보내는 반면에, 자산관리 전문가는 사람들과 직접 대면해서 (반복되는 문제나 정형화된 문제가 아니라) 아주 개별적인 문제를 해결한다. 이것이 일상 업무에 의미와 즐거움을 주는 중요한 요소다. 다른 직업군을 조사한 여러 연구는 직업 만족도가 강한 목적의식, 의미, 참여, 실수령 급여 수준과 연관되어 있음을 밝혔다.[102]

물론 자산관리사가 직업에 만족을 느끼는 이유 중에는 고귀함이 덜한 동기도 있다. 제네바에서 일하는 미국인 브루스는 자신이 이 직업에 만족을 느끼는 주된 원인은 "전 세계 조세 당국과의 쫓고 쫓기는 지적 도전"이라고 말했다. 이런 다차원적이고 국제적인 문제를 해결하는 일이 주는 매력이 학계 출신 사람들을 끌어들이는 이유일지 모른다. 연구 표본에서 참가자 65명 가운데 3명이 법, 문학, 언론 분야의 전직 교수였다. 어떤 사람들은 이 직업의 매력으로 해외여행을 꼽았다. 그리고 시카고에 기반을 둔 자산관리사 스탠은 "선정적인 측면"도 매력이라고 말했다. 스위스에서 일하는 미국인 엘러너가 이에 관해 좀 더 상세히 이야기해주었다. "관음증 환자가 되는 것 같아요…. 고객은 우리 앞에서 발가벗어야 하거든요."

즉, 자산관리업은 지적 다양성이라는 호기심뿐 아니라, 일찍이 '부자와 유명인의 생활방식'이라고 불리던 것에 대한 개인적인 관심을 충족시켜준다. 에리카가 "특별한 사람들을 만나고 차원이 다른 세상을 보게 되죠"라고 말한 대로 말이다. 때로는 엄청난 부와 권력에 가까이 접근할 뿐 아니라, 일반 사람들과는 동떨어진 집단에 속하는 사람들에게 영향을 미치는 권한을 얻기도 한다. 아프리카의 고액 순자산 보유 고객들과 오랜 세월 일한 독일인 자산관리사 디터는 세계에서 가장 영향력 있는 사람들에게 자기 말이 먹히는 게 그의 30년 경력에서 가장 만족스러운 부분이라고 말했다. "직업적으로 성공하면 유명인들이 조언을 구하려고 전화를 걸어와요. 대단한 일이죠.《워싱턴포스트》의 전 회장인 캐서린 그레이엄이 전화해서 자기가 아프리카에 대해 상의하러 나이로비에 올 때 점심을 함께하자고 하더군요. 보잉사의 아프리카 지사장은 나에게 말라위나 잠비아 사람들에 관해 묻곤 했어요. 잠비아 장관들을 집에 손님으로 모신 적도 있고요. 고약한 냄새를 풍기기는 했지만, 새벽 2시에 술을 먹여서 다음 달 그 나라 예산안이 어떻게 될지 알아냈죠. 성공할수록 더 많은 걸 원하게 돼요. 마약이죠…. 계속하게 되거든요."

다른 사업 모형

대다수 자산관리사가 급여를 받으며 일하지만, 일부는 독립해 개업해서 좀 더 수익성이 좋은 길로 나간다. 이 사업 모형은 위험성이 높기는 하지만 더 많은 돈을 벌 가능성을 제공한다. 수입은 고객이 원하는 특정한 서비스에 대한 수수료나 자산관리사가 관리하는 자산의 백분율을 기본으로 하기 때문이다. 위험은 고객과의 개인적인 관계에 의존하는 데서 생긴다. 단독으로 일하는 자산관리사는 큰 회사 산하에서 일하는 자산관리사보다 훨씬 더 작은 고객 집단에 서비스를 제공한다. 게다가 법적 책임과 규제 준수에 따른 모든 위험을 책임진다. 회사에서 일하는 자산관리사는 이 비용을 개인적으로 부담하지는 않는다.

STEP가 회원 가운데 회사에서 일하는 사람과 단독으로 일하는 사람이 얼마나 되는지 파악하고 있지는 않지만, 내가 수집한 인터뷰 자료가 사업 모형의 차이와 그에 따라 받을 수 있는 보수에 관한 일관성 있는 그림을 제공해주었다. 사우디아라비아에서 일하는 프랑스인 뤼크는 내가 인터뷰한 전형적인 월급쟁이 자산관리 전문가다. 그는 다른 사람들과 힘을 이루어 20~30명의 고객에게 서비스한다. 각각의 고객은 3000만 달러에서 3억 달러 사이의 관리 자산을 보유한다.

반면, 싱가포르에서 혼자 일하는 영국인 자산관리사 사이먼은 고객 기반이 열다섯 가족뿐이다. 사이먼의 수입은 고정된 급여가 아니라 수수료에서 나온다. "어떤 자산 보유 구조를 조직해주면 부가가치세를 포함해서 7만 5000달러 수수료를 받아요. 대략 2개월을 꼬박 일해야 받을 수 있는 금액이죠. 우린 시간이 아니라 전문지식에 대해 요금을 청구하고 있어요. 전문지식을 파는 거죠. 돈을 받고 일을 정확하고 제대로 해주는 거예요. 그리고 제대로 된 조언은 받아들여져요. 적절한 법률 전문가들의 의견을 받아주는 것만 해도 수수료가 10만 달러죠." 전문가로 자리를 확실히 잡은 사람만이 이런 수준의 보수를 받을 수 있다. 이 정도 보수면 급여를 받는 자산관리사보다 수입이 훨씬 더 많지만 그에 비례해서 위험성도 더 크다.

법적 책임과 규제 준수 문제뿐 아니라 고객 기반의 규모 자체가 위험을 야기하기도 한다. 사이먼은 초고액 순자산 보유 고객하고만 일한다. 이들은 각각 '최소' 5000만 달러의 투자 가능 자산을 그에게 가져온다. "나에게 수수료를 주고 나면 그 사람들한테는 별 실속이 없거든요"라고 그는 말했다. 이런 고객은 비교적 드물고, 그래서 만약 고객 한 사람이 그가 하던 일을 다른 데로 가져가면 사이먼의 수입에 치명타를 줄 수 있다. 반면에 뤼크의 회사는 (덜 부유한 사람들이 포함된) 폭넓은 고객을 기반으로 더 많은 일을 맡을 수 있다. 그래서 한 개인 고객을 잃더라도 회사의 안정성에 위협이 되지는 않을 것이다.

단독으로 일하는 자산관리 전문가는 고객에게도 불리한 면이 있다. 일반적인 초고액 순자산 보유자의 자산 목록은 복합적이고 다국적이어서 많은 업무 영역의 전문지식을 필요로 한다. 부에노스아이레스에서 혼자 일하는 자산관리사 낸시는 자신의 고객 기반에 관해 이렇게 이야기한다. "내 고객은 모두 10명 정도예요. 고객 각자가 아주 복잡하죠. 한 고객은 모두 해서 30개의 자회사를 가진 8개의 신탁을 소유하고, 어떤 고객은 토지, 선박, 예술품, 그리고 세계 곳곳의 저택이 포함된 오래된 영국 신탁의 수익자예요." 낸시는 사이먼과 마찬가지로 고객에게 서비스하기 위해 개인적인 인적 정보망에 의지해서 전 세계 법률 및 조세 전문가들에게 자문해야 한다. 각 자문에 들인 시간에 대한 요금에 자문을 일관성 있는 전략으로 조직하는 수수료를 더해 고객에게 청구한다. 이런 상황에서 고객은 많은 비용을 부담할 뿐 아니라 피해를 입기가 쉽다. 단독으로 일하는 자산관리사가 사망하거나 퇴직하면 어떻게 될까? 전 세계로부터 최고의 조언을 구해서 통합하는 자산관리사의 기량이 노령이나 질병 때문에 떨어진다면? 단독으로 일하는 자산관리사가 한 고객의 일을 너무 많이 떠맡아 고객의 문의에 제때 답할 수 없다면?

이런 우려가 있는 데다, 최근 초고액 순자산 보유자 수가 급증하면서 패밀리오피스가 인기를 끌게 되었다. 패밀리오피스는 한 가족 또는 소수 가족 집단을 위해 전문 자산관리사들을 고용한다.[103] 19세기 후반에 록펠러 가가 전용하기 위해 이 구조를 도입했다고 여겨진다.[104] 패밀리오피스는 일반적으로 관리 자산의 일정 비율(0.25~1퍼센트에 이른다)로 수수료를 정하고 있어서, 대개 매년 100만 달러 이상의 비용이 들기 때문에 투자 가능 자산이 1억 달러 이상인 사람들이나 감당할 수 있다.[105] 제네바에서 일하는 자산관리사 브루스는 이런 패밀리오피스를 "초갑부를 위한 원스톱 쇼핑"이라고 했다.

패밀리오피스는 "허영심의 비용"이라고도 불리며, 과도한 대가를 치르고 사생활과 통제력을 제공받는다는 면에서 자가용 비행기의 소유에 비유된다. 하지만 대형 자가용 비행기에 대한 수요가 계속 증가하고 있는 것처럼, 이 모형이 제공하는 맞춤형 서비스에 대한 수요도 마찬가지로 증가하고 있다. 패밀리오피스가 관리하는 자산은 1조 2000억 달러로 계속 증가하고 있다고 추정된다.[106] 이런 수요 증가는 일종의 가내공업을 낳았다. 수수료가 8만 달러에 이르므로, '중매' 회사는 초고액 순자산 보유자들을 위해 최고의 자산관리사를 모집해 패밀리오피스 직원으로 배치하려 하기 때문이다.[107] 일반 사람들과 동떨어진 이 노동시장에서 자산관리사는 단독으로 일할 때의 위험에 노출되는 일 없이 고소득을 얻을 수 있다. 하지만 내가 인터뷰한 일부 자산관리사는 이런 타협을 포기하기로 선택했다. 앞서 단독으로 일하는 자산관리사로 예를 든 스티브는 자신이 그런 위험을 감수하는 게 아깝지 않을 정도로 직업에서 만족감을 얻고 있다고 판단했다. "(패밀리오피스의 일원으로) 들어가고 싶지 않아요. 그 가족의 일상적인 정치역학에 휘말리고 각양각색의 상황에서 각양각색의 사람들을 상대하는 다양성과 도전을 포기해야 하기 때문이죠. 그게 보상입니다. '다양성' 말이에요."

결론

자산관리업은 전문가에 대한 특별한 조합의 수요를 만들어낼 뿐만 아니라 특별한 배합의 보상을 제공한다. 급여는 대부분의 직종에 비해서는 높지만 비슷한 자격증을 요구하는 다른 일자리에 비하면 중간에 지나지 않는다. 이 점이 자산관리업의 명망을 낮추는 원인이 될 수 있으나 비금전적 보상이 상당하다. 창의적이고 지적으로 도전해볼 만한 일을 할 수 있는 기회가 비금전적 보상에 포함된다. 이런 일은 금융과 법률 분야에서는 드물다. 또 진정한 의미, 그리고 실제 사람들에게서 변화를 이끌어 낼 능력도 있다. 이 둘은 많은 직업에서 사라지고 있는 것이다.[108] 마지막으로, 외부자가 엿보거나 접근할 기회가 드문 엘리트층의 영역에 들어가 그들에게 영향을 미칠 수 있다는 매력이 있다.

2장에서는 자산관리업이 어떻게 시간적·문화적으로 동떨어진 신탁관리 관습에서 현재의 형태로 발전했는지 추적했다. 그리고 자본주의의 변질로 촉진된 부의 속성 변화에 의해 어떻게 추동되었는지 보여주었다. 한때는 엄격히 제약받던 역할이 현재는 세계적인 전문지식을 필요로 한다. 자산관리업이 이렇게 중세의 기원에서 진화해온 것은 '혁명'이라 일컬어진다. 세계 경제의 영역과 운용에서 일어난 대변동에 필적하기 때문이다.[109] 이런 변화에는 부의 대체 가능성이 증가한 점뿐 아니라, 신탁관리자든 기업이든 부를 운용하는 방법에 관한 법적 규제가 극적으로 완화된 점 또한 포함되었다.

19세기 초에 신탁관리자와 기업은 법원과 입법기관의 견제를 받았다. 입법자들이 "어떤 합법적인 사업에 종사하는 기업의 법적 권리는 자연인의 권리와 거의 대등하다"라고 승인하고 난 후에야 현대 자본주의가 탄생했다.[110] 동시에 신탁관리자는 직업으로서 인정받고 의사결정에서 더 큰 자율성을 인정받았다. 그들은 이런 자율성을 이용해서 고객의 부를 성장하는 회사에 출자하는 데 쏟아 넣었다. 신탁관리자는 개인의 부와 기업의 부 사이에 자본이 순환하는 구조를 확립함으로써 스스로

전문직업으로 자리 잡았고, 자본주의를 현대의 형태로 만드는 데에도 주된 역할을 했다.[111]

자산관리가 직업화되는 이런 궤적을 보면 사회학자 린 저커[Lynne Zucker]가 19세기와 20세기 미국의 경제 발전을 분석한 내용이 떠오른다.[112] 거의 고립되어 있던 농업경제가 산업과 정치 분야의 세계적인 세력으로 변화한 것은 제도에 대한 신뢰, 그리고 결정적으로 그 제도를 구현하는 전문직 종사자들에 대한 신뢰가 높아진 덕분이었다. 서부 개척과 이주의 물결로 대단히 다양한 문화와 규범이 일관성 없이 한데 뒤섞여 있던 시기의 미국은 엄청난 지리적, 사회적 거리가 특징이었다. 이 거리를 메워준 것이 바로 은행가와 변호사를 포함한 전문직업인이었다. 금융 전문가가 특히 중요한 역할을 했다. "미국 경제체제의 변화에서 가장 중요한 사실은 정식으로 만들어지는 신탁이 급증하고 제도에 기초한 활발한 신탁 시장이 창출되었다는 점이다. (…) 합리적인 관료조직의 확산, 전문직업 자격증 수여, 금융 중개인과 정부를 포함하는 서비스 경제, 그리고 규제와 제정법 등 몇 가지 구조가 미국의 초기 산업형성기에 신탁이 생겨나는 데 대단히 중요했다."[113]

오늘날 고객과 자산관리 전문가가 상호작용한 결과, 방대한 자본이 역외에 기반을 둔 신탁으로 이동하고 있다. 이 역외 지역은 조세 당국과 여러 형태의 통치에서 벗어나 있을 뿐 아니라 고객의 통제에서도 벗어나 있다. 이 과정에는 흔히 개발도상국 출신 고객이 연루되어 있는데, 이는 자산관리의 직업화가 전 세계적 자본주의의 발전이라는 더 큰 서사와 얼마나 밀접하게 연관되어 있는지 분명하게 보여준다. 현대의 자산관리 전문가는 19세기 미국에서 했던 역할을 그대로, 하지만 훨씬 더 큰 규모로 반영한다. 그러면서 현지의 부를 전 지구적으로 순환시키는 데 아주 중요한 역할을 한다. 그 결과 그들은 전 세계 정치경제에서 핵심 행위자가 되었다.

　동시에 자산관리의 본질적인 부분은 여전히 부를 국가의 통제에서 지키는 것이다. 자산관리는 조세와 관련한 통치 당국에 대한 저항의 역사와 특히 밀접하게 연관되어 있다. 하지만 자산관리업은 '토지소유권 이전 회피'라는 유산과 더불어 '수탁자 의무 규정' 같은 중세의 관습과 문화에서 유래한 관행과 규범 역시 유지한다. 이렇게 물질과 이상, 수단과 관계가 결합한 자산관리는 금융과 법률 서비스 분야 내에서 독특한 성격을 갖는다. 3장에서는 자산관리의 이런 성격이 고객 관계에 미치는 영향을 다룬다.

부 록

자산관리사 구인광고

아래의 두 광고는 2011년 여름 에이피이그재큐티브(www.apexecutive.com)
가 STEP 웹사이트에 올린 것이다.

> 근무지: 스위스 제네바
>
> 급여: 연봉 미화 25만~35만 달러
>
> STEP 경력: TEP 자격증 소지자
>
> 핵심 역량 / 핵심어: 패밀리오피스 책임자

초초고액 순자산을 보유한 우리 고객이 패밀리오피스 서비스 책임
자를 찾고 있습니다. 이 고위 책임자 수준의 역할을 맡으려면 사업과 가
족 문제에 대한 폭넓은 이해가 있어야 하고 가족 구성원에게 행정 지원
을 제공할 때 필요한 뛰어난 통솔력을 갖추어야 합니다. 고위 고문역들
의 조율, 가족 조직체와 가족 구성원 사이의 연락, 다양한 관할권에 흩
어져 있는 팀 관리가 담당 업무에 포함됩니다. 아주 중요한 사람들과 그
들의 문제를 깔끔하게 조율하는 특출한 외교적 수완이 있으며 복잡한
교섭에 뛰어난 분이 적임자입니다. 가장 적합한 지원자는 패밀리오피스
(단독/다수)를 성공적으로 운영한 경력이 적어도 20년이어야 하고, 또 본
인이 하는 일의 상업적 측면에서 벗어나고 싶은 상급 개인고객 전문가
(프라이빗뱅크, 전문 고문회사)여도 좋습니다. 유럽 출장을 자주 다닌다는
점도 이 흥미진진한 기회가 가진 매력입니다.

근무지: 스위스 취리히

급여: 연봉 13만~16만 스위스 프랑

핵심 역량 / 핵심어: 신탁, STEP

명망 있는 프라이빗뱅크인 우리 고객이 현재 취리히 팀에 합류할 신탁관리자를 구하고 있습니다. 고객을 직접 상대하면서 신탁, 회사, 재단 같이 복잡한 구조를 A부터 Z까지 관리하는 일입니다. 고객에게 최고의 해결책을 제공하는 활력 넘치는 회사에 합류할 중요한 기회입니다.

적임자는 TEP 자격증을 가지고 있고, 이 산업에서의 10년 경력을 증명할 실적이 있는 분입니다. 영어를 유창하게 할 수 있어야 하고, 독일어, 에스파냐어 또는 프랑스어도 귀중한 자산이 될 것입니다.

이 흥미진진한 기회에 지원하려면 영문 이력서를 보내주시기 바랍니다.

3장

고객 관계

자산관리사는 금융과 법률 분야의 다른 전문직 동료와는 상당히 다른 형태로 고용된다. 요즘은 법률 고문역이나 금융 고문역과의 관계는 보통 단기적인 반면, 자산관리사는 장기간에 걸쳐 고객을 유지하고 때로는 평생 고용되기도 한다.[1] 한 연구는 "대개 평생 장기적으로 불확실하게 지속되는 관계"라고 이 직업을 특징지었다.[2] 자산관리사가 원래 고객의 자녀나 손자와 일하는 경우는 드물지 않다.[3]

그 한 가지 이유는 고객과 자산관리 전문가 사이에는 특별한 친밀함이 요구되기 때문이다. 자산관리사는 가족 주치의나 고문 변호사와 마찬가지로 대단히 민감한 정보를 공유하지만, 그 정보가 한 영역에만 국한되지 않는다. 의사는 환자의 몸에 대해 모든 걸 알지만 환자의 은행계좌나 상속 계획은 거의 모른다. 자산관리사가 고객이 맡긴 일을 제대로 하려면 모든 걸 알아야 한다. 앞서 엘러너가 말한 대로, 고객은 자산관리사 앞에서 "발가벗어"야 한다. 런던에 기반을 둔 자산관리 전문가 제임스는 어느 정도로 친근해야 하는지 훨씬 더 생생하게 말해주었다. "사람들이 TEP를 선택할 때는 우선 역량에 기초해서 가려냅니다. 그런 다음에는 어머니의 동성애 문제, 형제의 마약중독, 퇴짜 맞은 애인의 난입 같이 자신에 관한 걸 모두 알아도 좋은 사람을 뽑아야 하죠."

자산관리사는 이렇게 내밀한 고객의 삶을 세세히 알아야 한다. 고액 순자산 보유 고객에게 영향을 미치는 아주 많은 사실이 그들의 재산에도 영향을 미치기 때문이다. 자산관리사는 수탁자로서 고객의 재산을 위험에서 보호해야 한다. 단지 금융상의 위험뿐만 아니라 돈을 헤프게 써서 가족 재산을 낭비하는 상속인 또는 난처한 비밀이 있어서 갈취의 대상이 될지 모르는 가족 구성원이 불러올 위협도 있다.

이 관계가 오래 지속되는 또 다른 요인은, 베버가 이야기한 페르시아의 궁정 회계관처럼 자산관리사가 결국 고객의 돈줄을 쥐게 된다는 점이다.[4] 고객의 재산을 지배하는 구조와 법률에 대한 상세한 지식이 엄청난 권한을 부여해서, 자산관리사는 없어서는 안 될 존재가 된다. 두바이에서 일하는 영국인 자산관리사 마크는 자신의 고객에 관해 이렇게 말했다. "관계는 수십 년 동안 지속되고, 우리가 만든 구조는 그보다 더 오래갑니다. 내 고객 한 사람은 같이 일한 지 여러 해가 지난 후에 이렇게 말하더군요. '알다시피 난 이제 자넬 해고할 수가 없네. 자넨 모든 게 어디에 있는지 알고, 나에 대해 모든 걸 알거든…. 다른 누군가에게 내 사업과 자산을 설명하려면 시간이 한참 걸리겠지.'" 일단 신뢰를 가로막는 장애물을 넘고 나면 자산관리사는 보통 평생 고객과 관계를 유지한다.

이 장에서는 자산관리사가 고객 관계에서 어떻게 이렇게 신뢰받고 권한을 얻는지에 초점을 둔다. 고액 순자산을 보유한 많은 사람들은 다른 사람들의 동기에 극도의 경계심과 의심을 갖는다는 점이 특징이다. 이 때문에 자산관리사의 과제(자신이 신뢰할 만한 사람이라는 신호를 보내는 일)는 특히 만만치가 않다.[5] 건지섬에서 일하는 자산관리사 로버트는 이렇게 말했다. "부가 가진 큰 단점은 돈이 많은 사람들은 아주 의심이 많아서 고립될 수 있다는 점이에요. 그 사람들은 만나는 사람들이 모두 자기를 이용해먹으려 한다고 확신하기 때문이죠." 이런 의심은 흔히 피해망상증보다는 경험에서 생긴다. 이 연구를 위해 인터뷰한 많은 자산관리 전문가가 고액 순자산 보유자들이 부유하기 때문에 얼마나 다양한 위협의 표적이 되는지 이야기했다. 마크는 이렇게 말했다. "사람들은 사기를 치고, 빼앗고, 납치하고 싶어 하죠." 이런 위협은 단지 낯선 사람뿐만이 아니라 고객의 고국 정부, 심지어 가족으로부터도 오기 때문에 의심을 더욱 부채질하고, 그래서 그들로서는 아무도 신뢰할 수가 없는 것이다. 이는 자산관리사가 구축하는 관계가 가진 근본적인 수수께끼다. 의심하는 경향이 아주 강한 사람들에게서 자산관리에 꼭 필요한 깊은 신뢰를 어떻게 얻어낼까? 게다가 자산관리사를 고객과 구별 짓는 문화적·사회경제적 장애물을 어떻게 뛰어넘어 이런 신뢰 관계를 관리할까?

자산관리사의 고객은 어느 정도 '정치·사회적으로 균질적이고 자율적인 집단'으로서 독특한 생활방식과 일련의 관심사로 통합된다.[6] '제트족(제트기로 여기저기 여행 다니는 부자)' 같은 말이 의미하는 바가 바로 이것이다. 이 연구에 참여한 몇몇 사람들이 엘리트층 고객은 근본적으로 동일한 특성을 공유한다는 이런 관점을 뒷받침했다. 영국 태생으로 케이맨 제도에서 일하는 자산관리사 닐은 이렇게 말했다. "고액 순자산 보유자는 모두 상당히 비슷해요. 자기네 고국 사람들보다 그들끼리 서로 공통점이 더 많은 세계적인 사람들이죠." 스위스에서 일하는 자산관리사 에리카는 닐의 견해를 그대로 되풀이했다. "부자 집안들은 모두 기본적으로 똑같아요." 하지만 이 연구에 참여한 다른 사람들은 신뢰성을 확립하는 데 중요한 문화적 변수가 여전히 존재한다고 증언했다. 다른 학문 분야의 연구 역시 이런 결론을 뒷받침한다.[7] 이 장의 끝부분에서 이 분명한 역설을 검토해볼 예정이다.

먼저 자산관리에서 신뢰가 갖는 특별한 역할과, 이것이 자산관리를 금융 및 법률 분야의 동류 전문직과 어떻게 구별하는지 살펴본다. 그런 다음 자산관리사가 부자들과 일하면서 맞닥뜨리는 어려운 문제들을 검토한다. 그 결과, 전 세계 사회경제적 계층구조의 최고층에 있는 고액 순자산 보유자들은 경험과 관심사를 공유하는 까닭에 지리적으로 다른 곳에 있어도 생각이 비슷한 집단임을 보여준다.[8] 그다음에는 그럼에도 여전히 존재하는 문화 간 차이를 자산관리사가 어떻게 극복하고 고객과 신뢰 관계를 확립하는지 파헤친다.

신뢰의 특별한 역할

2장에서 보여준 대로, 자산관리업은 수탁자 의무로 구별된다. 즉 금융 및 법률 분야의 다른 전문가와 달리, 자산관리사는 특별한 원칙에 매여 있다. 고객 관계의 사회정서적 측면을 특히 중시하는 '신뢰' 원칙에 매여 있는 것이다. 이는 부분적으로 피해를 입기 쉬운 고객을 보호하기 위함 이다. 고객에 대해 모든 걸 알고 있고, 사실상 그리고 법률상 고객 재산 에 지배권이 있는 사람들에게 이용당하지 않도록 말이다.[9] 케이맨 제도 에서 일하는 자산관리사 앨리스테어는 "이게 효과가 있으려면 고객이 나를 신뢰해야 해요"라고 말했다.

수탁자 윤리의 실제 의미는 시간이 흐르면서 일부 달라졌다. 예를 들어, 자산관리사는 고객에게 발생한 손실에 관해 더 이상 개인적으로 책임지지 않는다. 하지만 좀 더 관료화된 다른 전문직업들에서는 대체 로 사라진 '개인과 개인 사이의 의무'라는 강한 의식이 여전히 남아 있 다. 두바이에서 일하는 영국인 자산관리사 일레인은 이렇게 말했다. "고 객은 우리에게 많은 비밀을 말해줘요. 은행가한테는 절대 말하지 않을 것들이죠. 우린 그 사람들이 비밀도 털어놓는 막역한 친구예요. 우릴 아 주 신뢰하죠. 우린 전적으로 비밀을 유지해야 해요. 고객은 이렇게 말할 거예요. '애인한테 돈을 남기고 싶지만 아내가 알게 하고 싶진 않소.'" 이런 특별한 역할 때문에, 일부 자산관리사는 자신을 성직자나 비밀도 털어놓는 막역한 친구에 비유한다.

인터뷰에 참여한 사람들은 자산관리사로서 성공하려면 사회정서적 역량과 좋은 성격의 적절한 배합이 필요하다는 점을 설명하려고 이런저런 비유를 들었다. 파나마에 자산관리회사를 소유한 남아프리카공화국 사람인 트레버는 자기가 하는 일이 '집사의 일'이라고 밝혔다. '집사stewardship'라는 말은 종교적인 의미에서 성직자가 하는 역할을 떠올리게 한다. 적절하게도, 이 말은 중세 귀족 영주의 가정 경제를 관리하던 신뢰받는 하인인 집사의 역할에서 유래한다.[10] 영국령 버진 제도에서 일하는 셔먼은 좀 더 비밀스러운 어조로 "우리는 영화 〈대부The Godfather〉에 나오는 법률 고문과 비슷해요"라고 말했다. 완전한 재량권과 충성심을 가지고 자문에 응한다는 의미에서 말이다.

로스앤젤레스에서 일하는 미국인 자산관리 전문가 매리언은 이렇게 비꼬았다. "내 전남편은 항상 아내는 부자를 위한 사회사업을 한다고 말하곤 했죠." 2장에서 인용한 자산관리사 제임스는 이 비유에 좀 더 진지한 견해를 보였다. "내가 하는 일은 부분적으로 사회복지사가 하는 일입니다. 일부 곤란에 처한 가족을 상대하기도 하거든요. 그 사람을 위해 거기 있어주고 의지할 수 있는 사람이 되어주는 거죠. 자기 혈육에게 의지할 수 있는 정도를 넘어섭니다. 우린 고객에게 유산 상속을 원하지 않으니까요." 제임스는 상속받을 재산을 지키기 위해 병원이나 요양원 보호 절차를 생략하고 싶어 하는 친척의 착취에서 나이 든 고객을 보호하는 일을 전문으로 한다.

제임스가 암시하는 대로, 수탁자 역할은 가족 내에 발생하는 갈등과 연관되어 서서히 사회복지 업무가 되어간다. 많은 고액 순자산 보유자가 인내심 없는 상속인과 입 안의 혀처럼 구는 사람들에 둘러싸여 있기에,

정통하고 신중하며 정직한 누군가와 개인적인 문제에 관해 이야기를 나누는 기회는 그 자체로 소중한 서비스다.[11] 건지섬에서 일하는 오스트레일리아인 자산관리사 제이슨은 제임스의 말을 그대로 되풀이하면서 고객 관계에 관해 이렇게 말했다. "아주 개인적인 정보를 많이 공유하죠. 결국 가족과도 나눌 수 없는, 나와 고객만이 아는 대화를 나누게 된답니다." 고액 순자산 보유 고객에게, 가족은 일부 사회이론이 말한 것처럼 신뢰가 높은 환경이 아닌 듯하다. 예를 들어 경제학 이론은 "한쪽 극단에 신뢰성이 높은 가족이 있고, 반대편 극단에 신뢰성이 낮은 비인격적인 시장이 있는 연속체가 존재한다고 말한다."[12]

또한, 부는 가족에 특별한 역학 관계를 부여한다. 13세기 중반의 영국 문서에서도 "유산을 갈구하는 늑대 같은 가족 사이에 만연한 불신"으로 얼룩진 법정 분쟁에 관한 기록을 찾아볼 수 있다.[13] 이 인터뷰에 참여한 많은 자산관리사는 가족 문제가 여전히 고객들의 매우 실질적인 관심사라고 말했다. 예를 들어, 파나마시티에 신탁 구조를 설립한 자산관리사 나디아는 이렇게 말했다. "신탁설정자들이 '내 가족 가운데 아무도 이 구조가 존재하는지 몰라요. 당신, 나, 그리고 내 변호사만 알고 있지요'라고 항상 말해요." 그래서 자산관리사는 흔히 고객이 사망한 후에 가족 간의 갈등을 정리해야 하는 위치에 서게 된다. 나디아의 경우처럼, 자산관리사는 때로 고객의 재산과 상속 계획에 관해 처음으로 상속 후보자들에게 알려주고 이때 나올 수 있는 부정적인 반응에 대처해야 한다. 혹은 고객의 재산이 모든 사람에게 비밀로 부쳐졌던 까닭에, 자산관리사가 그 비밀을 밝힐 단서를 종합하는 탐정 역할을 해야 할 수도 있다. 케이맨 제도에 기반을 둔 자산관리사 앨리스테어는 자메이카의 부유한 집안과 일한 경험을 떠올렸다. "아버지가 아무에게도 재정 문제에 관해 이야기를 하지 않고 사망하는 바람에 재산이 모두 얼마나 되고 어디에 있는지 아는 사람이 없었어요. 가족과 몇몇 신뢰받는 친구에게 조금씩 흘리기는 했지만, 전모는 말하지 않았던 거죠. 그래서 그분이 사망한 지 3년이 지난 지금도 재산이 정확히 어디 있는지 찾고 있어요."

이런 불신으로 인해 부자들은 상당한 대가를 치러야 한다. 가족 간의 갈등만이 아니라 대개 이 문제를 처리하는 일을 맡은 전문가의 수수료 형태로도 말이다.

가족보다 더 가족 같은

자산관리사는 이런 분쟁에 개입하면서 흔히 고객과 고객의 친척에게 유사 가족 역할을 한다. 1989년 건지섬 신탁법은 아마도 자산관리사에게 주어지는 이런 특별한 친밀감과 신뢰를 인정해서 수탁자가 "최대 선의의 원칙을 준수하고 한 가정의 선량한 아버지처럼en bon père de famille 행동"해야 한다고 진술한다.[14] 실제로 자산관리사는 고액 순자산을 보유한 가족의 아버지(어머니는 드물다)에 의해 대개 개인적인 방식으로 채용된다. 그리고 신중히 관계를 구축하여, 아버지가 사망한 후 그의 바람과 이익을 확실히 대변한다.[15] 일부 학자들은 이를 순전히 '합리적인 요식'이라는 관점에서 해석한다. "수탁자의 일은 (…) 가족의 아버지가 사망한 후 가족 내에서 관념적인 가장의 권위를 획득한다. 하지만 가족 수익자들이 말 그대로 신뢰하는 것은 사랑, 우호, 따뜻함 같은 긍정적인 가족적 가치로 가득 찬 대상이나 사람이 아니라 냉정하고 합리적인 부의 구성체, 즉 신탁과 신탁관리자다."[16] 하지만 연구 참여자들은 이런 도구적 관점이 허위임을 보여준다. 그들은 고객 관계가 상호 간에 경험하는 감정적 유대 관계에 달려 있음을 거듭 강조했다.

예를 들어, 두바이에서 일하는 일레인은 감정노동과 돌봄을 강조하는 측면에서 고객 관계를 이야기했다. "고객들은 가족을 돌봐달라고 요청해요. 그걸 또 다른 하나의 사업으로만 생각할 수가 없죠…. 단순히 서류에 서명하는 문제가 아니거든요. 그 가족을 위해 옳은 일을 한다는 개념이죠. 우리는 'Λ씨, 걱정하지 마세요. 당신 자녀들은 모두 대학 교육을 받게 될 거예요. 모두 잘될 겁니다' 하고 말할 수 있어야 해요. 아주 사무적이어야 하죠. 하지만 또 가족 같아야 해요."[17] 이 말은 신탁법에 규정된 충실성과 주의의무의 사회정서적 측면을 가리킨다.[18] '주의care'가 사업 거래에서의 신중함을 뜻하는 합리적인 요식의 의미를 넘어, 사람과 사람 사이의 진정한 애정이라는 또다른 차원이 자산관리와 고객 사이에 생겨날 수 있다.

때로는 고객 자신이 자산관리사와 가족 같은 관계를 강조하기도 한다. 로스앤젤레스에 기반을 둔 자산관리 전문가 그레이스는 이렇게 회상했다. "샌디에이고에 사는 고객과 일했어요. 그 사람들은 이렇게 말했죠. '아, 우리 딸 대신에 당신이 우리 딸이었으면.' 아버지가 사망하자 그 딸은 돈 때문에 자기 어머니를 끊임없이 성가시게 했거든요. 그래서 우린 결국 신탁관리자 자리에서 물러나야 했어요. 그 딸하고는 일을 할 수가 없어서 말이죠."

이 연구에 참여한 많은 이들이 고객에게 가족 결혼식에 참석해달라고, 휴가를 함께 가자고, 심지어는 자신의 임종을 지켜달라고 부탁받았다고 한다. 몇몇 자산관리 전문가는 고객이 사망한 사실을 알고서 책상에 앉아 울었다고 했다. 영국령 버진 제도에서 일하는 영국인 자산관리사 셔먼은 이렇게 고객의 삶과 친밀한 까닭에 예전에 했던 은행 일과 달리 자산관리 일은 깊이가 있다고 말했다. "매우 감정을 소모하는 일이죠." 진정한 사회정서적 유대는 의미와 목적의식과 연관되고, 2장에서 보여준 대로 많은 자산관리 전문가가 이 때문에 자신의 직업에 특히 만족한다.

유사 가족 같은 역할에는 일부 불리한 면이 있다. 자산관리사는 신뢰를 받고 친밀한 위치에 있는 까닭에 흔히 가족생활의 가장 안 좋은 부분을 목격한다. 많은 자산관리사가 자녀와 배우자에게서 상속권을 박탈하도록 돕는 일이 괴롭다고 말했다. 파나마시티에서 일하는 자산관리 전문가 나디아는 눈물을 글썽이며 말했다. 지난 30년 경력 동안 "돈을 놓고 서로 물어뜯는 가족들을 지켜봤어요. 가족이 갈가리 찢어지죠." 몇몇 자산관리사는 고객의 가족을 속이고 배신하는 일을 돕는 게 불편하다고 했다. 케이맨 제도에서 일하는 앨리스테어는 이렇게 말했다. "정부情婦와 사생아로 태어난 아이들을 부양하고 싶어 하는 고객이 있을 수 있어요. 그러면 고객의 아내한테는 완전히 비밀로 해야 하죠. 우린 그저 고객이 원하는 대로 해주고 입을 다물어야 합니다."

비밀 보호, 가족의 화목, 권위에 대한 존중을 특히 소중하게 여기는 나라들(특히 중국과 아라비아반도의 나라들)에서는 자산관리사가 종종 가족 분쟁에 휘말린다.[19] 두바이에서 일하는 마크는 이렇게 설명했다. "고객은 우릴 칼과 방패로 씁니다. 나쁜 소식을 전하고 자신이 책임지는 일 없이 지시를 수행하기 위해서 말이죠. 그래서 아들들이 서로 싸우고 있으면 어머니가 나한테 와서 한 아들을 희생해서 다른 아들을 역성드는 일을 해줬으면 한다고, 그리고 자기가 한 말은 아들들한테 절대로 해서는 안 된다고 말해요. 그래놓고 어머니가 직접 아들들한테 그 이야기를 하고, 그러면 아들들은 나에게 와서 소리를 질러대는 거죠."

대외 이미지를 세심히 관리하고 보호하는 고객이 자산관리사에게 가족생활의 막후에서 벌어지는 일에 참여해달라고 요청하는 것은 그를 깊이 신뢰하고 있음을 보여주는 증거다.[20]

고객 서비스에 미치는 영향

자산관리사가 신뢰를 주고 친밀하게 지낼 만한 사람인지 알아내는 일은 당연히 엘리트층 고객의 주요 관심사다. 이 연구에 참여한 몇몇 사람들은 고객 관계 초기에 자산관리사의 신뢰성을 가늠하기 위해 일부러 특별한 서비스를 요구하는 고객에 관해 이야기해주었다. 예를 들어, 제네바에 있는 엘러너는 새로운 고객에게 다음과 같은 요구를 받은 적이 있다고 했다. "런던에 있는 한 식당 바깥에 있는데 방금 팔찌를 잃어버렸지 뭐요, 그걸 찾아줘야겠어요." 그러니까 그 고객은 다른 나라에 있는 이름을 알 수 없는 식당 바깥에서 팔찌를 찾아달라고 전화한 것이었다. 엘러너는 어쨌든 요구를 들어주고 일한 시간에 대해 청구서를 보냈으며, 이후 수십 년 동안 충실한 고객을 얻었다. 두바이에 기반을 둔 영국인 자산관리사 마크는 이런 희한한 요구를 받는 경우가 굉장히 흔하다고 알려주었다. 이것이 부분적으로 고객이 자산관리 전문가와의 관계에 장기간 투자할 가치가 있는지 시험하는 한 가지 방법이기 때문이다. "부자들은 소송과 마찬가지로 최고의 맞춤 서비스에 기꺼이 돈을 지불합니다. 게다가 변화를 좋아하지 않거든요. 평생토록 같은 의사, 같은 치과의사, 같은 변호사나 수탁자한테 가고 싶어 하죠."

엘리트층 고객은 자산관리 전문가가 현대판 헤라클레스의 시련을 겪게 할 수도 있다. 홍콩에서 일한 경력이 40년이 돼가는 영국인 자산관리 전문가 데이비드는 한 고객이 자신의 신뢰성을 시험하기 위해 불가능한 과업을 부과했던 특히 인상 깊은 이야기를 들려주었다.

한 번은 오사카에서 고객에게 전화가 와서 이러더군요. "오와기 상과 마주보고 앉아 있소. 오와기 상은 영어를 못하지만, 우린 서로 절을 하고 있다오. 이 사람이 방금 통역사를 통해 화요일까지 훈제 연어 옆구리살

천 개가 필요하다는군요. 당신이 그걸 구해주리라 믿어요." 내가 그랬죠. "전 자산관리사지 생선장수가 아닙니다." 그러자 "음, 오늘 당신은 생선 장수요" 하더군요. 그래서 나는 친구한테 전화를 해야 했죠. 그 친구가 스코틀랜드에서 훈제 연어 공장을 운영하는 유니레버(세계 최대의 수산 기업)에 있는 사람을 알고 있었거든요. 그리고 그 사람이 훈제 연어를 보내 줬죠. 나중에 고객이 불가능한 일을 시켜서 날 시험하고 있다는 걸 알았 죠. 내가 정말로 자신이 원하는 일을 하는지 보려 했다고 고객이 말하더 군요.

이런 일화는 극복할 수 없을 법한 장애물과 비참한 굴욕("오늘 당신은 생선장수요")을 겪으며 성배를 찾아다니는 기사 이야기를 연상시킨다. 성 배를 찾는 대신에 훈제 연어를 배송하는 것이다. 불가능한 과업의 이면 에 있는 물음은 일관된다. '진정 헌신적인가?'

고객은 실용적인 이유에서 이런 시험을 제기할 수도 있다. 자산관리 사가 특별한 맞춤 서비스를 제공하는 데 필요한 사회관계망과 영향력을 가지고 있는지 알아볼 수 있기 때문이다. 고객이 원하는 일을 '감당'하려 면 개인의 의지만이 아니라 그 일을 해결하는 데 알맞은 사람, 즉 데이비 드의 경우에는 유니레버에 연줄이 있는 친구가 있어야 했다. 이는 예전 의 연구 결과와 일치하는데, 그에 따르면 엘리트 전문가는 고객 서비스 를 위해 상업 '중매인' 역할을 한다. 그럼으로써 공식적으로 이용할 수 없는 기회를 고객이 이용할 수 있게 한다. 예를 들어, 19세기 영국 변호 사에 대한 한 연구는 고객의 사업거래에 관해 잘 아는 변호사가 어떻게 고객이 철도망 같은 완전히 새로운 산업을 창출할 수 있게 했는지, 그리 고 어떻게 영국 사회의 상류층만 접근할 수 있는 일종의 사적 시장을 자 리 잡게 했는지 보여주었다. 이런 기회에의 접근은 전적으로 고객과 변호사 사이의 신뢰, 그리고 관련된 배타적인 기회의 인지認知에 달려 있었다. 이 연구는 이렇게 결론지었다. "기회를 이용하려면 '우리의 일원'이 되어야 한다."[21]

자산관리사들의 말에 따르면, 이런 사회적 폐쇄성은 풍부한 시장으로 연결된다. 건지섬에 기반을 둔 자산관리사 마이클은 자기 고객들 사이의 거래를 주선하는 것만으로 수십억 파운드 되는 부동산과 예술품 시장을 직접 운영한다고 한다. 실제로 그는 렘브란트건, 백화점이건, 대저택이건, 오로지 고객들을 통해 관심을 갖게 된 사적인 투자 및 판매 기회를 파악하려고 런던에다 한 사람을 고용했다. 이렇게 사적으로 판매하면 고객의 이름이 신문에 오르내리는 일이 없고 공개 조사에서 고객의 재산을 지킬 수 있다.

마이클은 사회적 배타성을 통해 고객을 위한 새로운 투자 기회를 개발할 수 있는 또 다른 방법을 자진해서 알려주었다. 바로 엘리트층의 여가 활동에 참여하는 방법이었다. 예를 들어, 그는 고객이 식량을 유망한 투자 분야로 의식하게 할 수 있었다. 고객과 사냥을 하러 가려고 했을 때, 밀이 아주 비싸지고 있어서 수렵장 내 새들의 먹이 값이 많이 들어 내년에는 수렵장 비용이 30퍼센트 오를 거라고 들었기 때문이다. 이 연구에 참여한 세 명의 자산관리사는 요트 타기와 폴로(말을 타고 하는 구기 종목)같이 비용이 많이 드는 엘리트층의 다른 여가 활동과 함께, 수렵회를 고액 순자산 보유 고객과 일할 수 있는 기회를 만들어내기에 유익한 장소로 꼽았다. 2장에서 인용한 독일인 자산관리사 디터는 이것이 이런 집단의 불가피한 소규모성뿐 아니라 사냥과 상류 지주 계층 간 전통적인 관계의 산물이라고 말했다. "사냥하러 오는 사람들은 대단한 부를 가진 사람들이죠…. 게다가 열 명 정도의 사람들만 초대할 수 있어서 결국은 그 사람들과 이야기를 나누게 돼요."

하지만 자산관리사가 흔히 고객과의 관계에서 얻게 되는 유사 가족 역할에 맞게 그에게 주어지는 신뢰는 자산관리 사업 영역 이상의 기회로 이어질 수 있다. 싱가포르에서 일하는 영국인 자산관리 전문가 나이젤은 연애를 하기에는 너무 바쁜 고객들을 위해, 말 그대로 중매인이 되었다. 다른 자산관리사들은 아주 개인적이고 비금융적인 성격의 서비스를 제공한다고 했다. 몇몇은 부유한 가정에서 흔히 볼 수 있는 약물중독자 자녀를 치료받게 하는 일을 도와준다고 구체적으로 말했다.[22] 영국령 버진 제도에서 일하는 자산관리 전문가인 셔먼은 이렇게 말했다. "내가 약물 사용에 관해 상담해줄 자격은 없어요. 하지만 '다른 고객이 재활을 위해 이용한 시설이 있습니다'라고 말할 수는 있지요." 엘리트 전문가는 사회관계망을 통해 고객이 특별한 사업 기회를 창출할 수 있게 한다. 또한, 사회관계망으로 고객의 삶에 더욱 친밀하게 다가가 개인 맞춤 서비스를 추가로 제공할 수 있다. 이런 개인 맞춤 서비스가 자산관리사와 금융 및 법률 분야의 동류 직업을 구별하는 특징이다.

고액 순자산 보유 고객에게 신뢰 얻기

자산관리사가 고객과 맺는 관계의 특징인 신뢰와 친밀성이 어느 정도이며, 그 결과가 무엇인지 살펴봤다. 이제 자산관리사가 어떻게 이런 지위를 얻는가 하는 문제로 되돌아가겠다. 어떻게 낯선 사람이 유사 가족의 지위와 접근 권한을 얻는 걸까? 어떻게 육친 관계보다 더 신뢰를 받도록 관리하는 걸까? 앞선 연구를 통해 자산관리사가 받는 독특한 요구에 일부 답이 있음을 알 수 있다.

모든 전문직업과 마찬가지로, 자산관리사는 전문지식뿐 아니라 특정한 상황에 맞는 '태도, 자세, 사회적 의례'를 동시에 숙달할 것이 요구된 다.[23] 그래서 프랑스 사회학자 피에르 부르디외는 전문성을 "필연적으로 사회적인 기술 역량"으로 정의했다.[24] 앞서 분명하게 보여주었듯이, 자산 관리사가 고객에게 제공하는 개인화된 서비스는 흔히 대면 환경에서의 집중적인 상호작용을 요구한다. 이런 상황에서는 사소한 태도와 자기연 출을 알아볼 수가 있고 그것이 특별한 의미를 지닌다. 부르디외가 설명 한 대로, 많은 전문직업이 "가장 사소해 보이는 복장, 태도, 몸가짐, 그리 고 말하는 방식의 세세한 사항을 중시하"는 건 바로 이 때문이다.[25]

하지만 일상적인 의미에서의 좋은 태도만으로는 자산관리사로서 성 공하기에 충분치 않다. 깔끔하고 단정한 외모도, 다정한 태도도 불충분 하다. 고액 순자산을 보유한 사람들의 사회적 관습은 뚜렷이 다르고 터 득하기 어려운 규범과 상호작용 의례를 보여준다. 런던의 엘리트 변호사 사무실에 관한 최근의 한 연구는 이렇게 언급했다. "하급 변호사들은 제 대로 된 색의 양말과 신발을 착용하는 게 성공에 필수적이라고 말한 다."[26] 자산관리사와 자산관리회사는 부유함을 나타내는 특별한 양식을 사용함으로써 믿음직하고 신중해 보이도록 자신을 연출하는 데 훨씬 더 세밀히 주의를 기울인다.

내가 인터뷰한 한 회사는 웨스트민스터 성당 가까이에 본부를 두었 다. 바깥쪽이 신고딕 양식의 석조물로 덮인 사무실 공간은 19세기라면 신사들의 클럽으로 쓰일 듯하다. 사무실에는 광택이 나는 나무 장식판 자와 견고한 가죽 소파가 있는데, 그 연대가 회사가 설립된 1800년대 후 반까지 거슬러 올라갈 것이다. 이 회사와 다른 회사들에서 '신新털킹혼'이 라고밖에 할 수 없는 스타일을 한 자산관리 전문가를 끊임없이 봤다. 그 들은 양복 조끼와 (몇몇은 허리에 금색 회중시계 줄을 매달고 있었다) 가문의 문 장紋章이 보이는 인장 반지처럼 눈에 띄지는 않으나 값비싼 보석류를 착용하고 있었다.

이는 단지 '상류층' 이미지를 보여주기 위함만은 아니다.[27] 그 신호는 사회경제적 계층구조의 최상층에 속하는 이들 외에는 거의 들리지 않는 주파수로 발생한다. 허리띠 대신에 멜빵을 착용하거나 손목시계 대신에 회중시계를 착용하는 것의 의미와 가치를 알아볼 뿐 아니라 거기에 의미와 가치를 부여할 수 있는 사람들 말이다. 이런 구별은 선택된 소수 외에는 알아차리지 못하고 지나치는 특별한 언어 사용 방식까지 이어지므로, 말 그대로 들을 수가 없다. 런던에서 일하는 자산관리사 제임스는 이렇게 말했다. "(미국인인) 당신은 아마 모를 거예요. 하지만 이 나라 사람이면 누구나 말하는 방식에서 내가 사립학교를 다닌 걸 알 수 있을 겁니다. 내가 특유의 말투를 사용하기 때문이죠. 고객들은 알아차려요." 부르디외의 용어로 말하자면 이것은 자산관리사의 말투에 체화된 '문화자본'의 한 형태다. 문화자본은 좀 더 광범위한 성향, 태도, 자기연출 방식 같은 것들의 부분으로서, 한 개인이 획득한 아비투스의 일부를 이룬다.

특히 엘리트층과의 교류가 필요한 전문직업은 성공적인 직무 수행을 위해 특별한 아비투스를 완전히 익힐 것을 요구한다. 앞선 연구는 이렇게 언급했다. "신체는 직업의 중요한 측면이다. 정체성과 자아의 양상을 상징하기 때문이다. 즉 정체성이 인식되고 체화된 표현인 것이다."[28] 자산관리사를 뚜렷이 구별 짓는 것은 전문성을 드러내는 이 체화된 연기performance의 깊이와 복잡성이다. 게다가 엘리트층의 아비투스는 가족, 사립학교, 그리고 다른 제도를 통해 전달되는 문화 관습과 규범에 기반을 둔 '계층 특정적' 현상이다.[29] 이는 많은 기술과 자격을 갖춘 전문가들에게 고액 순자산 보유 고객의 신뢰와 존경을 얻는 데 필요한 문화자본이 부족할 수 있음을 의미한다.

타고난 듯이

사회심리학자들이 보여준 대로, 유사성은 신뢰성의 공통된 기초다. 다시 말해 우리는 우리와 비슷해 보이는 사람들을 신뢰하는 법이다.[30] 그래서 엘리트층은 계층구조의 상층부 출신인 자산관리사 또는 그런 출신인 사람의 역할을 설득력 있게 해낼 수 있는 사람을 선호한다. 한 연구가 밝힌 대로 "요컨대 신사는 자기 돈을 신사가 다뤄주기를 바란다."[31] 제임스가 이야기해준 한 귀족 고객의 일화가 이 주장을 생생하게 예증한다.

> 뭐든 아는 체하는 고객이 있어요. 그 사람은 자기 어머니의 부동산과 대여섯 개 신탁의 관리를 맡고 있죠. 같은 얘기를 대여섯 번 하면서 항상 자랑해요. 그 사람이 포르투갈 이야기를 하면 나는 "아, 굉장하네요, 나는 거기서 골프를 쳤는데"라고 말하죠. 그 사람이 사냥을 하는데, 한 번은 사냥을 하면서 서류에 서명한 일에 관해 이야기했어요. 나도 사냥을 하기 때문에, "아, 어디서요?"라고 묻고서 그 사람과 대화를 계속했죠. 결정적으로 그 사람 입을 다물게 한 일이 있었어요. 어느 날 와서는 수상의 장인과 점심식사를 하고 왔다고 하기에 "아, 윌리 애스터! 그분 어떻게 지내신답니까?" 하고 말했죠. 내가 그분을 알고 있는 건 우연이었어요. 그러자 그 고객은 내가 자기하고 동등한 사람임을 인정하기 시작했고, 더 많은 정보와 권위를 가진 날 신뢰하게 되었죠.

결국 이것이 고객과 교류할 때 적절한 아비투스를 드러내는 목적이다. 고객은 신뢰, 정보, 권위를 가진 전문가에게 투자한다. 이 사례가 분명하게 보여주는 것처럼, 적절한 아비투스를 연기하거나 드러내는 데 요구되는 시간과 노력은 양육되는 동안 흠잡을 데 없는 문화자본을 습득한 사람들에게도 상당할 수 있다.

2장에서 상세히 설명한 대로, 자산관리는 최근까지 엘리트 계층이 엘리트 계층을 위해 하던 일이었다. 이는 편리함뿐 아니라(엘리트들은 이웃과 가족 구성원을 포함해 각 방면에서 서로 마주친다) 신뢰의 사회심리학이 낳은 결과이기도 할 것이다. 고액 순자산 보유자들에게 유사성과 신뢰성의 신호를 보내는 가장 쉬운 방법은 그들 사이에 속하는 것이다.[32] 한 연구는 이런 역사적 양상을 다음과 같이 서술했다. "결국 신탁관리자로 전문화한 자손은 세습재산을 가진 가족들에 문화적·이념적으로 동화되어, 그 결과 다른 가족의 세습재산을 관리할 준비가 되었다."[33] 좀 더 최근의 연구는 이것이 여전히 이 직업에 진입하는 흔한 방식이라고 말한다.[34] 이런 종사자들은 생계를 꾸려나가야 하기 때문에, 부르디외가 "지배받는 지배 계층"이라고 부른 이들에 속한다.[35]

어떤 사람들은 특히 경력, 성향, 그리고 자신이 받은 가정교육에서 나오는 태도의 관점에서 가족 내력이 직업에 미치는 영향에 관해 기꺼이 말해주었다. 2장에서 인용한 디터는 제2차 세계대전 당시 재산을 잃은 유럽 귀족 가문에서 태어났다. 그렇지만 그는 백작 칭호를 계속 사용했고 업무용 명함에 인쇄해 넣었다. 디터는 공립 고등학교를 다니고 대학에 진학하지 않았다. 하지만 가정교육으로 배운 몸가짐과 이 백작 칭호 덕에 자신의 직업에서 최고의 자리에 오를 수 있게 되었다고 그는 주장했다. 앞서 인용한 제임스도 비슷하게 자신의 가족 배경이 자기 직업의 기초가 되었다고 말했다. "그게 제가 이 일을 시작하게 된 이유예요. 나는 내가 수익자인 신탁을 가지고 있어요. 우린 땅을 좀 가지고 있어서, 가족 재산과 승계 과정을 관리하는 게 어떤 건지 알거든요. 많은 고객이 나와 다르지 않아요. 단지 나이가 몇 살 더 많을 뿐이지."

이런 전통적인 진입점이 계속해서 새로운 자산관리 전문가를 제공해주기는 하지만, 몰락한 귀족이나 가족 재산이 적은 상속인에 의한 공급이 증가하는 수요에 부응하기에는 불충분하다. 많은 회사들이 "적절히 숙련된 신탁관리자 직원을 찾기가 극히 어려워졌다"고 전한다. 최근 STEP 조사에 응한 회사 가운데 거의 절반이 "다른 무엇보다도 역량 있는 수탁자를 찾기가 어렵다"고 말했다.[36]

엘리트층의 신뢰를 얻는 다른 방법

전 세계적으로 자산관리사에 대한 수요가 폭발하면서, 자산관리업이 최고 법률회사의 선례를 따라 중산층 또는 노동자 계층 출신의 사람들에게 상류층의 자기연출과 상호작용 규범을 세심히 교육해서 엘리트층 고객과 일할 수 있도록 대비시키는 아비투스 교육 프로그램을 만들어냈을 거라고 기대할지 모른다.[37] 하지만 이런 일은 보기 드물다. STEP는 자산관리사를 위한 사교기술 교육을 제공하지 않으며, 교육자료도 이 주제에 관해 거의 언급하지 않는다. 어쨌든 아비투스를 교육하는 프로그램이 성공했다는 얘기는 들어본 적이 없다. 이는 부르디외가 말한 대로 "말없이 전해지는 것"을 가르치기가 어렵기 때문일 수 있다.[38]

자산관리사가 적절한 아비투스를 익히는 일은 금기시되는 행동에 부여되는 중요성으로 인해 훨씬 더 복잡해진다. 금기시되는 행동이란 하지 말아야 할 것을 말하는데, 그 가운데 많은 부분이 다른 곳에서는 정상적인 사업 관행으로 여겨진다. 예를 들어, 인터뷰한 자산관리 전문가 대부분이 새로운 고객을 얻으려면 고액 순자산 보유자들에게 단도직입적인 태도로 돈이나 사업이나 판매를 언급하지 말고 반드시 간접적으로 접근해야 한다고 주장했다. 대체로 자산관리회사는 공개적으로 광고하지 않고, 개인 자산관리 전문가는 적어도 관습적인 방식으로 새로운 일을 찾지 않는다. 싱가포르에서 일하는 영국 태생의 자산관리사 알렉스는 자신의 회사에 관해 이렇게 말했다. "우리는 광고를 하지 않고, 앞으로도 하지 않을 겁니다. 우리 일은 모두 소개를 통해 오죠."

자산관리사는 새로운 고객을 모으기 위해 고객의 취미와 여가에 맞춰 만남을 조직한다. 제네바에서 일하는 자산관리사 에리카는 자산관리 전문가로 가장 성공한 한 동료가 비공식적인 만남을 통해 고객을 얻는 데 귀재라고 말했다. "동료가 휴가에서 돌아올 때면 언제나 새 고객을 데려오죠. 물론 동료는 제대로 된 호텔에 머물러요. 한 번은 동료와 함께 오페라에 갔어요. 우리는 중간 휴식시간에 한잔하면서 로비에 서 있었죠. 동료가 낯선 사람들한테 말을 걸더군요. 오래지 않아, 그 사람들은 동료에게 자기 인생사를 이야기하고 있었고, 중간 휴식시간이 끝날 무렵에는 명함을 교환했어요. 동료가 새 고객을 얻은 거였죠. 동료는 아무것도 하지 않았어요. 내가 지켜봤거든요! 실제로 동료가 한 일은 관심과 주의를 가지고 들어주는 거였어요. 그 사람들에게 집중한 거죠."

고객에게 집중하는 방식과 비슷하게, 케이맨 제도에서 일하는 영국인 자산관리 전문가 어밀리어는 런던에 있는 한 동료가 좀 더 계획적이고 전략적인 방법으로 목표를 이룬 일화를 이야기해주었다. 이 자산관리사는 겁이 많은 사냥감에게 몰래 접근하는 사냥꾼처럼 여러 달 동안 고객에게 가까이 다가가려고 계획을 세웠다. 그는 고객의 사무실에서 서로 얼굴을 맞대고 만나는 자리를 마련한 후, 의심을 불러일으키지 않고 고객의 관심을 끄는 '미끼'를 만들었다.

잠재 고객의 탐색에 관한 최고의 일화를 조용하고 겸손한 사람한테서 들었어요. 그 사람은 매우 능수능란해서 굉장히 성공을 거뒀죠. 그 사람은 《이코노미스트》에서 대단히 부자인 아시아 남자를 알게 됐어요. 기사에 따르면, 그 사람은 특정한 유형의 교량에 들어가는 특정한 유형의 관^管에 아주 관심이 많았어요. 그래서 데이비드는 그 아시아인이 사로잡혀 있는 이 건축자재에 대해 알아내죠. 심지어 어떤 시멘트 건축 업계지를 구해서 그 고객이 관심을 가지고 있는 것에 관해 모든 걸 알아내요. 그런 다음 잡지에서 그 기사를 뜯어내어 개인적인 메모와 함께 그 아시아인 고객에게 보냈죠. 이렇게 그 사람은 문지기를 통과해 첫 만남을 갖게 됩니다. 그 고객은 데이비드에게 5분을 주기로 마음먹죠. 데이비드는 가면서 생각했대요. '그냥 당좌예금 계좌를 개설하게 해야지'라고요. 그 고객이 "날 만나서 뭘 어쩌자는 거요?"라고 묻자 데이비드는 이렇게 말합니다. "런던에 자주 오시니, 아마도 신용카드나 수표장 기능이 필요하실 겁니다." 데이비드는 규모가 크고 복잡한 투자를 선전하는 대신 세상에서 가장 간단하고 위험이 덜한 방법을 택했고, 그 아시아인은 그걸 좋아했어요. 그래서 지금 그 아시아인은 데이비드의 가장 큰 고객이 됐죠.

고객에게 간접적이고 우회적인 방법으로 접근하는 이런 전략은 자산관리업이 요구하는 아비투스의 필수 요소이고, 가르치기가 특히 어렵다. STEP가 이 주제에 대한 지침을 제공하고자 하는 몇 가지 시도에서 그 어려움이 드러난다. STEP 과정의 교재는 새로운 고객과의 만남에 관해 이렇게 조언한다. "곧바로 눈앞의 일을 진행하지 마라." "고객 쪽으로 살짝 몸을 기울인 채 고개를 끄덕이되 너무 많이 끄덕이지는 않으면서 관심을 기울여라." 가장 놀라운 조언은 바로 이것이다. "사전에 고객의 욕구를 분석하지 마라."[39] 하지만 STEP 교재는 자산관리사가 고객과의 상호작용에서 해서는 안 될 일은 설명하면서도, 해야 할 일에 대해서는 명확히 말하지 않는다.

전직 백작인 디터는 자신이 이끄는 프라이빗뱅크에서 만든 아비투스 교육 프로그램으로 이 문제를 해결하고자 했다. 이는 내가 이 연구를 진행하면서 접한 유일한 사례였다. 자산관리사로서 지녀야 할 직업적 태도와 고객 관계에서 무엇을 해야 하고 무엇을 하지 말아야 하는가 하는 문제를 다루는, 고용주가 제공하는 교육 프로그램으로서는 말이다. 디터는 매년 하급자들을 예절과 태도 등 은행 업무와는 전혀 무관한 문제에 중점을 두는 '전문학교'로 이끈다. 이 백작은 잠재 고객 역할을 하는 훈련된 배우들과 함께 본인이 직접 교육 내용을 강의했다.

이렇게 말하죠. "당신은 30세에서 35세이고, 우리가 선호하는 고객은 55세이면서 1000명의 직원과 5000만 달러의 매출액 규모인 회사의 소유주입니다. 자신이 사는 도시 로터리클럽의 회장이자 골프클럽 회장인 고객은 정치인과 다른 사업가와 최고 수준으로 거래합니다. 그런데 이제 당신이 가서 그 고객에게 돈을 달라고 합니다." 만약 당신이 나이가 어리고 그 고객과 같은 지위에 있지 않으면 매력적이어야 해요. 실질을 갖추고 있어야 하는 거죠. 실질이 있어야 지위와 나이에서 격차가 나는 고객과의 사이에 다리가 생기거든요. 신뢰할 수 있는 이미지를 가져야 해요. 그건 알아차리기 어려운 온갖 질적이고 주관적인 것이죠. 봉사 지향적이어야 해요. 전문기술만이 아니라 겸손하고 헌신적이어야 한다는 걸 의미합니다. 왜냐하면 고객은 하루에 천 명이 넘는 사람을 지휘하고, 복종과 빠른 실행에 익숙하기 때문이에요.

디터가 말하는 자산관리사의 겸손, 헌신, 봉사 지향성은 기사의 윤리, 그리고 2장에 나온 겸손에 대한 필립의 생각을 떠올리게 한다. 백작은 고용인들에게 '매력이나 실질'이라는 자질을 만들어내라고 요구하지 않았다. 그보다는 우선 부유한 고객의 관심을 끌 가능성이 있는 사람들을 고용한 다음, 그들이 이미 가진 것을 최대한 활용하는 방법을 가르쳤다고 말했다. 그런 노력의 성공 여부는 (말하자면 자산관리 전문가가 고액 순자산 보유 고객과 일하기에 적절한 아비투스를 몸에 익혔는지 아닌지는) 궁극적으로 고객에 의해 결정된다. 실제로 디터는 고객과 그 친구들에게 "어떤 자산관리사가 매력적이고 신뢰할 만하다고 보십니까?"라고 질문해 항상 피드백을 구했다.

놀랍게도, 디터는 교육을 받는 직원들에게 자신의 역량을 변화시키라고 하지 않았다. 예를 들어 사냥이나 골프를 하고 있지 않다면 그걸 배워서 좀 더 매력적이고 신뢰할 만하게 보이도록 노력하라고 말하지 않았다. 대신 높은 수준의 문화자본을 지닌 사람들을 고용해서, 고액 순자산 보유 고객에게 그런 자산이 최대한 돋보이도록 드러내는 방법을 가르쳤다. 한 예로, 대부분의 부유한 고객이 오페라를 즐기기 때문에, 디터는 전직 오페라 가수를 고용했다고 했다. 디터에 따르면, 이 전직 가수는 오페라계와 연줄이 닿아 있어서 고객들에게 매력적이었다. "우리가 잘츠부르크 음악축제에 가면, 그는 반드시 우리가 지휘자 리카르도 무티나 가수 체칠리아 바르톨리와 점심을 먹게 해줘요. 그래서 모두가 그를 옆에 두고 싶어 하죠." 다시 말해, 고액 순자산 보유 고객들은 사회관계망을 통해 특별한 경험과 서비스에 접근할 수 있게 해주는 자산관리사를 바란다.

디터의 직원 모집 방법은 엘리트층의 구미에 맞추는 많은 전문 서비스 회사의 전략과 그 정신이 비슷하다. 그들은 이전 삶의 경험을 통해 문화자본을 습득하고 사전에 사회화되어 있는 사람들을 고용한다. 그 사람이 부유한 가정 출신이 아니더라도 엘리트 교육기관에서 교육을 받았다면 대개 출신을 대신할 수 있다고 인정된다. 제임스는 자신의 '사립학교 말투'가 자기 직업에서 경쟁력을 갖는 이점이라고 말했다. 고용주만이 아니라 고객들도 이를 높이 평가했다. 비슷하게, 닐은 이렇게 말했다. "이 직업에 진입하는 사람에게는 이력서에 학력을 적을 때 흠잡을 데 없는 학교 이름을 써넣을 수 있는 게, 즉 흠잡을 데 없는 학교에 다닌 게 아주 중요합니다. 고객들이 실제로 그걸 중요하게 생각하거든요. 브랜드 이미지 같은 거죠." 그래서 법률회사나 전문 서비스를 제공하는 회사들은 고액 순자산 보유 고객의 아비투스에 동화된 고용인을 구하기 위해 거의 엘리트 대학 졸업생만을 고용한다.[40]

자산관리가 다른 전문 서비스의 양상에서 벗어나는 듯 보이는 부분은 이 일을 하기 위해 숙달해야 할 아비투스의 범위와 강도다. 이것이 자산관리업에 공식 교육과정이 부족한 사실을 설명해준다. 전통적으로 수십 년에 걸쳐 가족 내에서 전해지는 태도와 성향을 가르치는 데 필요한 시간과 돈은, 어떤 사업체가 감히 감당하기에는 너무 클 것이다. 특히 그 결과가 불확실할 때, 개별 회사가 이런 교육과정을 만들기 위해 투자를 하기에는 여력이 없다. 부르디외의 말대로, 아비투스가 교육될 수 있는지는 의문의 여지가 있다. 아비투스는 의식적인 모방 또는 노력보다는 무의식적인 모방을 통해 학습되기 때문이다.[41] 내가 엘리트 가문 출신 자산관리사들에게 사교기술을 어떻게 습득하는지 물었을 때, 일부가 마치 다른 식으로 행동하는 건 생각해보지도 않은 듯이 당혹스럽게 쳐다본 건 이런 이유에서일 것이다. 시배스천은 이렇게 말했다. "그냥 그렇게 하지 않나요?"

이 연구에 참여한 자산관리사 가운데 상류층 출신이 아닌 사람이 이 직업의 아비투스를 익히는 가장 흔한 한 가지 방법은 '우연히' 수련과정을 거치는 것이다. 아주 부유한 사람들과 성공적으로 상호작용하는 법을 계획과 의도 없이, 그리고 대체로 무료로 교육받는 방법을 통해, '그냥 그렇게 하게 되는 것'이다. 디터는 이런 수련과정을 거친 사람들을 찾아 모집하는 데 주력했다. 디터 자신의 아비투스 덕분에 다른 사람들에게서 엘리트층에 호소력을 갖는 자질을 알아볼 수 있었다. 그런 다음 디터는 신참이 이미 가지고 있는 자산을 발전시키고 확대하도록 도왔다. 본질적으로, 디터는 자산관리 전문가에게 '피그말리온' 역할을 했다.

우연히 자산관리업으로 들어섰다고 한 인터뷰 참여자들은 대학 교육을 받지 않았으며 노동자 계층 출신이라고 했다. 닉은 이런 식으로 자산관리업계에 들어온 사람들 가운데 하나였다. 이 영국인은 배 만드는 일로 시작해서, 1990년대 초에 선박 건조 산업이 붕괴하자 다음에는 요트 선원으로 새 일자리를 얻어 갑부들이 가장 좋아하는 스포츠경기 중 하나인 아메리카컵 경기(1851년에 창설된 세계 최대의 요트 경기)에 참가했다. 그는 이렇게 알려주었다. "난 아주 가난한 집 출신입니다. 하지만 요트를 타고 전 세계를 두루 다니면서 고액 순자산 보유자들을 많이 상대했죠. 누가 내 사업체로 걸어 들어와서 4000만 달러를 가지고 있다고 해도 난 별로 당황하지 않아요." 비슷하게, 하비에르는 자신의 항해기술 덕에 아르헨티나 해군 하급병의 아들로서 직업의 한계를 넘었다고 말했다. 일반적으로 "해외에서 일을 구하는 건 아르헨티나인에게는 매우 흔치 않은 일이고, 다국적 기업 내에서도 아르헨티나 근무처 사람들은 실제로 다른 도시에 일하러 가지 않아요." 이는 계급 출신과 결합되어 세계에 나가 일하는 경력을 쌓으려는 그의 포부를 좌절시켰다. 아주 어려서부터 배를 탄 하비에르는 가끔 재미삼아 시합에 참가했다. 그 무렵 "퀴라소섬(서인도 제도의 네덜란드 식민지)에서 열린 요트 경주에 참가했다가 마이애미에 있는 한 (자산관리)회사의 주요 인사 두 사람을 만났고, 그게 일자리 제의로 이어졌죠."

우연히 자산관리업계로 들어오는 또 다른 경로는 자산관리회사의 사무직을 거치는 것이었다. 건지섬 토박이인 일레인은 고등학교 졸업 후 세계에서 가장 큰 은행의 하나인 로스차일드은행에서 임시직 비서로 첫 일자리를 얻었다. 20여 년의 직장생활을 거치면서 일레인은 자산관리

업무 책임자로 승진했다. 비슷하게, 영국령 버진 제도에서 일하는 영국인 셔먼은 중등학교 졸업 직후 런던의 한 소액거래 은행에서 사무직 수습으로 일을 시작했다고 말했다. 그는 회계에 능숙했기 때문에 신탁 부문에서 어려운 업무를 맡으면서 자산관리 경력에 시동을 걸었다. 35년 경력의 그는 이렇게 말했다. "나는 고객이 요트와 사치품을 사는 데 도움을 주고, 고객 집에 머물고, 그들의 아이들을 알죠. 고객 이삼십 명과 짧은 휴가도 가고요." 세 경우 모두, 이 직업의 아비투스를 몸에 익히는 경로가 특이하고, 계획한 게 아니며, 시간이 많이 걸리고, 수십 년에 걸쳐 서서히 진행되었다. 이들은 단지 우연히 이 일에 발을 들여놓은 것만은 아니었다. 새로운 성향, 취향, 습관의 영역에서 자신의 천분을 찾은 것이다.

자산관리업은 이런 경로 덕분에 예전에 비해 더 큰 노동시장을 갖추게 되었으나, 공급은 여전히 수요에 미치지 못하고 있다. 그런 데다 이 직업의 전문기술뿐 아니라 엘리트층의 사교기술을 숙달해야 하는 부담이 큰데도, 노동력 부족이 급여 인상을 불러오지는 않는다. 한 가지 이유는 이 산업에 새로운 고객을 공급하는 주요 원천이 가하는 가격 하향 압력이다. 즉 새로운 고객의 공급원인 개발도상국에서 새로운 백만장자들이 빠른 속도로 생겨나고 있는 까닭이다.

문화의 경계를 넘어

자산관리업의 무게중심은 동쪽과 남쪽으로, 즉 전통적인 중심지인 북아메리카와 유럽에서 아프리카와 아시아로 이동하고 있다.[42] 최근의 한 보도는 싱가포르가 역외 금융의 세계적 중심지로서 스위스의 자리를 빼

앗을 만반의 태세를 갖추고 있다고 전한다.[43] 이런 이동에는 많은 결과가 뒤따른다. 앞서 말한 대로, 산업의 가격 구조가 변화할 수 있다. 인터뷰한 모든 사람들이 아시아인과 중동인 고객은 극히 가격에 민감해서 자산관리 전문가가 이들과 일할 때는 전반적으로 수수료를 인하하지 않을 수 없다고 말했다. 두바이에서 일하는 영국인 자산관리사 마크는 가격 흥정이 문화적인 문제라고 생각했다. "이곳은 흥정을 하는 나라예요. 인도와 파키스탄으로 가면 훨씬 더 안 좋아요. 서구에서는 표시가격을 지불하는 데 익숙합니다. 하지만 고객과 만나 비용이 얼마냐고 물어서 얘기해주면 이렇게 말하죠. '그렇군요, 한데 나한테는 얼마에 해줄 거요?' 그러면 나는 다시 표시가격을 말해주고 그들은 이렇게 말합니다. '아, 당신네 그 유명한 영국식 유머를 하는 거죠?'" 이런 기대의 충돌은 인류학자 클리퍼드 기어츠Clifford Geertz가 '바자 경제*'에서 관찰한 것과 맥을 같이한다. 바자 경제에서 가격 결정은 공유된 가치 기준이 아니라 개별 관계에서 유래한다.[44]

자산관리사에 대한 보상은 오랫동안 난처한 주제였다. 서구에서는 친구와 친척이 무보수의 토지 신탁관리자로서 봉사하는 옛 영국의 전통이, 자산관리사를 전문직업인으로 여기고 그 기술에 보수를 지불하는 미국 주도의 관습으로 마지못해 대체되었다.[45] 보수 기준을 마련하기 위

---

* 경제학 교과서에는 대부분 구매자와 판매자가 상호작용하고 공급과 수요가 일치하는 지점에서 가격이 결정되는 한 가지 유형의 시장밖에 나오지 않는다. 하지만 이런 완전경쟁시장은 추상적이며, 경제학자들은 많은 유형의 불완전시장이나 시장 '마찰'이 현실에 존재할 수 있다고 인정한다. 클리퍼드 기어츠는 개발도상국의 시장이 작동하는 모형을 개발하고자 '바자 경제(바자는 중동지역의 전통 시장인 바자르[bazaar]를 가리킨다)' 개념을 제안했다. 그는 모든 것에 대한 엄청난 정보 부족이 어떻게 오랜 시간 지속적으로 상호작용하는 구매자와 판매자 사이의 단골 관계로 이어지는지가 바자 경제의 핵심이라고 강조했다. 일단 관계가 시작되면 구매자는 더 나은 가격을 제시할지 모르는 다른 상대를 찾기보다는 기존 거래 상대와 가격을 놓고 흥정하기를 더 선호한다.

한 법정 소송과 법령은 1세기 이상이 걸렸다. 다른 지역에서는 이 문제가 막 표면화되고 있고, 자산관리 전문가들은 결국 한 번에 한 고객씩 따로따로 이 문제를 처리하게 된다. 성년기 대부분을 영국에서 보낸 중국 태생의 리안은 영국의 자산관리 관습에 익숙해졌다. 리안은 전문가에게 수수료를 지불하는 것에 관해 자신이 "유럽식으로 안일"하게 생각했다고 했다. 2007년 중국으로 돌아갔을 때, 리안은 사업 모형을 바꿔야 했다. 자신의 유럽식 가격 결정 구조로 인해 많은 고객을 잃어서 시장에서 경쟁력을 갖추려면 가격을 깎고, 깎고 또 깎아야 했기 때문이다. 리안은 "중국인이 어떤 사람들인지" 잊고 있었다고 말했다. "서비스 제공자를 불신해서 열심히 흥정해 가능한 한 가격을 낮추는 데 집착하거든요."

리안의 말이 암시하듯이, 이런 가격 결정 요구의 한 가지 원인은 신뢰, 아니 더 정확히 말하면 신뢰의 부족이다. 많은 자산관리 전문가가 특히 브릭스^{BRICS}* 국가 출신의 고객은 고액 순자산 보유자에게 공통된 불신만이 아니라 부패한 정부와 불법적인 사업거래의 경험에서 유래하는 또 다른 층위의 의심을 보이는 게 특징이라고 이야기했다. 이들 고객은 이런 경험 때문에 보통 전문가, 조직, 또는 법규를 거의 신뢰하지 않는다. 홍콩에 기반을 둔 영국인 자산관리사 시배스천은 주로 나이 지긋한 중국인 고객과 일한다. 그들은 문화혁명을 겪었고 정부가 가족 재산을 몰수한 일을 생생히 기억한다. 이렇듯 자기 재산에 대한 지배권을 상실한 경험이 있는 까닭에, 자산관리사의 가치 제안은 '힘든 설득'이 된다. "나이 지긋한 중국 신사에게 이렇게 제안해요. '잘 들어보세요, 당신 재산

---

* 브릭스는 2000년대를 전후해 빠른 경제성장을 거듭하고 있는 브라질, 러시아, 인도, 중국, 남아프리카공화국의 신흥경제 5국을 일컫는다.

의 지배권을 저에게 주면 어때요? 그러면 당신이 재산이 필요할 때까지 당신과 당신 자녀를 위해 제가 계속 보유하고 있을게요. 그 시점에서 저는 그 재산을 당신에게 줄 수도 있고 주지 않을 수도 있어요. 그런데 그러는 동안 죽 당신은 저에게 많은 수수료를 지불할 거예요.' 그러면 그 나이 지긋한 중국 신사는 한참 동안 아주 크게 웃어요." 자기 재산의 소유권을 다른 사람에게 내주는 데 대해 중국 문화가 가진 심리적 장애psychological impediment를 보여주는 학술 연구가 이런 진술을 뒷받침한다.[46] 사회심리학 연구는 일반적으로, 소득 불평등과 부패 정도가 낮고 법이 재산권과 계약을 강력하게 보호해주는 나라 사람들일수록 전문가와 조직을 신뢰할 가능성이 더 높다고 말한다.[47] 개발도상국 출신의 많은 부자들은 그렇지가 않아서 자산관리사에게 상당한 난제를 준다.

신탁의 해석

문화는 신뢰성을 나타내는 신호가 어떻게 해석되는지뿐만 아니라 신호의 종류에도 영향을 미친다.[48] 결과적으로 신뢰의 보장성을 나타내는 행동 유형에서 동일한 기준과 전제를 공유하는 사람들 사이에 신뢰가 발전할 가능성이 더 크다.[49] 이는 자산관리사에게 특히 중요한 난제다. 왜냐하면 제도에 대한 고객의 신뢰가 부족하면, 직업 관계에서 오는 부담을 자산관리 전문가 개인이 모두 지게 되기 때문이다. 리야드에서 일하는 프랑스인 뤼크는 자기가 하는 일은 '개인적인 신뢰'를 확고히 하는 데 달려 있다고 말했다. "왜냐하면 사우디아라비아인 고객은 회사나 법제도 자체를 신뢰하는 게 아니라 개인을 신뢰하기 때문입니다." 이렇게 신뢰성을 드러내는 신호 체계가 서로 달라서, 유럽과 북아메리카에서 나고 자란 다수의 자산관리사가 다른 문화권 출신 고객의 신뢰를 얻으려고 할 때는 만만찮은 장애에 맞닥뜨린다.

이는 자산관리사들이 말하는 '세습재산'을 가진 고객(즉 수세대에 걸쳐 부유했던 집안 출신의 고객)과의 관계와 '신흥부자' 고객과의 관계에서 경험하는 차이와 관련 있을 수 있다. 세습재산을 가진 고객은 대부분 안정된 법규를 세운 선진국 출신이다. 안정된 법규가 전문가와 조직에 대한 신뢰에 일부 근거를 제공한다. 개신교가 우세한 나라 사람들의 경우에는 이 효과가 강화된다.[50] 이런 나라에는 영국, 미국, 캐나다, 그리고 예전에 영국 식민지였던 다른 많은 나라들이 있다. 이런 관할권에서 신뢰 같은 자산관리의 핵심 요소가 광범위하게 받아들여지는 건, 공유되는 관습법 체계뿐만 아니라 부분적으로 종교 관습에서 유래하는 문화 성향 때문이기도 할 터이다. 런던에서 일하는 나이 지긋한 귀족 출신 자산관리사 루이스는 문화와 신뢰 사이의 연관성이 낳는 한 가지 결과를 이렇게 말했다. "영국인은 모두 신탁관리를 하도록 내장되어 있어요. 여기서는 모든 게 신탁에 들어 있죠. 마을 교회의 오르간을 유지하려는 사람들의 의지에서 만들어진 작은 신탁들⋯⋯이런 게 수천 개 있습니다. 영국인의 전 생애는 사실상 그들의 노르만 양식 교회 종탑을 지킨다는, 확실한 지속성으로 충만해 있어요. 우린 신탁과 그 운용법, 그리고 신탁관리자로서의 의사결정 같은 걸 생각하도록 내장되어 있는 거예요." 영국과 영국의 식민지였던 나라에서 자산관리사가 순조롭게 고객의 신뢰를 얻을 수 있는 건 이런 이유에서다.

하지만 신흥부자가 일반적인 나라에서 일하는, 즉 흔히 앵글로색슨 세계와는 이질적인 종교 및 문화 전통 상황에서 일하는 자산관리 전문가는 엄청난 어려움을 겪는다. 시간, 인내심, 그리고 문화적으로 특정한 신호(이를 통해 신뢰 관계가 형성된다)를 해석하는 역량이 요구된다. 게다가 개발도상국에 기반을 둔 많은 자산관리사는 앞이 보이지 않은 채 일한다. 흔히 고객이 그들에게 중요한 정보를 주지 않기 때문이다. 인터뷰한 사람들 가운데 몇몇은 특히 아시아와 아라비아반도의 고객이 자산의 전체 규모와 소재 또는 이중 국적을 소유한 사실을 밝히지 않는다고 말했다. 이는 자산관리사에게 법적·직업적 부담을 야기한다.

이런 불신을 성공적으로 극복하고 나면, 자산관리 수단을 고객이 태어난 나라의 문화 관점에서 합법적이고, 인정받을 수 있으면서, 매력적이게 만들어서 '현지화'하는 방법을 찾아야 한다.[51] 그러려면 단지 언어로 번역하는 것만이 아니라 다른 의미 체계의 신념과 가치에 맞춰 조절하는 자산관리사의 해석 행위가 필요하다. 제네바에 기반을 둔 미국인 자산관리사 브루스는 아랍어에 능통해서 아라비아반도 출신 고객과 일한다. 왜 신탁 구조를 이용해야 하는지 설명하려 하면 아랍인 고객은 특히 불신한다고 그는 말했다.

그 사람들은 소유하길 원해요. 그래서 왜 소유권과 지배권을 포기하는데 동의해야 하는지 이해하질 못하죠. 문화적으로 생경한 개념이거든요. 그 사람들은 "왜 내가 당신을 믿어야 하죠?"라고 말합니다. 어려운 개념이죠. 그래서 나는 아마나^amana 같은, 그들 문화에 이미 있는 개념의 관점에서 설명해요. 아마나는 기초적인 신탁 개념이에요. 예를 들어 대상隊商과 함께 시리아로 떠나면서 신뢰할 만한 누군가에게 "몇 달 동안 떠나 있을 테니 부디 내 것들을 돌봐주고, 만약 내가 돌아오지 않으면 내 것이 확실히 내 아들이나 아내에게 가도록 해주시오"라고 말할 수 있어요. 선지자 마호메트가 신뢰할 만한 사람 가운데 하나였죠. 그래서 마호메트는 다른 사람한테서 자주 물건을 돌봐달라고 부탁받았어요. 마호메트가 자기 것보다 다른 사람들 것을 더 잘 돌봐주리라는 걸 사람들은 알았거든요.

전문가에 대한 신뢰에 악영향을 미치는 역사와 문화를 가진 나라에서 일하는 많은 자산관리사와 마찬가지로, 브루스에게 주요한 난제는 현지와 세계를 잇는 것이다. 브루스는 고객의 환경과 세계관에 스며들어 있는 이슬람교의 역사에 의지해서 고객의 의심("내가 왜 당신을 신뢰해야 하죠?") 문제를 해결한다. 아마나(아랍어로 الأمانة)는 '신뢰성'을 의미할 뿐 아니라, 아랍의 이슬람교 고객이 긍정적 의미를 부여하는 선지자 마호메트의 두 번째 핵심 속성이기도 하다. 현지 언어만이 아니라 문화적·종교적 개념 또한 유창하게 구사하는 브루스의 전략은 성공했다. 이는 상호작용하는 당사자 사이에 민족 유사성이 없을 때 현지의 규범에 적응하면 국외자가 좀 더 신뢰성 있어 보인다는 연구 결과와 일치한다.[52]

브루스처럼 주로 사우디아라비아인과 일하는 뤼크 역시 비슷한 접근법을 취했다고 말했다. 그는 아랍어를 할 줄은 모르지만 현지 문화에 존경심을 보여주고, 자신이 하는 일이 현지인에게 의미 있어 보이도록 비상한 노력을 기울인다. 예를 들어, 브루스는 사우디아라비아인 고객에게 신탁과 전통적인 이슬람교의 와크프^{waqf}(아랍어로는 وقف)* 사이의 유사성을 설명한다. 와크프는 고대의 자선재단 형태로, 신탁과 몇 가지 중요한 특징을 공유한다. 이런 특징에는 가족 재산을 한 세대에서 다음 세대로 넘겨주는 기능, 그리고 관습법상의 신탁관리자와 역할이 비슷한 제3자(무타왈리 또는 المتولي라고 불린다)를 통해 소유권을 지배권에서 분리시키는 것이 포함된다.[53] 베버에 따르면, 와크프는 원래 개인의 부가 봉건세 없이 축적될 수 있도록 하기 위해서 발전했다. 이는 와크프가 관습법의 신탁과 공유하는 중요한 역사적 특징이다.[54]

---

* 와크프는 바크프(vaqf)라고도 하는데 모스크와 기타 자선을 목적으로 하는 공공시설을 재정적으로 유지하기 위해 기증된 토지, 가옥 등의 재산을 말한다.

사실 아랍권에서 일하는 자산관리사들은 이슬람교도 고객을 위해 신탁 개념을 현지화하는 면에서 유리하다. 와크프는 신탁보다 몇 세기 앞선다. 중세에 성지에서 돌아온 순례자와 십자군이 유럽으로 수입한 많은 관습 가운데 하나일 수도 있다. 와크프의 전통적인 구조와 용어가 영국의 초기 신탁에 일부 쓰인 증거가 이를 뒷받침한다.[55] 이런 의미에서 자산관리사는 현대의 이슬람에 신탁을 재현지화하고 있다.

하지만 다른 종교 및 문화 집단 출신인 고객과 일하는 자산관리사는 어떨까? 그들은 자산관리의 개념과 수단을 어떻게 고객에게 신뢰를 불러일으키는 말로 해석할까? 브루스와 뤼크가 사우디아라비아인 고객에게 한 것처럼, '새 술을 헌 부대에 담는' 양상이 많은 문화들에서 계속되고 있다. 시배스천은 중국의 정치적 격변을 거친 고객들에게 자신의 서비스를 납득시키는 문제에 관해 이야기했다. 그는 결국 서양의 자산관리 모형을 받아들이는 사람들은 "왕조 개념에 의해 납득"하게 된다고 말한다. 즉, 시배스천의 중국인 고객들은 그가 만든 구조가 전통적인 가부장적 권위와 잘 맞고 그 권위가 자신의 자연 수명을 넘어서까지 미친다는 점을 인정하는 것이다. "그 사람들은 무덤에서 가족을 통제할 수 있다는 생각을 정말로 좋아합니다. 그들은 원하는 걸 모두 가진 사람들이죠. 유일하게 갖지 못한 게 불멸인데, 불멸을 원해요. 영구 신탁이라는 개념도 아주 좋아해서, 이 고객들과는 대개 바라는 바를 복잡하고 상세하게 쓴 편지로 영구 신탁을 만드는 일을 하게 되죠. 그 편지에는 '내 손자의 둘째아들이 X를 받지만, 그 아이가 Y를 해야만 받을 수 있다'라고 명시돼요. 조건이 아주 명확하고 통제가 엄격하죠." 시배스천이 하는 일은 현지 문화에 부합하므로 그는 중국인 고객의 신뢰를 얻었다. 베버의 말을 빌리면, 시배스천은 전통적인 형태의 권위를 서구의 합리적·합법적 구조로 포장해서 가장의 지배력을 보호하고 확대한다.[56]

이런 의미에서, 시배스천과 비슷한 사람들은 세계화에 중요한 역할을 한다. 그들은 금융 분야에서 '세계화를 주도하는 행위자'라는 좀 더 넓은 계층에 속한다. 이들은 현지와 세계 사이에 다리를 놓는 행위자로, 새로운 경제 실천을 조직하는 데 필요한 문화 요소를 적절히 동원할 수 있을 만큼 현지 지식으로 무장하고 있다.[57]

우리는 신탁을 믿는다?[*]

하지만 현지와 세계를 잇는 이런 능력에는 한계가 있다. 현대의 자산관리가 전통적인 형태의 권위를 둘러싸고 조직된 사회의 가치들과 어떤 면에서는 잘 어울리는 반면에, 어떤 사안은 여전히 문제를 안고 있다. 난관은 특히 신탁과 관련해서 빈번히 생긴다. 자산관리사가 마음대로 사용할 수 있는 다른 수단이 있기는 하지만(4장 참조), 신탁은 고액 순자산 보유자와 기업을 위한 재정 계획에서 없어서는 안 될 특징이 되었다.[58] 이 세계적인 규범(이는 합리적이고 합법적인 형태의 권위를 수반하여 전문가들에게 상당한 지배력을 부여한다)은 강력한 가부장적 권위가 특징인 문화 출신 고객의 저항에 부딪힌다. 파나마인 자산관리사 일리어스는 이렇게 말한다. "내가 함께 일하는 사람들 가운데 98퍼센트가 라틴아메리카 고객이에요. 그 사람들은 신탁이 본인한테 충분한 지배력을 주지 않는다고 생각하죠. 그 사람들은 필사적으로 지배권을 원해서 신탁을 그리 좋아하지 않아요. 신탁을 믿지 않는 거죠!"

자산관리사들은 (동종 영역의 전문가들과 함께) 신뢰에 기초한 고객 관계의 형성을 저해하는 이런 장애물에 대응해서 해법을 제도화하고자 했

---

[*] 원어는 'In trusts we trust?'로, 미국 화폐에 새겨진 표어인 '우리는 하느님을 믿는다(In God We Trust)'를 비튼 것이다.

다. 특히 라틴아메리카처럼 가부장적 권위라는 규범을 공유하지만, 훨씬 더 큰 고객 기반을 가진 아랍-태평양 지역 고액 순자산 보유자의 문화적 선호에 부응하는 일에 관심을 기울였다. 세계에서 아시아의 고액 순자산 보유 인구가 가장 빠르게 증가하고 있고, 그들은 이미 라틴아메리카의 고액 순자산 보유 인구가 소유한 부의 두 배 이상을 소유하고 있다.[59] 일부 관할권은 이렇게 증가하는 시장 지배력에 대응해서 아시아인 고객에게 문제가 되는, 지배력을 둘러싼 갈등을 다루는 법을 특별히 만들었다. 30년의 국제 경험에 기대어 STEP 교육과정을 가르치는 영국인 자산관리 전문가 프랭크는 이렇게 말했다. "영국령 버진 제도는 특히 아시아인 고액 순자산 보유 고객을 끌려고 VISTA[Virgin Islands Special Trusts Act](버진제도특별신탁법) 기업을 발전시켰죠. 이 법은 신탁관리자가 회사의 소유권을 가지고 있어도 그 회사의 자회사가 어떤 사업을 하는지, 어떻게 운영되는지, 누가 운영하는지 등에 대해 조사하는 일을 허용치 않기 때문입니다." 영국령 버진 제도는 부유한 아시아인들에게 최대한 매력적인 금융 환경을 만들기 위해 이례적인 비밀 보호와 지배력을 제공하도록 설계된 새로운 형태의 신탁을 만들었다.[60] VISTA 법에 따르면 신탁이 고객이 운영하는 사업의 지분을 가질 수 있다. 하지만 전통적인 신탁은 신탁관리자가 매일의 사업 운영에 관해 충분히 정보를 전달받고 관여하도록 요구하는 반면에, VISTA는 이런 의무를 없애버렸다. 이에 따라 자회사의 사업은 프랭크 말대로 '블랙박스'가 되어버린다. 그래서 고객은 자신이 가진 부의 원천에 대한 지배력을 유지하고, 자산관리사에게 드러낼 수밖에 없었던 많은 일을 비밀로 감출 수 있게 되었다.

VISTA는 굉장한 성공을 거두고 있지만(자세한 내용은 4장 참조) 어떤 문화 갈등 요인은 법률을 제정해서 없앨 수가 없다. 이런 요인은 고객마다, 또는 심지어 한 번 상호작용할 때마다 따로따로 해결해야 한다. 이 인터뷰에서 거듭 언급되는 주제는 많은 자산관리 전문가가 고객에게 고객 자산의 소유권과 지배권에 관해 교육하면서 경험하는 좌절감이었다. 자산관리사가 신탁자산의 법적 소유권을 얻는 것은 신탁자산을 보유한 고객에게 각별한 문제였다. 건지섬에 기반을 둔 자산관리 전문가 네빌은 문화의 경계와 '세습부자' 대 '신흥부자'의 경계에 걸쳐서 이런 문제가 불거진다고 말했다.

세습재산을 가진 고객은 보통 영국인입니다. 그 사람들은 신탁 개념, 즉 그 돈이 자기 소유가 아니라는 개념을 아주 편하게 받아들이죠. 그걸 향유할 뿐이고, 그 자산이 관리되는 방식에 많은 영향력을 미치지 않아요. 사업으로 신흥부자가 된 신탁설정자는 대개 그 재산을 자기 소유로 보고 투자되는 방식에 관해 지시를 내리고 싶어 하죠. 일단 재산을 신탁하고 나면 그게 자기 돈이 아니라는 개념을 이 사람들이 완전히 이해하는 데는 시간이 좀 걸려요. 고객이 신흥시장emerging market*으로 떠오르는 국가 출신이라면 더욱 그렇죠. 신흥부자들은 재산이 세대 간에 이전되도록 만드는 데는 관심이 덜하거든요. 그보다는 재산을 자국 정권으로부터 지키고 자국을 떠나야 하는 경우에 이용할 수 있는 안전한 재산을 만드는 데 더 관심이 많아요.

다시 말해, 자산관리 전문가가 현대의 자산관리 수단과 규칙을 현지의 규범과 고객의 기대에 맞춰 현지화하는 데는 한계가 있다.

---

* 신흥시장은 금융시장, 그 가운데서도 특히 자본시장 부문에서 급성장하고 있는 시장을 가리킨다. 보통 개발도상국 가운데 상대적으로 경제성장률이 높고 산업화가 빠르게 진행되고 있는 국가의 시장을 말한다.

경계를 시험하다

때로는 세계적인 규범이 널리 퍼져야 한다. 이것이 법과 그와 관련된 제 새의 효력을 가지기 때문이다. 그래서 자산관리사는 종종 법의 테두리 를 벗어나지 않도록 고객에게 '안 된다'고 말해야 한다. 미국인 자산관리 사 브루스가 한 가지 사례를 이야기했다. "한 아랍인 고객이 있었는데, 페라리를 사야 하니까 회사 자금에서 10만 달러를 보내달라고 하더군 요. 나는 안 된다고 했고 그 고객은 '무슨 말이죠, 안 된다고요?'라고 하 더군요. 나는 이렇게 말했습니다. '이건 회사고 당신은 주주예요. 그러니 배당을 요구하고 있는 건가요?' 나는 고객이 올바른 단어를 쓰도록 지도 해야 해서 이렇게 말했어요. '페라리 살 돈을 보내달라고 요구하는 그 이 메일을 삭제해주시겠어요?'" 그 고객은 회사를 '개인 은행계좌'처럼 취급 하는 바람에 법을 위반할 위험에 처했다. 브루스는 '안 된다'고 말해서 고객과 자신을 보호했지만, 또한 고객의 신뢰와 자기 일을 잃을 위험을 무릅썼다.

이 사례에서 자산관리 전문가는 고객을 잃지 않았다. 하지만 자산관 리사들은 극복할 수 없는 문화 장벽에 맞닥뜨리는 경우가 많다. 이는 특 히 한 문화의 '궁극적인 가치'라 할 수 있는 금기를 둘러싸고 발생한다.[61] 때로 종교 문제가 있다. 예를 들어 다수의 이슬람 국가에서 '신이 주시리 라'는 믿음은 자산관리의 기본 목적에 주요한 장애물이다. 두바이에서 일하는 영국인 자산관리 전문가 일레인은 이런 믿음으로 인해 심지어 고객이 보험 가입에 저항하기도 한다고 말한다. 자신을 불운으로부터 보 호하는 것은 이슬람법이 금지하는 하람[haram]*이라고 생각하기 때문이다. 마크는 두바이와 아라비아반도 다른 곳의 고객에 관해 이야기하면서 이

---

* 하람은 아랍어로 종교적, 도덕적, 윤리적 금기사항을 의미한다.

렇게 자세히 설명해주었다. "계획과 관련해서 '인샬라(알라신의 뜻이라면)'라는 생각이 있어요. '신이 원한다면 일은 신이 원하는 대로 되리라'라는 거죠. 계획하는 건 알라에 대한 모욕이에요. 그 사람들은 계획 부족으로 다른 가족이 잘못되는 걸 보고서야 생각을 고쳐먹고 우리와 함께 일한답니다. 완전히 현대화하는 거죠." 어떤 고객은 그가 맞닥뜨린 현실적인 문제가 믿음을 뛰어넘는 자극제가 된다. 그래서 문화적인 장애물을 극복하고 다른 세계관에 기초한 전문가의 조언을 신뢰하게 되는 것이다.[62]

자산관리사는 이렇게 고객이 세속의 금기에 맞서 믿음을 뛰어넘도록 도와야 한다. 예를 들어 죽음에 관해 논의하는 일은 어떤 문화적·종교적 배경을 가진 개인에게 주요한 장애물이다. 모리셔스의 자산관리 전문가인 인도 출신 아르준은 힌두교도와 기독교도 고객 모두 이런 문제를 경험한다고 말한다. "인도인과 아프리카인들하고는 승계 계획을 논의할 수가 없어요. 죽음을 이야기하면 액운이 낀다고 믿거든요." 중국에서는 이와 비슷하지만 종교와는 무관한 죽음, 운명, 그리고 계획에 대한 생각이 고객의 선호를 형성하는 데 상당한 역할을 한다. 그래서 세계 금융의 관습과 현지의 믿음을 연결하려면 문화적 적응이 필요하다.[63] 그래서 시배스천은 내가 인터뷰한 많은 이들과 마찬가지로 완곡어법에 의지한다. "나이 지긋한 중국인 신사들은 죽음을 생각하면 죽음이 온다고 막연히 생각하죠. 그래서 우린 '죽음'이란 단어를 사용하지 않으려고 아주 열심히 피해요. 대신에 '자녀가 독립할 때' 또는 '당신이 더 이상 당신 재산을 지배할 수 없을 때'라고 이야기한답니다." 하지만 일부 자산관리 전문가는 이런 상황이 고객에게 서비스를 제공하는 그들의 역량에 악영향을 미친다고 본다. 솔직하고 딱 부러지게 하지 못하면 진정한 신뢰 관계를 형성하는 데 방해가 된다고 생각하는 것이다.

그 결과, 일부 자산관리 전문가는 신뢰 관계를 가로막는 장애물을 극복할 수 없다는 생각에서 특정 문화의 고객과 일하는 것을 거절한다. 뉴욕에서 일하는 40년 경력의 자산관리 전문가 모리스는 미국인하고만 일하지만, 특정한 민족과 종교 집단에 한해 고객을 받는다. "중국 사람들은 만나고 싶지도 않아요. 그 사람들한테 죽음에 관해 이야기하는 건 거의 모욕이니까요. 나는 유대인과 이탈리아인을 전문으로 합니다. 그 사람들은 아주 가족 지향적이거든요. WASP^{White Anglo-Saxon Protestant}* 하고는 일 못 해요. 나는 뉴욕 출신 유대인 입장에서 질문을 하는데, 이게 출신 배경이 다른 사람들에게는 무례할 수 있거든요. 그래서 만약 한 WASP가 상속 계획을 논의하려고 오면, 나는 대개 그 사람을 다른 사람한테 보내요." 모리스는 또 자신과 나이 차이가 10년 이내인 사람으로 고객을 한정한다. "젊은 사람들하고 이야기하면 내가 아는 길과 방향으로 그 사람들을 끌고 갈 수 있거든요. 하지만 나도 그 시기를 거쳤어도 젊은 사람들을 이해할 수가 없어요. 이 일은 나이에 민감해요."

모리스는 사회적 정체성과 신뢰 사이에 연관성이 있으며, 이 연관성이 전문가와 고객 사이의 관계에 영향을 미치는 광범위한 현상을 보여주는 극단적인 예다. 일부 고객 상호작용에서는 사회적 정체성의 특정한 측면만이 신뢰에 도움이 되고 다른 것들은 방해가 된다. 예를 들어 인도 혈통의 영국인 자산관리사 시바니는 원래 자신의 젊음과 성별 때문에 나이 든 남성 인도인 고객과 일하는 데 불리했다고 말했다. 처음에 그 고객은 전통적인 인도의 가장으로서 젊은 여자에게 자문하는 게 불편하다고 밝혔다. 하지만 시간이 흐를수록, 그 고객은 시바니의 역량과 문제를 해결하는 능력에 감동받았다고 한다. 하지만 고객은 합리적인 말

---

* WASP는 앵글로색슨계 백인 신교도를 가리키는데, 이들은 미국 사회에서 가장 영향력 있는 계층에 속한다.

(나의 자산관리사가 기술적으로 능숙하기 때문에 신뢰한다)로써가 아니라 시바니의 민족성을 새로이 강조하면서 신뢰를 표현했다. 시바니의 나이와 성별을 차치하지 않고 인도 가정의 전통적인 권위 구조와 일치하는 관점에서 재구성한 것이었다. "그 고객은 결국 내가 인도인이라서 다행이라고 마음먹었죠. 그래서 재산관리팀(모두 백인이자 유럽인이었죠)과의 회의에서 날더러 이렇게 말하곤 했어요. '당신은 인도인이라서 내가 말하는 요점을 이해할 거요.' 이제 그 고객은 내 아버지처럼 행동하고, 내가 자기한테 딸처럼 조언한다고 생각하죠. 나한테 조언도 해주고 식당을 추천해주기도 하고요."

시바니의 사례는 아비투스를 드러내는 성향과 태도뿐만 아니라, 신체가 전문가와 고객 사이의 상호작용에 영향을 미칠 수 있는 방식을 분명하게 보여준다.[64] 이 사례에서 시바니에게 영향을 준 특징은 나이, 성별, 민족성같이 인구학적인demographic 것이었다. 적절한 권위를 행사하는 데 의구심을 제기하는(나이 든 남성이 젊은 여성에게 조언을 받는) 관계로 시작된 것이, 공통되는 민족성에 의해 접합되어 전통적인 인도의 가족 관계를 반영하는 관계로 옮겨갔다. 이렇게 '새 술을 헌 부대에 담는' 식의 사회적 정체성은 낯선 사람이 신뢰받는 지위에 진입할 때 흔히 쓰이는 대처 전략이다. 하지만 이 전략은 대개 무의식적으로 사용된다.[65]

결론

고객의 부를 보호하기 위해 (그리고 그 부를 진정 위태롭게 하는 위협을 판단하는데) 필요한 공개성, 친밀감과 솔직함의 정도는 직업에서 필요한 상호작용 기준을 훨씬 넘어선다. 이 연구에 참여한 사람들에 따르면, 신뢰에 대한 고객의 저항은 만연해 있다. 심지어 가족이 몇 대에 걸쳐 전문적인 자산 관리 서비스에 의지하고 있는 세습재산을 가진 고객 사이에서도 그렇다. 개발도상국 출신 고객 사이에서는 문제가 훨씬 더 극심하다. 부패한 정부와 미약한 법규를 경험했기 때문에 이들은 특히 자산 정보나 지배력을 내주길 꺼린다. 더욱이 다양한 문화 출신의 고객이 금기와 가족 원한을 두려워해, 그들의 부에 영향을 미치는 문제에 관해 정직하고 솔직하게 이야기하기가 어렵다.

이는 개인 자산관리 전문가에게 특별한 부담으로 다가온다. 각 고객에게 대단히 개인적인 방식으로 신뢰를 구현하는 책임을 떠안게 되기 때문이다. 어떤 가정에서는 자산관리사가 거의 가족 구성원 같은 역할을 한다. 그래서 그 가족의 가장 남부끄러운 비밀에 접근할 수 있으며, 가족 내 싸움에 가담하고, 가끔 사망한 가장의 권위를 대신하는 사람으로서 봉사한다. 이런 의미에서, 자산관리사의 신뢰받는 지위는 합리적·요식적 전문지식과 사회정서적 유대의 독특한 결합에 토대를 두고 있다.

이런 유사 가족적인 친밀감으로 말미암아, 자산관리 전문가의 물리적 조건(성향과 태도뿐 아니라 인구학적 특성을 포함한다)은 그가 가진 기술적 역량과 동일한 중요성을 띤다. 고객의 관점에서, 자산관리 전문가의 신체적 외양은 이용 가능한 서비스의 질과 신뢰성을 드러내는 몇 안 되는 신호 가운데 하나이기 때문이다. "검수할 수 있는 물건이 있는 게 아니기 때문에, 고객은 스스로 자산관리 전문가를 신뢰해야 한다. 그래서 존경받을 만해 보이는 사람들이 신뢰를 받는다."[66] 물론 신뢰할 만하거나 존경받을 만하다는 것은 장소나 특히 국가마다 다를 수 있어서, 자산관리 전문가는 전문지식과 자기연출 방식을 '현지화'하는 또 다른 문제를 겪는다.

인터넷이나 전화를 매개로 일어나는 많은 현대의 직업 활동과 달리,

자산관리업의 고객 서비스는 여전히 얼굴을 맞댄 상호작용에서 일어나는 아주 체화된 활동이다.[67] 이것은 고급 서비스의 특징으로, 자산관리 전문가는 기술적 역량을 보여줄 뿐 아니라 고액 순자산 보유 고객의 신뢰를 얻는 방식으로 자신의 문화자본과 사회적 정체성을 관리해야 한다.[68] 이 장에서 제시한 증거가 보여주는 대로, 고객과의 상호작용에서 자기를 능숙하게 연출하는 일(부르디외가 '재현 노동[labor of representation]'이라고 한 것)은 자산관리 계획을 준비하는 일만큼이나 실질적인 노동의 한 형태다.[69] 이것은 근본적이면서 흔히 간과되는 직업화 과정의 측면이다.[70]

이 장에서는 고객 관계의 사회정서적이고 문화적인 측면에 초점을 맞추었다. 이제 다음 장에서는 고액 순자산 보유 개인들의 독특한 문제를 자산관리사가 어떻게 해결하는지 살펴본다. 문제의 적절한 해결책은 문화와 국가 상황에 따라 다양하다. 이에 따라 새로운 자산 보호 방식이 창안되어, 자산관리업은 근본적으로 보수 성향을 띠면서도 세계적인 금융 및 법 혁신의 최전선에 서게 된다.

4장

자산관리의
전략과 기법

3장에서 말한 대로, 자산관리사가 고객의 생활세계에 몰두하는 것은 거대한 개인 재산을 보호하는 데 필요한 차별화된 전략적 지향을 개발하기 위해 꼭 필요하다.[1] 나는 이런 전략적 지향의 관점이 얼마나 차별적인 것인지 앨런을 인터뷰하면서 감지하기 시작했다. 앨런은 영국인 은행가이자 신탁관리자로, 수십 년 동안 영국령 버진 제도에서 일했다. 영국령 버진 제도 같은 역외 금융 중심지를 이용하는 세계적인 자산계획의 이점을 이야기하면서, 앨런은 이렇게 말했다. "만약 빌 게이츠가 역외에 마이크로소프트를 설립했다면 지금쯤 부자가 됐을 걸요." 이를 영국식 유머로 받아들인 나는 웃었다. 그렇지만 앨런이 덧붙여 말했다. "무슨 말이냐면, 어마어마한 부자가 됐을 거라고요." 나는 기록을 하다가 고개를 들어 앨런을 처다보았다. 그의 표정은 완전 진지했다.

개인 재산이 790억 달러에 달하는 빌 게이츠는 지난 21년 가운데 16년 동안 《포브스》가 선정한 세계 최고 부자 목록의 맨 위에 올랐다. 이런 기록을 보면, 대부분 사람들은 게이츠의 자산관리 전략을 비판하는 일은 상상치 못할 터이다. 하지만 초고액 순자산 보유 고객과 일하는 전문가의 관점에서는, 게이츠가 역외 금융 중심지를 이용하지 않는 점은 적어도 그의 개인 재산 보호 면에서 우려할 만한 중대한 누락으로 여겨진다. 앨런이 이런 불만을 이야기하는 것은 변호사와 금융 고문이 중산층 고객이 유언장을 쓰지 않거나 생명보험에 들지 않는다고 말하는 것과 비슷하게 들렸다.[2] 앨런이 보기에는 확실하고 쉽고 대단히 유익한 전략이 간과되고 있었던 것이다.

빌 게이츠의 엄청난 재산을 보고서 어떻게 그가 묘책을 놓치고 있고 제대로 조언받고 있지 않다고 결론지을 수 있는지 이해하려면, 자산관리산업의 규준이 무엇인지 제대로 알아야 한다. 3장에서 보여준 대로, 자산관리 전문가가 전문 관리를 받는 자산이 수억 달러까지는 아니더라도 수천만 달러에 이르는 고객과 일하는 경우는 흔하다. 재산이 한 나라의 경계 안에 있는 부동산에 한정되는 '지주 계급'이 여전히 존재하기는 하지만, 이는 이제 예외적인 경우다. 자산관리의 새로운 규준은 복잡한 금융적·법적 구조를 통해 다수의 관할권에 대단히 다양한 자산(이 가운데 많은 것이 세계적으로 이동이 자유롭고 대체 가능하다)을 보유하는 것이다. 이런 상황에서 역외 금융 중심지를 이용하는 것은 기정사실이다.

다수의 거주지, 잦은 여행, 그리고 자본의 이동 가능성에 대한 요구가 이 집단을 규정하는 특징이다. 예를 들어, 현재 두바이에 기반을 둔 영국인 변호사 마크는 자신이 하는 일에 관해 이렇게 말했다. "한 전형적인 고객은 여남은 관할권에 자산을, 그리고 대여섯 곳의 다른 관할권에 가족을 두고 있어요. 그래서 가장 효율적인 방식으로 자산을 보유하고 불필요한 세금으로 재산을 잃거나 유언 검인probate[*]에 휘말리는 일이 없게 하려면 꼼꼼한 사람들이 필요하죠. 우린 또 재산 소유주가 재산을 말아먹는 가족 분쟁을 피하도록 확실히 해두고 싶어 한답니다."

케이맨 제도에 기반을 둔 영국인 자산관리사 앨리스테어는 본인이 맡은 고객 35명의 공통분모는 전 세계에 걸친 복잡한 구조로 재산을 보

---

[*] 유언 검인은 유언 검인 법원에서 사망자 유언의 사실 유무를 알아보고 상속 분배를 어떻게 할 것인지 결정하는 법적 절차를 말한다. 법원에 의해 유언 검인 절차가 시작되면 법원 수수료, 재산평가사 및 변호사 비용 등 많은 비용이 들 수 있다.

유하고 있다는 점이라고 말했다. "각 고객은 자회사를 적어도 하나(어쩌면 셋) 가진 신탁을 최소한 하나(어쩌면 넷) 가지고 있고, 그것들은 모두 서로 다른 일을 하도록 설계되어 있어요. 솔직하게 말하자면, 아내를 위해 설계된 구조가 따로 있고 애인을 위해 설계된 구조가 또 따로 있는 거죠." 고객의 법적 가족에게는 비밀에 부쳐지는, 장기적으로 관계를 이어가는 상대나 자녀들뿐 아니라 정부情婦들을 위한 대비가 포함되어 있는 것이다. 이런 상황은 역외 세계에서는 상투적인 만큼 아주 흔하다. 25년도 더 전에, 로이드뱅크인터내셔널Lloyd's Bank International*은 역외의 자산관리사들을 위해 전형적인 고객층을 이렇게 요약했다. '자국의 세법뿐 아니라 상속법을 피하면서 애인에게 재산을 남겨주기 위해 역외 신탁을 이용하는 40대 남성 사업주.'[3]

이 예가 말해주듯이, 자산관리는 '토지소유권의 소극적인 보유'라는 기원과 엄청나게 멀어졌다. 2장에서 주로 자본주의와 부 자체의 속성 변화가 이런 변신을 추동했음을 보여주었다. 부를 보호하는 수단은 무기를 능숙하게 쓰는 기사의 봉사에서 법적 수완으로 대체되었다. 산업자본이 가족 재산의 최초 형태인 토지를 대체할수록, 이 법적 수완은 점점 더 복잡해지고 혁신되었다.

19세기 말에 경제학자 소스타인 베블런Thorstein Veblen은 살아 있는 동안 부의 토대만이 아니라 부를 유지하고 키우는 수단 또한 빠르게 변화하는 것을 목격했다. "유한계급의 경제적 기반은 예나 지금이나 재산의 소유였다. 하지만 재산을 축적하는 방식과 유지하는 데 필요한 재능이

---

* 영국의 로이드뱅크가 전액 출자한 자회사로, 궁극적으로 유럽 최대 금융그룹의 하나인 로이드금융그룹에 속해 있다. 이 은행은 1911년에 해외 확장을 시작했고, 역사적으로 주요한 세계적인 상업은행의 하나인 로이드뱅크인터내셔널의 명칭은 현재 역외 금융 부문에 대해 쓰이고 있다.

달라지고 있다. 단순한 공격성과 거리낌 없는 폭력이 빈틈없는 실행과 교묘한 속임수에 상당한 정도로 자리를 내주었다. 빈틈없는 실행과 교묘한 속임수야말로 부를 축적하는 최고의 공인된 방식이다."[4] 이런 변화는 부분적으로 도금시대Gilded Age*에 점점 중요성이 커진 자산관리사들에 의해 추동되었고, 의심할 바 없이 자산관리가 하나의 직업으로 발전하는 데 기여했다. 이 장에서는 자산관리업이 어떻게 부의 국제화와 초이동성을 가진 자본의 출현으로 인해 한 세기 후 발전된 모습을 드러냈는지 살펴본다.[5]

자산관리업은 19세기에 부의 대체 가능성이 높아지면서 변모했듯이 세계화의 영향을 받아 한번 더 탈바꿈했다. 마크는 이렇게 일러주었다. "1990년대에 새로운 종류의 초갑부, 그러니까《포브스》가 선정한 억만장자 계층이 수적으로 폭발해서 증가세가 그치질 않고 있어요. 1980년대에 개인에게 신탁 및 상속 서비스 비용을 청구하는 산업이 생겨나리라고 누가 짐작이나 했겠어요? 그리고 이런 산업이 생겨날 수 있었던 이유는 그 사람들이 작은 나라에 맞먹는 부를 가지고 있기 때문이죠." 이 연구에 참여한 마크와 다른 사람들이 이야기한 역사는 사회과학자들이 현재 '금융화financialization**'[6]라 일컫는 현상과 대략 일치한다. 특히 1970년대와 80년대에 느슨해진 통화 관리와 금융시장에 대한 규제의 축소가 결합되어 국제 무역과 투자 수익이 폭발적으로 증가했다.[7]

---

* 《도금시대》는 1873년 마크 트웨인이 C. D. 워너와 합작으로 발표한 풍자소설로, 남북전쟁 후의 미국이 악몽과도 같은 물욕에 사로잡혀 각종 사회적 부정이 속출하는 시대를 통렬히 비판했다. 미국에서 1865~1890년경 무렵의 시대를 '도금시대'라고 하는 것은 이 작품에서 유래했다.
** 금융화는 1980년부터 2010년에 이르는 시기에 있었던 금융자본주의의 발전을 설명하기 위해 쓰이는 용어다. 이 시기에 자산 대비 부채 비율이 증가하고 금융 서비스가 다른 분야에 비해 국민소득에서 차지하는 비중이 증가했다. 금융화는 교환이 금융상품이라는 매개를 통해 용이해지는 경제적 과정을 이른다. 이는 실물 상품, 서비스, 위험이 손쉽게 통화로 교환될 수 있게 한다.

금융화의 한 가지 결과는 자산관리 서비스를 필요로 하는 새로운 엘리트 집단의 출현이었다. 이들은 자신의 재산과 함께 이동이 아주 자유로워서 법이 상정하는 일반적인 영토의 경계 내보다는 국가들 사이에 존재한다.[8] '다수 영토에 걸쳐 있는^{multi-territorial}' 이 새로운 고객은 다양한 종류의 서비스를 요구했다. 즉 정해진 국가 내에서 법적·금융적 기회를 최대한 활용하기보다는, 개별 국가들 법 사이의 충돌과 공백을 이용하는 데 중점을 둔 서비스 말이다.[9] 규제차익거래^{regulatory arbitrage}*로 알려진 이 기법은 지금은 많은 고객에게 기본적인 자산관리 전략이다.[10]

이런 변화에 따라서, 자산관리회사는 자신을 고객에게 제시하는 방식을 바꾸었다. 2장의 노선트러스트 광고가 보여준 것과 같은 '제도적 안정성'에서 세계무대에서의 '제도적 민첩성'으로 선전 문구를 갈아치웠다. 예를 들어, 2012년 남아프리카공화국에서 열린 STEP의 창립총회에서 한 회사는 "우리는 국경을 넘나드는 복잡한 해법을 전문으로 한다"는 인쇄물을 배포했다. 그들이 제공하는 서비스에는 맞춤형 국제 조세 구조와 역내와 역외의 부동산, 요트, 항공기 구입부터 이민과 조세 효율적인 이혼 합의 등이 있다. 이런 다양한 활동은 모두 국경을 넘나드는 거래에서 법의 공백과 분쟁으로 발생하는 고객의 수익을 극대화하고 관리하는 데 달려 있다.

이 '규제차익거래'의 본질은 베블런이 한 세기도 더 전에 확인한 "빈틈없는 실행과 교묘한 속임수"의 현대판을 전면에 내세운 것이다. 이 현대판 자산관리 기법에는 법의 자구^{字句} 안에서 움직이지만 그 정신에는 반하는 혁신적인 금융적·법적 활동이 포함된다.[11] 논평자들에게 가장 문제가 되어 보이는 것은, 이런 전략이 합법적이지만 규칙과 규제에 대

---

* 규제차익거래란 규제가 덜한 다른 부문이나 국가로 이동해 차익을 얻는 행위를 말한다.

자산관리의 전략과 기법 **141**

해 "앞면이 나오면 내가 이기고 뒷면이 나오면 네가 이긴다"는 식의 접근 법을 보여준다는 점이다. 미국의 한 의회 위원회가 지적한 대로, 자산관 리 서비스의 고객은 "규제를 일방통행로처럼" 대한다. "수익 창출 기회 를 보장하는 등, 수익을 바라는 입장을 지지해줄 때는 의지하고 그 입장 에 반할 때는 무시한다."[12]

역외 금융 중심지

미국 의회가 질책한 대로, 자산관리 고객의 일반적인 특징은 법과 정부 가 가하는 제약을 따르려 하지 않는다는 점이다. 세금고지서를 줄이고 싶어 하는 욕구는 시작에 지나지 않는다. 아랍에미리트연합국처럼 세금 이 없는 관할권 출신의 사람들에게 조세 회피는 중요한 게 아니다. 많은 고액 순자산 보유자가 "정부가 가하는 부담스럽거나 부당하거나 변덕스 럽게 여겨지는 규제에서 벗어나"[13]기를 바란다고 말하는 게 더 정확할 것이다. 이를 위한 묘책은 '일부 이슬람 국가의 이자 지급 금지법'을 피하 는 비교적 온건한 문제부터, '무기 거래와 국제적인 제재 및 금수 조치' 를 회피하는 좀 더 해로운 문제까지 망라한다.[14] 모든 규제의 공통점은 현대 정치경제에서 부를 창출하는 주요 현장인 세계 금융시장에의 참 여를 제한한다는 것이다.[15]

자산관리사는 성장과 이동 가능성에 대한 이런 제약에서 자본을 '해방'시켜 고객이 규제를 받지 않고 자유로이 부를 축적하게 한다. 얄궂 게도, 한 주권 국가의 규제를 피해 부를 이동시키려면 또 다른 주권 국 가에 의지해야 한다. 이들 국가는 주권을 다양한 방식으로 이용해서 다 른 곳에서 '해방된' 자산을 자기 관할권으로 끌어들이려 경쟁하며 보호한다. 세계 엘리트들의 자금을 놓고 이렇게 경쟁이 벌어진 결과, 역외 금융기관을 이용하는 것은 기업과 개인 모두에게 자산관리 계획의 필수 요소가 되었다.

STEP 교육과정이 역외 지역을 다루는 방식에서 역외 지역의 중요성이 드러난다. TEP 과정 입문 강좌의 교재는 역외에 대한 논의로 첫 28쪽(이 책의 11퍼센트에 해당한다)을 할애한다. 즉, 자산관리사 교육을 받으면서 가장 먼저 읽어야 하는 부분이 역외 금융 중심지를 이용해 개인 재산을 보호하는 방법이다. 그런 다음에야 고액 순자산 보유 고객이 전형적으로 맞닥뜨리는 문제의 유형이나 자산관리 사업의 수단에 관해 논의한다.

역외 금융 중심지의 특징

역외 금융 중심지offshore financial center, OFCs는 모두 실제로 앞바다에 있지는 않다(육지로 둘러싸인 스위스가 특히 두드러진 예다).[*] 하지만 많은 곳이 섬이거나 다른 유형의 지리적 또는 정치적 독립성을 띤다. 이런 이점을 이용해 경쟁이 격심한 시장에서 엘리트들의 재산을 끌어들일 수 있다.[16] 역외 금융 중심지는 영국해협부터 남태평양까지, 그리고 카리브해 지역부터 인도양까지 세계 곳곳에서 찾아볼 수 있다. 역외 금융 중심지는 통틀어 수조 달러 이상의 법인 재산과 함께 89억 달러로 추정되는 개인 재산을 수용하고 있다.[17] 역외 금융 중심지는 전 세계적으로 70~80군데에 달한다. 그 가운데 스위스는 개인 역외 재산의 26퍼센트를 수용해 이 분야를 장악하고 있다. 재산은 주로 유럽, 중동, 아프리카에서 온다. 홍콩과 싱가포르는 역외 재산의 16퍼센트를 수용하고 있는데, 주로 아시아의

---

[*] '역외(offshore)'라는 말은 원래 '앞바다', '연안'을 의미한다.

다른 곳에서 온다. 마지막으로 파나마와 카리브 제도의 역외 재산은 전체의 약 13퍼센트이며, 주로 아메리카 지역의 다른 곳에서 온다.[18] 이런 선도적인 중심지뿐만 아니라 동일한 사업을 두고 경쟁하는 다른 많은 곳들이 있다. 잘 알려진 저지섬과 건지섬이 있는 채널 제도(영국과 유럽대륙 가운데에 위치해 있다)부터, 멀리 떨어져 있고 잘 알려지지 않은 말레이시아군도의 라부안섬, 그리고 타히티섬과 피지 사이 중간 즈음의 남태평양에 위치한 쿡 제도까지.

다양한 역외 금융 중심지는 모두 몇 가지 특징을 공유한다. 역외 금융 중심지는 이런 특징 덕에 단순한 조세도피처가 아니라 규제와 의무에서 자유로운 지역이 된다. TEP 자격증 입문 과정의 교재는 역외 금융 중심지에 다음과 같은 특징이 있다고 정의한다.

- 정치적으로 안정된 정부
- 안정된 경제
- 표준시간대와 지리적으로 가까우면서 접근하기가 편리함(관리상 효율을 높이고 고객과 더 긴밀한 업무 관계를 맺을 수 있기 때문)
- 평판 좋은 은행과 기관들을 폭넓게 선택할 수 있음
- 현대적이고 신뢰할 만한 통신수단
- 낮은 세율 또는 면세 환경
- 적절한 공식 언어(영어)
- 뛰어난 법률회사와 회계회사를 선택할 수 있다는 점을 포함, 지원 서비스가 훌륭함
- 합리적이고 효력 있는 규제와 감독
- 정부, 전문직업, 상업에서 윤리 규범 수준이 높음
- 유능한 사법부가 분명하고 공정하게 법을 적용함[19]

이렇게 안정성과 편리성이 강조되기 때문에, 역외 금융 중심지를 이용하는 것은 생명보험에 들거나 유언장을 작성하는 것만큼이나 온건한 일로 보인다. 실제로 TEP 교재는 역외 금융에 의지하는 것을 단순한 신중성과 분별력의 문제로 정당화하며 이렇게 말한다. "한 개인, 특히 진정한 부를 쌓기 위해 평생 열심히 일한 사람에게, 우여곡절에 대비해 보험에 드는 일은 당연지사다."[20] 하지만 이 교재가 '우여곡절'로 정의하는 것은 자연재해나 갑작스런 죽음이 아니라 많은 사법제도가 의무로 여기는 것들이다. 채무 상환처럼 본인이 자발적으로 행해야만 하는 의무 말이다.

그래서 역외 금융 중심지의 실체와 목적에 대한 의견 차이가 첨예하다. STEP와 많은 자산관리 전문가는 역외 금융을 이용하는 일이 합법적이고 필요하다고 본다. 반면에, 자산관리업 바깥의 사람들은 대부분 그것을 명백한 사기라고 여긴다. 한 논평자는 최근 이렇게 지적했다. "'역외'라는 건 부유하고 영향력 있는 엘리트들이 대가를 지불하지 않고 이익을 취하도록 거드는 그들의 기획이다. 역외의 목적은 사회 속에 살면서 이익을 얻는 데 따라오는 의무에서 벗어나는 탈출 경로를 제공하는 것이다."[21] 역외에서 일어나는 금융 활동이 기껏해야 '허구'일 뿐이라는 데 특히 광범위한 동의가 이루어지고 있다.[22] 즉, 자산이 실제로 역외 금융 중심지에 맡겨지는 게 아니라, '마치' 역외의 기관을 거쳐 오는 것처럼 처리된다. 하지만 실제로 이들 은행과 회사는 컴퓨터가 놓인 작은 방에 불과하다.[23] 그 결과 이 체제는 대다수 사람들을 희생해서 소수에게 이익을 가져다주는 다양한 활동에 비밀 유지와 합법적인 위장 수단을 제공한다. 이런 활동은 마약 거래나 비리 세탁 같은 범죄 행위부터, 합법적이기는 하지만 사회에 해악을 끼치는 전략까지 포함한다. 대부분 자산관리 전문가는 무슨 수를 써서라도 전자를 피하는 반면에, 고객과 함께 후자를 조장한다.[24] 다시 말해 역외 금융은 "시민사회와의 충돌이 불가 피"하다고 널리 여겨진다.[25]

역사적인 관점에서 이는 당연한 일이다. 역외 금융 중심지를 제대로 정의하려면 이들의 위치를 감안해야 한다. 역외 금융 중심지는 금융이 라는 '추잡한 일'이 일어나는, 길게 늘어선 역공간liminal space*들의 맨 끄트 머리를 차지한다. 이는 수세기를 거슬러 올라가는 문화 관습에 뿌리가 있다. 불미스럽지만 꼭 필요한 금융 활동을 특별히 지정한 지역 안에 격 리시키는 관습 말이다. 중세 유럽에서 환전업자는 사회에서 격리되었다. 예를 들어, 1141년 프랑스의 루이 7세 왕은 감옥 바로 옆 센 강 위의 한 다리에서만 환전업자가 활동할 수 있도록 제한했다.[26] 고리대금업을 금 지한 가톨릭의 관점에서 이자를 받고 돈을 빌려주는 행위는 관습을 거 스르는 것으로, 게토에 고립된 유대인의 분야로 유명했다. 많은 유럽의 왕들이 이 서비스를 이용했지만, 이 일에 종사하는 사람들은 푸주한이 나 사형집행인과 마찬가지로 문명의 주변부로 추방되었다.[27] 역외 금융 중심지가 일군 한 가지 주요한 발전은 대개 수치심의 원천인 이런 고립 성을 이점으로 바꿔놓은 것이었다. 그들이 발견한 대로, "법을 만들 수 있는 주권이 (…) 경쟁력 있는 자산으로 이용될 수 있다."[28]

'분할'이라는 허구

통화 관리가 느슨해지고 세계 여행 및 통신이 점점 수월해지면서, 자산

---

* 역공간에서 역(閾)을 의미하는 'liminal'은 문지방을 뜻하는 라틴어 'limen'에서 유래했다. 미 국의 도시사회학자 섀런 저킨(Sharon Zukin)에 따르면 "역공간이란 '한 개인이나 사회 집단이 하나의 사회적 지위 혹은 범주에서 다른 사회적 지위로 옮겨갈 때 겪는 문화적 통과의례'를 의미했지만, 오늘날 공간이론에서는 '어떤 주체가 안에 있지도 밖에 있지도 않은 채, 긴밀하 고도 일상적인 공간이나 일상적인 시간 질서 혹은 패권적인 사회구조로부터 분리된, 말하자 면 어중간한 위치에 처한 상태'를 의미한다."(전상인 지음, 《편의점 사회학》에서 인용)

관리는 이제 자산을 가능한 한 널리 흩어놓는 전략에 달려 있다. 다양한 역외 관할권이 이런 접근법에 꼭 필요한 구조적 지원을 제공한다. 역외 금융 중심지가 지리적으로 멀리 떨어져 있는 것처럼 말이다. 특히 역외 관할권을 이용해 자산을 조세와 규제로부터 지키는 전략은 1684년 베스트팔렌조약 이래 세계의 정치경제를 지배해온 국민국가 체계의 취약성을 이용한다.

국민국가 체제에서 각 국가는 별개의 사법적 독립체로서, 자체의 법을 제정하고 다른 국가의 법을 묵살할 자유가 있다고 여겨진다. 그 결과, 이 체제는 국제법이라는 조정 장치와 개별 국가 사이의 조약에 의해 곳곳이 느슨하게 기워진 조각보와도 같다. 하지만 조정 장치는 비교적 소수이고 주권국의 법이 가진 힘에 비해 약하다. 한 연구는 이렇게 결론지었다. "국경을 넘나들며 금융 거래를 하는 당사자의 행동을 통제하는 규칙의 두드러진 특징은 하나로 통합된 법체계가 부재한다는 점이다."[29] 베스트팔렌조약 이후 수세기 동안 사람과 자본의 이동성이 낮은 수준에 머물러 있는 한은, 이 통합적인 법체계의 부재가 별 의미를 갖지 않았다. 하지만 세계적인 이동이 점점 쉬워지고 빠르게 증가하면서, 법체계에 존재하는 커다란 틈(규제 공백)이 점점 더 문제가 되었다.[30] 역외 금융 중심지는 자산관리사의 도움을 받아 이런 공백과 충돌을 유리하게 이용해 고액 순자산 보유자들로부터 사업을 유치한다.

예를 들어, 역외 금융 중심지는 특별히 의도적으로 역내 관할권의 법에 위배되는 법안을 통과시킬 수 있다. 여기에는 흔히 채권자와 상속인의 권리에 관한 법만이 아니라 조세와 관련된 법 또한 포함된다. 그래서 실제로는 아니지만 합법적 목적을 위해 역외에 자산을 보유하는 개인에게 불리한 역내 판결이 집행될 수가 없다. 법의 한 가지 기본 원칙은 주권국은 외국 국가의 법이나 판결을 집행할 의무가 없다고 주장하기 때문에, 권리를 집행할 수 있는 역내 국가는 거의 없다.[31] 현재 국제법 제도는 법 체제 사이의 이런 분쟁이나 강제력의 집중을 해결하기에는 비교적 힘이 약하다.[32]

역외 금융 중심지는 자산관리업과 함께 경제적·정치적으로 번창하고 있다. 국제법 체제가 사람들과 자본이 세계적으로 자유로이 이동하는 현실을 따라잡는 데 실패하고 국가 간 협력이 부족한 까닭이다. 각 역외 금융 중심지는 역내 관할권과 구분될 뿐 아니라 경쟁하는 다른 역외 관할권과도 구별되는 방식으로 법 체제를 만들어 고액 순자산 시장의 다양한 부분을 충족시키고 있다. '법의 변두리에 있는' 이런 환경에서 혁신이 번창한다. 전문가와 입법자가 3장에서 말한 문화 특정적인 관심사와 문제를 처리하기 위해 "경쟁적으로 독특하고 혁신적인 구조, 약정, 국가 조합을 만들어내기 때문이다."[33] 빠른 속도로 이루어지는 금융적·법적 혁신은 역내와 역외뿐 아니라 역외 세계 자체를 또한 분할fragmentation 하는 이중 분할을 일으킨다.

이는 자산관리사에게 고객의 자산을 보호하기 위해 분할정복divide-and-conquer 전략*을 실행할 수단을 제공한다. 즉, 자산에 세금을 부과하거나 자산을 규제하려는 역내 국가의 사법 당국을 물리치기 위해 다양한 역외 금융 중심지에 자산을 분할시키는 것이다. 일반적인 접근법은 두 가지 목적을 염두에 두고서 주식, 주택, 사업체, 요트 등 고객 자산을 구성하는 개별 요소마다 법 체제를 선택해 적용하는 방식이다. 첫째, 각 자산은 세금을 최소화하든 채권자와 상속인의 요구를 물리치든 고객의 이익에 가장 부합하는 관할권에 배치해야 한다. 고객의 목적이 무엇이

---

* 분할정복 전략은 원래 정치학과 사회학에서 집중된 큰 권력을, 이 전략을 시행하는 권력보다 더 작은 권력으로 분열시켜 권력을 얻고 유지하는 것을 이른다. 문제를 보다 다루기 쉽게 분할해서 해결한다는 의미로 경제와 투자, 컴퓨터 등 다양한 분야에서 쓰인다.

든, 경쟁력을 길러 다른 관할권과 경쟁하기 위해 차별화해서 최선을 다해 고객을 역내 당국으로부터 보호해주는 관할권이 존재한다. 둘째, 자산은 가능한 한 폭넓고 복잡한 구조로 흩어놓아야 한다. 그러면 고객 자산의 전체 규모와 실소유주에 접근하기가 아주 어려워진다.[34] 이 방법이 의도하는 바는 고객과 고객 자산을 대중의 시야에서 지우는 것이다. 한 역외 자산관리회사는 심지어 이를 표어로 삼기도 했다. 그 회사의 웹사이트에는 이런 전설적인 표어가 실려 있다. "나는 투명인간이고 싶다."[35]

재산을 위협하는 요소

많은 고액 순자산 보유자의 재무관리는 복잡한 점이 특징이다. 이런 복잡성은 자산관리사를 고용해야 하는 원인이면서 동시에 자산관리사가 하는 일의 산물이기도 하다. 하지만 이는 엘리트들의 문제가 더 많아서만은 아니다. 오히려 그들이 겪는 문제가 평범한 재력을 지닌 사람들이 겪는 문제와는 흔히 다른 성격의 것이기 때문이다. 두바이에서 일하는 마크는 이렇게 일러주었다. "만약 고객이 작은 나라의 지도자라면, 가족 가운데 하나가 들고 일어나서 고객을 죽이고 재산을 차지할 수도 있어요." 소송, 규제기관, 조세 당국이 제기하는 위협과 함께 이런저런 정치적 위험요소도 존재한다. 막대한 재산은 다양한 행위자의 공격 대상이다.

이것이 자산관리사와 고객의 인식에 영향을 미쳐서 대부분의 의무를 부담스럽고 부당하다고 보게 만드는 듯하다. 예를 들어, 한 자산관리 교재는 채권자의 청구를, 채무자가 자진해서 지는 의무가 아닌 자연재해의 위협과 같은 '위험요소'라고 말한다.[36] 다른 위협에는 법체계 자체가 포함되는데, 이는 "공격적으로 소송을 일삼는 사회", "부담스러운 규제", 그리고 물론 "몰수나 다름없는 조세 형태"로 나타난다.[37]

초고액 순자산 보유 고객에게 채무를 상환하고 통치 비용을 지불하며, 그 밖에 국가의 법을 준수해야 하는 것은 자유에 대한 공격으로 보인다. 이런 의무에서 벗어나고자 하는 욕구가 역외 전략의 인기를 부채질한다. '자기방어' 또는 '자산방어'라는 명목으로 말이다. 역외 금융 중심지에 관한 최근의 한 연구는 반은 농담 반은 진담으로 이렇게 말한다. "기묘한 조합의 인물들이 이 세계에 거주한다. 성을 소유하는 옛 유럽 귀족, 미국 자유주의 작가인 에인 랜드^{Ayn Rand}의 열광적인 지지자, 전 세계 정보부의 요원, 국제 범죄자, 영국 공립학교 학생, 온갖 상류층 사람과 넘쳐나는 은행가. 골칫거리는 정부, 법, 세금이고 구호는 자유다."[38]

이 연구에 참여한 사람들의 말이 이런 관찰을 입증해준다. 근무시간을 줄이려고 런던으로 이주한 캐나다인 자산관리사 드류는 이렇게 말했다. "많은 고객이 자산을 지키려고 극단적인 방법을 쓴답니다. 단지 세금을 피하기 위해 친구와 가족을 떠나 조세도피처인 섬으로 이사를 하는 것처럼 말이죠. 제정신이 아니에요." 파나마에서 일하는 영국인 닉은 이렇게 덧붙였다. "무엇보다 고객은 비밀 유지를 원합니다. 자기 이름을 (금융 관련 서류에) 기재하면 IRS(미국 국세청)가 와서 재산을 모두 몰수해 연방정부에 금을 내주게 만들 거라고 생각하죠. 내 고객 가운데 한 사람은 아주 피해망상이 심해서 연방정부가 감시하지 못하도록 이를 뽑았다고 하더군요."

이런 면에서, 대부분 자산관리 고객의 목적은 (이 연구에 참여한 사람들에 따르면) 공격적이고 탐욕스럽기보다는 방어적이고 보수적이다. 자산관리사는 부를 키우기 위해서가 아니라 맞닥뜨리는 많은 위험에 맞서 부를 보호하기 위해 고용된다. 건지섬에 기반을 둔 자산관리사 마이클은 초고액 순자산 보유 고객들에게서 이런 사실을 알게 되었다. "최소 고객은 약 5000만 파운드예요. 억만장자가 일부 있고요. 그 사람들은 국적과 관심사가 다양합니다. 어떤 사람은 스포츠팀을 소유하고 있고, 어떤 사람은 아프리카의 마을이나 루마니아의 장애인에게 기금을 제공하죠. 하지만 그 사람들 모두가 원하는 건 2, 3퍼센트를 더 버는 게 아니라 자기가 가진 걸 유지하는 거예요." 이렇게 안전을 제일로 치는 성향이 초고액 순자산 보유 고객만의 특징이라 생각할지 모른다. 하지만 자산관리사를 고용하는, 보유 자산 규모가 다양한 사람들 모두가 이런 성향을 공유하는 듯하다. 뉴저지의 고액 순자산 보유자 가운데서도, 투자 가능 자산이 100만 달러 정도인 최하위층 고객과 일하는 조지와 메리 팀도 비슷한 말을 했다. 고객이 무엇보다 "위험을 최소화"해서 자본을 지키려 한다고 말이다.

따라서 에리카가 취리히에 있는 자신의 부티크 회사에 대해 말한 내용은 다른 자산관리회사에도 해당된다. "우리는 안전을 제공하고 자산을 지키려고 노력하고 있어요. 경호회사와 비슷하죠." 에리카는 이런 경향이 그 부티크 회사가 고객의 자산을 관리하는 방식 훨씬 너머까지 확대된다고 덧붙여 말했다. 좀 더 정확히 말하자면, 고객과 소통할 때의 아주 세세한 사항들에도 영향을 미친다. 고객과의 소통은 고객과 고객 재산을 보호하기 위해 대단히 조심스럽게 계획된다. 예를 들어, 에리카는 자기 회사의 동료가 고객과 점심을 먹으러 나가거나 고객과 함께 사람들 앞에 나서는 일은 절대로 없다고 말했다. 그래서 고객은 자산관리사를 고용하는 부류의 사람으로 확인되는 일을 피할 수 있다. 비슷하게, 두바이에서 일하는 폴은 유럽인 고객의 비밀을 보호하기 위해 일종의 우편물 발송 서비스를 개발했다. "나는 독일인 고객이 있고, 스위스의 한 방크 프리베^{banque privé}(프라이빗뱅크)와 관계가 있어요. 은행가가 독일에 있는 고객을 방문하기 위해 국경을 넘을 때는 양복을 입거나 넥타이를 매지 않고 서류를 휴대하지 않아요. 왜냐하면 독일 국경 당국이 은행가를 보는 순간 '누굴 만나러 가는 겁니까?' 하고 묻거든요. 그래서 그 만남에 필요한 서류를 보내기 위해, 내 은행가 친구가 서류를 여기 두바이에 있는 나에게 보내주면 내가 그걸 독일로 보내죠!"

이런 사례들처럼, 자산관리사가 고객과 재산을 보호하기 위해서는 그 둘 사이의 관계를 끊거나 모호하게 만들어야 한다. 모든 전략과 기법의 목표는 법과 외부의 관찰자에게 고객이 그가 가진 재산과 별개로 보이게 만드는 한편으로, 여전히 재산을 이용해서 이익을 얻을 수 있게 하는 것이다.

그렇게 하기 위해 이용하는 방법은 아주 간단하고 '아날로그적'이다. 현금이 가득한 여행가방을 인편을 통해 역외 은행으로 옮기는 것이다. 이 연구에 참여한 몇몇 사람들은 최근까지 이 방법이 적어도 고객의 재산 가운데 대체 가능한 부분을 처리하는 데 일반적이었다고 말했다. 런던에서 일하는 캐나다인 자산관리사 드류는 이렇게 말했다. "역외 중심지는 존 그리섬의 소설 《그래서 그들은 바다로 갔다^{The Firm}》와 아주 비슷했죠. 사람들이 현금이 든 여행가방을 가지고 케이맨 제도에 나타나도 아무도 질문을 하지 않거든요." 비슷하게, 두바이에서 일하는 폴은 한 쿠웨이트인 고객에 관해 이야기했다. 그는 제1차 걸프전이 벌어지고 있는 동안 여행가방으로 약 900만 달러에 상당하는 돈을 나라 밖으로 밀반출했다. 그 '수하물'은 이라크를 가로질러 이동해 안전한 요르단 은행 계좌로 들어갔다. 홍콩에 기반을 둔 영국인 자산관리사 스티브는 자신이 1990년대 초에 영국령 버진 제도에서 일할 때 "개인 전용기들이 많은 현금을 실어 날라 영국령 버진 제도에 있는 은행의 가장 큰 불평은 현금

계수기가 너무 적고 너무 많이 써서 고장이 났다는 것"이었다고 말했다.

부의 국제적 이동을 좀 더 투명하고 설명 가능하게 만들려는 노력은 많은 점에서 실패했다. 그렇기는 해도 이런 방식의 자본 이동을 중단시키는 데는 확실히 성공했다.[39] 의심스러운 자금을 받아들이는 관할권을 블랙리스트에 올리겠다는 위협과 함께, 세계 금융계의 공조가 긴밀해지고, 자산관리사에게는 고객 자금의 출처를 밝히는 것을 포함해 철저히 고객을 파악하도록 법적 제한이 가해졌다. 따라서 현대의 자산관리사는 동일한 목적을 달성하기 위해 다른 수단에 의지해야만 한다. 어떤 고객에게는 이런 변화가 달갑지 않은 뜻밖의 일로 다가온다. 모리셔스에 기반을 둔 자산관리 전문가 하산은 일상 업무에서 가장 어려운 문제는 "지금 우리가 일하는 방식이 10년 전과는 다르다는 점을 고객에게 이해시키는 것"이라고 말했다. "20년 전에는 현금이 꽉 찬 여행가방을 가지고 저지섬에 있는 은행으로 걸어 들어가서 돈을 맡기고 싶다고 말할 수 있었고, 그게 문제가 되지 않았죠. 하지만 이제 더 이상 그럴 수 없어요. 은행에서 은행으로 옮기는 것도 자금의 출처를 기록해야 하거든요. '구식' 고객은 거주지 증명, 자금 출처, 여권을 요구받는 일에 익숙하지가 않아요. 그래서 묻죠. '왜 이런 걸 요구하는 거요? 예전에는 이런 걸 묻지 않았는데.' 요즘에는 금융이 어떻게 돌아가는지 고객에게 교육해야 해요."

지금부터 요즘에는 금융이 어떻게 돌아가는지 자세히 살펴보려 한다. 자산관리사가 어떻게 가장 중요한 세 가지 금융적·법적 수단인 신탁, 기업, 재단을 이용해서 고액 순자산 보유 고객의 문제를 해결하는지 살핀다. 이 장의 부록에서 세 가지 구조를 상세히 검토하고 각각 자산관리 수단으로서 어떤 이점이 있는지 비교한다. 고액 순자산 보유 고객의 문제는 대개 세 가지 범주로 나뉜다. 첫 번째 문제는 고객이 정치적으로 불안하거나 부패한 나라에 살고 있다는 데서 생긴다. 두 번째는 잘 작동하는 안정된 정부를 가진 나라에 살고 있는 고객에게 생긴다. 재산 보호에 불리한 조세, 법원 판결, 그리고 다른 법적 사안을 집행하는 면에서 너무 잘 작동하기에, 고액 순자산 보유자로서는 마음에 들지 않는 것이다. 전 세계 공통일 법한 마지막 문제는 가족과 관련이 있다. 돈을 헤프게 쓰는 상속인과 가족 내 갈등으로 인해 재산이 빠르게 낭비될 수 있기 때문이다.[40] 재산을 위험에 빠뜨리는 이런 위협은 각각 능숙한 금융적·법적 관리를 통해 비록 완전히 제거되지는 못하더라도 완화할 수 있다.

정치적 불안과 부패 관련 문제

세계에서 가장 부패하고 불안한 나라들 또한 새로운 금융 서비스 수요의 주요 원천이다. 약한 법체계는 개인이 일확천금을 얻을 수 있게 하지만, 동시에 부의 유지를 어렵게 하는 요인이다. 이런 나라의 엘리트들에게, 세금은 거의 문제가 안 된다.[41] 대신에 자기 자신뿐 아니라 자기 재산을 위한 안전한 도피처를 찾는 것이 문제다. 그리고 대개 자산관리사의 도움을 받아 자산을 역외의 구조에 넣는다.[42] 케이맨 제도에서 일하는 영국인 자산관리 전문가 앨리스테어는 개발도상국의 고액 순자산 보유자가 직면하는 일반적인 문제를 요약했다. "1세계, 2세계, 3세계로 내려갈수록 정당한 법 절차의 등급이 내려가죠. 정당한 법 절차 없이 당신 자산을 훔쳐가는 일이 흔한 세계로 들어서는 겁니다. 정당한 법 절차를 따르지 않는 나쁜 나라들이 있어요. 그게 역외 금융 중심지가 번창하는 또 다른 이유입니다. 만약 당신의 이익을 지키는 데 관심이 없는 불안한 정권의 나라에 산다면, 당신 돈을 계속 거기에 두겠어요? 아마도 그렇지 않을걸요. 거기서 나고 자랐다면 그냥 쉽게 떠나지는 못해요. 그래서 당신이 그 나라를 떠나는 건 선택지가 아니죠. 하지만 당신 돈은 떠날 수가 있어요."

정치적 불안과 관련된 이런 일반적인 위험 외에, 개발도상국에서는 개인 재산에 두드러진 위협이 제기되기도 한다.

예를 들어, 남아프리카공화국 아파르트헤이트* 정부의 역사는 고액 순자산 보유자들의 우려에 인종적인 차원을 부여한다. 남아프리카공화국의 자산관리사인 찰스는 이렇게 말했다. "오랜 기간에 걸쳐 많은 부를 창출한 나이가 많은 백인 가정은 현재 정부의 의도 또는 공산당이 정권을 잡게 될 가능성에 의구심을 품고 있어요. 그래서 자산을 역외에 두고 비밀로 하는 걸 고려하고 있죠." 다시 말해, 백인 가정은 아파르트헤이트 체제하에서 부를 쌓았지만 이제 자신의 재산을 몰수할지도 모르는 인종에 근거한 보복을 두려워하고 있다. 이런 우려가 전혀 근거 없지는 않다. 집권 중인 아프리카민족회의 African National Congress** 일원들이 백인 소유의 농장을 몰수해서 흑인 시민들에게 재분배해야 한다고 요구하고 있기 때문이다.[43]

아프리카인 고객에게, 모리셔스는 자국에서 가장 가깝고 빠르게 성장하는 새로운 '도관회사 conduit*** 도피처'로 인기를 끌고 있다.[44] 아프리카

---

* 원래는 '분리, 격리'를 뜻하는 아프리칸스어로, 남아프리카공화국의 극단적인 인종차별 정책과 제도를 이른다. 1994년 최초의 흑인 정권이 탄생하면서 철폐되었다.

** 아프리카민족회의는 남아프리카공화국 백인 정권의 인종차별 정책에 대항해온 흑인 해방운동 조직이다.

*** 투자자에게서 받은 투자금으로 수익을 낸 후 회사 내에 자금을 묶어두지 않고 수익의 90퍼센트 이상을 투자자에게 배당하기 때문에 끊임없이 물이 들어오고 나가는 도관과 같다고 해서 도관회사라고 불린다. 실질적인 자산이나 소득의 지배, 관리권 없이 조세 회피의 목적으로 설립된 회사. 한두 명 정도의 직원이 상주하면서 서류 전달 등 간단한 업무를 수행한다. 이런 면에서 실체가 없는 서류상 명목회사인 페이퍼컴퍼니와는 구별된다.

와 인도 아대륙 사이 인도양에 위치한 모리셔스는 양쪽의 경제에서 주요한 역할을 한다. 편리한 위치와 안정되고 비교적 깨끗한 국가경영 환경을 제공한다. 국제투명성기구^{Transparency International}의 자료는 모리셔스가 그 지역의 공공 부문에서 가장 신뢰할 만한 나라임을 보여준다. 모리셔스는 사하라 사막 이남 아프리카에 있는 47개국 가운데서 정부 부패가 없는 국가 명단의 맨 위쪽을 차지한다.[45] 모리셔스와 유럽의 전통적인 금융 중심지가 차별되는 지점이다. 모리셔스에서 자산관리회사를 운영하는 토박이 하산은 그곳이 아프리카 출신 고객에게 매력적이라고 말했다. "모리셔스는 안전하고 잘 통제되고 있어요. 만약 케냐 출신이라면 수익을 아프리카로 가져가는 대신에, 음, 모리셔스도 아프리카는 아프리카지만요.* 이 외국인들은 장차 쓰기 위해 이곳에 돈을 맡기길 선호해요. 비슷하게 제2차 세계대전 동안 자국의 정치 불안 때문에 사람들이 돈을 맡기려고 스위스를 이용하곤 했죠." 다른 나라들의 수사와 압수로 인해 스위스가 고객의 자산을 보호하는 능력을 상실하면서 모리셔스가 사업거리를 얻고 있다.[46] 모리셔스 태생의 또 다른 자산관리 전문가 가야트리는 스위스의 번호계좌**를 포기하는 고객들을 목격했다. "스위스 은행이 고객의 비밀을 유지해주는 일로 공격받으면서, 많은 은행계좌가 모리셔스로 옮겨가고 있어요."

아프리카와 인도의 고액 순자산 보유자가 주로 부패를 피하는 데 관심이 있어 보이는 반면, 세계의 다른 어느 곳보다도 개인 재산이 빠르게 증가하고 있는 중국과 러시아의 고액 순자산 보유자는 다소 다른 문제

---

* 모리셔스는 지리적으로는 아프리카에 속하지만 거의 유럽화되었다. 1598년 원주민 없이 네덜란드 식민지로 있다가 1715년부터 프랑스 식민지가 되며 인도 이민자가 생겼고, 1814년부터 영국 식민지로 지내다 1968년 3월 독립한 까닭이다.

** 사람 이름이 아닌 번호로만 인식되는 스위스 은행의 무기명 예금 계좌를 말한다.

에 관심을 둔다. 이들의 정치사는 부패뿐만 아니라 숙청, 공개 재판, 실종으로 어수선하다.[47] 그래서 정치적 보복을 피하는 게 주요한 고려사항이다. 런던에 기반을 둔 캐나다인 자산관리 전문가 드류는 중국의 사례를 지켜보았다. "그 나라는 무법 사회예요. 대부분 중국인은 정부가 장차 자신과 자기 재산을 어떻게 할지 두려워해서 벗어날 계획을 원합니다. 이따금 정부가 개인을 공격하며 이렇게 말해요. '네 차례군. 이제 넌 거지야.' 그래서 중국인은 탈출 계획을 바라는 거예요. 정부가 공격하면 가장 가까운 영국, 캐나다, 아니면 미국 대사관으로 들어가 역외에 있는 현금 더미를 가질 수 있도록 말이죠." 어떤 역외 구조가 저 '현금 더미'를 담고 있느냐 하면, 답은 이렇다. 대개 신탁은 아니다.

원칙적으로 신탁은 재산 보호를 위한 좋은 해결책이다. 하지만 실제로 정치적으로 불안한 국가 출신의 고액 순자산 보유자가 선호하는 수단은 아니다. 3장에서 공산정권하에 살았던 많은 부자가 신탁 설정에 반드시 필요한 신탁관리자를 얼마나 탐탁지 않아 했는지 이야기했다. 더욱이 신탁을 이용해 정부가 몰수하지 못하도록 재산을 보호하는 데 실패한 일이 몇 차례 세간의 이목을 끈 적도 있었다. 예를 들어, 유코스오일 Yukos Oil*의 회장이자 블라디미르 푸틴의 정적인 미하일 코도르코프스키 Mikhail Khodorkovsky는 자신의 지분을 대부분 건지섬의 신탁에 넣어 푸틴 정부의 몰수로부터 회사를 구하려고 했다. 하지만 러시아의 사법제도는 민법에 기초해 있고 러시아는 헤이그신탁협약**에 서명하지 않았기 때문에, 코도르코프스키의 조치는 성공하지 못했다.[48]

---

* 모스크바에 기반을 둔 러시아의 석유가스회사다.
** 1985년 7월에 체결되어 1992년 발효되었으며 2011년 3월 현재 12개국이 비준했다. 이 협약의 목적은 신탁에 대한 국내법의 정의만이 아니라 준거법 선택에서의 문제를 해결하기 위한 저촉법을 조율하는 것이었다. 이 협약에 서명한 나라는 신탁의 존재와 유효성을 인정한다는 조항이 있다.

이런 면에서, 러시아인과 중국인은 일반적으로 자기 자신과 사랑하는 사람들의 운명뿐 아니라 재산 지배력을 높여주는 수단을 통한 자산 보호를 선호한다. 영국, 미국 또는 캐나다 거주지에서의 단순 투자는 이들 나라의 투자자 비자 과정을 통해 가능하다. 영국의 이 과정은 특히 러시아와 중국 엘리트들 사이에 인기를 끌고 있다. 최소한 200만 파운드를 투자하는(대부분 영국의 주식과 채권에 투자해야 한다) 비자 신청자는 영국에 살면서 일할 권리를 획득할 뿐만 아니라 영어 숙달 요건 같은 특별한 형식 절차 없이 배우자와 부양가족을 데려올 수 있다. 2014년에 이 투자자 비자의 43퍼센트를 중국인이, 22퍼센트를 러시아인이 받았다.[49]

특히 런던과 뉴욕시티에 있는 고가 부동산 역시 부유한 중국인과 러시아인에게 인기 있는 선택지다. 대개의 경우, 이런 부동산에는 소유주나 다른 사람이 거주하지 않는다. 그들은 단지 "불확실한 세상에서 재산을 안전한 도피처에 맡겨놓"기 위해 이런 부동산을 구매한다.[50] 그 결과, 맨해튼에 있는 호화 부동산 가운데 어림잡아 30퍼센트가 적어도 일 년 중 10개월 동안 비어 있다. 더욱이 이런 부동산 대부분이 현금으로 구매된다. 이는 소유주의 신원을 파악하는 데 단서를 제공할 대출 서류가 없다는 의미다.[51] 한층 안정된 비밀 보호를 위해, (뉴욕만이 아니라 런던에 있는) 이런 부동산은 개인 이름보다는 역외의 법인을 통해 구매된다.[52]

역외 구조를 이용하는 개발도상국 출신의 고객은 대개 기업이 제공하는 지배력을 선호한다. 케이맨 제도는 역외 회사의 근거지로 삼기에 좋은 곳으로서 중국인 고액 순자산 보유자에게 홍콩에 버금가는 인기를 끌고 있다.[53] 케이맨 제도의 기업은 투자를 위해 남북아메리카 시장에 법적으로 진입하기가 수월하기는 하지만, 케이맨 제도에 이런 기업을 설립하도록 이끄는 주요 요인은 조세 회피다. 케이맨 제도에 설립된 회사는 투자나 다른 활동을 통해 중국에서 올린 수익을 일시적으로 보유하는 곳으로 이용할 수 있다. '주고받기round-tripping*'로 알려진 거래를 하면 그 수익은 일반적으로 비과세인 외국 투자로 위장되어 중국으로 돌아온다.[54]

인도인 부자들은 비슷한 목적을 위해 섬나라인 모리셔스를 이용한다. 주로 두 나라 간의 특별세 조약 때문에, 어림잡아 인도로 오는 외국 투자의 40퍼센트가 모리셔스에서 비롯한다.[55] 이중과세방지협정 또는 DTAAdouble taxation avoidance agreement로 알려진 이 조약은 세수라는 '전리품'을 관계된 나라들 사이에 어떻게 분배할지 결정한다. 모리셔스와 인도 사이의 협약은 모리셔스에 경쟁상의 주요한 이점을 준다. 모리셔스 태생의 자산관리 전문가 아르준은 이렇게 말했다. "DTAA 덕분에 다른 관할권에서는 불가능한 일을 모리셔스에서는 많이 계획할 수 있어요. 만약 인도 회사의 지분을 보유하는 구조를 원하는 고객이 있으면, 저지섬의 신탁으로 그렇게 할 수 있어요. 하지만 저지섬은 인도와 DTAA를 체결하고 있지 않거든요. 모리셔스에 설립한 역외 수단을 거치면 엄청난 세제 혜택 자격을 얻을 수 있어요. 평균 세율은 18퍼센트이지만 모리셔스를 경유하면 수익에 대해 3퍼센트만 내는 거죠." 소득세가 줄어들 뿐만 아니라, 인도의 양도소득세가 20퍼센트인 데 비해 모리셔스에는 양도소득세가 없다. 인도는 모리셔스를 통한 '주고받기'로 통틀어 매년 70억 달러로 추산되는 세수를 잃고 있다. 하지만 인도는 외국 투자를 놓칠 수 있다는 두려움 때문에 이제까지 이런 관행에 대한 엄중한 단속을 주저했다.[56]

---

* 주고받기식 거래는 한 회사가 유휴 자산을 다른 회사에 파는 동시에 대략 동일한 가격에 동일하거나 비슷한 자산을 되사는 데 합의하면서 이루어진다. 이런 거래는 엔론(Enron), 시엠에스에너지(CMS Energy), 릴라이언트에너지(Reliant Energy), 다이너지(Dynegy) 같은 에너지 회사들의 시가총액을 일시적으로 부풀리는 데 중요한 역할을 했다. 국제적인 상황에서 주고받기식 거래는 탈세와 돈세탁에도 이용된다.

영국령 버진 제도는 러시아 기업에 인기 있으면서 중국 회사에도 10위권에 꼽히는 역외 지역이다. 영국령 버진 제도가 갖는 최고의 매력은 영국령이어서 런던의 부동산과 금융시장에 효율적으로 접근할 수 있나는 점이다.[57] 러시아인들은 2013년 1분기에만 317억 달러를 영국령 버진 제도로 보냈다.[58] 중국인 고객이 영국령 버진 제도 회사를 이용하면서 내는 세금은 이 섬의 연간 세입의 거의 30퍼센트를 차지한다.[59] "영국령 버진 제도의 회사를 위해 또 한 겹의 비밀 보호가 준비되어 있다"는 사실은 자국 정부에 의한 재산 몰수를 우려하는 사람들에게 마음의 평화를 가져다준다.[60] 하지만 또한 사회적인 요소가 있다. 한 영국인 변호사는 다음과 같이 주장했다. "우리 중국인 고객은 이렇게 말해요. 영국령 버진 제도에 자기 명의의 회사를 적어도 하나 갖고 있지 않으면 정말로 성공했다고 할 수 없다고요."[61]

쿡 제도에서 자산관리 전문가로 일하는 뉴질랜드인 네드는 영국령 버진 제도 기업들이 아시아 시장을 꽉 잡고 있어서 많은 아시아 고객이 역외 기업을 일반적으로 '비브이아이BVIs(영국령 버진 제도의 약자)'라고 한다고 말했다. "내 재산을 비브이아이에 넣고 싶소'라는 식으로 말이다. 그 결과, 다른 관할권에 회사를 설립하는 것을 고려하도록 설득하기가 아주 어렵다고 한다. 그렇게 하는 게 분명 더 유리할 텐데도 말이다. 비슷하게, 스위스에서 일하는 미국인 자산관리사 브루스는 이렇게 말했다. "러시아인 고객은 그저 자기 친구들이 가진 것과 같은 자산 구조를 원한답니다. 친구들의 해법이 실제로 그 고객의 상황에 적합한지와는 무관하게 말이죠. 그래서 예를 들어 '난 케이맨이나 비브이아이 회사를 원하오'라고 말하죠. 왜 그게 좋은 생각이 아닌지 설명하면 대개 '상관없소. 난 그러고 싶소. 내 친구들이 거기에 회사를 가지고 있으니까'라고 말해요. 친구들이 가진 것과 같은 걸 갖는 게 안전하다는 기분이 들게 하거든요." 고액 순자산 보유자는 자국 정부에 재산을 몰수당할지 모른다는 두려움을 처리할 때 친숙함에서 안정감을 얻는다. 잘 알려진 기업 구조를 선호할뿐더러 그 구조가 경제적 고려 대상인 동료들이 잘 아는 곳에 위치하기를 선호한다.

라틴아메리카 출신의 부자는 러시아인이나 중국인과 마찬가지로 자국의 법규에 대해 불안해하고 부패를 우려한다. 이 지역의 고액 순자산 보유 가족에게는 납치가 큰 문제다. 낮은 임금을 받는 (때로는 보수가 없는) 공무원이 뇌물을 받고서 높은 재산 소유 수준을 말해주는 납세자와 예금자 명단을 노출시킬 수 있다. 영국령 버진 제도에서 자산관리 전문가로 일하는 영국인 셔먼은 브라질과 멕시코 출신 고객에게서 "은행에 가서 미화 100달러만 주면 1억 달러가 넘는 계좌를 가진 모든 예금자의 이름과 주소를 얻을 수 있다"는 말을 들었다고 했다. 같은 식으로, 키프로스에 기반을 둔 영국인 프랭크는 몇몇 라틴아메리카 고객은 모든 대화와 서류에서 가족에 대해 암호명을 쓰도록 요구했다고 말했다. 가족 재산에 대한 정보로 인해 납치의 표적이 될 가능성을 줄이기 위함이었다.

안전과 비밀 유지에 대한 이런 염려 때문에, 고객들은 자산관리사의 도움을 받아 현지 은행과 기관의 탐지망을 벗어나 역외에 자산을 보유하려 한다. 게다가 라틴아메리카인들은 자국의 경제정책과 정부의 재산 몰수에 적용되는 정당한 법 절차에 오래전부터 불안감을 느끼고 있다. 부에노스아이레스에서 일하는 자산관리 전문가 카를로스는 이렇게 말했다. "내 고객들은 돈을 자기 나라 바깥에 두고 싶어 합니다. 정부에 털리지 않도록 돈을 빼돌리고 싶어 하거든요. 인정사정없는 몰수 말이죠! 그 사람들에게 가장 큰 걱정거리는 과세가 아니라 정부로부터 강탈당하는 거예요. 아르헨티나에서는 일 년에 30퍼센트씩 물가가 올라요. 그래서 정부의 인가를 받은 은행들은 달러를 받고 페소로 주죠. 그러니까 달러에 몇 푼을 쥐여주면서 당신이 가진 경화를 몰수하는 거예요." 해결책은 고객이 재산을 미화로 보유하는 것이라고 카를로스는 말했다.

그렇게 하는 가장 손쉬운 방법은 미화를 공식 통화로 사용하는 파나마에 재산을 두는 것이다. 파나마는 공식 언어가 에스파냐어라서 편리할 뿐 아니라 라틴아메리카의 다른 지역과 지리적으로 가깝다. 가장 중요한 것은, 파나마가 라틴아메리카 지역에서 정치적으로 가장 안정된 나라에 속하고 역사적으로 물가상승률이 낮다는 점이다.[62] 이것이 기자들에게 폭로된 파나마 문서^Panama Papers^* 가 중요한 한 가지 이유다. 파나마 문서란 파나마시티에 기반을 둔 한 자산관리회사에서 나온 수십 년 치 문서를 말한다. 파나마는 세계 자산관리산업에서 중요한 틈새시장을 만들어, 세계 각계각층의 엘리트들에게 인기를 끌었다. 중국 배우 성룡과 아르헨티나 축구 스타 리오넬 메시부터 유럽, 아프리카, 아시아의 국가원수까지 온갖 사람들을 끌어들였다. 파나마보다 중요성이 떨어지는 역외 관할권에서는 정보가 유출되더라도 이런 정도로 흥미로운 사실이 드러나지는 않을 것이다.

파나마는 역외 산업 내에서 재단 형태를 전문으로 하기 때문에, 파나마로 흘러가는 많은 재산이 신탁보다는 재단으로 들어간다. 그래서 앞서 브루스가 말한 대로, 라틴아메리카인 고객은 재산을 재단에 넣기를 선호한다. 원칙적으로 동일한 목적을 위해 역외 기업을 이용할 수도 있다. 하지만 재단에 대한 높은 선호도가 파나마를 역외 금융 중심지로 이용하게 하는 주요 요인이다. 재단을 선호하게 하는 결정적인 이유는

---

* 파나마 문서는 파나마의 최대 법률회사인 모색폰세카가 보유하던 20만 개 이상의 역외 회사와 관련된 금융 및 고객 정보가 포함된 기밀문서 자료로, 각국 전직 및 현직 지도자, 정치인, 유명인사의 조세 회피 관련 정보가 포함되어 있어 국제적으로 큰 파장을 낳았다.

유류분제도forced heirship*일 것이다. 라틴아메리카의 민법에서는 사후에 재산을 어떻게 분배할지 결정하는 개인의 자유가 매우 제한된다. 카를로스는 아르헨티나에 관해 이렇게 말했다. "우리는 이슬람 국가들을 빼고 유류분율이 가장 높아요. 재산의 80퍼센트가 자녀한테 가야 하죠." 기업 구조로 보유한 재산은 그대로 이 상속법의 적용을 받지만, 파나마의 법은 특별히 파나마의 재단이 보유한 재산에 대해서는 외국의 상속 원칙을 적용하는 것을 금지한다.[63]

제1세계의 문제: 잘 가동하는 정부와 법규

정치제도와 경제가 잘 발전한 나라의 고액 순자산 보유자에게는, 때로 정부가 지나치게 효율적이고 확실하게 가동되어 달갑지 않다. 라틴아메리카, 러시아, 또는 중국의 부자와 달리 유럽과 북아메리카의 부자는 일반적으로 정치적 응징, 납치, 또는 걷잡을 수 없는 인플레이션을 걱정하지 않는다. 하지만 공통적으로 자기 재산을 유지하고 분배하는 능력에 대한 규제를 극복하려는 욕구가 있다. 선진국에서는 이런 저항이 대개 채권자, 이혼하는 배우자, 불만스러워하는 상속인에 대한 지불이나 과세를 피하려는 노력의 형태로 나타난다.

자산관리사는 이런 고객을 위해 고객과 고객 재산이 역내 법의 적용

---

* 유류분제도는 피상속인이 유언 또는 증여로 재산을 자유로이 처분할 수 있지만, 일정한 범위의 유족을 위해 일정액을 유보해두지 않으면 안 되고, 그 한도를 넘는 유증이나 증여가 있을 때는 상속인이 반환을 청구할 수 있게 한 제도다. 생전에 자기 재산을 자유로이 처분할 수 있는 것과 마찬가지로 유언으로 재산을 처분(유증)하는 것도 자유로워야 하지만, 사망자 근친(상속인)의 생계를 고려하지 않고 사망 직전에 모두 다른 사람에게 유증하는 처분 행위는 바람직하지 못하므로 일정비율의 재산을 근친을 위해 남기도록 하는 것이 이 제도의 취지다.

에 영향을 받지 않도록 하는 전략을 개발한다. 이런 목표를 달성하기 위한 전략은 고객이 피하고 싶어 하는 법의 종류에 따라 다양하다. 대체로 이는 조세 관련 법, 채권자에 대한 의무를 관리하는 법, 수익성 거래의 기회에 관한 규제라는 세 가지 범주로 나뉜다. 지금부터 이들 각각의 문제를 자세히 다뤄보자.

조세 회피

법은 조세 회피(절세)와 탈세를 분명하게 구분한다. 전자는 합법적인 반면에 후자는 그렇지가 않다. 조세 회피에는 고객의 세금고지서를 줄이기 위해 합법적으로 허용되는 모든 수단을 이용하는 것이 포함된다. 목표는 소득에 대한 세금만이 아니라 자본이익, 상속, 부동산에 대한 세금을 상당히 줄이는 것이다. STEP의 입장은 (이 조직의 교재뿐 아니라 지도부의 공개 진술에 기초해볼 때) 일부 조세는 타당하지만 많은 역내 정부의 정책이 과도하고 부당하다는 것이다. 전 세계 수천 명의 자산관리 전문가들이 모인 STEP 회의에서 한 유명한 자산관리사는 영국의 조세 당국이 "내국세를 강탈하는 노상강도"라고 말했다. 이 말에 청중은 고개를 끄덕이며 다 안다는 듯 빙그레 웃는 반응을 보였다. STEP 행사와 출판물에서 자주 반복되는 이런 말을 통해, 이 조직은 조세 회피를 불합리한 정부 권한의 행사에 맞서는 자기방어의 한 형태로 틀 지운다. 고객들 또한 자산관리사를 고용하는 자신의 입장을 이런 식으로 보는 듯하다. 그들을 '우파 무정부주의자'라 부를 수 있을 것이다. 국가 권력이 자신에게 적용될 때만 국가 권력의 제거를 지지하는 듯이 보인다는 점을 빼면 말이다.[64]

개인 재산을 국가의 과세 권한으로부터 보호한다는 면에서, 신탁과 재단은 역사적으로 이어져온 역할을 지속적으로 수행하고 있다. 선진국 출신의 부자들은 기업을 이런 목적에 거의 이용하지 않는다. 선진국 정부들은 법인세 회피 전략을 피하기 위한 법안을 오래전에 통과시켰기 때문이다.[65] 자산 배치가 상당히 단순한, 즉 한두 나라와 연관되어 있고 재원財源도 한두 가지에 그치는 고객은 역외로 갈 필요가 없다. 자국의 재단과 신탁이 필요한 모든 보호를 제공할 수 있다. 주된 관심사가 상속세에 있는 고객은 특히 그렇다. 뉴욕에서 일하는 자산관리 전문가 모리스는 골드먼색스와 함께 일하는 한 고객에 관해 이야기했다. 그 고객은 모리스에게 자신의 법률회사가 만든 것보다 더 효과적인 조세 회피 전략을 개발해달라고 요구했다. 이는 자산관리사가 제공할 수 있는 특별한 수완을 과시할 기회였다. "그래서 나는 그 사람한테 이렇게 말했죠. '당신 변호사들이 제시한 계획 대신에, 자녀들에게 5천만 달러를 주고 지금 가진 1억 달러를 계속 지배하면서 국세청IRS에는 땡전 한 푼 내지 않는 건 어떠세요?' 그러면 다음에는 당연히 이렇게 물어옵니다. '어떻게 그렇게 하죠?' 그래서 나는 자선재단을 설립하되 자녀들을 이사로 두어 적절할 때 나누어줄 수 있다고 설명합니다. 사람들한테 항상 하는 말이지만 우리나라에서 상속세는 자진납세하는 세금이에요. 계획을 세우지 않으면 내야만 하는 거죠." 이 사례가 보여주는 대로, 신탁을 쉽게 이용할 수 있는 미국 같은 관습법 관할권에서도 재단을 이용한다. 지금 미국에는 어림잡아 4만 개의 가족 재단이 있는데, 총자산이 수천 억 달러로 추산된다.[66]

모리스가 지적한 대로, 세금고지서를 줄이기 위해 재단을 선택하는 고객에게 가장 큰 매력은 지배력이다. 설립자와 그의 가족은 재단의 자산을 소유하지는 않지만, 재단 이사로 있으면서 자산을 관리하는 방식을 통제하며 상당한 보수를 받을 수 있다. 이런 보수는 상속세를 무는 일 없이 재산을 가족 내로 이전시키는 방법이다. 게다가 재단은 (표면상의) 자선 목적으로 영구히 존속하는 것이 허용되기 때문에, 이런 식으로 면세되는 재산의 이전이 세대에 걸쳐 무기한 계속될 수 있다. 이는 가족 재산을 보호하는 데 아주 중요하다. 그렇지 않으면 가족 재산은 다른 강제력과 함께 세대 간 이전에 따른 세금 때문에 두세 세대 안에 소멸할지 모른다.[67] 그래서 재단은 신탁관리자를 고용하거나 분배를 요구받는 일 없이 신탁과 일부 동일한 목적을 성취하는 데 이용할 수 있다. 하지만 이런 지배에는 대가가 뒤따른다. 많은 관할권에서 재단의 자본이익은 과세 대상이기 때문이다. 미국에서 자본이익에 대한 법정 세율이 20퍼센트인 데 비해 재단의 자본이익에 대한 법정 세율은 1~2퍼센트에 불과하다. 그래서 어떤 고객에게는 절충될 만하다. 하지만 비밀 유지를 상당히 포기할 용의가 있어야 하고(많은 관할권에서 재단 기록을 공개한다) 매년 자산 가운데 일정액을 자선 목적으로 내야 한다.[68]

다국적 가구 판매업체인 이케아^{IKEA}를 설립한 스웨덴인 잉바르 캄프라드$_{Ingvar\ Kamprad}$는 재단 구조를 이용해 억만장자가 되었다. 1980년대에 회사 자산과 개인 재산을 규제가 느슨한 네덜란드와 리히텐슈타인의 재단에 넣음으로써, 캄프라드는 엄청난 조세 회피를 통해 재산을 모을 수 있었다.[69] 캄프라드의 재단은 연간 수입 280억 달러에 대해 약 3.5퍼센트 세율의 세금을 내어 캄프라드와 그의 회사와 가족에 대한 법인세, 자본이익세, 개인 소득세에서 수십 억 달러를 절약하고 있다.[70] 하지만 재단 관련 비밀이 보호되지 않아서 캄프라드는 《이코노미스트》의 취재 보도를 포함해 몇 차례 난처한 공개 조사에 노출되기도 했다. 《이코노미스트》의 보도는 그 재단 구조가 "설립자인 캄프라드 가족에 후한 보수를 주고 이케아가 기업 인수에 영향을 받지 않게 만"드는 반면에, 세계에서 "가장 인색한" 자선단체 가운데 하나이기도 하다고 결론지었다.[71] 이 보도와 여러 폭로로 인해 캄프라드는 재단의 자선 기부를 두 배로 늘려야 했다.[72]

특히 2008년 세계 경제 위기 이후 조세 회피가 사람들 사이에서 점점 더 쟁점이 되면서, 많은 고액 순자산 보유자는 재단이 제공하는 것보다 더 강한 비밀 보호를 원한다. 신탁이 더 나은 해결책을 제공할 수 있다. 아주 많은 관할권이 신탁의 시효를 제한하는 법률을 폐지하고 있는 현재(이 장의 부록에서 상세히 논의한다), 신탁은 수명 면에서 재단 설립과 견줄 만한 수법이 되었다.[73] 신탁은 전통적으로 개별 국가 내에서 재산을 보호하기 위해 이용되었지만 점점 초국가적인 조세 회피 계획에 이용되고 있다. 《STEP 저널》에 실린 최근의 한 기사는 국제결혼을 한 부부가 상속세를 피하도록 돕기 위해 다수 나라들에 신탁을 '쌓아두는' 전략을 상세히 설명했다. 이 계획은 많은 자산관리 계획의 특징인 '분할정복' 전략을 분명하게 보여준다. 재분배와 여러 세대에 걸친 부의 집중을 방지하는 정책 목표를 무산시키기 위해 다양한 나라에 있는 신탁에 자산을 분산시키는 것이다.

앞선 예에서, 한 사람은 미국 출신이고 또 한 사람은 영국 출신인 부부는 한 가지 문제에 부딪친다. 두 사람이 죽으면, 두 나라 모두에서 그들의 재산에 40퍼센트의 세금을 부과할 것이기 때문이다. 그렇게 되면 자녀에게 상속할 수 있는 총액이 대폭 줄어든다. 그들의 자산관리사는 이를 방지하기 위해 양쪽 법체계의 이점을 활용하는 구조를 만들도록 제안한다.[74] 이 경우에서 이점은 얼마간의 재산은 상속세 대상에서 제외된다는 점이다. 영국에서는 32만 5000파운드(거의 50만 달러)까지 세금 없이 이전할 수 있다. 미국에서는 그 한계치가 530만 달러다. 이 부부의 재산은 그림 7에 보이는 대로 두 나라에 만든 신탁들을 이용해 세금을 한 푼도 내지 않고 상속인에게 이전할 수 있다.

이 부부는 엎친 데 덮친 격으로 두 나라로부터 재산에 엄청난 세금을 부과받는 대신, 이 구조를 이용해 일거양득을 거두었다. 부부 두 사

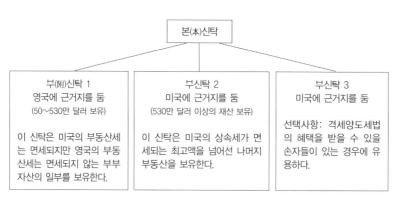

그림 7. 상속세 회피를 위한 신탁들

람이 사망할 때까지 모든 세금을 미루고, 그 후에 최대한의 액수를 상속세 없이 넘겨줄 수 있다.[75] (이 구조와 구조에 따른 이득에 대해서는 이 장의 부록을 보면 더 잘 이해할 수 있다.)

채무 회피

고액 순자산 보유자 사이에서, 아마도 세무서 직원만큼이나 매도되는 인물은 채무 수금업자이지 싶다. 역사적으로 신탁은 이 둘을 피하기에 유리한 수단이었다. 하지만 다른 구조들이 생겨나 조세 회피를 놓고 신탁과 경쟁하는 동안에도, 채권자를 좌절시키는 데 으뜸가는 신탁의 지위에 도전한 것은 아무것도 없었다. 5세기 동안, 신탁은 부자들이 효과적으로 채무를 방어하는 데, 다시 말해 채권자와 채권자에게 유리한 판결에도 영향을 받지 않도록 하는 데 이용되었다.[76] 엘리트들은 모든 자산을 공모자에게 이전해 신탁으로 보유함으로써 가족 명의로 채무를 엄청나게 늘린 다음 채무를 갚는 데 쓸 수 있는 자산을 가지고 있지 않다고 합법적으로 주장할 수 있었다.

채권자에게 해악을 끼치는 이런 계략은 아주 흔히 이용되었다. 그래서 이를 막기 위해 1571년 엘리자베스 법령Statute of Elizabeth이 만들어졌다. 이 법령으로 채권자는 법정에서 채무 상환을 피하기 위해 만들어진 신탁의 법적 무효를 호소할 수 있게 되었다. 법원은 신탁이 무효임을 선언함으로써 채권자가 신탁에 들어 있는 재산을 압류할 권리를 보장했다. 이 규칙은 현대 자본주의에서 매우 중대한 발전을 나타내는 것이었다. 상업의 확대와 법규에 대한 신뢰에 꼭 필요한 채권자 보호를 확립한 것이다.

하지만 이것이 부자 집안들이 채무를 피하기 위해 신탁을 이용하는 일을 막지는 못했다. 자산관리사들은 간단히 신탁 구조를 변경해서 신탁 재산에 대한 수익자의 권리와 접근을 제한했다. '낭비자신탁spendthrift trust'과 '명문신탁express trust'*은 이런 목적에서 만들어졌다. 이들은 신탁관리자에게 절대적인 재량권을 부여해서, 신탁관리자가 적절하다고 판단할 때만 분배를 하고 재정난에 빠진 수익자는 상속에서 배제했다. 일괄해서 '재량신탁discretionary trust'으로 알려진 이런 신탁들은 수익자와 신탁자산 사이의 법적 거리를 벌려놓았다.

전통적인 신탁 방식에서, 수익자는 자신이 그 신탁 구조에 들어 있는 재산의 소유권을 가지고 있지 않다고 주장할 수 있었다. 하지만 채권자는 수익자가 신탁으로부터 분배를 받을 가능성이 있다고 주장할지 모른다. 이런 가능성에 근거해서 때로 신탁자산이 채무이행과 결부되었다. 하지만 재량신탁과 더불어 이런 분배의 가능성조차 제거되었다. 수익자는 언제 어느 때라도 어떤 확고한 권리를 갖고 있지 않기 때문이다. 이런 장치가 다루기 힘든 상속인으로부터 가족 재산을 지키는 데 도움이 되었다. "압류할 수 있는 A 소유의 자산이 없기 때문에 A의 채권자나 파산관

---

* 낭비자신탁은 신탁의 수익자가 그 수익권을 임의로 처분하거나 채권자 등에게 압류당하지 않도록 설정한 신탁이다. 명문신탁은 재산 소유자가 자산을 사용하는 것에 대해 특정한 지시 사항을 내리기 위해 의도적으로 만드는 신탁이다. 주로 명문화된 문서로 작성된다.

리인이 신탁자산에 대해 채무이행을 요구해도 이는 쉽게 좌절되었다."[77]

이런 교묘한 수단은 문제없이 넘어가는 한 부자에게 특별한 합법적인 보호를 제공해서 채무 상환 의무를 덜어주었다.[78] 하지만 채권자가 법원을 통해 요구를 계속하면 판사는 엘리자베스 법령의 기본 원칙을 거듭 꺼내들어야 했다. 특히 유명한 판례인 리 버터워스 소송사건[Re] Butterworth(1882년)의 판결은 이랬다. "위험한 사업을 시작하면서 그 직전에 자신의 모든 재산을 자발적으로 신탁에 넣을 권리는 없다. 재산을 신탁에 넣는 목적은 이런 것이다. '사업에 성공하면 나는 부자가 된다. 실패하면 채권자에게 돈을 갚지 않으면 된다. 채권자가 손해를 부담할 것이다.' 이것이 바로 엘리자베스 법령이 방지하려는 것이다."[79] 역내에서는 이 원칙이 대체로 온전히 남아 있다. 하지만 최근 수십 년 동안 역외 관할권에서 엘리자베스 법령을 무산시켜 부자가 또다시 채무를 방어하려는 움직임이 적극적으로 나타나고 있다.

파산법이 평범한 재력을 가진 채무자에 대해 더 엄격히 강화되면서 의무를 피하려는 엘리트들의 선택지가 확충되었다.[80] 이런 많은 선택지는 통틀어서 '자산보호신탁[asset protection trust]'으로 알려진 신탁 구조의 변경을 수반한다. 이들은 '낭비자신탁'처럼 어떤 신탁이든 채권자로부터 자산을 보호하기 위해 이용될 수 있기는 하지만, 엘리자베스 법령의 폐지를 통해 경쟁 우위를 추구해온 역외 관할권에서 새로운 종류의 구조들이 생겨났다. 이 자산 보호 수단은 '채권자가 신탁자산에 접근할 수 없다'고 법에 명시한 나라에 기초한 자산 보호 조치가 추가된 재량신탁이다.[81]

이런 전략을 개척한 것은 쿡 제도였다. 1989년 쿡 제도의 국제신탁법은 그 나라의 신탁에 들어 있는 자산은 어떤 외국 법원의 판단 대상도 아니고 어떤 외국의 채권자도 접근할 수 없다고 진술한다. 이 법은 원래 콜로라도주의 덴버 소속의 한 변호사가 불법행위 소송에 취약한 의사와 다른 전문직 종사자인 자신의 고객들을 도울 방법을 찾다가 만든 것이다.[82] 하지만 이 새로운 법적 '산물'은 온갖 부자들 사이에서 인기를 끌었다. 너무 인기가 좋아서 바하마, 벨리즈*, 그리고 미국의 14개 주를 포함한 25개의 관할권이 비슷한 자산 보호 법안을 제정할 정도였다.[83]

이런 모형이 확산되었지만, 쿡 제도는 자산 보호에서 지속적으로 우위를 점하고 있다. 다른 나라의 법률 당국을 방해하는 면에서 깨지지 않는 실적을 보여주고 있기 때문이다. 쿡 제도의 법은 미국 정부가 2007년 저술가인 케빈 트루도 Kevin Trudeau**의 사기성 상행위 건에서 승소해 3760만 달러를 징수하는 것을 막았고, 게다가 같은 해 미국연방저당권협회 Fannie Mae로부터 빌린 대출금을 변제하지 않은 오클라호마의 부동산 개발업자 건에서도 승소해 800만 달러를 징수하는 것을 막았다. 트루도와 부동산 개발업자 모두 자산을 쿡 제도의 신탁에 넣어두고 있었다.[84] 지금까지 쿡 제도의 자산보호신탁을 무너뜨리려는 노력은 성공한 적이 없다. 심지어 많은 채권자가 시도조차 하지 않는다. 그곳에 기반을 둔 신탁을 상대로 청구를 하려면 쿡 제도에서 소송을 벌여야 한다. 이는 많은 비용을 들여 법률 팀을 장기간 출장 보내야 한다는 의미다. 뉴욕에서 비행기로 15시간이 걸리고, 여기에 변호사가 상담해주는 시간에 대한 비용도 추가된다.[85] 그 결과 "많은 채권자가 태평양 중간쯤에서 돈이 드는 길고 어려운 소송을 시작하기보다는 헐값에 만족할 것이다."[86]

쿡 제도는 두 차례 블랙리스트에 올랐다. 첫 번째는 2000년 정부 간

---

* 바하마, 벨리즈 모두 카리브해에 있는 나라다.
** 케빈 트루도는 대량의 해설식 광고(광고처럼 보이지 않도록 어떤 주제에 대해 길게 정보를 제공하는 방식의 텔레비전 광고)로 근거 없는 각종 건강 요법, 다이어트 요법, 금융 구제 방법을 홍보해서 엄청난 돈을 벌어들였다. 2004년 책 외의 제품을 광고하지 않는다는 조건으로 합의하여 50만 달러의 합의금을 물었으나, 다시 이 합의를 위반하여 3760만 달러의 벌금을 부과받았다.

자금세탁방지기구Financial Action Task Force에 의해, 그다음에는 2015년 유럽 연합집행위원회European Union's Executive Commission에 의해서였다. 세계 금융계 내에서 '비협조적인 관할권'이라는 이유에서였다.[87] 그런데도 자산보호 신탁 사업은 계속해서 번창하고 있다. 연구 참여자 가운데 한 사람이 전화 통화로 쿡 제도 정부에서 얻은 최신 정보에 따르면, 자산관리산업은 이 나라 국내총생산GDP의 10~15퍼센트를 차지한다. 전화 통화를 한 뉴질랜드 토박이인 로저는 이것이 진주 산업의 비율과 비슷하다고 했다. 2000년 재해로 진주 산업이 사실상 사라진 이후, 쿡 제도는 어느 때보다도 자산관리산업이 필요했다. 따라서 쿡 제도는 국제적인 제재를 받고 있기는 하지만 자산 보호 서비스를 축소할 것 같지는 않다.[88] 이 섬에서 자산관리 전문가로 일하는 뉴질랜드인들 가운데 한 사람인 네드는 이렇게 말했다. 그래서 "쿡 제도에 신탁을 만드는 건 '나 여기 있네. 와서 잡아가 보시지! 그럼 행운이 있기를' 하고 말하는 거나 마찬가지죠."

무역 규제 회피

자산보호신탁은 원래 채무를 회피하기 위해 설계되기는 했지만, 온갖 종류의 법을 피하는 데 유용한 것으로 드러났다. 자산보호신탁은 재산을 사실상 '법규 바깥에' 두기 때문이다.[89] 예를 들어, 금융업자 마크 리치Marc Rich가 미국의 금수조치를 위반하고 이란과 석유 거래를 해서 벌어들인 재산의 일부는 결국 수익자가 전처 드니즈인 쿡 제도의 1억 달러 신탁에 들어갔다.[90] 그래서 마크 리치가 형사 처벌을 모면하기 위해 스위스로 도망가는 한편, 그의 재산 일부는 쿡 제도로 도피함으로써 포획에서 벗어났다. 비슷하게, 앨런 스탠퍼드R. Allen Stanford는 70억 달러의 불법 투자 계획에서 나온 수익의 일부를 자신이 '애엄마 신탁Baby Mama Trust'이라고 별명 붙인 쿡 제도의 신탁 구조에 넣었다. 이 신탁의 수익자는 그와의 사이에 아이 둘을 둔 정부였다. 스탠퍼드가 110년 징역형을 복역하는 동안, 그 신탁과 자산은 계속 진행 중인 소송에 영향을 받지 않을 것으로 보인다.[91] 국제 금융 범죄에 관한 최근의 한 연구는 이렇게 결론지었다. "신탁은 (…) 수사, 기소(또는 민사 판결), 자산 회수에 장애물임이 드러난다. 그런데도 수사에서 거의 우선시되지 않는다."[92]

세계의 정반대편에 있는 맨섬과 케이맨 제도의 신탁은 미국인인 와일리^{Wyly} 형제가 13년 동안 내부자거래법을 피해서 갑작스럽게《포브스》억만장자 순위에 오를 수 있도록 도왔다. 이들 형제는 회사 지분 가운데 10억 달러를 종잡을 수 없이 복잡한 수십 개의 신탁에 넣음으로써 자본 이익에서 세금 없이 5억 5000만 달러 이상의 순이익을 올렸다.[93] 미국증권거래위원회가 최근 소송에서 이들 형제가 역외 신탁 전략으로 유가증권 공시법을 고의로 무시하려 했다는 사실을 논증하는 데 성공했으나, 결과적으로 이들이 실제적인 제재를 받지는 않을 것이다. 와일리 형제에게 4억 4000만 달러를 지불하라는 판결이 났지만 실행되지 않을지 모른다. 두 사람의 변호사들이 그들에게 유리한 수백 년에 걸친 판례들을 모아, 두 형제가 신탁에 남아 있는 3억 8000만 달러를 소유하지도 지배하지도 않는다고 주장하고 있기 때문이다.[94] 두 형제 가운데 하나는 이런 주장을 보강하기 위해 최근 파산 보호[*]를 신청했다.[95]

수익 창출 기회를 제한하는 법률을 피하기 위해 신탁을 이용하는 또 다른 흥미로운 사례가 있다. 바로 에스파냐의 바로네스 카르멘 티센-보르네미사^{Baroness Carmen Thyssen-Bornemisza} 미술관의 경우다. 티센-보르네미사는 수십 억 달러로 평가되는 개인 미술 소장품을 쿡 제도와 다른

---

* 파산 보호는 미국 연방법의 챕터 11에 따라 기업의 채무이행을 일시 중지시키고 자산매각을 통해 기업을 정상화시키는 절차다.

관할권에 있는 신탁을 통해 소유하고 있다.[96] 이런 소유 방식은 채권자나 과세를 피하기보다 미술품의 판매와 이동에 관한 규제를 피하기 위함이다. 티센-보르네미사가 소유하는 반 고흐와 마네 등의 작품들은 내개 엄격한 법적 규제의 대상이다. 이런 정도의 미술품은 보통 개인의 재산이 아니라 한 국가의 유산에 속한다고 여겨진다. 이는 1970년 문화재의 불법적인 수입, 수출, 소유권 이전을 금지하고 방지하는 방법에 관한 유네스코 협약의 대상이다.[97] 미술 수집품을 신탁에 넣으면 티센-보르네미사의 변호사가 '악몽' 같다고 한 국가의 이런 법적 규제를 피할 수 있다. 이 변호사는 이렇게 말했다. "자산을 구매하거나 판매하거나 유통하는 것만이 아니라 이동시킬 수 있는 자유를 더 많이 갖는 게 편리하죠."[98] 신탁 구조는 티센-보르네미사가 소유한 미술 수집품의 이동성을 높임으로써, 작품을 세계 어느 곳이든 가장 높은 가격을 제시하는 사람에게 팔 수 있도록 해 수익 창출 기회를 최대화한다.

성가신 관계들: 이혼, 상속, 가족사업

자산관리업은 엘리트들에게 부를 키우고 거래하는 데 따른 법적 규제에서 자유로워질 수 있도록 함으로써 성장했다. 마찬가지로, 가족 구성원에 대한 재정적 의무를 통제하는 법률을 피하는 창의적인 방법을 개발해 영향력을 확대했다. 브릭스에서의 자산관리를 다룬 3장에서 보여준 대로, '누가 가족 재산을 상속받을 것인지'는 선진국 엘리트들만의 관심사가 아니다. 실제로 전 세계 고액 순자산 보유자들은 공통적으로 가족과 관련된 세 가지 문제에 직면한다. 상속뿐만 아니라 이혼과 가족사업의 관리도 적절히 조직하지 않으면 재산을 낭비할 수 있기 때문이다.

이렇듯 가족 재산을 보호하려면 전문가의 개입이 필요하다. 이는 고액 순자산 보유자 개인의 삶에서 '내부의 외부자'로서 자산관리사가 갖는 특별한 중요성이다.[99] 부는 그것을 가진 개인만큼이나 강력해서 가족 관계를 취약하게 만든다. 그래서 전문 관리자의 노력이 필요하다. 그는 부의 수호자로서 가족 구성원들도 모르게 가족 구성체가 유지되게 하는 데 중요한 역할을 한다.[100] 가족을 위한 구조의 강화는 주로 신탁으로 이루어지고, 경우에 따라서는 기업도 사용된다. 이제부터 어떻게 이런 구조를 이용해서 이혼, 상속, 가족사업을 둘러싸고 발생하는 위험을 처리할 수 있는지 살펴보자.

이혼

결혼생활의 종결은 재산에 대한 위협으로 여겨진다. 그래서 '이혼 재정 분석'으로 알려진, 자산관리와는 구분되는 재정 고문 서비스의 하위 전문 분야가 생겨났다.[101] STEP는 '이혼 실무' 같은 제목을 달고서 이 주제에 관한 많은 세미나를 주최했다. 이 실무 분야가 얼마나 중요한지 알 수 있는 대목이다. 이 인터뷰에서도 이 주제가 자주 등장했다. 이혼 관련 위기의 해결책은 항상 신탁 형태를 취했다. 이런 이혼보호신탁은 거의 재량신탁으로, 수익자가 권리를 갖고서 돈을 받는 게 아니라 오직 신탁관리자의 재량에 따라 돈을 받게 된다. 또한, 역내의 법원 판결에서 보호하기 위해 흔히 역외에 만들어진다.

케이맨 제도에서 일하는 영국인 자산관리 전문가 앨리스테어는 이런 신탁이 이혼의 위협에 맞서 고객의 재산을 지키는 데 얼마나 중요할 수 있는지 보여주었다. 그는 한 현지 고객의 이야기를 들려주었다. 고객의 전처는 케이맨 제도 법원에서 막대한 재산분할 판결을 받았다. 앨리스테어가 관리하는 재량신탁의 수익자인 고객은 이혼 합의금을 지불하기 위해 사실상 신탁이 텅 비게 만들 만큼 엄청난 금액의 분배를 요구했다. 엘리스테어는 그 요구를 거부했고, 고객은 망연자실했다. 엘리스테어는 이렇게 말했다. "그때 처음으로 고객에게 분명해지기 시작했죠. 수익소유권을 지배권에서 분리한다는 게 무엇을 의미하는지를요. 고객은 자신이 이혼으로 빈털터리가 되지 않도록 내가 보호해줄 수 있다는 사실을 마침내 깨달았어요." 고객은 엘리스테어가 쓴 편지를 가지고 다시 판사에게 갔다. 편지에는 재산 소유주(신탁관리자)가 분배 요청을 거부했다고 쓰여 있었다. 그렇게 해서 고객의 주수입원(신탁)은 여전히 보호되어 법원이 손댈 수가 없었다.

하지만 때로는 재량신탁 구조도 신탁자산을 보호하기에 충분치가 않다. 세간의 이목을 끄는 사례가 늘어나는 가운데, 몇 나라의 이혼 법정이 한쪽 배우자가 재량수익자인 신탁을 부부가 갈라설 때 분할해야 할 재산으로 처리했다. 이런 사례 가운데 가장 유명한 하나는 홍콩인 푼Poon의 이혼이었다. 푼의 전처는 분할대상 재산에 전남편이 수익자인 15억 달러의 재량신탁이 포함되어야 한다고 법원을 설득했다.[102] 2014년 홍콩 종심법원終審法院은 신탁자산을 포함한 분할대상 재산의 50퍼센트를 전처에게 지급하라는 판결을 내렸다.[103] 같은 해에 역사상 가장 비용이 많이 든 이혼에서 스위스의 한 법원은 러시아 억만장자인 드미트리 리볼로브레프Dmitry Rybolovlev가 소유한 95억 달러 재산의 반을 전처인 엘레나 리볼로브레바Elena Rybolovleva에게 지급하라고 판결했다. 그 재산에는 재량신탁에 있는 재산이 포함되었다. 이 재량신탁은 분명 아내가 이혼 과정에서 할지 모르는 요구를 피하기 위해 특별히 만든 것이었다. "(이혼) 소송 중에, 리볼로브레바는 2005년 자신이 이혼 합의서에 서명하기를 거부하자 몇 주 후에 그 억만장자가 보석, 가구, 요트를 포함해 많은 자산을 키프로스에 설립한 '에리즈Aries'와 '버고Virgo'라는 두 개 신탁으로 옮겼다고 말했다."[104] 리볼로브레프의 전략은 역효과를 낳았다. 비록 전처가 그 신탁을 밝혀내어 끝장내기까지 법정 소송에 거의 6년이 걸리기는 했지만 말이다.

부자 집안들은 일이 이렇게 전개되는 걸 고려해서 이혼으로 재산이 낭비되지 않도록 보호하기 위해 선제 조치를 취한다. STEP 설립자의 한 사람이자 현재 이사회에 속해 있는 닉 제이콥은 2012년 남아프리카공화국 회의 연설에서 본인의 고객이 성년이 된 자녀들이 결혼할 때 이용한 기발한 전략에 관해 이야기했다. 그 고객은 각 자녀를 위해 만든 신탁을 보호하기 위해, 자녀가 이혼할 경우 자녀의 배우자가 수익을 얻는 좀 더 작은 신탁을 특별히 만들었다. 즉, 만약 고객의 자녀와 배우자가 갈라서면, 그 배우자는 시부모가 만든 신탁에서 여전히 수익을 얻을 터였다. 이런 발상은 "고객의 자녀가 수익자인 더 큰 신탁에 있는 진짜 가족 재산에 대한 이의제기를 막으면서 이혼하는 사위나 며느리를 돕는 시늉만 하"는 것이라고 제이콥은 말했다. 그 고객은 이혼하는 배우자를 위한 이 작은 신탁을, 전남편이나 전처가 더 큰 신탁에 대해 할 수 있는 요구를 상쇄하거나 무효화하는 것으로 법원이 보기를 바랐던 것이다. 이 계획에서 천재적인 발상은 고객이 추가한 혜택이었다고 제이콥은 덧붙였다. 만약 부부가 계속 함께한다면, 사위와 며느리를 위한 신탁에 있는 재산이 자녀에게 바로 넘어가게 해둔 것이었다.

상속

역사적으로 신탁은 부자가 본인이 죽을 때 자기 재산을 얻는 사람에 대한 통제력을 확실히 유지하기 위해 이용되었다. 이 문제와 관련된 법률에 관한 뛰어난 권위자인 고故 프레더릭 메이틀런드 Frederic Maitland (영국의 법제사가)는 이렇게 썼다. "신탁의 기원은 딸과 어린 아들을 부양하고 싶었던 (…) 영국인들이다. 그것이 이 문제의 본질이다."[105] 2장에서 이야기한 대로, 장남이 가족 재산을 전부 상속받는 장자상속제 같은 관습으로 인해 많은 여성이 아비지나 남편이 죽으면 재산을 빼앗기고 궁핍하게 살아야 했고, 장남 외의 아들들도 마찬가지였다. 이렇게 경제적으로 취약한 가족 구성원을 위해 신탁이 안전망을 제공했다.[106] 신탁은 또 돈을 헤프게 쓰는 남편이나 결혼하는 딸들의 상속재산을 보호하는 데도 유용했다. 유부녀원칙doctrine of couverture*이 시행되던 시대에 남편은 자동적으로 여성이 결혼하면서 가져온 재산의 소유주로 여겨졌다. 남성 신탁관리자가 여성을 대신해서 관리하는 신탁이, 결혼한 여성이 별도의 재산을 유지할 수 있는 유일한 방법이었다.[107]

장자상속법과 유부녀원칙은 오래전에 없어지기는 했지만, 부자들은 여전히 '엉뚱한' 사람들이 재산을 상속받거나 '합당한' 사람들이 배제되는 상황이 많다고 걱정한다. 수차례의 결혼으로 각자가 낳은 자식과 의붓자식이 함께 사는 경우가 점점 널리 퍼지면서 상속권 문제가 상당히 복잡하고 불확실해지고 있다.[108] 혼외 또는 동거 관계에서 낳은 자녀의 상속권 또한 애매해서 재산을 낭비할 수 있는 갈등의 원천이다.[109] 숨겨둔 (여성 또는 남성) 애인을 가진 부자는 역외 세계에서 전형적인 사례다. 파나마에서 일하는 자산관리 전문가 나디아는 이에 대해 "전형적인 고액 순자산 보유자는 결혼을 했지만 돌보고 싶은 특별한 친구를 두고 있다"고 말했다.[110] 이런 사례들은 법제도와 조세제도가 어떻게 "사회 변화의 속도를 따라잡으려 애쓰는지 또는 그런 변화를 완전히 무시하는 쪽을 택하는지" 보여준다.[111] 그래서 자산 보호에 대개 보수적으로 접근하

---

* 유부녀원칙은 남편의 보호 아래에 있는 여성이라는 아내의 법적 지위에 따라, 결혼과 동시에 여성의 법적 권리와 의무는 남편에게 귀속된다는 법 원칙을 말한다.

는 자산관리사가 뜻밖의 위치에, 다시 말해 가족과 성 역할에서 일어나는 변화의 최전선에 서게 되었다.

아라비아반도에서 현재 일어나고 있는 일이 변화의 빠른 속도를 보여준다. 이제 그곳의 자산관리사는 이슬람법이 딸들의 상속권에 가하는 불이익을 완화해달라는 요구를 일상적으로 받는다. 샤리아^{shari'ah}* 또한 유언의 자유를, 즉 개인이 사후에 누구에게 얼마나 재산을 분배할지 선택할 수 있는 정도를 엄격하게 제한하기 때문에, 딸이 가족 재산의 공평한 몫을 갖기를 바라는 사람들은 역외의 대안을 찾아야 한다. 두바이에서 일하는 영국인 자산관리 전문가 일레인은 고객들이 점점 자신에게 의지해서 분배의 형평성을 위한 차선책을 찾고 있다고 일러주었다.

아랍인들이 딸들을 교육시키고 있고, 보호하려 하고 있어요. 딸들이 경영진으로서 가족사업을 인계받을 것이기 때문이죠. 게다가 쿠웨이트에서는 딸들이 의회에 앉아 있어요. 일반적으로, 셰이카^{sheikha}**가 예전처럼 남편 뒤를 따라가지 않고 손을 잡고 나란히 함께 걸어가는 걸 볼 수 있을 겁니다. 내가 1994년에 처음 이곳에 왔을 때를 생각하면 그건 커다란 변화예요. 많은 여성이 "우리 아버지는 내가 집에 있으면서 취미생활이나 하지 않고 가족사업에 참여하길 원해요"라고 말하곤 하죠. 그래서 아버지들이 유산 계획을 바꾸고 있어요. 신탁을 만들고 생명보험에 들고 있죠. 보험은 이슬람 세계에서 일종의 하람이지만 샤리아하에서는 아들들이 가족사업을 가질 터이고, 딸들 역시 동등한 몫을 원하기 때문에

---

* 샤리아는 종교생활부터 가족, 사회, 경제, 정치, 국제 관계에 이르기까지 이슬람 세계의 모든 것을 규정하는 포괄적인 법체계를 말한다.
** 셰이카는 아랍 지역에서 왕족 출신의 여성을 이르는 말로, 남성은 셰이크(sheikh)라고 한다.

그렇게 한답니다.

유럽이나 북아메리가에서처럼 이슬람 세계에서도 가족 관계와 성 역할이 변화하면서 자산관리 기법을 이용하게 만들고 있다. 조세와 공공정책에 중점을 둔 논의에서는 이런 요인들의 중요성이 흔히 간과된다.

실제로, 신탁을 만드는 대표적인 동기에는 조세 회피 그리고 채무 회피와 나란히 상속에 관한 규제를 피하는 것이 포함되어 있다. 점점 더 이 세 가지 목적이 모두 역외의 해결책으로 이어지고 있다. 심지어 신탁 구조를 합법으로 인정하는 관할권에서도, 그 목적이 상속(또는 이혼)에 관한 법규를 무시하는 것이라면 역내에 신탁을 만드는 것은 위험할 수 있다. 분쟁이 일어날 경우 법원은 "악의적이고 말도 안 되는" 규정에 근거해, 수익으로부터 배제된 상속인에게 분배하기 위해 자산을 몰수하려고 신탁을 "깨트릴" 수 있다.[112]

현대의 자산관리업은 이런 분쟁으로 신탁자산이 낭비되거나 배제된 상속인에 의해 환수되는 것을 막기 위해 개인 재산을 가능한 한 많이 역외 신탁으로 옮겨놓으라고 권한다. 토지같이 옮길 수 없는 재산은 "최소한 신탁자산이 역외 관할권에 위치해 있다는 인상을 유지하기 위해" 역외 신탁이 그 지분을 보유하는 역외 기업에 의해 소유되어야 한다.[113] 이렇게 하면 재산을 상속인뿐 아니라 역내 관할권의 법원으로부터도 떼어놓을 수가 있다. 역내 법원이 상속 분쟁에서 역외에 보유한 자산에 대한 권한을 주장하는 경우에 대비해, 다수의 역외 금융 중심지가 최종 보안 조치로서 강제집행을 막는 법안을 만들었다. 케이맨 제도, 바하마, 버뮤다, 쿡 제도, 터크스케이커스 제도Turks and Caicos Islands*는 모두 상속

---

* 터크스케이커스 제도는 서인도 제도의 바하마 제도 남동부에 있는 영국령의 작은 섬들을 말

권에 관한 외국 법원의 판결을 인정하지 않는 법을 특별히 제정했다.[114] 이 법이 역외 세계에서 관할권 경쟁의 핵심이 되었는데, 이런 사실을 통해 고액 순자산 보유자들이 상속법을 피할 수 있다는 점을 얼마나 높이 평가하는지 알 수 있다.

가족사업

가족사업에 대한 규제는 역외에서 관할권 경쟁과 혁신이 일어나게 한 또 다른 기폭제였다. STAR(이에 대해서는 뒤에서 좀 더 상세히 이야기한다)와 VISTA(3장에서 이야기했다) 등의 완전히 새로운 신탁법 체제가 신탁 '보호자protector' 역할과 같은 완전히 새로운 제도상의 역할과 함께 생겨났다. 이는 가족사업 설립자가 본인이 살아 있는 동안이나 죽은 후에 회사에 일어날 일에 대해 우려하는 바를 특별히 처리하기 위함이었다. 가족사업 운영으로 재산을 모은 개인이 세금 목적으로 그 회사의 지분을 신탁에 넣는 일은 오래전부터 흔했다. 앞서 이야기한 대로, 역외에 회사를 소유하면 기업 이윤과 자본이익에 대한 세금을 크게 줄일 수 있다. 더욱이 신탁 구조는 회사 설립자가 사망하면 그 지분을 상속세 없이 이전할 수 있게 해준다. 하지만 여전히 회사에 대한 지배력 및 승계를 둘러싸고 많은 불확실성이 남아 있다. 파나마인 자산관리 전문가 나디아는 이렇게 일러주었다.

> 만약 아버지한테서 회사를 상속받은 사람이 있다면, 그 사람은 그 세습 재산을 지배하고 싶어 해요. 즉 회사가 유류분제도 때문에 분할되어서, 신탁설정자가 보기에 사이좋게 지낼 사람들이 아니거나 사업에 참여할

한다.

관심이나 역량이 없는 사람들에게 회사 지분이 분산되는 걸 원치 않는 거죠. 어쩌면 가족 중에 자유분방한 생활을 하는 사람이 있을 수도 있어요(자녀가 음악가나 무용가일 수도 있죠). 그들은 파리나 런던에 살고 있고, 만약 회사 지분을 상속받으면 곧장 팔아버릴 게 빤해요. 그 자녀들은 가족사업으로 자기 손을 더럽히ciar los manos고 싶지 않을 수 있어요. 특히 가족사업이 농업 같은 분야에서 성장한 거라면 말이죠. 게다가 신탁설정자는 그 사업을 모르는 사람이 자격 없이 가족사업에 관여하는 걸 원치 않아요.

이런 입장에 있는 현대의 많은 고액 순자산 보유자를 위한 해결책은 VISTA나 STAR 구조같이 추가로 지정된 '보호자'가 있는 역외 신탁이다.

3장에서 이야기한 대로, VISTA 신탁은 가족사업의 설립자가 그 회사를 신탁에 넣는 것을 허용한다(그럼으로써 많은 세금혜택을 받는다). 기초사업에 대한 경영권을 상실하는 일 없이 말이다. 전통적으로, 신탁관리자는 신탁에 들어 있는 모든 자산의 관리를 책임지고, 만약 기초 사업을 잘못 관리하면 그 손실을 보상할 법적 책임을 질 수 있다.[115] 하지만 신탁관리자에게 이런 일을 해낼 역량이 부족할 수도 있다. 더욱이 신탁관리자는 수익자에게 최고의 이익이 돌아가도록 행동해야 하고, 사업을 즉각 팔아넘기는 게 수익자에게 최고의 이익을 가져다줄 수도 있다. 두 경우에서, 신탁설정자는 사업을 관리하거나 또는 사업을 팔아넘기도록 개입할 수 없다. 왜냐하면 경영권을 행사하려고 하면 신탁 구조가 허위임이 공표되어 혜택 받은 세금을 토해내야 하는 위험에 처하기 때문이다.

VISTA 법은 두 가지 방식으로 이 문제를 해결한다. 먼저, 신탁이 소유하는 회사와 관련된 신탁관리자의 의무와 법적 책임을 명시적으로 없앰으로써 새로운 종류의 신탁법을 만들어낸다.[116] 둘째, 대개 가족사업 설립자와 동일한 신탁설정자가, 필요하면 신탁관리자를 해고하고 지휘할 권한을 부여받은 개인이나 회사를 '신탁보호자'로 지명할 수 있도록 허용한다. 신탁보호자는 신탁설정자의 지시를 받는다. 그래서 신탁 구조가 허위로서 무효화되는 위험에 처하는 일 없이, 신탁설정자가 자신의 기초 사업을 계속해서 관리하고 지배하는 수단을 제공한다. 신탁보호자는 신탁관리자가 회사를 파는 일을 방지할 수 있고, 또 신탁설정자에게 불리한 파산 절차가 진행되는 경우에 청산에 맞서 회사를 보호할 수 있다.[117]

하지만 1997년 케이맨 제도에서 가족사업 소유주를 위한 또 다른 대안이 특별신탁대안체제Special Trusts Alternative Regime, STAR 구조의 형태로 만들어졌다. 이는 다른 관할권의 신탁에 비해 두드러지게 뛰어난 두 가지 사항을 제공한다. 첫째, STAR 구조는 '목적신탁'이다. 법적으로 사람이 수익자가 되어야 하는 전통적인 신탁과 달리, 케이맨 제도의 신탁은 사람을 수익자로 할 필요가 없다. 대신 오직 회사에 출자하는 것과 같이 어떤 목적을 추진하기 위해서만 만들 수 있다. 역내에서 법이 허용하는 목적신탁은 오로지 자선 목적이어야 한다. 케이맨 제도의 법은 이런 개념을 확대해서 상업적·정치적 목적을 또한 포함시켰다. 둘째, STAR 신탁은 영구히 지속할 수 있다. 이런 이유에서 흔히 '세습신탁dynastic trust'으로 알려져 있다. 이 두 가지 특징이 결합해서, 설립자의 상속인이 바라는 바와 무관하게 가족사업이 영구히 온전하게 남아 있을 수 있도록 보장한다. 개인이 STAR 신탁으로부터 분배를 받을 수는 있지만, 전통적인 신탁과 관련된 수익권은 갖지 않는다. 가장 중요한 것은, 그들은 신탁설정자가 바라는 바를 무시할 수 없다는 점이다. 따라서 STAR 신탁은 "신탁을 깨트리려고 하거나, 아니면 신탁관리자를 설득해서 지분을 (또는 기초 자산을) 팔아 수익을 위해 다른 곳에, 아마도 좀 더 수익성이 좋은 투기적인 사업에 투자하려고 하는 수익자의 시도를 저지할 수 있다. 따라서 미래 세대를 위해 가족사업을 지속 가능하게 하려는 신탁설정자의 애초 의도가 보장될 것이다."[118] 회사를 STAR 신탁에 넣은 신탁설정자는 이 역외 구조로 통상의 세금혜택을 받을뿐더러, 또 그렇지 않았다면 손에 넣을 수 없었을 회사의 처분에 대한 통제권을 행사한다.

결론

자산관리사는 신탁, 기업, 재단을 수단 삼아서, 고객을 법규에서 자유롭게 하고, 고객의 부를 성장 및 이동성에 관한 규제에서 해방시킨다. 조세 회피(자산관리업이 뉴스거리가 될 때마다 이것이 기사 제목에서 큰 몫을 차지한다)는 빙산의 일각에 지나지 않는다. 더 큰 목적은 자산이 맞닥뜨리는 외부(정치적 보복이나 채권자)와 내부(이혼하는 배우자나 돈을 헤프게 쓰는 상속인)의 많은 위험으로부터 자산을 보호하는 것이다. 이 목적을 이룰 수 있는 경우는 이 장에서 살펴본 것보다 더 많다. 또한 혁신이 지속적으로 일어나고 있다. 이런 혁신은 어떤 행위를 불법화하는 역내의 입법 조치뿐 아니라 새로운 대안과 기회를 만들어내려는 역외의 대항입법counter-legislation에 의해 추동된다.[119] 자산관리 전문가가 하는 일의 핵심 요소는 이런 변화에 뒤처지지 않으면서 이런 변화가 제시하는 새로운 가능성을 기반으로 혁신하는 것이다.

자산관리사는 능숙하게 규제차익거래를 하고, 역외 금융 중심지를 이용하며, 고객과 고객 자산 사이의 법적 거리를 벌린다. 이를 통해 정치적 위험을 중화시키고, 많은 형태의 법률과 규제를 비록 무의미하게 만들지는 못하더라도 선택 사항으로 만들어버린다. 고객은 적절한 전문가에게 자문해 적용받고 싶은 법을 골라 선택할 수 있다. 그리고 대개 자신의 부에 대한 지배력을 최대화할 수 있는 법을 선택한다. 이는 국가와 경제 불평등의 전개 상황에 중요한 의미를 갖는다. 다음 장에서 이를 살펴본다.

부 록

자산관리 구성요소로서의 신탁, 기업, 재단

현대 자산관리의 핵심 수단은 합법적인 구조인 신탁, 기업, 재단, 이 세 가지다. 고객의 필요에 따라 이들을 단독으로 또는 결합해서 이용할 수 있다. 이 수단은 자산 보호에 이용될 수 있는 방법 면에서 역내에서는 다소 제한을 받는다. 반면에 역외 관할권에서는 지난 수십 년 동안 대단히 창의적으로 개선되어 다양해졌다. 엘리트들이 부를 유지하면서 만나는 문제를 해결하기 위해 이용할 수 있는 변형된 형태들이 많이 만들어졌다. 역외의 환경은 이런 전략에서 핵심 역할을 하는데, 금융적·법적 창의성에 관대한 환경을 제공하기 때문이다. "다른 법 체제를 지지하여 중앙집권화된 국가의 법을 (비록 완전히 벗어나지는 못하더라도) 크게 축소시킬 수 있는 혁신"에 특히 관대하다.[120]

여기서는 이런 구조의 합법적인 이용을 분석하는 데 한정하고, 범위가 방대한 불법행위는 제외한다. 게다가 이 논의는 자산관리에 이용되는 대단히 다양한 전략적 구조의 결합을 간추려서 이야기해볼 수 있을 뿐이다. 목적은 그야말로 자산 방어 체계의 기본적인 양상과 작동방식을 보여주는 것이다.

신탁 앞서 간략히 설명한 신탁은 재산을 조세, 채권자, 규제 당국으로부터 보호하기 위한 장치다. 이 보호는 재정적 결과를 낳는 법적 간주 legal fiction*를 통해, 즉 소유권을 두 가지 구성요소로 나눔으로써 성취된다. 이는 실제로 신탁이 만들어지면 소유의 이익은 한쪽 행위자에게 가지만 세금 납입과 같은 의무는 다른 쪽 행위자에게 간다는 의미다. 의무를 진 행위자는 신탁관리자라 하고 이익을 누리는 행위자는 수익자라 한다.[121]

전략적인 관점에서, 신탁은 세 가지 주요한 특징 덕분에 재산 방어용으로 변함없는 사랑을 받고 있다. 첫 번째 특징은 비밀 유지다. 신탁수익자의 신원과 신탁 구조 자체의 존재가 공개적으로 등록되지 않는다. 그러면 소유권이 모호하고 불확실해서 유용하다. 신탁은 "확실한 비밀 유지로 자산을 가"려서 규제, 조세, 몰수로부터 보호한다. 자산과 관련된 비용에 대한 책임이나 법적 규제를 부과하기 아주 어렵게 만든다.[122] 여기에는 자산의 이동에 대한 규제와 함께 채무 상환, 조세, 또는 법원이 명령한 벌금과 합의금에 대한 규제가 포함된다. 한 법학자는 신탁 개념을 간단히 이렇게 요약했다. "신탁은 (…) 소유로부터 생겨나는 모든 의무와 법적 책임에 종속되지 않고 소유의 이익을 누릴 수 있도록 하기 위한 장치다."[123]

이런 법적 책임은 재정적일 뿐 아니라 문화적이고 정치적일 수 있다. 예를 들어, 사우디아라비아에서 일하는 프랑스인 뤼크는 고객들이 원칙적으로 샤리아를 위반하지 않기 위해 신탁을 이용하는 것을 선호한다고 말했다. 이자를 받고 돈을 빌려주거나 이자를 주고 돈을 빌리는 것은 현대의 세계 경제에서 거의 피할 수 없는 일이다. 하지만 그렇게 샤리아를 위반하면, 사우디아라비아 왕국이나 이웃의 아랍에미리트연합국에서는 공직을 맡을 자격이 박탈된다. 그래서 정치 지도자로 나서고 싶은 사람들은 재산을 역외의 신탁 구조로 옮기는 해결책을 선호한다. 그러

---

* 법적 간주는 영미법의 법률 용어로, 실제로 사실은 아니지만 법원이 사실로 간주하는 것을 말한다. 예를 들어 법원이 기업이나 단체에게 '법인'이라는 인격을 부여해서 제한적이지만 사람으로 간주하는 것이다.

면 그들과 그들의 재산 소유권 사이의 법적·지리적 거리가 극대화되고, 더불어 재산을 유지하거나 늘리는 데도 최대한 활용할 수 있다. 여기에는 샤리아가 금지하는 일반적인 대출이나 보험의 이용이 포함된다. 역외 기업과 '이슬람 금융Islamic Banking*'으로 종교적 준수사항을 지키는 문제를 해결할 수도 있지만, 그럴 경우 뤼크의 고객들이 노리는 비밀 유지가 제공되지 않는다.

자산관리에서 신탁이 갖는 두 번째 주요한 이점은 특히 회사와 재단 같은 다른 수단에 비해 신탁 구조에 대한 규제가 느슨하는 점이다. 결정적으로, 신탁은 회사처럼 독립된 단체로서 과세되지 않는다. 신탁에 들어 있는 자산은 법적 소유자(자산관리사)가 살고 있는 관할권에 기초해서 과세되고 규제된다.[124] 이런 방식으로 역외 지역은 자산관리의 전략적 수단에서 중요한 역할을 한다. 자산관리사와 그가 고객을 대신해 소유하는 자산을 위해 조세와 규제가 없는 '본거지'를 제공해주는 것이다. 이런 제약이 적거나 없으면 자산관리사가 이전 비용과 규제 준수 비용을 낭비하지 않으면서 고객의 재산을 보호하는 데 도움이 된다.

런던에 사는 한 러시아인은 이런 식으로 역외 신탁을 이용해서 케이맨 제도의 신탁에 들어 있는 수백만 달러어치의 미국 주식에서 수익을 얻고 그 수익에 대해 세금을 한 푼도 내지 않을 수 있었다. 그는 그 재산의 법적 소유주가 아니기 때문이다. 그 주식과 관련된 법적 의무에 책임이 있는 사람은 자산관리사일 뿐이다. 게다가 케이맨 제도는 자본이익이나 소득에 세금을 부과하지 않기 때문에 걸림돌 없이 수익을 축적할

---

* 이슬람교의 성전 코란은 이자 수입을 불로소득으로 금지한다. 그래서 이슬람 금융에서는 금융기관이 이자에 상당하는 사업 수익을 배당받는 방식을 취한다. 예금자나 금융상품 구매자에게 이슬람법에 어긋나지 않는 식품 제조, 사회기반시설 정비 등의 사업에 투자하게 해 거기서 얻는 수익을 배분하는 것이다.

수 있다. 같은 이유로, 즉 소유권이 분리되어 있기 때문에 그 러시아인 고객의 채권자나 불만스러워하는 상속인이 신탁자산에 손댈 수가 없다.[125] 마지막으로, 케이맨 제도의 신탁이 원치 않는 의무로 인해 위협을 받거나 다른 곳에서 더 매력적인 법 체제를 이용할 수 있게 되면, 신탁 구조는 도피조항flee clause*을 갖출 수 있기에 그에 따라 자동적으로 최소의 비용으로 새로운 관할권으로 갈아탈 수 있다.[126]

도피조항은 역외 신탁법에만 존재하는 많은 혁신 가운데 하나로, 전통적인 신탁법이나 관습에는 존재하지 않는다. 또 다른 주요한 역외 혁신은 신탁이 영구히 지속될 수 있도록 한 것인데, 공식적으로는 '영속성 금지 규정의 폐지'로 알려져 있다.[127] 전통적인 역내 신탁은 기본 수명이 한 세기에 지나지 않는다. 이런 관습이 '영속성 금지 규정'으로 일컬어졌다. 자산이 하나의 독립체에 영구히 묶여 있는 것을 금지했기 때문이다. 이 규정은 또한 신탁에 들어 있는 자산이 영구히 과세에서 벗어나지 못하게 했다. 세습 야심이 있는 부자의 관점에서는, 수명에서 시간 제약을 받지 않는 기업이나 재단 같은 다른 구조에 비해 이는 상당한 결점이었다. 하지만 1980년대부터 역외 관할권들이, 그리고 심지어 역외 금융 중심지와 경쟁하려는 일부 역내 관할권까지 영속성에 불리한 이런 규정을 없애기 시작했다. 그래서 신탁에 들어 있는 자산이 조세, 채권자, 그리고 다른 '위협'을 영구히 피할 수 있게 되었다.[128]

---

* 원래 도피조항은 특정 품목의 수입이 급증해 국내 업계에 중대한 손실이 발생하거나 그럴 우려가 있을 경우에 GATT 가맹국이 발동하는 긴급 수입제한조치를 말한다. 예기치 않은 사태가 발생할 경우 특별한 조치를 취하지 않으면 GATT 협정을 위반할 수밖에 없는 사례가 발생할 것에 대비하여 협정의 준수를 일시적으로 면제해준다고 규정한 조항을 면책조항 또는 도피조항이라고 한다. 역외 지역들은 이 도피조항을 혁신해 도입해서, 명시해둔 "계기가 되는" 일이 발생하면 자동적으로 신탁자산을 다른 관할권으로 옮길 수 있도록 하는, 즉 신탁 관리 및 준거 법을 다른 관할권의 법으로 갈아탈 수 있도록 했다.

신탁이 현대 자산관리에서 주요한 전략적 역할을 하는 세 번째 방법은 영속성에 불리한 규정의 삭제와 도피조항이라는 혁신이다. 즉, 설계를 유연하게 하는 것인데, 신탁의 유연성은 경쟁하는 다른 구조들을 능가한다.[129] 신탁이 이렇게 유연성을 가질 수 있는 한 가지 이유는 신탁 자체의 구조적 기반에 있다. 법률은 공식적으로 신탁을 "재산에 관한 신임 관계"로 정의한다.[130] 여기서 가장 중요한 말은 관계다. 법적으로 이 관계는 사생활에서의 관계만큼이나 자유로이 조직될 수 있다. 신탁은 계약이 제공하는 것보다 훨씬 더 큰 유연성을 제공한다. 계약은 만일의 사태를 책임져야 하기 때문이다. 하지만 여러 세대에 걸쳐 신탁 구조는 발생할 온갖 만일의 사태를 명시하기는커녕 예측할 수 없게 한다. 그래서 실용적인 해결책은 계약을 완전히 생략하고, 대신에 신탁수익자에게 최선의 이익이 돌아가도록 자산을 관리한다는 일반적인 소관 내에서 전문가에게 폭넓은 재량권을 부여하는 것이다. 신임 관계에서는 "충실성의 의무가 상세한 계약조건을 대체한다."[131]

신탁이 가진 고유한 유연성은 역외 관할권에서 최대한으로 표출된다. 역외 금융 중심지에서는 흔히 전통적인 신탁 모형을 개선하고 혁신하고자 하는 자산관리사들이 직접 금융법안을 작성한다.[132] 그렇기에 이들 전문가는 고객의 문제에 대한 혁신적인 해결책, 말하자면 역내에서는 가능하지 않을 해결책을 만들어낼 수 있을 뿐 아니라 또 고객의 재산을 보호해주는 복잡성을 강화할 수 있다. 역외 혁신의 다른 예에는 도피조항 외에, 앞서 3장에서 언급한 VISTA와 이 장의 앞부분에서 이야기한 케이맨 제도의 STAR 구조가 포함된다. STAR는 신탁설정자에게 전례 없는 수준의 지배력과 비밀 유지를 제공하고 신탁이 영구히 존재하도록 허용한다. 그래서 케이맨 제도는 아시아 부자들의 재산이 향하는 주요 목적지의 하나가 되었을 뿐 아니라 신탁을 위한 "완전히 새로운 법적 틀을 만들어내고 있다."[133]

재단 3장에서 이야기한 대로, 민법 국가 출신의 많은 고액 순자산 보유자는 자산을 신탁에 넣을 경우 자기 재산에 대한 개인적인 지배력을 상실하게 된다는 사실을 받아들이는 데 큰 어려움을 겪는다. 파나마에서 일하는 자산관리사 일리어스의 고객은 대부분 라틴아메리카인이다. 일리어스는 이렇게 말했다. "그 사람들은 신탁을 신뢰하지 않아요." 자산관리 전문가에게는 불만스럽게도, 이런 불신은 흔히 고객이 신탁을 이용할 경우 얻을 수 있는 경제적 이익을 능가한다. 런던의 자산관리 전문가 루이스는 이렇게 말했다. 자기 경험상 "아주 많은 프랑스인이 대단히 유리한 조세 회피 전략을 지나치고 있어요. 차마 자기 자산을 자기한테서 분리해 신탁관리자에게 넘겨줄 수가 없기 때문이죠. 민법의 사고방식은 그런 식으로 생각하게 할 수가 없거든요."

자산을 신탁에 넣는 것에 대한 이런 저항은 특히 브릭스 국가 출신의 고객 사이에서 두드러진다. 이 국가들에서 부가 가장 빠르게 증가하고 있지만, 다른 나라나 법규에서는 일반화된 신탁이 브릭스에서 만들어지는 경우는 극히 드물다.[134]

브루스 말대로 이들 국가에서 신탁은 설득하기 어렵거나 도무지 입장 차이를 좁히지 못해 거래가 결렬되기까지 한다. 하지만 자산관리 서비스에 대한 새로운 수요가 이들 국가에서 가장 많기 때문에 자산관리 전문가는 대안을 찾아야 한다. 아니면 이게 아닌데 싶으면서도 고객의 요구에 응할 수밖에 없다. 브루스가 말한 대로 "남아메리카인 고객은 대개 재단을 만든다. 재단 설립자가 재단의 은행계좌에 서명하는 권한을 유지하기 때문이다. 이 구조에 조세 위험이 있다거나 신탁이 더 나은 해결책이라는 사실은 중요하지 않다. 고객은 자기가 원하는 것을 원하고,

그건 그 고객의 돈이다."

로마법에서 비롯된 재단은 표면상 여러 가지 면에서 신탁과 비슷하다. 재단은 신탁과 마찬가지로 기업에서부터 주식과 부동산까지 온갖 종류의 자산을 보유할 수 있다. 재단의 목적은 자선일지 모르지만 그 영역에만 국한되지 않는다. 많은 역외의 재단이 상업적이거나 사적인 자산 관리 목적을 위해 만들어진다.[135] 재단 자산은 과세로부터 보호되고, 수익자 분배는 신탁이 제공하는 것과 비슷한 조건으로 이루어질 수 있다. 그리고 신탁과 마찬가지로, 재단은 개인이 자산을 이 구조로 이전함으로써 자금을 마련한다. 명목상 "자산 기부자는 소유권, 지배력, 수익권을 재단에 이양한다."[136] 하지만 사실상 재단은 신탁보다 고액 순자산 보유자가 재산에 훨씬 더 많은 지배력을 갖도록 허용한다.

특히, 재단법은 신탁 구조라면 허위로 판결되거나 법적으로 무효화되었을 몇 가지를 허용한다. 첫째, 재단을 설립하는 사람은 수익자이면서 재단 관리위원회(회사의 이사회와 비슷하다)의 일원이 될 수 있다. 설립자는 (신탁관리자 대신) 관리위원회의 한 일원으로서 재단 자산을 어떻게 투자하고 관리할지 감독한다. 이는 특히 가족사업 같은 재산을 재단에 넣는 사람들에게 매력적이다. 게다가 결정적으로, 자산이 신탁에 들어 있다면 신탁관리자에게 분배를 요구해야 하지만, 재단 설립자는 자기 재량으로 재단에서 자산을 가져갈 수 있다.[137]

재단은 기업과 마찬가지로 법률상 사람의 지위를 갖고, 따라서 공식적으로 등록해야 한다. 어떤 면에서 이는 편리하다. 법인法人이 아니라 관계인 신탁과 달리, 재단이나 기업은 은행계좌를 개설하고 계약을 맺을 수 있다. 그리고 신탁과 달리 재단은 영구히 존재할 수 있다. 이 구조는 신탁을 인정하지 않는 민법 국가의 개인에게 특히 유용하다. 재단은 '겉보기에' 기업과 유사해서 민법 관할권의 법적·금융적 거래에서 기존의 위상을 부여받기 때문이다. 민법 관할권 출신의 많은 고객에게, 이런 특징이 결합된 재단은 각각의 장점을 취한 것처럼 보일 것이다. 모리셔스의 자산관리 전문가 파비터는 이렇게 말했다. "재단은 기업 같은 차림을 하고 있지만 신탁의 영혼을 가지고 있죠."

하지만 재단에는 신탁에 비해 네 가지 중대한 불리한 면이 있다. 첫째로, 관리가 복잡해 거래 비용이 더 많이 들기 때문에 재단 구조에 보유되어 있는 재산이 빠져나간다. 재단은 기업과 마찬가지로 규약과 정관을 정하고, 정기적으로 재무제표를 만들어 관리위원회가 검토하고 회계감사에게 제출해야 한다.[138] 둘째, 많은 관할권에서 재단은 과세 대상이고 자선 목적이 아닌 재단으로 자산을 이전할 경우 과세될 수 있다.[139] 셋째, 재단은 자산을 소유한 법인으로서 고소당하고 파산할 수 있다.[140] 이는 신탁과 대조된다. 신탁은 법인격이 없고 부분적인 소유권만을 가진 '자연인(신탁관리자)'이 있을 뿐이어서 소송을 통해 신탁자산에 접근하기가 어렵다.

마지막으로, 재단은 설립자의 익명성을 보호하는 면에서 문제점을 갖는다. 재단 구조는 회사설립인가서와 비슷한 재단증서라는 수단을 통해 설립되고, 재단이 근거지를 둔 국가의 정부에 이를 제출해야 한다.[141] 이는 많은 관할권에서 재단 설립자의 이름이 공식적으로 기록된다는 의미고, 결국 고액 순자산 보유자가 추구하는 비밀 유지를 약화시킨다. 하지만 역외의 법률은 이 문제를 처리해서 자기 관할권의 재단법을 더 매력적으로 만들고자 했다. 예를 들어, 파나마와 세이셸 제도는 재단이 '차명 설립자'를 지명하도록 허용한다. 개인이나 대개 법률회사인 법인은 수수료를 받고 공식 서류에 실제 설립자 대신 쓰도록 그들의 명의를 빌려준다. 그래서 설립자의 실명이 비밀로 유지된다.[142] 게다가 파나마와 세이셸 제도에서 재단은 비과세다.[143] 이렇게 역외에서 재단법을 수정하면서 재단과 경쟁하는 다른 구조와의 간격이 좁혀지고 있다.

기업　기업은 신탁보다 몇 세기 후이기는 하지만 마찬가지로 영국법에서 나왔다. 하지만 신탁이 "거의 무제한적으로 유연하게 설계"할 수 있는 반면에, 기업 형태는 "채권자와 주주를 보호하기 위한 규제 성격의 제한으로 인해 방해를 받"아왔다.[144] 이는 부분적으로, 기업이 생긴 거의 직후인 17세기에 사기와 경제 위기를 부추긴 일과 연관되었기 때문이다.[145] 특히 심각한 위기를 불러온 1720년의 남해거품사건 후에 영국 정부는 새로운 기업의 설립을 극히 엄격하게 제한했고, 이런 제한은 한 세기 동안 지속되었다. 이 시기 동안 많은 영리기업이 신탁을 통해 만들어졌으며, 이들은 '설립증서$^{deed\ of\ settlement*}$' 회사로 알려졌다.[146]

　19세기 중반이 되자 다시 기업을 널리 이용할 수 있게 되었고, 20세기에는 기업이 제조와 무역을 위한 지배적인 조직 형태가 되었다. 하지만 특히 지난 30년 동안에 이어진 또 다른 기업 위기로 훨씬 더 규제력 있는 주목을 끌어, 기업은 또다시 경영과 활동에 제한을 받았다.[147] 그렇다고 해서 물론 회사를 이용하거나 사기가 발생하는 일이 없어지지는 않았지만, 기업 이윤에 붙는 거래 비용이 높아졌다.

　회사는 세 가지 이유에서 여전히 인기를 끌고 있다. 첫째, 보편적으로 인정받는 구조다. 신탁은 도덕적 권리에 기초한 영국 교회의 독특한 형평법 재판소와 그 판결의 산물이다. 이와 달리 기업은 전 세계에 존재하는 성문법에 의해 만들어졌다.[148] 그래서 다국적 기업이 보여주는 대로 기업은 세계무역을 위한 탁월한 수단이 되었다. 둘째, 기업 형태는 법

---

* 설립증서는 합자회사(주식회사)의 설립을 위해 만들어지는 법적 서류를 말한다. 이 증서는 특정한 사람들을 동업회사 재산의 신탁관리자로 지명한다. 여기에는 회사의 사사로운 일에 대한 관리와 관련된 규정이 담겨 있다.

적 책임이 제한되어 있다. 그래서 만약 회사가 채무를 지거나 파산하면 임원과 주주가 채무 변제를 개인적으로 책임지지 않는다. 셋째, 기업은 시한에 제약이 없다. 경영자본을 가지고 있는 한 기업은 사업을 할 수 있다.

기업이 거래와 이익 창출을 위해 설계되었다는 점을 고려하면, 자본 유지에 중점을 둔 자산관리에 이용된다는 사실은 어쩌면 놀랍다. 하지만 개인 재산을 보호하기 위해 기업 구조를 이용할 때는 거의 언제나 역외에 설립한 유한회사 형태를 취한다. 이런 기업은 소극적인 자산 보유 수단이다. 거래를 하지 않기에, 역내의 상업 활동과 연관된 기업보다 훨씬 규제를 덜 받는다. 역외 회사는 일반적으로 서류가 거의 필요치 않고, 선행 투자 비용이 대략 800~6000달러여서 아주 만들기 쉬우며, 유지 및 규제 준수와 관련된 거래 비용이 거의 없다.[149] 하지만 역외 기업이 재산 보호 면에서 갖는 가장 큰 이점은 기업을 조세도피처로 이용하는 데서 생겨난다. 재산세, 자본이익세, 또는 소득세의 과세 대상이 될 자산을 세금이 없거나 낮은 나라에 근거지를 둔 회사 명의의 소유로 둠으로써, 고액 순자산 보유자는 엄청난 돈을 아낄 수 있다.

세금과 관리 비용을 절약할 수 있다는 점뿐만 아니라 역외 기업이 갖는 또 다른 중요한 매력은 자산관리 고객에게 제공하는 지배력의 수준이다. 고객은 회사 은행계좌에 서명하는 권한을 보장받을 수 있고 회사 신용카드를 발행받을 수 있어서 마음대로 회사에서 현금을 인출할 수 있다.[150] 역내 기업은 자본 분배에 대한 규제의 대상이고 회계감사관과 조세 당국뿐 아니라 이사회에 정기적으로 재무제표를 제출해야 한다. 역외의 법률은 일반적으로 이런 요건을 덜어주거나 없애준다. 특히 대부분 역외 금융 중심지는 자본의 분배에서 역내가 허용하는 것보다 훨씬 더 많은 자유를 허용하여, 역외 회사를 "고객이 개인적으로 사용

하는 돈궤나 (…) 그와 별로 다르지 않은 은행계좌"처럼 만들어버린다.[151]

하지만 일부 역내 관할권은 재산 보호에 이용되는 역외 기업을 적발해 치벌한다. 미국, 유럽연합의 많은 국가들, 그리고 대부분 G20[*] 국가는 자국민의 역외 회사(와 거기에 들어 있는 자산)가 마치 역내에 있는 듯이 과세하는 법을 제정했다.[152] 이는 역외의 법률에 한층 더한 혁신을 불러왔다. 회사의 실소유권을 모호하게 함으로써 익명성과 비밀 유지를 도모하기 위해 많은 법률이 만들어졌다. 역내 회사에서는 기업 임원과 주주의 이름이 보통 공개되는 기록에 속한다. 그렇게 되면 누가 그 회사를 소유하고 지배하는지, 그래서 누가 그 활동의 법적 책임을 지는지 다른 사람이 확인할 수 있다.

하지만 역외에서는 몇 가지 방법으로 회사의 임원과 주주의 정체를 모호하게 한다. 가장 흔한 방법은 '차명'의 사용이다. 공식 기록에 실제 주주와 임원의 이름 대신 다른 개인과 회사의 이름을 쓰는 것이다. 이 명의자는 독자적으로 행동하지 않고, 회사를 실제로 소유하고 지배하는 사람들을 대리한다. 회사를 실제로 소유하고 지배하는 사람들은 '수익소유자'라고 한다. 신탁의 수익자를 가리키는 말과 동일하다. 명의자는 공식 기록에서 수익소유자의 정체를 보호하기 위해 명의를 빌려줄 뿐 아니라, 수익소유자의 지시에 따라 투표하고, 수익소유자에게 모든 배당금을 배정하며, 수익소유자의 지시 없이는 지분을 이전하는 데 동의하지 않는다.[153] 역외 금융 중심지의 주요 사업 모형에 속하는 이런 서비스의 대가로, 명의자는 수수료, 말하자면 명의 사용에 따른 '대여료'를 받는다. 이런 '허수아비' 또는 '얼굴마담'을 이용하면 수익소유자를 회사

---

[*] 다자간 금융 협력을 위해 결성된 국제기구로 선진 경제국인 독일, 미국, 영국, 이탈리아, 일본, 캐나다, 프랑스의 G7과 남아프리카공화국, 러시아, 멕시코, 브라질, 사우디아라비아, 아르헨티나, 인도, 인도네시아, 중국, 터키, 한국, 호주, 유럽연합을 포함하는 20개국을 말한다.

와 연관 짓기가 아주 어렵고 많은 비용이 든다. 그 결과, 수익소유자의 재산은 채권자와 상속인의 요구만이 아니라 조세 및 규제 당국의 주장으로부터도 보호받을 수가 있다.[154]

더욱이 몇몇 역외 관할권은 '무기명주'의 이용을 허용한다. 이는 특정한 소유자를 명기하지 않고 기업 주식을 발행하는 방법이다. 더 정확히 말하면, 무기명주의 소유자는 말 그대로 누구든 어느 시점에 그 주권株券을 가지고 있는 사람이다. 이는 강력한 비밀 보호를 제공한다. 그 사람이 손에 주식을 쥐고 있지 않는 한, 선서를 하고서 정직하게 "그 회사는 내 소유가 아니다"라고 말할 수 있기 때문이다. 게다가 회사의 주요 직책에 있는 어떤 사람이 회사의 소유권에 관해 질문을 받더라도, 역시 정직하게 "그 회사가 누구 소유인지 나는 모른다. 왜냐하면 무기명주로 발행되었기 때문이다"라고 말할 수 있다. 다시 말해, 무기명주는 회사가 누구 소유인지 알 수 없게 만들고, 그래서 그 회사가 초래하는 세금, 벌금, 또는 채무에 대한 법적 책임을 부과할 수 없게 만든다.[155]

세 구조의 비교와 결합 앞서 보여준 대로, 현대의 자산관리는 비슷한 목적을 위해 신탁, 재단, 기업을 이용한다. 신탁및상속전문가협회라는 이름이 말해주는 것처럼 여전히 신탁이 자산관리의 지배적인 수단이기는 하지만, 역외 법률의 혁신 덕에 세 가지 자산 보유 구조 사이의 차이가 줄어들고 있다. 한 법학자가 말한 대로, 우리는 "신탁을 다른 사업 조직과 재정 모형, 특히 기업과 싸우는 다원주의적 투쟁에 열중하는 경쟁자로 생각"해야 한다.[156] 그래서 역외의 법률이 신탁에 (STAR과 VISTA 구조에서처럼 특히 지배 면에서) 기업과 같은 특징을 더 많이 부여하는 한편으로, 역외 기업은 신탁과 같은 특징(특히 무기명주와 차명주주 및 임원을 통한 비밀 유지)을 더 많이 획득하고 있다. 이미 기업과 신탁의 가장 좋은 특징을 일부

합쳐놓은 재단도 파나마와 세이셸 제도에서 매력을 높이기 위해 신탁과 더 비슷해지도록 수정되고 있다. 파나마와 세이셸 제도에서는 재단 설립자의 이름이 비밀로 유지되고 재단은 과세의 대상이 아니다. 표 2는 세 가지 자산 보유 방식을 비교하고 있다.

역외 혁신이 신탁, 재단, 기업 사이의 많은 차이를 줄였지만, 각각의 형태는 여전히 자산관리사와 고객에게 특유의 이점과 불리한 점을 제공한다. 그래서 전형적인 자산관리 전략은 두 가지 구조를 결합하고, 때로는 세 가지 모두를 이용한다. 통상적인 해결책은 '신탁-회사 결합 구조'다.[157] 역내 사업을 역외 기업으로 이전하는데, 이 역외 기업은 고객의 지시에 따라 행동하는 차명 임원이 운영한다. 그런 다음 역외 신탁을 만들어서 역외 기업이 발행하는 모든 지분을 소유하는 것이다.

이 구조는 몇 가지 문제를 일시에 해결해준다. 예를 들어, 많은 고액 순자산 보유자가 회사를 역외의 신탁으로 옮겨 자기 사업에서 나오는 수익을 과세와 규제로부터 숨기거나 채권자와 소송으로부터 회사를 지키고 싶어 한다. 하지만 그러면 새로운 소유주, 즉 신탁관리자에게 사업의 지배력을 상실하게 된다. 신탁관리자는 일반적으로 사업을 운영할 전문 지식을 가지고 있지 않고 기업이 수익을 내도록 운영하는 것과 관련된 법적 책임을 지고 싶어 하지 않는다.[158] 그렇다고 설립자가 주식 소유를 통해 지배력을 유지하고 있는 역외 기업으로 사업을 이전하면 또 다른 문제가 발생한다. 소유주가 사망하면 그 주식은 어떻게 될까? 지분은 사망한 사람이 남긴 재산에 포함되어 유언 검인 판사의 동의가 있어야만 이전할 수 있다. 그렇게 되면 길고 비용이 많이 드는 절차를 밟아야 하며 상속인이 납세의무를 져야 할 수 있다.[159] 이는 분명히 과세와 법정 소송으로부터 가능한 한 많은 재산을 숨기고 싶어 한 자산관리 고객의 의도와는 정반대다. 신탁-회사의 결합은 고객이 소중히 여기는 두 가지

표 2. 신탁, 재단, 기업의 비교

	신탁	재단	기업
주요 목적	수익자에게 최선의 이익이 돌아가도록 하기 위한 재산의 보유와 분산	자선 목적을 위한 재산의 보유와 분산(역외에서는 사적 이익을 위해 이용할 수 있음)	거래와 상업, 주주 가치의 극대화(역외에서는 자산 보유만 할 수 있음)
소유권	수익자와 신탁관리자 사이에 나눠지고 신탁관리자는 보수를 받음	재단에 들어 있는 자산을 재단이 소유	돈을 내고 지분을 사고 투자한 자본을 잃을 수도 있는 주주
법적 지위	법인이 아닌 사적인 합의. 관습법 국가들에서만 인정됨	전 세계적으로 인정되는 독립적인 법인	전 세계적으로 인정되는 독립적인 법인
관리	신탁관리자	위원	임원
납세의무	신탁자산에서 발생하는 소득에 대한 세금에 책임이 있는 신탁관리자, 배분에 대한 세금에 책임이 있는 수익자(역외에서는 세금이 경감되거나 없을 수 있음)	소득세, 소비세, 증여세의 대상(역외에서는 세금이 경감되거나 없을 수 있음)	소득이 이중 과세됨. 한 번은 기업 차원에서, 그리고 주주들에게 배당할 때 다시 한 번. (역외에서는 세금이 경감되거나 없을 수 있음)
자산 보호	채권자와 소송 당사자는 신탁자산에 접근 불가능하고 파산 불가능	채권자와 소송 당사자가 재단 자산을 압류할 수 있고 파산 가능	채권자와 소송 당자사가 기업 자산을 압류할 수 있고 파산 가능
비밀 유지	제한이 없고, 신탁관리자의 이름이 일부 관할권에서 공개 기록일 수 있지만 수익자의 신원은 비밀 유지	설립자와 위원의 이름을 밝혀 재단증서를 등록해야 함(역외에서는 차명을 이용할 수 있음)	임원과 주주의 이름을 밝혀 공식 등록해야 함(역외에서는 차명을 이용할 수 있음)
규제 준수 비용	유동성과 분배에 관한 보고 요건이나 제한이 없기에 거의 비용이 들지 않음	재무 보고와 법에 정해진 최소한의 분배가 필수(역외에서는 이런 규칙이 느슨할 수 있음)	재무 보고와 유동성 및 분배에 대한 규제가 필수(역외에서는 이런 규칙이 느슨할 수 있음)
이동의 편의성	비교적 쉽게 낮은 비용으로 한 관할권에서 다른 관할권으로 이동(역외에서는 '도피조항'으로 자동적)	한 관할권에서 다른 관할권으로 이동하기가 좀 더 어렵고 비용이 더 많이 듦	한 관할권에서 다른 관할권으로 이동하기가 좀 더 어렵고 비용이 더 많이 듦
시한 제한	영속성 금지 규정의 대상(역외에서는 이 규정이 없어졌음)	없음	없음

기능, 즉 보호와 지배를 극대화한다.

STEP 교육자료에 나오는 전형적인 고객의 사례에 기초한 앞서 1장에 실린 그림 1은 이런 개념을 보여준다. 여기서 케이맨 제도의 한 신탁이 두 개 자회사의 지분을 가지고 있다. 한 자회사는 영국령 버진 제도에 기반을 두고 활발한 상업 활동을 벌이고, 버뮤다에 있는 다른 자회사는 재정적으로 안전한 금융자산을 보유하고 있다. 이런 식으로 구조화함으로써 자산을 조세와 규제로부터 최대한 보호할 수 있다. STEP 교육자료는 이렇게 설명한다. "이런 방식으로, 신탁관리자는 수익소유자가 사망해도 계속해서 회사 지분에 대한 법적 소유권(과 따라서 기초 자산)을 보유한다. 신탁관리자가 지속적으로 자회사 지분에 대한 소유권을 갖는 것이다. 이런 상황에서는 수익소유자가 사망해도 고인의 유언장에 따라 지분을 이전할 필요가 없다. 또 검인 신청서에 지분 가치를 포함할 필요도 없다."[160] 신탁-회사의 결합은 단순한 자산 내역을 가진 고객에게 일거양득의 결과를 이루게 해준다.

하지만 자산이 더 많고 내역이 복잡한 사람들은 때로 좀 더 다층적인 구성으로 배열한 다수의 구조에 자산을 분포시키는 게 바람직하다. 이렇게 복잡한 구조는 만들고 관리하는 데 비용이 더 많이 들기는 하지만 비밀 유지와 재원에의 접근성을 강화하기도 한다. 이런 구조에 관한 세계은행의 한 연구는 이렇게 결론지었다. "다층화된 독립체들을 이용하면 수익소유자가 다수 관할권의 경계에 걸쳐 있는 자산, 지배력, 법적 소유권을 전부 자기 호주머니에 넣을 수 있는 기회가 한층 더 제공된다. 이 모두는 수익소유자가 ⓐ궁극적으로 동일한 목적에 이바지하는 다양한 독립체의 이름으로 금융기관에 접근하고 ⓑ자산을 보유하거나 취득하거나 이전하는 주요 수단인 기업에 대한 지배력을 유지하는 일을 더 쉽게 만들어준다. 다층화된 독립체들은 수익소유자가 이런 목적을 달성

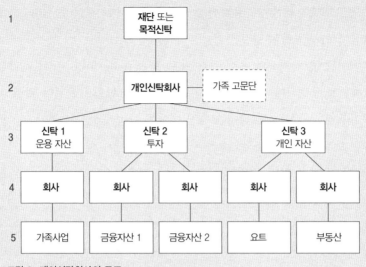

1	**재단 또는 목적신탁**	

2	**개인신탁회사** --- 가족 고문단	

| 3 | **신탁 1**
운용 자산 | **신탁 2**
투자 | **신탁 3**
개인 자산 |

| 4 | 회사 | 회사 | 회사 | 회사 | 회사 |

| 5 | 가족사업 | 금융자산 1 | 금융자산 2 | 요트 | 부동산 |

그림 8. 개인신탁회사의 구조

하는 한편으로 대단히 복잡하게 우회하는 체계를 통해 완전히 미지의 것으로 남을 수 있게 해준다."[161]

한 예로 그림 8을 보자. 이는 적어도 1억 달러의 순자산을 가진 고객에게 적합한 구조를 보여준다.[162] 각 층에 알아보기 쉽도록 층 표시를 했다. 5번 층은 가족사업, 재정적으로 안전한 두 가지 금융자산, 요트, 부동산으로 이루어진 기초 자산에 해당한다. 이들은 차례로 전형적인 신탁-회사 결합 구조에 보유되어 있다. 이 신탁-회사 결합 구조는 4번 층의 회사와 3번 층의 신탁으로 이루어진다. 각 자산은 그것을 소유하는 데 따른 위험과 의무를 고립시키기 위해 별개의 회사 안에 '제한되어' 있다. 이들 자산 중 하나에 세금이나 법원 판결이 떨어지더라도, 자산들을 서로 다른 지주회사 안에 분리시켜 놓으면 그 위협이 나머지 자산에 영향을 미치지 않는다. 4번 층에 있는 각각의 회사는 외부 자금 조달을 모색할 수 있고(예를 들어 요트나 부동산을 대출 담보로 이용할 수 있다), 차례로 그 자금을 가족사업이나 금융자산을 보유한 회사들이 빌릴 수 있다. 그 대출금에 이자를 붙여 갚으면 절세節稅를 할 수 있다.

3번 층은 자회사의 지분을 소유하는 신탁이다. 이 경우에서, 신탁은 주제별로 조직되어 운용 자산과 투자와 개인 자산이 구별된다. 앞서 이야기한 대로, 이는 4번 층에 보유된 재산을 상속세와 유언 검인 절차로부터 보호한다. 게다가 3번 층은 자회사에서 유래하는 법적 책임이 위로 올라오지 않게 한다. 만약 투자가 손실을 초래하거나 가족사업이 파산하면, 서로 별개인 이 세 개의 신탁은 세 가지 종류 자산이 서로 별개임을 강조한다. 그러면 채권자나 조세 당국이 이들 구조가 연관되어 있어서 다른 것이 발생시킨 채무를 갚기 위해 공동 부담할 수 있다고 주장하기가 어렵다.

2번 층의 개인신탁회사Private Trust Company, PTC는 한 가족이 완전히 소유하고 관리하는 기업이다. 이 구조에서 그것의 목적은 밑에 있는 신탁들을 소유하고 관리하는 것이다. 개인신탁회사는 기업으로서 무제한의 수명을 누리면서 장기적인 재산 보호에 꼭 필요한 영속성을 제공한다. 그러면서도 제3자의 신탁회사를 이용할 때보다 훨씬 더 많은 지배력을 제공한다.[163] 개인신탁회사는 또 지배적인 지위를 가진 가족 고문단에 돌아오는 법적 책임을 제한한다. 이는 아주 다양한 기초 자산이 많은 위험에 노출되어 있다는 점을 고려하면 반드시 필요하다.[164]

개인신탁회사는 분명히 세습 수단이다. 세대 간의 원활한 자산 이전과 함께 지속적인 부의 관리를 보장함으로써 여러 세대에 걸친 부의 집중을 제도화하기 위해 만들어진다. 노선트러스트와 베서머트러스트 Bessemer Trust를 포함하는 현대의 대표적인 자산관리회사들은 19세기에 개인신탁회사로 출발해서 각자 한 집안에 서비스를 제공했다. 현대에 개인신탁회사를 이용할 때의 이점은 가족 고문단에 달려 있다. 가족 고문

단은 "미래 세대가 개인신탁회사의 관리자로서 가족사업을 넘겨받아 운영하도록 준비시"킨다.[165]

이렇게 신탁과 기업이 정교하게 '층층이 쌓인 케이크'의 꼭대기에는 역외 재단이나 때로 목적신탁이 얹힌다. 목적신탁은 수익자를 두지 않아도 되는 특수한 유형의 역외 신탁이다.[166] 1번 층은 오로지 개인신탁회사의 지분을 규제와 공식 조사에서 완벽하게 보호하면서 소유하기 위해 존재한다. 이 구조에서 재단이나 목적신탁은 "소유자가 없는' 경제적 실체"[167]라는 법적 지위를 누린다. 이것은 자연인이 그 기초 자산의 소유주로 확인되거나 그 자산에 부과된 세금이나 판결에 대해 책임질 수 없다는 의미다. 따라서 개인신탁회사에 집중된 이런 배치를 '(세금 위주의, 그리고 그 밖의) 절묘한 공격적 설계 기법'이라고 하는 것은 당연하다. "거부들은 다가올 세대를 위해 이런 기법을 이용해서 부를 지키고 키운다."[168]

5장

**자산관리와
불평등**

'부자 삼대 못 간다'는 중국 속담이 있다. 많은 문화에 다양하게 변형된 이런 속담이 존재한다. 이탈리아에서는 다소 시적으로 표현되지만('마구간에서 별세계로 갔다가 삼대 안에 도로 돌아온다'), 똑같이 개인의 부가 빠르게 소멸한다는 생각을 전한다. 대개 1세대가 벌어들인 재산은 자녀 세대가 써버려서 손주 세대에는 사라진다. 독일인들은 이렇게 말한다. "벌고, 물려주고, 망한다.Erwerben, vererben, verderben."[1]

자산관리사의 역할은 이 과정을 막는 것이다. 자산관리사는 앞서 이야기한 기법을 통해 가족 재산의 소멸을 늦추거나 멈추려 한다. 궁극적으로, 이는 더 큰 불평등한 체제를 강화한다는 의미다. 자산관리사는 개인의 부를 가족 내에 온전히 유지하고 자산이 재분배되는 통상의 과정을 무산시킴으로써 계층화 양상을 지속시키는 데 이바지한다. 이들은 법적·금융적 수단을 이용해서 한 세대의 잉여를 세습 특권으로 바꿔놓을 수 있다. 한 연구는 이렇게 지적한다. "신탁관리자가 재산을 적절히 배치해 관리해야만 재산의 소멸 과정을 늦출 수 있고, 최종적으로는 제도를 통해 재산이 오래 지속될 수 있다."[2]

자산관리사는 1980년대 이후 재산에 기초한 급격한 계층화와 동시에 전문직군으로 부상했다.[3] 어떤 사람들은 불평등 정도가 심해진 것을 직접적으로 전문가의 개입 탓으로 돌린다. 예를 들어, 신탁에 관한 한 연구는 이렇게 결론지었다. "재산의 신탁관리는 (…) 부의 집중이 확대되는 결과로 이어졌다."[4] 또 어떤 사람들은 고객이 수십억의 세금 납부를 피하도록 도와주는 자산관리사의 역할을 지적하며 간접적으로 비판한다.[5] 역외 금융의 이용은 특별한 관심을 끌고 있다. 역외 금융은 "역사상 부와 권력을 가난한 사람들로부터 부자들에게 이동시키는 가장 큰 영향력"으로 여겨진다.[6]

나는 이렇게 커지는 세계적인 불평등 문제에 자산관리사가 기여하는 바를 정량화하지는 않으려 한다. 이런 평가를 하는 데 필요한 자료를 구할 수가 없기 때문이다(이에 관해서는 아래에서 좀 더 다룬다). 대신 증가 추세에 있는 불평등 연구에 나의 연구가 덧붙일 수 있는 것은, 이런 현상의 밑바탕을 이루는 구조에 대한 정확한 이해다. 4장부터는 자산관리 기법을 좀 더 상세히 검토한다. 자산관리 기법을 이용하면 고객이 자산관리를 하지 않을 경우보다 어떻게 더 많은 재산을 유지할 수 있는지, 또한 어떻게 잉여 자본을 노출된 많은 위험과 손실로부터 보호하고 늘리는지 보여준다. 핵심 과정은 세금, 채무, 벌금의 회피와 자유시장에서 이용할 수 없는 배타적인 투자 기회에의 접근, 그리고 마지막으로 상속을 통한 여러 세대에 걸친 부의 집중이다. 그래서 이 장에서 "자산관리사가 세계적인 경제 불평등에 X퍼센트만큼 책임이 있다"는 식으로 주장할 수는 없지만, 자산관리 기법이 전 세계 계층체제의 전개와 지속에 불러온 결과에 대한 이해를 제공할 수는 있다.

마지막으로, 나는 여기서 소득보다는 재산에 중점을 둠으로써 불평등에 새로운 접근법을 취한다. 2008년의 세계적인 금융 위기는 '1퍼센트'의 사람들에 대한 관심, 그리고 좀 더 일반적으로는 경제력의 집중에 관심을 불러일으켰다. 하지만 금융 위기로 인해 생겨난 새로운 연구의 흐름은 거의 소득 분석에 집중했다. 하지만 재산은 생애 기회, 교육에의 접근, 취업 시장에서의 기회, 그리고 정치권력 등의 불평등 문제에서 중요한 개념을 훨씬 더 많이 담아낸다. 소득은 상여금, 뜻밖의 횡재, 실업, 세금으로 인해 흔히 달라지지만, 재산은 좀 더 안정적이고 미래 세대에 물려줄 수 있어서 오래가는 사회경제적 배열 형태를 만들어낸다. 경험상, 우리가 재산 불평등에 관해 잘 모른다는 사실은 그만큼 재산 불평등이 소득 불평등보다 큰 문제이며 훨씬 더 심화되고 있음을 암시한다.[7]

하지만 재산은 연구하기가 어려운 반면 소득에 관한 자료는 훨씬 더 얻기가 쉽다. 대부분 정부가 과세제도의 일환으로 소득을 추적하고 그 기록을 공개한다. 그에 반해 자산관리사가 개입한 결과, 개인 재산의 규모와 소유권은 분명하지가 않다. 공개되어 이용할 수 있는 불평등에 관한 자료에서 재산은 완전히 제외되어 있다.[8] 조사들은 "조직적으로 부자들을 과소평가하고 초갑부들의 보유 자산을 반영하지 않는다."[9] 실제로 《포브스》 선정 400대 부자에 속하는 이들은 소비자금융조사Survey of Consumer Finances 같은, 재산에 관해 과다 표집한 자료에서도 명백히 제외되어 있다.[10] 어떤 개인들은 강력한 비밀 유지를 위해 《포브스》 선정 부자 목록에서 제외되려고 돈을 낸다.[11] 결국 신탁과 등록되지 않는 역외 자산 보유 구조의 이용이 정확한 재산 불평등 정도를 둘러싼 전략적 모호함에 상당히 기여한다.[12]

실제로, 불평등에 대한 관심이 증가하면서 빈부격차의 정도를 추산하는 데 필요한 '정치적으로 위험한' 정보가 얼마나 신중히 은폐되었는지 드러나고 있다.[13] 많은 관할권에서 자산관리사는 고객의 자본 흐름에 관한 정보를 누설할 경우 민사 또는 형사 처벌에 처해진다. STEP 교육 자료는 고객이 불법적인 일에 관여하고 있다는 의혹이 생기더라도 그 우려를 누군가에게 알리지 않도록 자산관리 전문가에게 경고한다. 이는 '엄격한 비밀 유지 규정' 때문인데, 그에 따르면 "고객 정보를 제3자에게 노출하면 민사소송을 불러올 수 있을 뿐 아니라 문제의 전문가가 형사 범죄로 벌금을 내거나 구속될 수 있다."[14]

가끔 엘리트들의 자산과 자산관리 전략을 밝히는 자료가 두 가지 출처에서 나온다. 첫째는 소송이다. 소송은 흔히 개인 재산의 규모와 구조가 드러나는 공식 공판 기록을 만들어내기 때문이다. 이런 사례에는 1장에서 말한 프리츠커 가 소송과 4장에서 이야기한 와일리 소송이 있다. 이 자료는 대단히 도발적이기는 하지만, 비체계적이어서 편향될 가능성이 커 분석해 일반화할 만큼 큰 가치가 있지는 않다.

두 번째 주요 자료 출처인 절도도 마찬가지다. 최근에 역외 은행과 다른 자산관리회사의 고용인이 정부와 기자에게 고객 자료를 누출해 세간의 이목을 끈 사례가 몇 가지 있었다. 여기에는 리히텐슈타인, 룩셈부르크 그리고 카리브해 일부 지역에 있는 조직에서 나온 개인의 계좌 정보가 포함되어 있다. 가장 최근에는 익명의 정보원이 파나마에 기반을 둔 회사인 모색폰세카Mossack Fonseca에서 나온 거의 40년치 고객 자료를 아우르는 1150만 개의 문서를 유출시켰다. 이 문서를 통해 기업주, 연예인, 정치인이 역외에 수십 억 달러를 보유하고 있다는 사실이 폭로되었다. 이는 사실상 세계 엘리트들의 '명사 인명록'이었다. 러시아 대통령 블라디미르 푸틴이 역외 신탁에 보유한 수십 억 달러도 있었다. 반부패 활동가인 알렉세이 나발니Alexei Navalny에 따르면, 이는 푸틴이 수익을 소유하는 신탁자산의 작은 부분에 지나지 않는 듯하다. "러시아에서의 반응은 이렇습니다. '하하, 20억 달러밖에 못 찾았다고? 그건 개인 지출을 위한 푼돈에 불과하지.'"[15] 하지만 추가로 증거가 나와서 이 주장이 입증될 것 같지는 않다. 푸틴이나 그의 측근에 관한 정보가 포함된 또 다른 자료 유출이 없다면, 러시아 대통령의 역외 보유 자산은 엄격히 비밀 보호될 것이다. 이런 상황은 재산 불평등만이 아니라 금기와도 유사한 이런 정보를 둘러싼 보호책들을 검토하는 일이 시급하다는 사실을 역설한다.[16]

불평등 문제

특히 자유자본주의 민주국가에서는 모든 형태의 불평등이 사회 문제가 되지는 않는다. 오히려 어떤 유형의 불평등은 단기의 사회경제적 보상 및 제재 체계에서 꼭 필요하고 바람직하다고 널리 여겨진다.[17] 하지만 만약 불평등이 '다양한 사회생활 영역에서 기회와 혜택에 접근할 수 있는 권리가 차등적임'을 의미하는 약칭이라고 이해하면, 이 문제는 좀 더 분명해진다. 불평등이 세대에 걸쳐 자본, 교육, 일자리, 정치적 대의권의 이용 가능성에 장벽을 만들어낸다면, 그것은 문제가 있다.[18]

재산 대 소득

'순자산'으로도 알려진 재산은 한 사람이 일단 모든 기본적인 욕구를 충족하고 채무를 이행한 다음 소유하는 잉여자산이다. 재산이 자원의 축적분이라면, 소득은 개인과 가정의 경제체제로 들어오는 자원의 흐름이다.[19] 대부분 사람들은 소득을 이용해 매일의 욕구와 채무 상환을 위해 돈을 지불한다. 이렇게 소비하고 남은 것은 저축해서 비축 재산이 될 수 있다. 이것은 안정성, 기회, 안전보장을 제공한다.[20] 이에 반해 소득은 보너스 같은 불로소득과 실업 같은 불운 때문에 상당히 달라질 수 있다.

소득은 시간급이나 월급 또는 연봉처럼 단기적인 반면, 재산은 장기적으로 사회경제 구조 내에서 우리의 위치를 변화시킬 수 있게 한다. 한 연구는 이렇게 지적한다. "재산은 우유, 신발, 그리고 다른 생필품을 구매하는 데 쓰지 않은 특정한 형태의 자금이다. 그것은 흔히 기회를 만들거나, 바라는 삶의 위상과 수준을 확보하거나, 또는 자녀에게 계층 지위를 넘겨주기 위해 이용된다. 이런 의미에서 재산이 수반하는 자원에 대한 지배력은 소득이나 교육보다 더 포괄적이고, 의미와 이론적 중요성에서 우리의 전통적인 경제적 복지와 생애 기회에의 접근성 개념에 더 가깝다. 좀 더 중요한 것은 재산이 (…) 흔히 세대에서 세대로 물려지는, 과거의 산물인 불평등을 징확히 포착한다는 점이다."[21] 이처럼 재산은 상호 강화하는 다양한 차원들을 따라가며 특권을 부여한다.[22]

　소득이 아닌 재산의 계층화는 문제가 있다. 이런 혜택을 영속적인 계층구조 안에 굳혀 고정시키기 때문이다. 세대에 걸쳐 지속되는 소득이 일부 있기는 하지만, 세대에 걸친 재산 수준의 안정성이 훨씬 더 크다.[23] 재산에는 부자가 다른 사람들보다 재산을 더 잘 지키고 늘릴 수 있게 하는 특별한 경제적·정치적 특권이 딸려오기 때문이다.[24] 예를 들어, 재산은 안전망 형태로 복지를 제공해서, 덜 부유한 개인의 삶을 틀어놓을 수 있는 위험을 감수하고 실수로부터 회복할 자유를 제공한다.[25] 게다가 재산은 개인과 가족이 경제 위기를 이겨내고, 심지어 다른 사람들이 돈에 쪼들리는 동안 최저 가격에 투자물을 사들여 수익을 챙길 수 있게 한다. 차례로 이는 새로운 소득을 부르고 불평등을 한층 심화시킨다. 찰스 라이트 밀스Charles Wright Mills는 20세기 중반의 고전인《파워 엘리트The Power Elite》에서 이렇게 말했다. "부는 그 자체를 영구화하는 경향이 있을 뿐더러 (…) '거대한 부'를 얻을 기회를 독점하는 경향이 있다."[26]

　특히 소득에 비해, 재산이 갖는 이런 자기영속성은 불평등에 관한 논의에서 흔히 간과된다. 자료가 가리키는 대로 소득 불평등 자체도 급여보다는 자본으로 쓰이는 재산에 의해 추동된다. 특히 경제 연구에 따르면 대개 "고소득자가 얻는 대단히 큰 소득은 주식이나 다른 자산의 매각에서 실현된 자본이익이다."[27] 하지만 재산이 소득을 발생시키는 반면에, 소득이 재산을 만들어내기는 어렵다.[28] 순수하게 노동소득에 기초해서 재산을 얻는 일이 가능하기는 하지만, 그런 사례는 극히 예외다. 스포츠 스타나 연예인이나 가능한 일일지 모른다. 이런 관점에서, 경제학자 토마 피케티^{Thomas Piketty}는 최근 이렇게 말했다. "재산은 또 소득을 발생시키고 (…) 자동적으로 과거로부터 비롯된 재산은, 노동 없이도 노동에서 유래하는 저축 가능한 재산보다 더 빠르게 증가한다."[29]

1퍼센트의 사람들

비교적 중요한 재산과 소득의 사례로 미국의 실례를 살펴보자. 미국의 연방준비은행^{Federal Reserve Bank} 자료에 따르면, 최상위 1퍼센트 소득자의 매년 평균 소득은 138만 달러다. 하지만 이 집단을 실로 특별하게 만드는 것은 그들의 재산(순자산)이 한 가정당 평균 1645만 달러로, 한 자릿수 이상 그들의 소득을 초과한다는 점이다.[30] 그에 반해, 중위의 미국 가정은 약 6만 4000달러의 순자산을 보유한다. 이는 중위 소득 5만 3000달러보다 약간 더 많고, 지난 50년 사이 다른 어느 시점에 측정한 중위 가정의 재산보다도 더 적다.[31] 신중한 저축을 통해 재산을 축적하는 일이 가능하기는 하지만, 이 증거는 1퍼센트에 속하는 사람들의 재산 출처가 다른 데 있음을 말해준다. 그들이 가진 순자산의 75퍼센트 이상이 주식과 채권 같은 금융상품 그리고 그들의 주요 거주지 외 부동산의 소유에서 유래한다.[32]

다시 말해, 1퍼센트의 사람들을 특별하게, 그리고 특별히 문제적이게 만드는 것은 단지 일을 하면서 나오는 보수만이 아니라 자산의 소유다. 이 자산이 그들의 소득을 증가시키고 부 역시 빠른 속도로 크게 증가시킨다. 그래서 미국의 상위 1퍼센트 사람들은 국민소득의 17퍼센트를 차지하지만 재산에서는 35퍼센트를 차지한다.[33] 재산 불평등은 소득 격차의 규모 면에서 드러나는 문제의 갑절로 나타날 뿐 아니라, 부의 격차가 훨씬 더 빠르게 커지고 있다.[34] 실제로 부의 격차가 2003년과 2013년 사이에 두 배로 커졌다고 추산된다.[35]

2008년 금융 위기와 그 이후에 나타난 극히 불균등한 회복 양상이 이런 재산 불평등의 영향을 여실히 보여준다. 여전히 금융 위기로 인한 손실을 완전히 회복하지 못한 대부분 미국인과 달리, 1퍼센트에 속하는 사람들의 재산은 2008년 이후 매년 9~18퍼센트의 비율로 꾸준히 증가했다.[36] 2015년에는 이 집단의 재산이 사상 최고인 15조 달러에 달했다.[37] 《포브스》가 선정한 미국 최고 부자 400위에 오른 이들은 현재 2007년에 비해 45퍼센트 더 재산이 늘었다.[38]

비슷한 양상은 세계의 다른 곳에서도 계속된다. 세계적으로 부가 놀라운 속도로 집중되고 있다. 그래서 이제 세계 인구의 1퍼센트가 세계 부의 절반을 지배한다.[39] 좀 더 일반적으로, 금융 위기 이래 고액 순자산 보유 총인구가 그들의 재산과 더불어 꾸준히 증가하고 있다. 현재 전 세계적으로 고액 순자산 보유자 범주에 드는 개인은 약 1460만 명이고, 이들의 재산은 56조 달러에 이른다. 이는 미국 GDP의 세 배이고, 세계에서 가장 큰 15개 나라 경제 규모의 합보다 더 많다.[40]

상속

최근의 경제 불평등 수준은 문제가 있다. 단지 현재 소수 집단이 불균형적으로 부유하기 때문만은 아니다. 경제 불평등이 미래에 미칠 영향이 우려되는 또 하나의 이유다. 현재의 소유주들이 사망하면 이 모든 재산은 어떻게 될까? 미국에서는 10조~41조 달러 사이의 개인 재산이 이후 30년 동안 상속을 통해 이전될 것이라고 추산된다.[41] 학자마다 정확한 액수에 대해 이견이 분분하지만, 가장 중요한 점에 관해서는 의견이 수렴한다. 거의 모든 부가 소수 사람들에게 가고, 반면에 대다수(80퍼센트) 사람들은 아무것도 상속받지 못하리라는 점 말이다.[42] 상속받는 미국 가정의 비율은 지난 수십 년 동안 감소해왔고, 이전되는 달러 액수는 극히 비대칭적이다. 최상위 1퍼센트의 가정은 현재 평균 270만 달러를 상속받는 반면에, 중위 수준의 가계 자산을 가진 가정은 평균 3만 4000달러를 상속받는다.[43]

세계의 다른 곳에서도 상속 규모의 차이가 대략 비슷하다.[44] 서유럽에서 상속을 통해 이전되는 액수는 미국보다 조금 더 적다(예를 들어 독일에서는 1000억에서 1500억 유로로 추산된다). 하지만 비슷하게 소수 엘리트에게 한정된다.[45] 게다가 유럽인에게 우연한 생애 기회가 갖는 중요성이 1970년대 이래 점점 높아지고 있다.[46] 이는 대체로 유럽 대기업의 소유 구조 때문이다. 대부분이 자유시장에 지분을 팔기보다는 창업주 일가가 '소수 주주로서 지배'한다. 이는 상속을 통해 가족이 결국 그 나라 경제의 상당 부분을 지배하게 된다는 의미다.[47] 옌스 베케르트 Jens Beckert (독일의 사회학자)가 세계의 상속재산을 분석한 대로, 이런 현상은 경제를 훨씬 넘어서까지 영향을 미친다. "부의 이전은 세대 간 사회적 지위의 지속성을 허용하고, 그것이 소속 영역과 사회구조를 고정시키며, 그래서 시장에서 예측 불가능한 성공을 거두는 것을 방해한다."[48]

이런 소유와 세대 간 이전 양상은 중국, 러시아, 그리고 자원이 풍부한 아프리카의 나라들 같은 개발도상국에서의 불평등을 조장하는 데도 중요한 역할을 했다. 이들 국가에서 개인 재산이 세계의 다른 어느 곳보다도 더 빠르게 증가하고 있으며, 서구와 달리 대체로 국가가 개입해 이를 억제하지 않는다. 이 가운데 많은 재산이 역외로 도피하고 있다. 최근의 추산에 따르면, 아프리카의 개인 재산 약 30퍼센트, 그리고 러시아의 개인 재산 50퍼센트 이상이 스위스와 다른 조세도피처에 가 있다.[49] OECD는 최근 이 나라에 좀 더 적극적인 과세제도를 시행하고 재분배율을 높여서 세습재산의 형성이 경제와 사회에 미치는 해로운 영향을 완화하도록 촉구했다.[50] 공공 정책 연구기관들은 개발도상국에 이미 존재하는 극도의 재산 불평등과 기본적인 사회간접자본의 부족을 고려할 때, 세습재산의 집중이 심해지면 시장뿐 아니라 정부 또한 위협을 받아 불안정해진다고 경고하고 있다.[51]

전 세계적으로, 부의 세대 간 이전이 초래하는 주요 문제는 그것이 미래의 경제자원과 정치권력의 구조적 배열에 미치는 영향력이다. 한 법학자는 이렇게 설명했다. "엘리트, 즉 상류층은 상속받는 계층이다. 하류층은 아무것도 상속받지 못하는 계층이다." 이렇게 되면 축적된 부의 이전이 "모든 사회과정 가운데 가장 중요하고 기본적인 것 가운데 하나"가 된다.[52] 최근의 토마 피케티와 다른 경제학자들의 실증적 연구 결과가 이런 전망을 뒷받침한다. 이들 연구 결과는 세대 간 이전이 저절로 계속되는 추진력을 얻어 '부자 3대 못 간다'는 식의 재산 소멸 양상을 피하면서, '도금시대'에 존재했던 불평등 상태가 반복되고 있음을 보여준다.[53]

19세기 초 미국이 상속재산과 특권에 맞선 계몽주의 시대의 저항에 아직 많은 영향을 받고 있을 때, 알렉시스 드 토크빌Alexis de Tocqueville은 미국이 부가 "상상도 할 수 없이 빠르게 순환해서, 경험상 연이은 두 세대가 온전히 부를 누리는 경우를 찾아보기 드문"[54] 곳이라고 썼다. 토크빌의 설명에 따르면, 동등한 기회, 민주적 참여, 기업가 활동이 모두 이렇게 경제 불평등 상태가 역동적이고 일시적인 양상을 보이는 것과 밀접한 연관이 있었다.

그래서 어떤 사람들이 다른 사람들보다 더 많은 (심지어 아주 많은) 돈을 벌어들일 때, 그것이 반드시 민주주의나 자본주의를 위협하지는 않는다.[55] 문제는 그 불평등이 고정되어서 실력주의와 개인의 성취를 방해할 때 생겨난다. 실력주의와 개인의 성취는 토크빌이 말한 번영하는 자본주의적 민주주의를 떠받친다. 수백 년 동안 정치철학은 부의 상속을 사회 발전을 위협하는 주요 요소로 지목해왔다. 루소, 밀, 벤덤, 토크빌을 비롯한 사상가들은 18세기의 혁명들이 무너뜨리고자 했던 집중된 정치 및 경제 권력이 재건되지 않도록 막기 위해서 상속권을 없애거나 엄격히 제한할 것을 지지했다.[56]《공산당 선언The Communist Manifesto》에서는 "모든 현존하는 사회 질서의 효과적인 전복"을 실현하는 데 필요한 열 가지 조치들 가운데 세 번째로 '상속권의 폐지'를 꼽는다.[57]

급진적인 사상과는 거리가 먼 상속재산에 대한 반대는 계몽주의 시대 이래로 오랫동안 정치사상과 사회사상에서 주류였다. 실제로 많은 사회가 공정성, 실력주의, 민주주의를 지킨다는 명분으로 특별히 상속권을 제한하기 위한 법을 시행했다.[58] 20세기 중반 미국의 프랭클린 루스벨트 대통령은 공개적으로 '엄청난 재산을 가진 악한들'에 관해 이야기하며 이렇게 경고했다. "유언, 상속 또는 증여로 세대에서 세대로 막대한 재산을 이전하는 것은 미국 국민의 이상과 정서에 맞지 않습니다. (…) (그것은) 바람직하지 못하게도 비교적 소수인 개인에게 대단히 많은 사람들의 향유와 행복에 대한 지배력을 엄청나게 집중시켜 영속화하기에 이릅니다." 루스벨트는 이런 말로써 미국 부자들의 상속세를 올리도록 의회를 설득했다. 하지만 최근에 한 법학자가 지적한 대로, "오늘날에는 아무도 이런 식으로 말하지 않는다."[59] 루스벨트가 1935년 의회에서 저 연설을 했을 때 조세 전문가(주로 회계사와 변호사) 가운데 8퍼센트만이 상속세에 반대했는데, 1994년에는 반대하는 사람들의 비율이 세 배 이상 높았다.[60] 이는 대중의 정서에 생겨난 광범위한 변화의 일부로, 2010년 미국의 상속세가 비록 일시적이기는 하지만 완전히 폐지되는 것으로 이어졌다. 그리고 상속세를 영구히 폐지하려는 노력이 미국 의회에서 계속되고 있다.[61] 비슷한 변화가 1980년대에 신자유주의로 전환하는 과정의 하나로서 다른 서구 국가들에서도 일어났다. 예를 들어, 영국의 논평자들은 "연이은 정부들의 재분배 의욕이 줄어"든 것이 영국에서 부의 불평등

정도가 커진 주요 요인이라고 지적했다.[62]

　수십 년이라는 비교적 짧은 기간에 부(특히 오래가는 상속재산)에 부여
되는 도덕적 가치가 급속히 달리져, 불평등 체계의 최상층으로부터 주의
를 돌려놓고 있다.

자산관리의 역할

이렇게 등한시되는 것 가운데서 '대리인 문제'는 거의 검토되고 있지 않
다. 피케티는 수십 년 동안 상속재산의 중요성이 줄어들다가 상속재산이
계층화 양상에 미치는 영향력이 급증하고 있다고 관찰했지만, 이런 일이
일어나게 한 행위자에 대한 체계적인 연구로 이어지지는 않았다. 부의
불평등 배후에서 작용하는 영향력에 관해 연구가 이루어지더라도 흔히
공공 정책과 과세제도에 초점이 맞춰진다.[63] 확실히 이들은 중요한 요인
이다. 하지만 이런 전개 상황에는 대리인이라는 더 이상 환원할 수 없는
요소가 여전히 남아 있고, 아직 분석되지 않고 있다. 관련된 주요 행위
자와 그들의 방식과 동기에 관한 일관성 있는 설명이 여전히 부족하다.
어쨌든 이 문제를 고려한 보기 드문 사례에서는 부자들이 주요 행위자
로 파악되고 있다. 하지만 2012년 미트 롬니의 대통령 선거운동에 관한
언론 보도와 같은 최근의 증거는 이런 서사의 기반을 약화시킨다. 이 보
도는 2억 5000만 달러에 달하는 미트 롬니의 재산이 골드먼색스의 한
프라이빗뱅커가 관리하는 세계적으로 복잡하게 얽히고설킨 신탁 기금
에 들어 있다고 폭로했다. "그가 골드먼에 투자한 금액은 짐 도노번이 처
리한다. 도노번은 (…) 롬니 씨의 신탁에 대한 접근권을 은행의 배타적인
투자 기금에 부여해서, 롬니 씨가 2002년 '교환펀드exchange fund*'로 알려

---

* 교환펀드는 스와프펀드(swap fund)라고도 하는데, 투자자가 다량 보유한 단일 종목을 직접 매

진 공격적이고 복잡한 조세유예 전략을 실행하도록 도왔다. (2003년 이후 롬니 씨의 자금 대부분이 백지위임[blind trust]* 되었다. 이는 그가 더 이상 투자 결정을 본인이 하지 못한다는 의미다.) 이번 주에 배포된 세금신고서에 따르면, 이 일가의 세 가지 주요 신탁은 2010년 골드먼색스의 다양한 투자 대상에서 900만 달러 이상을 벌어들였다."[64] 이 뉴스가 《뉴욕타임스》 1면을 장식하면서 롬니가 투자 과정에 관여하지 않았다는 사실이 분명하게 드러났을 뿐 아니라 롬니의 자산관리 계획을 맡은 인물이 거명되었다. 그럼에도 이 일은 경제 불평등을 조장하는 전문가의 역할을 검토하려는 노력을 자극하지 못했다. 하지만 이 책이 증명하려 하듯이, 자산관리사는 학자나 기자에게 지금까지 받은 것보다 훨씬 더 많은 주목을 받을 만하다. 불평등의 원인에 관해 연구하려면 "새로운 유형의 세계적인 권력 엘리트에게 기반을 제공하는 (…) '무장소성placeless'을 띤 세계적인 형태의 전문성"을 분석해야 한다.[65]

최근 세계적인 부의 집중이 자산관리업의 지표 상승으로 나타난다는 점은 특히 시사하는 바가 크다. 예를 들어, 역외에 보유된 재산액은 2008년 이래 25퍼센트 급증했고, 이 시기 동안 유령회사의 이용 역시 급격히 증가했다.[66] 이런 이동으로 자산관리사의 고객은 한층 더 부자가 되었다. 고객 수가 전반적으로 감소하기는 했으나 관리 자산액은 크게 증가했다. 이런 증가는 특히 5000만 달러 이상의 재산에서 두드러진다.[67] 다시 말해, 고객은 줄어들었지만 예전보다 훨씬 더 부유해졌다. 자산관리사의 노력으로, 초고액 순자산 보유자들이 번창하고 불평등은 확

각하지 않고 여러 다른 주식으로 교환할 수 있도록 허용하는 주식펀드다. 이는 주식을 매각할 때 발생하는 자본이익에 따른 세금을 유예하면서 주식을 다양화하는 쉬운 방법이다.

* 백지위임은 공직자나 정치가의 공적인 결정 사항이 개인의 재산 증식에 영향을 주지 못하도록 그들의 재산을 본인이 모르게 신탁관리하게 하는 방법을 말한다.

대되고 있다.[68]

마지막으로, 피케티와 그의 동료들은 상속의 경제적 중요성이 1980
년대에 자산관리의 전문화와 거의 동시에 다시 높아지기 시작했음을 보
여주었다. 이 연구에 참여한 몇몇 사람들은 개인적으로 볼 때 부의 양상
이 변화하기 시작한 때가 이와 동일한 시기라고 강조했다. 예를 들어, 케
이맨 제도에서 일하는 영국인 자산관리 전문가 닐은 자산관리산업의
주요 동향을 알려달라고 부탁하자 이렇게 대답했다. "부의 불평등이 증
가하면서 아주 큰 부자들은 만약 자산관리업이 없었다면 냈을 세금보
다 훨씬 덜 내는 방식으로 가진 것을 구조화할 수가 있답니다. 게다가 일
단 재산 증식에서 남보다 유리한 출발을 하면, 혁신적인 과세제도와 재
분배 정책에도 불구하고 계속 우위에 서게 되죠. 혁명이 일어나지 않는
한, 시간이 흐를수록 이런 불평등을 뒤집는 일은 점점 더 어려워집니다."
이런 관찰은 나의 연구가 제시하는 특별한 통찰을 역설한다. 부의 불평
등에 관한 다른 연구는 구조에서 시작하는 반면, 이 연구는 그 구조를
만들어내는 사람들을 조명한다. 불평등에 관한 대규모 양적 분석에서는
개인 또는 집단 대리인의 역할이 불분명하다. 부와 상속을 역사적으로
검토한 한 논평은 "돈이 돈을 번다"라고 말한다. 축적이 당연하거나 필연
적이어서가 아니라 "부자는 최고의 투자 고문, 최고의 회계사, 최고의 변
호사를 쓸 수 있"기 때문이다.[69] 따라서 불평등을 둘러싼 갈등과 변화의
원인을 이해하려면, 더 큰 제도를 만드는 행위자를 확인하는 일이 대단
히 중요하다.

세습재산의 창출

세습재산을 규정하는 특징은 합법적인 관행과 구조 덕분에 비교적 오래
간다는 점이다.[70] 과거에는 그 관행이 한정상속제, 장자상속제, 신탁의

형태를 띠었다. 지금은 자산관리사가 도입한 혁신으로 자산을 보호하는 새로운 방법이 많아졌다. 고객의 상황 그리고 자산, 제약, 목표에 따라 역내 또는 역외에서 다양한 구조를 이용할 수가 있다. 일반적으로 자산 관리사는 이 다양한 구조를 이용해 그림 10에 보이는 대로 세 가지 목표를 성취할 수 있다.

1. 세금, 채무, 또는 벌금으로 인해 고객 소득(노동이나 재산에서 나오는 것이든 또는 그 둘 모두에서 나오는 것이든)이 낭비되지 않도록 제한하기. 목표는 잉여로 남는 소득액을 극대화하는 것이다.
2. 잉여의 일부를 위험성이 낮고 성장률이 높은 투자 기회로 돌리기. 투자는 꼭 자산관리사가 개인적으로 관리할 필요는 없지만 자산 관리사가 개입해서 계획한다.
3. 재산을 낭비할 수 있는 가족 갈등이나 다른 요인에 방해받지 않고 최소한의 이전 비용 그리고 최대한의 성장 기회와 더불어 고객의 재산을 다음 세대에 물려주기.

일단 이런 조건이 실행되면 일종의 돈벌이 영구기관에 시동이 걸린다. 재산이 신탁과 역외 수단으로 보호되고 늘어나서 더 많은 소득을 발생시켜, 더 많은 경제적 자원을 이 영구기관에 공급한다. 토크빌에 따르면 "일단 시동이 걸린 기관은 오래도록 지속될 것이다. 그것이 (…) 재산과 권력을 결합해 한데 모아 소수의 손에 쥐여주기 때문이다. 그로 인해 귀족사회가 생겨난다. 말하자면, 땅에서 솟아나는 것이다."[71]

이런 구조와 전략은 그럴 의도가 없을지라도 고객이나 자산관리사가 세습재산을 창출하도록 할 힘이 있다. 한 연구는 이렇게 평했다. "가족은 분명한 의사가 없더라도 단지 개인 재산에 구조를 부여하는 관례

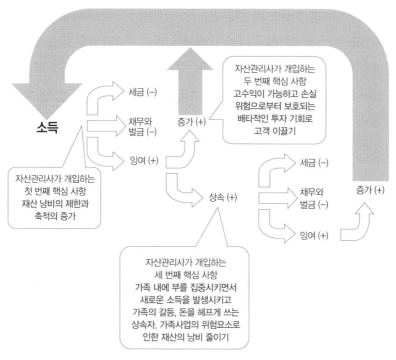

내에 부를 집중시키면서
새로운 소득을 발생시키고
가족의 갈등, 돈을 헤프게 쓰는
상속자, 가족사업의 위험요소로
인한 재산의 낭비 줄이기

그림 10. 부의 불평등을 지속시키는 '영구기관'

화된 과정에 내재된 '세습 편향' 때문에 세습성을 습득할 수 있다. (…) 이
런 경우에, 세습성은 대체로 신탁관리자의 전문적인 노력으로 만들어진
다. 신탁관리자의 기본 자원은 신탁증서와 그 법적 전통이다."[72] 그 결과
자산관리사가 부의 관리에 관여하자마자 불평등의 지속성과 급속한 증
가를 조장하는 상황에 시동이 걸린다. 그림 10은 전문가의 개입이 이를
가능하게 하는 구조를 분명하게 보여준다. 이제 그 구조의 각 부분을 하
나하나 분석해보자.

소득 낭비의 제한, 잉여의 증가

노동소득이든, 투자소득이든, 임대소득이든, 고객은 소득을 얻자마자 채무와 벌금의 지불을 위한 압류뿐 아니라 과세의 표적이 된다. 재산이 형성되는 단계에서 전문가의 개입은 손실을 막는 데 초점이 맞춰진다. 4장에서 채권자, 이혼하는 배우자, 또는 소송 당사자가 고객의 재산에 접근하지 못하게 만드는 방법뿐 아니라 신탁과 역외 수단을 이용해 세금을 줄이는 방법을 자세히 설명했다. 이런 방법에 더해서, 많은 자산관리사가 회계사나 변호사로부터 '의견서'를 받는 추가 조치를 취한다. 이 의견서는 세금이나 채무를 피하기 위해 이용한 기법이 전문가가 판단하기에 합법임을 증명하는 것이다. 의견서는 대략 100쪽에 달하고, 이를 얻으려면 5만 달러에서 7만 5000달러의 비용이 든다. 자산관리업에서 이런 의견서는 일종의 '감옥 탈출' 카드로 기능한다. 한 보고서는 이렇게 결론지었다. "의견서의 진정한 가치는 정부의 벌금을 막아준다는 것이다."[73] 비록 특정한 소득 방어 전략이 불법임이 드러나더라도 고객이 전문가의 의견이 옳다고 믿고 의지했다는 것을 전제로 해, 벌금은 보통 탕감된다.

잉여를 고수익 저위험 투자로 돌리기

의견서의 이용이 암시하는 대로, 위험에서 보호하는 것은 잉여 소득을 세습재산으로 키우는 데 중요한 역할을 한다. 실제로 자산관리사가 고객을 위해 만들어내는 성장 전략의 공통분모는 "투자 위험을 제거하기 위해 신중히 구조화"되어 있다는 점이다.[74] 이는 위험을 감수하는 사람들만이 경제적 보상을 얻는다는, 현대 자본주의를 떠받치는 경제이론에 위배된다.[75] 그것은 기업가적 이념의 기초이자 거대한 부에 역사적으로 부여된 정당성의 기초다.

하지만 부자가 다른 사람들보다 더 잘할 수 있는 한 가지는 위험 대비다. 이는 많은 방면으로 동시에 일어난다. 치부를 가리기 위해 의견서 같은 합법적인 수단을 이용하고, 법원 판결을 집행할 수 없는 쿡 제도의 신탁에 자산을 대피시키며 다양한 투자 목록을 선택함으로써 말이다.[76] 재정적인 관점에서, 한 바구니에 모든 계란을 담으면 불경기에 재산 피해를 입기 십상이다. 재산이 주식과 채권, 부동산, 예술품, 그리고 현금에 분산되어 있는 사람들은 시장 침체를 훨씬 더 잘 견딜 수 있거나 오히려 경제 침체를 기회로 삼기도 한다. 예를 들어, 2008년 금융 위기 동안 고액 순자산 보유자들은 일시적으로는 주식과 채권에서 손해를 봤다. 하지만 그들 대부분이 가치를 그대로 유지한 다른 자산을 많이 가지고 있었기에, 다른 사람들이 모두 팔 때 사들일 수가 있었다. 뉴욕에 기반을 둔 자산관리사 맬릭은 금융 위기 직후에 한 인터뷰에서 이렇게 말했다. "초갑부들은 더 부자가 되고 있는 것 같아요. 그 사람들은 값싸고 질 좋은 물건을 찾아다니고 있어요. 어제 한 동료가 나한테 전화해서 한 초고액 순자산 보유 고객이 백화점 두 군데를 사들이는 일을 도와달라고 부탁하더라고요."

이는 자산관리사가 고객의 재산 증식을 돕는 세 번째 방법을 보여준다. 즉 일반 대중은 이용할 수 없는 배타적인 투자 기회로 고객을 이끄는 것이다. 이는 건지섬의 마이클이 이야기한 대로 예술품, 저택, 그리고 다른 자산을 사적으로 거래하는 형태를 띨 수도 있다(3장 참조). 또 금융에는 고액 순자산 보유자에게만 주어지는 고수익 투자 기회가 많다. 예를 들어, 자산관리사는 고객의 자산을 '익명 장외 거래 시장dark pool*'의 투자

---

* 장 시작 전에 미리 매수 및 매도 주문을 받고, 장이 끝나면 당일 평균주가에 가중치를 부여해 매매를 체결하는 장외 거래 체제다. 당일 거래 규모의 5퍼센트만 넘지 않으면 투자 주체와 거래 수량 같은 정보를 공시하지 않아도 되기 때문에 익명성이 보장돼 기관투자자 사이에서 인기가 높다. 장 중 주가 변동에 미칠 영향을 줄여 안정성을 높일 수 있다는 긍정적인 측면도 있지만 증시 투명성을 저해한다는 비판도 제기되고 있다.

기금과 '헤지펀드 hedge fund'*로 이끌 수 있다. 사설 거래 체제인 익명 장외 거래 시장은 가격이 일반 사람들에게 보이지 않고 참여는 초청으로만 이루어진다. 그리고 헤지펀드는 500만 달러 이상의 순자산을 가진 사람들만 투자자로 받도록 법으로 제한되어 있다.[77]

특히 역외 관할권에서는 이런 사적인 투자 기회에 대한 규제가 약하다. 그래서 공개시장에 비해 거래 참여자의 비밀이 유지되고 거래 비용이 더 낮아서 더 많은 수익의 여지를 제공한다.[78] 거래 비용이 낮다는 점은 아주 중요하지만 흔히 간과된다. 부를 얻고 유지하는 한 가지 방법은 거래 비용을 최소화하는 것이다. 미국의 유명한 뮤추얼펀드 mutual fund**의 자금운용 담당자인 빌 밀러는 "가장 낮은 평균 비용이 이긴다"고 말했다고 한다.[79] 말하자면, 돈을 가장 많이 버는(즉 "이기는") 방법은 최고 수익을 벌어들일뿐더러 비용을 최소화하는 것이다. 이는 노벨상 수상자인 정치이론가 더글러스 노스 Douglass North의 의견과 일치한다. 노스는 거래 비용이 세계적으로 부(와 빈곤)의 가장 중요한 결정요인이라고 주장했다.[80]

따라서 자산관리사와 함께 일하는 사람들이 제공받는 특전은 최소의 비용과 최소의 위험으로 재산을 늘릴 수 있다는 점이다. 재산 증식에 대한 이런 보수적인 접근으로 인해 자산관리사는 투자은행가와 금융계의 다른 사람들에게 무시당할 수도 있다(2장 참조). 하지만 그것이 장기적으로는 고객 재산의 유지와 증식을 돕는 데 아주 효과적이라는 사실이 증명되었다. 비용과 위험을 제한하는 이런 전략은 2008년 금융 위기로

---

* 헤지펀드는 단기 이익을 목적으로 국제 시장에 투자하는 개인 모집 투자 신탁이다. 투자 지역이나 투자 대상 등 당국의 규제를 받지 않고 고수익을 노리지만 투자 위험도 높은 투기성 자본이다.
** 유가증권 투자를 목적으로 설립된 법인회사로 주식 발행을 통해 투자자를 모집하고 모집된 투자 자산을 전문적인 운용회사에 맡겨 그 운용 수익을 투자자에게 배당금 형태로 되돌려주는 투자회사를 말한다.

부터의 불균등한 회복에 중요한 역할을 했다. 미국 연방준비은행 자료에 따르면, 2008년 경제 위기로 미국 중위 가정은 보유한 재산의 38.8퍼센트를 잃었고, 이 충격에서 회복하는 속도는 현저히 디뎠다.[81] 그에 반해, 미국의 최상위 부자들은 손실이 훨씬 적었으며, 그 후 빠르게 회복해서 신속하고 확고히 재산을 증가시켰다. 2008년부터 2009년까지 상위 10퍼센트 미국인들의 평균 재산 손실은 6.4퍼센트로, 이는 중위 가정이 체감하는 영향의 대략 6분의 1 수준이었다.[82] 《포브스》 선정 미국 최고 부자 400위에 든 이들은 이들 모두가 보유한 총재산의 19퍼센트에 달하는 손실을 입었다. 이는 중위 가정이 입은 손실의 절반이었다.[83] 폭락 사태가 닥쳤을 때 고액 순자산 보유자들은 다른 사람들보다 수중에 더 많은 재산을 갖고 있었기에 주식, 부동산, 그리고 다른 자산을 있는 대로 사들일 수 있었다. 그래서 회복되었을 때는 다른 어떤 집단보다 더 많은 이익을 챙겼다. 《포브스》 선정 400위 부자에 관한 연구가 결론내린 대로 "돈을 버는 가장 손쉬운 방법은 돈을 갖고 시작하는 것이다."[84]

가족 내 부의 집중

가능한 한 손실을 줄이면서 한 세대에서 다음 세대로 재산을 이전하는 일은 역사적으로 자산관리사의 전문 분야이자 주된 업무의 하나였다.[85] 이것은 신탁과 신탁관리라는 중세의 기원으로 거슬러 올라간다. 중세 신탁관리자의 유일한 역할은 신탁설정자의 지정된 상속인에게 토지소유권을 이전해서 유지하게 하는 것이었다. 21세기에는 이 일에 새로운 요구들이 따라온다. 하지만 재산 승계 작업은 여전히 전문 자산관리사에게 가장 중요한 업무이자 부를 오랜 시간에 걸쳐 지속시키기 위한 핵심적인 개입 사항이다.[86]

　그림 10의 다양한 개입 사항이 보여주듯이, 부의 지속성을 확보하려

면 재산 증식을 위한 조건을 만들 뿐 아니라 재산을 낭비할 수 있는 위험과 거래 비용을 줄여야 한다. 이는 낮은 비용으로 한 세대에서 다음 세대로 순조롭게 부를 이전하는 것과 더불어 시작된다. 이런 식으로 지킬 수 있는 재산이 많을수록 재산 자체를 증식하는 일이 더 쉬워진다. 피케티가 실증적으로 보여준 대로 "재산을 상속받은 사람들은 자본에서 나오는 소득의 일부만 저축해도 그 자본이 경제 전체보다 더 빠르게 늘어난다. 이런 상황에서는 불가피하게 상속재산이 평생 동안 노동을 해서 축적한 재산보다 압도적으로 우세해져서 자본의 집중이 지극히 높은 정도에 이르게 된다."[87] 그래서 고객의 자산을 보호하는 자산관리사의 임무에는 이전 비용과 낭비의 위험을 줄이는 승계 계획이 포함된다.

이런 노력에서 최우선하는 명령은 어쩌면 놀랍게도, 상속인에게 이익을 가져다주는 것이 아니라 재산 자체를 지키는 것이다. 확실히 상속인은 상속재산에서 많은 개인적인 혜택을 얻는다. 하지만 좀 더 면밀히 검토해보면, 이 많은 혜택은 가족 재산의 이익에 이바지해서 가족 재산을 오래도록 유지하는 데 기여하도록 계획된 전략의 부산물이다. 예를 들어, 신탁 기금의 수익자가 되는 것은 개인의 경제적 위치만이 아니라 사회적 지위 역시 개선할 수 있다. 시인이자 극작가인 존 드라이든John Dryden은 부가 결혼 가능성을 높이는 방식을 익살맞게 언급하며 "모든 여성 상속인은 아름답다"라고 썼다.[88] 이런 점에서 신탁은 또한 가족 재산에 유익하다. 수익자가 다른 부자와 결혼하기에 적합하게 만들기 때문이다.[89] 이렇게 되면 가족 재산과 권력을 강화하고 키우는 오래된 수법이 가능해진다. "명문가들은 그들끼리 결혼한다. 진정한 집단적 연금술로, 온갖 자본의 형태로 빵 덩어리가 증식하는 기적을 낳는다."[90] 동시에 신탁과 다른 수단은 이혼 그리고 재산 승계와 관련된 이전 비용을 급격히 증가시킬 수 있는 가족 갈등으로부터 가족 재산을 보호할 수 있다.[91]

같은 이유로, 법학자들은 신탁에 부여되는 세금혜택이 신탁수익자에게 축적되지 않는다고 지적한다. 신탁수익자는 신탁으로 받는 분배에 소득세를 부과받는다. 대신에 세금혜택은 "누구 것인지 알 수 없는 조상 전래의 유산, 즉 신탁"으로 간다.[92] 낭비자신탁에 대해서도 비슷하게 말할 수 있다. 낭비자신탁은 상속인과 상속인이 초래할지 모르는 채무나 벌금으로부터 가족 재산을 지키는 데 주로 기여한다. 3장과 4장의 인터뷰 자료가 말해주는 대로, 때로는 상속인이 가족 재산의 지속성을 가장 크게 위협할 수 있고, 그래서 자산관리사는 그런 상속인에 맞서 가족 재산을 지킨다.[93] 이런 의미에서 상속 계획은 수익자의 이익을 염두에 두고 구성되기보다는 수익자가 유발하는 위험을 줄이기 위해 시행된다. 19세기 보스턴의 한 부자는 동시대의 상류층에 관해 이렇게 말했다. "공화국 첫 60년 동안 보스턴에서 엄청난 부가 축적되었다. 그들은 아들을 믿고 재산을 맡기는 대신에 (…) 아들의 능력을 불신해서 (…) 모든 재산을 신탁관리자에게 맡겼다."[94]

　사회학 이론에서 조직이 다른 무엇보다도 '존속'을 추구한다는 것은 진리다.[95] 이 말은 기업과 정부기관뿐 아니라 자산관리사가 만든 조직 구조에도 적용할 수 있다. 그래서 전문가가 개입해서 상속을 통해 부의 이전을 준비할 때, 대개 고객의 아량에 근거해서 행동하는 게 아니라 부 자체를 지속시킬 수 있는 체계를 위해 행동한다. 한 연구는 이렇게 지적한다. "세대 간 이타심은 드물고, 경계警戒에 대한 유산이 이전된 유산보다 더 많다."[96] 이른바 조상에게 물려받은 재산이 있는 가족에게 이는 명백하다. 예를 들어, 록펠러 가의 재산 상속인들은 상속재산이 선물이라기보다는 부담과 의무임을 마음에 새기게 된다고 썼다.[97] 한 연구는 부르디외의 말을 바꿔 표현해서 상속의 실제적인 의미를 이렇게 요약했다. "개인은 상속으로 어느 정도 재산을 물려받고 재산 이전으로 혜택을 입지만 자기 또한 차례로 재산 승계를 확실히 해야 한다는 의무감에 사로잡힌다."[98]

자산관리가 불평등에 미치는 폭넓은 영향

이 모두가 암시하는 대로, 자산관리가 불평등에 미치는 영향에 관한 논의는 사실상 세습재산이 미치는 영향에 관한 논의다. 세습재산은 (특히 현대에는) 자력이 아니라 전문가의 개입을 통해서만 지속된다. 세습재산이 미치는 영향의 범위는 상당해서 사회 내 경제적 자원과 정치적 자원의 분배에까지 뻗친다. 자산관리는 사회구조에 영향을 미친다. 계층화를 떠받치고 민주주의와 문화를 형성한다. 지금부터 각각의 영향을 좀 더 상세히 다뤄보자.

경제적 영향

자산관리사는 부를 가족 내에 묶어두고 조세와 채무를 회피하는 두 가지 방식으로 경제 불평등을 심화한다. 이는 사업 비용과 통치 비용을 부자가 아닌 다른 사람들에게 전가한다. 상속재산은 경제적 이동성을 완전히 없애버리지는 않지만 상당히 지연시킨다. 상속재산을 신탁관리하는 목적은 자본이 다시 시장에 들어가서 다른 사람들이 이용하게 하기보다는 집중된 자본을 유지하는 것이다. 막스 베버는 이슬람판 신탁인 와크프에 관한 논의에서 이렇게 주장했다. 와크프는 자선 목적을 위해 자본을 공고히 해야 하기는 하지만, 상속을 통해 부를 이전하는 수단으로 이용되면서 주로 불로소득 생활자를 만들어내는 데 이바지했다고 말한다. "부가 와크프 형태로 축적되어 지속적으로 고정된 사실은 동양의 경제 발전에 대단히 중요했다. (…) 동양은 축적된 부를 탐욕스러운 자본이 아니라 임대 자원으로 이용했다."[99] 이후의 학자들은 중동이 수백 년 동안 저개발 상태로 남아 있는 것을 특히 와크프 제도 탓으로 돌리고 있다. 와크프 제도로 인해 막대한 자원이 시장을 떠나 고정되는 바람에 지역의 인적 자본을 강화하는 데 활용되지 못했다는 말이다.[100]

계몽주의 시대 학자들은 가족이 장기적으로 부를 유지하게 하는 신탁, 한정상속제, 그리고 유럽의 다른 전통적인 수단이 비슷하게 경제 발전에 장애가 되었다고 보았다. 그 결과, 계몽주의 시대의 주요 유산은 귀족 칭호부터 세습 토지 등과 같은 상속 특권의 폐지였다.[101] 자유 시장을 열렬히 지지하는 사람들도 대부분 이런 봉건적인 관습이 부 자체의 이동성을 감소시킴으로써 상업의 발전과 혁신을 위협한다고 보았다. 그리고 최근 상속재산이 경제 불평등의 주요 요인으로 부활하면서, 계층구조 내 개인의 이동성이 마찬가지로 줄고 있다.[102] 그 결과, 특히 경제적 계층구조 내 최하층과 최상층의 재산과 소득이 모두 상당한 '부동성'을 보이고 있다.[103] 그렇다고 기여도(이것이 부의 불평등한 분배가 정당하다고 주장하는 주된 이유다)에 따라 개인의 재산이 증가하거나 감소할 기회가 없어지지는 않았으나, 이동성은 상당히 줄어들었다. 한 연구는 이렇게 결론짓는다. "대개 상속재산이 실력주의에 부가되기보다는 실력주의가 상속재산에 부가된다. 즉 실력이나 행운이 만들어내는 결과는 상속재산의 격차가 만들어내는 결과의 맥락 안에서 일어난다."[104]

자산관리사는 가족 재산이 효과적으로 지속되게 할 뿐 아니라 능숙한 솜씨로 고객이 세금과 채무를 피하도록 도움으로써 이런 경향에 이바지한다. 조세 회피를 위해 다른 수단과 더불어 신탁을 이용해서, 신탁을 이용하지 않는 사람들을 더 가난하게 만들고 그들이 이용할 수 있는 공공사업을 축소시킨다. 그들의 신분 상승을 도울 수 있는 교육, 의료보호, 사회기반시설 같은 사업 말이다. 자산관리사의 조세 회피 전략은 국가의 재정 부담을 하위 계층으로 전가해서, 이 전략을 이용할 수 없거나 이용하기를 꺼리는 사람들에게 추가 세금을 부담하게 한다. 미국에서 부자들이 적게 내어 부족한 350억 달러를 메우기 위해 추가되는 세금의 추정치는 7퍼센트에서 15퍼센트다.[105] 영국은 조세 회피의 결과로 매년 1000억 파운드의 손실을 입는다. 수많은 부자들이 소득세를 거의 혹은 전혀 내지 않는다.

세금우대 조치를 찾아서 역외 관할권으로 빠져나가는 자본의 흐름을 저지하기 위해서, 역내 정부들은 특히 투자 소득에 대한 세율을 줄이고 있다. 그래서 자산관리사가 고객을 위해 역외 전략을 이용하는 것은 불평등에 이중으로 부정적인 영향을 미치며, 두 가지 방법으로 국가에서 세수를 앗아간다. 하나는 합법적인 조세 회피 전략을 통해서이고, 다른 하나는 역내의 법정 세율에 가하는 인하 압력을 통해서다. 이런 세수의 감소를 벌충하기 위해, 정부는 세금을 피하지 못하는 사람들에 대한 세금을 올리거나 불평등이 생애 기회에 미치는 영향을 상쇄하는 공공사업을 줄여야 한다.[106] 두 경우 모두로 인해, 부자가 더 부자가 되듯 가난한 사람들은 더 가난해진다.

이는 인적 자본과 국가 발전에 장기적으로 불길한 영향을 미친다. 공공사업의 급격한 축소가 현재 그리스, 에스파냐, 그리고 다른 EU 국가들에서 일어나고 있다. 이 나라에서는 부자들의 조세 회피가 엄청난 수준이어서 금융 위기 전에 국가 재원이 격감했다.[107] 이런 세수 결손은 바로 자산관리사가 개입한 때문이다. 자산관리사들은 꾸준히 새로운 탈세 및 조세 회피 기법을 혁신한다.[108]

재정 부족으로 나라가 흔들리면 능력 있고 재능 있는 사람들은 대개 그 나라를 떠나고 남은 사람들은 "국가주의적 해결책, 인종 분열, 증오의 정치에 부추김을 당하"기 십상이다.[109] 그래서 조세 회피와 증가하는 불평등은 민주주의 자체를 위협한다.

마지막으로, 채무와 벌금 지불을 피하기 위해 신탁을 이용하는 것 또한 채무와 다른 거래에 따른 다른 사람들의 비용을 높인다. 한 법학자는 이렇게 설명했다. "자산보호신탁의 증가와 재산을 영속시키는 데 불리한 법의 폐지는 (…) 신탁 서비스 제공자만이 아니라 신탁 이용자, 즉 신탁설정자와 신탁수익자에게 유리하다. 부담을 신탁과 무관한 사람들, 다시 말해 신탁수익자의 채권자, 납세자, 일반 사람들에게 떠넘기기 때문이다. (…) 영구 신탁은 또 현재 계층 간의 사회적 분배를 유지시킬 가능성이 커서, 오늘날 부유층의 후손이 100년이나 200년 후에도 부유층에 속할 가능성을 높인다. 요컨대, 영구적인 신탁은 신탁 이용에 따른 외부 효과를 증가시킨다. 그리고 사회경제적 불평등을 악화시킨다."[110] 특히 자산보호신탁과 영구 신탁(4장에서 이야기했다)은 불평등을 심화시킨다. 특별한 보호와 특혜가 가장 불필요한 사람들, 즉 애초에 재산을 신탁할 수 있는 가장 부유한 사람들에게 이를 제공하기 때문이다.

불평등은 경제체제 전반에 퍼져 부유하지 못한 사람들에게 한층 불이익을 준다. 예를 들어, 자산보호신탁으로 인해 부유하지 못한 사람들이 지게 된 손실에 대응해, 융자를 제공하는 은행 그리고 자동차나 가전제품 판매 대리점 같은 기관이 대출 비용을 올릴 수 있다. 이렇게 거래 비용이 증가하면 사회에서 가장 가진 것이 적은 사람들에게 가장 큰 영향이 미친다. 그들의 채무를 악화시키고 경제적·사회적 신분 상승을 점점 더 어렵게 만든다.[111] 신탁은 많은 변화를 통해 채무와 조세의 의무로부터 재산을 더 효과적으로 보호하게 되었다. 자산관리사는 정치 영역에서 활동하며 이런 변화를 진두지휘했다.

정치적 영향

자산관리가 정치적 불평등에 미친 영향은 직접적인 것과 간접적인 것이 있다. 직접적인 영향에는 STEP와 개별 자산관리 전문가가 고액 순자산 보유자의 이익을 증진시키기 위해 입법기관에 영향력을 행사하고 법률을 입안하는 일에 관여하는 것이 포함된다. 자산관리사는 "큰 부자들의 이익에 특히 이바지하는 법을 개발"하는 데 중요한 역할을 했다.[112] 그들은 재산의 영속성에 불리한 법률을 폐지하고 4장에서 이야기한 자산보호신탁을 발전시켰다. 자산관리사들의 이런 정치적 활동 사례로 유명한 또 다른 하나는 영국령 버진 제도에서 발생했다. 영국령 버진 제도의 법률은 VISTA(3장 참조)라고 하는 새로운 신탁 구조를 허용한다. 이는 아시아의 고액 순자산 보유 고객을 끌어들이기 위한 것이다. 이 법률을 "입안한 것은 크리스 매켄지Chris McKenzie가 이끄는 STEP의 한 위원회였다. 매켄지는 STEP의 영국령 버진 제도 지부를 설립하여 회장을 맡고 있는 사람이다."[113]

이렇게 STEP가 공식적으로 개입할 뿐만 아니라, 개별 자산관리사들은 역외의 새로운 금융법을 만드는 일에 협력해달라는 요청을 흔히 받는다. 싱가포르에서 일하는 영국인 신탁관리자 사이먼은 이를 두고 "규제 당국과 전문가 사이에 비공식적으로" 끈끈한 관계가 맺어져 있다고 했다. 그는 최근의 한 사례를 언급했다. "싱가포르통화청Monetary Authority of Singapore이 신탁법 초안을 공표하기 전에 의견을 물으려고 나한테 보냈더라고요." 홍콩에서 일하는 영국인 변호사 데이비드는 자신이 함께 일하는 국가 정부들은 전문 대리인을 통해 부자들의 이익에 영합하고 싶은 욕구를 훨씬 더 노골적으로 드러낸다고 말한다. "홍콩에서는 전문가들이 법을 주도해요. 전문가들이 정부에 어떤 법을 만들어야 한다고 말해주거든요."

따라서 자산관리는 정치적 불평등도 심화시킨다. 경제적으로 가장 특권을 누리는 사회 일원의 목소리와 영향력을 확대하기 때문이다. 자산관리사는 입법에 직접 관여하고 고객의 부를 키워줌으로써 정치적 불평등에 간접적으로 이바지한다. 자산관리 고객은 부를 통해 선거와 공공 정책에 영향력을 미치며, 그 결과가 마음에 들지 않아도 역시 부를 통해 그로부터 도피할 수 있기 때문이다. 이런 의미에서 부자들이 미래 세대를 위해 부를 지키고 키우기 위해 이용하는 (세금 위주의, 그리고 그 밖의) 공격적인 설계 기법은 민주 정치의 건전성에 엄청난 결과를 불러올 수 있다.[114]

부는 막대한 정치적 영향력으로 이어진다. 정치 참여는 주로 생활필수품을 마련하는 일로 완전히 소진되지 않은 사람들, 그리고 다른 사람에게 돈을 지불하고 가정이나 아이들을 돌보게 하고서 투표나 조직 활동에 참여할 수 있는 사람들이 이용하는 '사치재'이기 때문이다.[115] 게다가 부자들은 조세 정책 같은 정부의 일상적인 결정에 더 많은 이해관계를 갖기 때문에 정치 참여에 더 쉽게 집결한다고 여겨진다.[116] 많은 나라에서 부는 정치적 영향력을 얻을 기회를 제공한다. 이것이 부패 정권에서는 뇌물 수수의 형태를 띤다. 하지만 미국처럼 뇌물 수수가 드문 나라에서도, 선거운동 기부금은 정치적 영향력을 행사할 합법적이면서 효과적인 수단을 엘리트들에게 제공한다. "연방 선거에 연료를 공급하는 자금 가운데 대단히 불균형적인 부분을 부자 기부자들이 책임지고 있다."[117] 이는 기업이 아닌 개인이 수백만 달러를 기부하면서 나타나는 현상이다. 부자들이 정치에 불균형적인 영향력을 행사하는 이런 양상이 광범위하게 확산되고 있다. 최근 유럽과 아프리카와 남북아메리카에 걸쳐 수천 년을 아우르는 세계 경제와 정치의 역사를 검토한 결과, 부의 불평등이 불러오는 가장 커다란 위험은 경제적인 것이 아니라 엘리트에

의한 정치체제의 장악이었다. 경제적·정치적 권력이 상호 강화하는 악순환은 엘리트들의 소득이 아니라 "지속적인 권력 유지의 토대를 이루는 재산"에 의해 추동된다.[118]

자산관리사는 고객에게 정치 과정에 정당한 몫보다 더 많은 영향력을 행사하는 수단을 제공한다. 게다가 고액 순자산 보유자들에게 정치적 결과와 의무로부터 도피하는 방법을 제공한다. 따라서 미국의 부자들은 연방세를 통해 자금을 조달하는 노인 의료보호와 연금 계획(노인 의료보험과 사회보장)을 줄이는 데 찬성한다. 부자들은 공공사업이 평생 필요하지 않기에, 이런 계획이 줄어들더라도 부정적인 영향을 받지 않는다.[119] 부자들이 선호하는 바는 노인 의료보호와 연금 계획의 확대를 바라는 대다수 미국인들과 완전히 반대되는데도, 그들은 2016년 대통령 선거에서 이 두 계획의 축소를 쟁점화했다. 최근의 한 연구가 결론지은 대로, 부자들은 "정치적으로 매우 적극적"이고 "불우한 동료 시민들보다 더 많은 정치적 영향력을 행사"하기 때문이다.[120] 다시 말해, 부가 사람들의 의지를 이긴다.

비슷하게, 브라질의 부자들은 중산층을 희생해서 세법이 그들에게 크게 유리해지는 방식으로 공공 정책을 만들었다. 이런 일은 루이스 이나시우 룰라 다 시우바Luiz Inácio Lula da Silva*의 좌파 대중주의 정권하에서도 일어났다.[121] 하지만 정부의 세입 부족으로 주요 도시의 도로가 망가지기 시작하고 치안 유지 활동이 위험하리만치 불충분해졌을 때, 브라질의 엘리트들은 그들의 정치적 영향력을 이용해 상황을 개선하지 않았

---

* 2002년 브라질 사상 최초로 노동자계급 출신 좌파 대통령이 되었다. 국가 부도 위기로 치닫던 경제를 회생시켜 성장의 길로 이끌었다. 기아 퇴치 프로그램인 '포미 제루(Fome Zero)'와 저소득층 생계비 지원 프로그램인 '볼사 파밀리아(Bolsa Familia)' 등 분배정책에서도 상당한 성과를 거뒀다.

다. 대신 많은 엘리트들이 개인 헬리콥터를 구입해 집에서 직장과 학교로 안전하게 데려다줄 상근 조종사를 고용했다.[122] 자산관리 전문가들이 재산을 세심히 관리해주는 덕분에 그들은 '별세계에서' 살 수 있었다. 그곳에서는 다른 사람들을 희생해서 자신들에게 이익을 가져다준 정책과 법률이 불러온 결과를 겪을 필요가 없었다.[123]

가장 중요한 것은, 현대의 자산관리 계획이 사회의 최고 부유층에게 익명성과 비밀 유지를 제공한다는 점이다. 인터넷 시대에 이런 익명성과 비밀 유지는 희귀하고, '월가를 점령하라Occupy Wall Street'와 같은 항의 운동에 비춰볼 때 점점 가치가 높아지고 있다. 신탁과 역외 수단의 이용이 단지 조세와 채무와 벌금을 징수하는 일을 더 어렵게 만드는 것만은 아니다. 이는 비밀 유지를 위한 전략적 장막으로, 부자들의 정치적·경제적 특권을 가린다. 개인 고객은 뜻에 따라 그 장막을 걷어 치울 수 있다. 예컨대 자선 기부를 하는 때에는 말이다. 그 외에는 사람들이 그들의 신원을 알기 어려워 항의나 의무로부터 대체로 안전하게 보호된다.

아마도 가장 중요한 정치적 쟁점은, 자산관리사가 신탁 등의 구조를 능숙하게 이용해 경제력의 집중과 그것이 미치는 영향에 대한 대중의 경각심을 늦춤으로써 고액 순자산 보유 집단을 보호해온 것이다. 한 법률 전문가는 이렇게 지적한다. "신탁 개념이 주요하게 기여하는 바는 사회 내 불평등 정도를 감추도록 돕는다는 점이다. 권력의 주요 원천인 개인 재산과 재산의 궁극적인 소유주 사이의 연관성을 애매하게 흐림으로써 말이다."[124] 최근의 한 연구는 부분적으로 자산관리사가 정보의 비밀 유지에 성공한 결과, 미국인들이 미국의 부의 불평등 정도를 42퍼센트 정도 과소평가하고 있다고 밝혔다.[125]

STEP와 변화하는 불평등에 대한 관점

STEP와 개별 자산관리사들은 스스로 경제적·정치적 불평등에 기여하고 있음을 잘 알고 있다. "다수를 희생해서 소수의 부를 보호하는 것을 어떻게 생각하는가?"라고 STEP 자격증 기초과정의 한 교육자료는 묻는다.[126] STEP는 조세 회피와 관련해서 자산관리를 '몰수와 잘못된 복지국가 정치에 맞서 기업을 방어하는 것'으로 당당하게 자리매김한다.[127] STEP 출판물에서는 회계에 관한 TEP 과정 교재에서 발췌한 다음과 같은 진술을 볼 수 있다. "어떤 사람들은 정부 지출의 재원을 마련하기 위해 부담스러울 정도로 높은 비윤리적인 세금을 요구하는 것이 부를 창출하는 기업에 찬물을 끼얹었다고 말할지 모른다. 반면 다른 한편으로, 가난한 사람들은 그렇게 되면 빈곤의 덫에 빠져서 생산적인 일에 참여하기보다 국가 복지 지원금에 의존할지 모른다."[128] 다시 말해 STEP 조직은 합법적인 조세 회피를 가능하게 하는 STEP 회원의 역할에 부정적인 의미를 적용하기를 거부한다. 오히려 이를 정당하고 심지어 자본주의, 자유시장, 경쟁을 옹호하는 고귀한 일이라고 말한다. 그리고 이런 입장에서 조세 회피에 대한 정부의 저항을 막아내는 데 대체로 성공하고 있다.[129]

하지만 앞서 소개한 글의 출처인 회계 교재에서는 뜻하지 않게 자산관리 전문가가 상대하는 고객의 양면적인 초상이 또한 드러난다. 조세 회피의 윤리성을 강경히 방어한 후 한 페이지 뒤에서, '비윤리적인' 수준의 조세에 직면한 가상의 부유한 기업가에 관해 이야기한다. "만약 통절히 느낀다면, 그는 언제든 그 조세제도에서 빠져나와 이민을 갈 수 있다. 하지만 그런 극단적인 방법을 쓰고 싶은 사람은 많지 않다. 그들은 고국으로 여기는 나라에 머물면서 다만 세금을 덜 내고 싶어 한다. 두 마리

토끼를 모두 잡고 싶은 것이다."[130]

신탁법을 다루는 TEP 과정 교재는 고객의 자산이 채무이행과 법원 판결을 막기 위해 자산보호신탁을 이용하는 것에 관해 비슷하게 엇길리는 견해를 내놓는다. STEP 교재에서 윤리 개념이 언급되는 많지 않은 경우들에서, 이 교재는 "진정한 자산 보호 계획을 바라는 예비 신탁설정자에게 조언하는 것과 관련해 윤리적 갈등이 불가피하게 존재한다"고 인정하고 있다.[131] 이 두 사례는 채무 회피나 조세 회피를 비난하고 있지는 않으나, "가장 부유하고 가장 영향력이 강한 사람들이 보기 드문 규모로 공유 재산을 이용하기 위해 대대적이고 조직적으로 시도"하는 데서 자신이 하는 역할에 대해 자산관리 전문가가 갖는 어떤 불편함을 반영하는지도 모른다.[132]

내가 자산관리 전문가들과 한 인터뷰에서도 이런 양가감정이 나타났다. 그들의 직업에 오점을 남기는 대중 사이의 나쁜 평판을 모두 예민하게 의식하고 있었다. 특히 그들이 조세 회피를 조장한다는 것과 관련해서 말이다. 이상하게도, 상속과 관련해서는 내가 인터뷰한 개별 자산관리사든 STEP 문헌이든 방어적인 태도를 보이지 않았다. 이는 최근 수십 년 동안 나타난 부와 권력의 공평한 분배라는 이상에 대한 광범위한 반발에 더해서, 본인이 벌어들인 것이든 상속받은 것이든 무관하게 모든 형태의 '성공'에 주어지는 존경심을 반영하는 것일지 모른다.[133] 그에 반해, 과세와 조세 회피 문제는 자산관리 전문가들로부터 엄청난 반응을 끌어냈다. 이 주제에 대해 그들이 보이는 엇갈리는 감정은 TEP 과정 교재에 분명하게 나타나는 양가감정과 일치한다.

1장의 부록에서 영국령 버진 제도에서 일하는 자산관리 전문가들이 공통적으로 분노하는 몇 가지에 관해 이야기했다. 그들은 자산관리업이 비난을 받고 자산관리 고객들이 내야 하는 만큼 세금을 내지 않는다는 이유로 부도덕하다는 평을 듣는 데 대해 격렬한 분노를 드러냈다. 이들은 조세 회피에 대한 대중의 비판을 개인적인 부당한 처사, 즉 그들의 명성과 일솜씨에 대한 비방으로 여겼다. 하지만 어떤 사람들은 냉정한 관점을 취해, 그들이 하는 일에 대한 부정적인 인식을 악의적이기보다는 잘못 이해하거나 순진해빠진 것으로 여겼다. STEP가 그런 것처럼, 어떤 사람들은 조세 회피가 그야말로 비이성적이고 불합리한 규정에 대한 합리적인 대응이라고 주장했다. 두바이에 기반을 둔 영국인 자산관리사 마크는 이렇게 말했다. "문명사회에 사는 우리는 모두 세금을 부과하는 게 옳다고 믿어요. 세금이 꼭 필요한 편익을 제공해주거든요. 하지만 그건 다른 말로 하면 절도예요. 이따금 그랬던 것처럼 세금이 말도안 될 정도가 되면 조세 회피 산업이 생겨나는 거죠." 하지만 단연코 가장 흥미로운 이유를 댄 사람은, 속마음을 잘 드러내지 않는 영국 귀족출신의 자산관리 전문가 루이스였다. 그는 자산관리 고객을 악의 없지만 합리적인 다람쥐에 비교해서 탐욕스러운 조세 회피자의 이미지를 완전히 뒤집어놓았다.

사회민주주의는 부를 창출하는 사람들에게 너무 큰 요구를 하고 있어요. 그건 학계에 있는 당신에게는 당연할 거예요. 이제 대규모 복지 후생 계획을 지지하지 않는 한, 표를 얻을 수가 없어요. 너무나 많은 사람들이 복지 혜택을 받고 있기 때문이죠. 그 결과 지금 정부는 그들이 한 약속을 지키기 위해 생산자들한테 GDP 가운데 점점 더 큰 몫을 요구합니다. 그래서 당연히 부를 창출하는 사람들은 견과를 모으는 다람쥐처럼 규모를 줄이고 있어요. 그들은 '내년에는 견과를 많이 모으고 싶지않군, 정부가 가져갈 테니' 하고 마음속으로 생각하죠. 그게 본성이에요. 사람들은 자기 노동의 과실을 그렇게 제멋대로 가져가버리는 걸 좋아하지 않아요. 다람쥐는 이렇게 말하죠. "그거 알아? 난 작년에 크게 성공을 거둬서 내 견과를 모두 저 나무에 넣어뒀어. 하지만 정부가 내가 어디에 사는지를 알아서 그걸 모두 가져가버렸어. 그래서 난 그것들을 아무도 찾지 않을 숲에다 묻어두고 아무도 징수하려 하지 않을 때 가끔씩 갈 거야." 이렇게 해서 부를 창출하는 사람들이 지하경제 같은 데 관여하게 되는 거예요.

다시 말해, 루이스가 보기에 세계의 부자들은 법률상 허점을 이용하거나 정직한 납세자에게 무임승차해서 이득을 취하고 있는 게 아니다. 오히려 루이스는 부자들이 착취당하는 사람들이라고 본다. 루이스와 그의 일부 동료들은 자신이 이런 부당함을 완화하는 일을 한다고 본다. 이런 관점은 한 법학자가 세습되는 신탁이 사회에 미치는 영향에 관해 말한 내용을 떠올리게 한다. "재산과 권력이 집중되고 확고해지면 영향력을 가진 사람들에게 도덕적 의무를 지울 수 없을 뿐 아니라 실은 우리가 그 사람들한테 도덕적 의무를 빚지고 있다고 생각하게끔 조장된다."[134]

반면에, 아주 소수의 자산관리 전문가는 부의 불평등이 증가하는 것과 '윤리적으로 애매한 영역', 다시 말해 공식적으로 합법적이지만 사회적으로는 불합리한 행위 영역에서 자신이 갖는 위치에 의문을 드러냈다.[135] 그들은 금전적으로 '추잡한 일'을 한다는 자기 직업에 대한 평판을 알고 있으며 적어도 부분적으로는 그런 평판을 들을 만하다고 보는 듯했다.[136] 파나마에서 자산관리 전문가로 일하는 남아프리카공화국 사람 트레버는 "정직한 사람들에게 오명을 씌우는" 일에 관여해야 한다고 한탄했다. 그러면서 이렇게 덧붙였다. "나는 이 산업 외부의 사람들이 어째서 우리가 하는 일을 악랄하고 권모술수에 능한 것이라고 여기는지 이해할 수 있어요." 케이맨 제도에서 일하는 영국인 자산관리사 닐은 다소 체념하며 이렇게 말했다. "이 일을 하려면 개인적인 윤리의식을 완전히 유예할 수 있어야 해요." 닐은 고객에게 자선사업을 벌이도록 권유해서 자신이 도운 조세 회피로 인해 사회가 입은 피해를 일부 되돌린다고 덧붙여 말했다. "이곳(역외)에서는 세금 납부를 잘 안 해서 사회가 붕괴되는 한 가지 원인이 되고 있어요. 그래서 나는 고객들이 자선 기부금을 많이 내도록 권유하죠. 그게 안전망을 만들어내니까요." 비슷하게, 대학 시절에 빈곤한 파나마 토착민들의 권리를 위해 활동한 파나마시티의 자산관리 전문가 일리어스는 고객이 조세를 피하도록 돕는 자신의 일을 상쇄하거나 되돌리기 위해, 비공식적으로 고객을 '의식화'하는 데 열심이라고 말했다. 그는 고액 순자산 보유자들과 교류하면서, 조세도피처로서의 파나마에 관해서만 이야기하지 않고 파나마가 극단적인 경제 불평등으로 분열되어 있다는 이야기도 해준다. "고객에게 설명하면서 빈곤에 관해 이야기한답니다. 그러면 사람들은 '당신은 공산주의자인가 뭔가 하는 그런 거요?'라고 하죠. 나는 파나마에 관해 이야기하면서 우리 경제가 급속히 발전하고 있지만 또한 우리 국민 가운데 25퍼센트에서 30퍼센트가 빈곤 속에 살고 있다고 말해줘요. 아마르티야 센Amartya Sen[*] 과 조지프 스티글리츠Joseph Stiglitz[**]에 관해 이야기하죠. 많은 사람들이 자본주의의 가장 심층부에서 일하는 사람이 이러는 게 이상하다고 생각해요."

부자들에게 불평등을 알리는 게 사업에 꼭 유익하다고는 할 수 없다.

---

[*] 인도의 경제학자이자 철학자로, 사회적 선택 이론(공리)과 후생 및 빈곤 지표, 기아 문제에 대한 실존 분석 연구 등을 통해 기아와 빈곤 문제에 초점을 맞춘 경제학의 틀을 확립하는 데 공헌해 1998년 노벨경제학상을 수상했다.

[**] 미국의 경제학자로, 어느 한쪽만 정보를 알고 상대방은 이를 알지 못할 때 발생하는 정보의 불균형을 해소하는 방안을 연구해 정보경제학이라는 현대 경제학의 새로운 영역을 개척했다. 이 공로로 조지 A. 애커로프, A. 마이클 스펜스와 함께 2001년 노벨 경제학상을 받았다.

하지만 고객에게 자선활동을 권유하는 닐의 노력과 빈곤에 대해 이야기해주려는 일리어스의 노력은 부와 자산관리를 보는 사회적 관점이 변화함에 따라 "나쁜 사람들이 나쁜 짓을 한다"는 그들 직업에 대한 평판을 반박하고 도덕적 모호성을 해명하기 위한 것인 듯하다.

결론

프랑스 사회학자 레미 클리네[Rémi Clignet]가 쓴 대로, 불평등 연구가 맞닥뜨리는 주요한 문제는 "누가 어떻게 상황을 지속시키는지 밝히는 것"이다.[137] 이 장에서는 이 문제를 다루기 위해, 엘리트 전문가 집단이 어떻게 고객의 부를 지속시키고 그 과정에서 일반적인 자원 분배 양상을 만들어내는지 구체적으로 이야기했다. 이런 일이 어떻게 일어나는지 이해하려면, 먼저 사회 계층화에서 소득이 아닌 재산이 하는 두드러진 역할을 인식해야 한다. 자산관리 전문가들은 4장에서 이야기한 주요 수단인 신탁, 재단, 역외 기업을 이용해 고객의 자산 축적 순환과정에서 세 가지 핵심 사항에 개입한다. 먼저, 자산관리 전문가는 조세, 채무, 벌금으로 인한 재산 낭비를 최소화하고 재산을 증식하는 데 이용할 수 있는 잉여를 최대화한다. 둘째, 낮은 위험 부담으로 커다란 수익을 거둘 수 있는 배타적인 기회에의 접근권을 고객에게 제공한다. 셋째, 승계 과정을 신중히 관리해서 부를 소수에게 집중시켜 누구의 방해도 받지 않고 계속해서 증식할 수 있게 한다. 그 결과 부를 창출하는 일종의 영구기관이 생긴다. 이런 구조 덕분에 부는 '부자 삼대 못 간다'는 양상에 따라 삼대에 걸쳐 소멸하는 대신, 시간이 흘러도 보호받아 더욱 우위를 누릴 수 있다.

자산관리사와 고객이 행사하는 정치적 권력은 부의 집중과 그것이 불러오는 광범위한 결과에 개입할 수 있는 법과 정치의 발전을 가로막는다. 이런 권력의 행사에는 역내 정부에 영향력을 행사하고, 새로운 역외법을 입안하고, 부를 축적하는 전략을 강화하고 지키기 위해 선거에 영향력을 미치는 일이 포함된다. 이런 노력은 부자를 더 부자로 만들며 실력주의, 사회적 이동성, 그리고 다른 사람들을 위한 정치적 목소리를 약화시킨다.

자산관리 전문가들은 스스로 불평등에 기여하고 있다는 사실을 잘알고 있지만, 이런 역할에 대한 그들의 도덕적 해석은 상당히 다양하다. 어떤 사람들은 아주 방어적인 태도를 보이거나 양심에 가책을 받는 반면, 또 어떤 사람들은 자신이 정당성과 상식을 가지고 있다고 자신감을 나타낸다. 자산관리가 잘 알려져 있지 않고 일반적으로 학자들과 기자들에게 간과되기는 하지만, 자산관리업에 대한 대중의 인식이 거의 없다는 점은 비관적이다. 다소 놀랍게도, 자산관리 전문가를 향한 맹비난은 그가 부의 집중에, 즉 조세 회피에 관여한다는 부분에만 쏟아지고 있다. 자산관리사들이 상속의 편의를 도모함으로써 불평등에 기여한다는 사실은 대체로 무시되고 있다. 이는 부분적으로 경제적 성공과 그것의 정당성에 대한 공적 담론에서 일어나고 있는 변화 때문이기도 하다.[138] 엘리어스 말대로 "자본주의의 가장 심층부"에서 일하는 직업을 연구할 때 얻는 한 가지 이점은 불평등을 반박하거나 무시하거나, 혹은 그에 대해 양가감정을 보이는 입장을 모두 경험할 수 있다는 점이다.

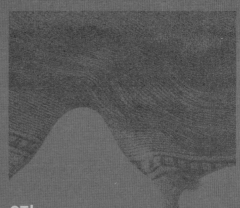

6장

**자산관리와
국가**

자산관리가 국가 및 법제도와 맺는 관계는 확실히 이 직업의 가장 두드러진 특징 가운데 하나다. 역사적으로 전문직은 국가에 신세지고 있다고 여겨진다. 정부의 허가에 의지해서 전문 자격증과 권위를 정당화하고 전문직 시장을 만들어내기 때문이다.[1] 이 관계는 아주 확실해서 어떤 사회과학자는 고용주와 고용인 관계를 넘어 직업 훈련과 교육 제도를 만드는 권력이라는 관점에서 국가 자체를 정의한다. 대표적인 한 연구는 이렇게 설명했다. "전문성을 만들어내는 가장 중요한 우발 사건은 국가와 국가의 정책이다."[2]

　　법률과 의학 같은 많은 전문직이 그렇다. 이들 전문직은 국가가 발급한 면허증 없이는 일을 할 수가 없고, 면허증을 발급받은 다음에는 국가가 규정한 특정한 경계 내에서만 일할 수 있다. 하지만 다른 전문직이 전통적으로 국가에 의지해 권한을 승인받고 정당화하는 반면에, 자산관리업은 다른 입장에 있다. 의사나 변호사와 달리, 자산관리사는 일을 하기 위한 면허나 다른 형태의 승인을 받지 않는다. 자산관리업은 영국에 역사적 뿌리를 두고 있고 자산관리업 단체도 런던에 기반을 두고 있다. 그러나 이 직업 단체는 근본적으로 초국가적인 패러다임에 근거한, 세계적으로 인정받는 자격증을 부여한다. 많은 자산관리사가 국가가 발행한 법률이나 회계 분야 자격증을 가지고 있기는 하지만, 그게 자산관리 전문가가 되는 데 꼭 필요한 전제조건은 아니다. 국가가 공인한 어떤 자격증이나 심지어 STEP 자격증 없이도 자산관리업에서 성공할 수 있다. 이 책에서 소개한 사례로는 독일 귀족인 디터가 있다. 그는 고등학교 졸업장 외에 이떤 정식 자격증도 없지만 직업에서 성공을 누렸다. 예전에 배만드는 일을 했던 닉도 있다. 그는 아메리카컵 요트 대회에 출전하는 요트의 선원이 되면서 자산관리업계로 들어섰다(3장 참조).

아마도 자산관리업은 보기 드물게 국가 권한으로부터 독립되어 있는 까닭에, 국가 권력을 이용해 번창할 수 있을 것이다. 때로는 국가 권력과 겨루고 또 때로는 국가 권력이 특정한 방향으로 발휘되는 것을 지지하면서 말이다. 이것은 자산관리사가 반국가적이라거나 법에 반대한다는 의미가 아니다. 자산관리사가 그럴 이유는 없다. 국가 구조를 해체하면 역효과를 낳을 뿐이다. '창의적인 규제 준수'는 자산관리사가 전문가로서 갖는 영향력의 주요 원천이자 보수를 받는 근거가 되기 때문이다.[3] 베스트팔렌조약에 따른 국민국가 체제가 만들어낸 종잡을 수 없이 복잡한 법들은 부와 부의 이동을 통제하는 몇 안 되는 국제법과 함께, 자산관리 고객이 원하는 자율성을 창출할 많은 기회를 제공한다. 스위스에서 일하는 미국인 자산관리사 브루스는 자기 직업을 이렇게 정의했다. "전 세계 조세 당국을 마음대로 갖고 노는 거죠." 자산관리 전문가의 수완은 국가 제도를 이용해서, 즉 흔히 국가 제도가 서로 경쟁하게 해서 고객에게 최선의 이익이 돌아가도록 하는 데 달려 있다. 자산관리사가 하는 일은 현재 세계 차원의 규제력이 부족하다는 사실, 다시 말해 세계적인 자본의 흐름과 관련된 국가의 법들 사이에 생겨나는 공백과 충돌을 다룰 효과적인 제도가 부재한다는 사실을 부각시키고 악화시킨다.[4]

국가와 자산관리사의 관계를 검토하는 것은 세계화의 규모와 결과에 관해 계속되고 있는 논쟁과 결부된다. 세계화 문제는 "모든 사회과학에서 가장 곤혹스러운 한 가지 쟁점"으로 알려져 있다.[5] 한편, 국가 권력의 배치 형태에서 일어나고 있는 엄청난 변화가 인식되기 시작했다. 어떤 사람들은 이를 베스트팔렌조약 체제의 종말로 본다. "현 시대의 주요한 특징은 자본주의를 조직하는 원리인 국민국가의 폐지다. (…) 초국가적 또는 전 지구적 공간이 국가적 공간을 대체할 것이다."[6] 하지만 세계화 회의론자들은 이런 전망이 국가의 역할에 대해 지나치게 비관적이라고 본다.[7] 그들은 경제 세계화를 주도하는 세력들이 국가 권력에 약한 도전을 제기하는 상황을 지적하면서, 특히 국제 금융 체제에서의 협력이 부족하다고 비판한다. 하지만 이런 관점은 종류가 다른 협력이 발전하고 있는 상황을 놓치는 것일 수 있다. 엄격한 법과 공식적인 제도에 기초한 협력이 아니라 국가의 법과 정책에 직간접으로 영향을 미치는 전문직의 확산에 기초한 협력 말이다. 자산관리사 같은 전문가 대리인은 많은 사람들이 기대하듯이 세계적으로 통합된 금융 규제를 만들어내기보다 공백과 충돌을 확대하고 있다.[8] 이는 자산관리 전문가와 고객에게는 유리하지만 다른 사람들에게는 엇갈린 결과를 가져온다.

물론 이런 과정은 자산관리사로부터 시작된 게 아니었다. 자본의 통제를 늦추고 통화를 완전히 교환 가능하게 만들어서 부의 국제 이동을 위한 제도적 토대를 다진 국가에서 시작되었다. 뒤이어 부자들의 국제 이동이 증가하면서 주로 고정된 대상, 즉 분명한 관할권 내 특정한 공간에 오래 거주하는 개인에 기초한 국가 권한 체계가 약화되었다.[9] 국가는 자본과 그 소유주가 더욱 자유로이 이동할 수 있게 허용함으로써 새로운 세계화를 불러일으켰다. "사회 관계를 지역 상황에서의 상호작용에서 '들어내어' 분명히 규정되지 않은 시간-공간 범위에 걸치도록 구조조정"하는 세계화 말이다.[10] 이는 그들이 소유한 자본만큼이나 초이동성을 지닌 세계적 엘리트층을 창출했다. 그 결과, 자산관리사는 관할권을 전 세계로 확대해 국경을 넘어가는 거래를 점점 전문화할 수 있었다.

자산관리사는 거래행위자로서, 국민국가 체제가 겪는 몇 가지 주요한 충돌과 변화에서 핵심 역할을 하게 되었다. 이런 충돌과 변화에는 국가 권위와 지리적 경계의 정당성에 대한 도전, 국가 권력의 경쟁자인 부자 집안의 영향력, 그리고 개발도상국 특히 과거 식민지였던 국가에 국제 금융이 미치는 영향이 포함된다.

관할권, 경계, 그리고 국가의 목적

개념상, 자산관리산업은 그 정당성과 존재이유를 아주 제한적인 국가론에서 이끌어낸다. 실제로 자산관리업은 정부가 좁게 규정된 목적과 권한을 가진다는 견해에 동의한다. TEP 자격증 교재 가운데 하나는 국가에 관한 이런 견해를 다음과 같이 요약한다. "정부의 광범위한 목적은 국가와 국민의 이익을 위해 사업을 유치해서 경제를 확대하는 것이다. 그래서 금융 서비스에 관한 한, 각 관할권은 외국 투자를 끌어들이는 방식으로 자국의 법체계를 만들 수 있다."[11] 세계에서 가장 오래되고 여전히 계속 쓰이며, 많은 나라의 헌법에 영감을 준 매사추세츠주 헌법의 언어와 이 견해를 비교해보라.[12] "정부는 공동의 이익을 위해, 그리고 국민의 보호, 안전, 번영, 행복을 위해 조직된다. 어떤 한 사람, 한 가족, 또한 한 계급의 이익, 명예, 또는 사적 이익을 위해서가 아니다."[13] STEP와 많은 자산관리 전문가의 관점에서는 국가에 관한 이 두 가지 견해가 충돌하지 않는다. 사업과 외국 투자를 유치하는 것은 국민의 번영과 행복을 포함한 공동의 이익을 돌보는 중요한 방편이다. 5장에서 보여준 대로, 자산관리사는 국가가 고액 순자산 보유 개인의 관심을 끄는 법을 만들도록 도움으로써 이런 노력에 기여한다. 자산관리사는 이렇게 국가가 하는 일에서 아주 많은 역할을 한다.

동시에 현대 관할권 경쟁에서 조언하는 역할을 통해, 자산관리사는 흔히 세율과 규제 제한이 최소화되도록 몰아간다. 자산관리사는 국가의 세수를 한층 더 감소시킨다. 신탁, 재단, 그리고 다른 수단을 이용해서 국가가 부과하는 세금의 징수를 어렵게 만들고 비용이 더 많이 들게 한다(4장 참조). 이것은 문제가 있다. 조세는 학교와 도로 같은 공익사업을 위한 자금을 제공하기 때문이다. 학교와 도로는 국가가 보장해야 하는 '공동의 이익'이다. 세수는 규제가 작동하고 국가가 활동하도록 자금을 댄다. 따라서 조세 없는 국가는 없다.[14] 철학자 에드먼드 버크Edmund Burke는 언젠가 "국가의 세입이 국가다"라고 썼다.[15] 이런 점에서, 국가가 외국 투자자를 더 많이 끌어들이려고 조세를 줄이거나 없애는 일을 돕는 것은 국가가 스스로 자기 목을 자르는 것이나 진배없다.

하지만 일부 자산관리사는 관할권 경쟁을 위해 조세를 인하하는 국가가 다른 방법으로 손실을 메울 수 있다고 주장한다. 이런 견해에 따르면, 자산관리사는 국가가 수십 년 전 시대에 뒤진 정책과 의도치 않은 결과로 인해 잃어버린 재정 능력을 일부 되찾도록 도와준다. 정치학자들은 이렇게 지적한다. "전통적인 조세국가는 과세 대상이 되는 모든 일이 명확히 확인할 수 있는 공간 안에서 일어난다는 전제에 기초해서 설계되었다."[16] 이를 조합한 것이 토지와 같은 부동산 또는 이동하기 어려운 재산의 소유권 신고에 기초한 재산세 과세 모형이다. 개인과 기업의 재산 대부분이 대체 가능한 금융자산인 지금, 국가는 소유권과 조세 책임을 분명히 하는 데 따른 어려움으로 인해 불리한 입장에 처해 있다.

공공 정책은 이동 가능한 재산에 관한 한 아직 현실을 따라잡지 못하고 있다. 토마 피케티는 최근 조세 회피에 관해 이렇게 썼다. "이것이 현대 국가의 문제다. 현대 국가는 200년 이상 전에 만들어진 재산 신고

체제를 여전히 감수하고 있다."[17] 하지만 이 말은 오히려 문제를 과소평가한다. 많은 국가가 부의 속성이 변화하는 현실을 따라가는 데 실패하고 있을 뿐만 아니라, 자발적으로 과세 권한을 내주고 있기 때문이다. 1950년대와 60년대부터, 많은 나라들이 통화 태환성*과 나라 밖으로 가지고 나갈 수 있는 액수에 대한 제한을 없애기 시작했다. 영국 등 일부 나라는 역외 산업의 발전을 적극적으로 권장했다.[18]

다시 말해, 특히 역외 금융 중심지에서 일어나는 세계적인 조세 경쟁이 해를 끼친다고 불평하는 많은 나라들이 정작 이 문제를 만들어낸 데 책임이 있다고 주장하는 사람들이 있는 것이다. 그들의 책임에는 마땅히 해야 할 일을 하지 않은 책임과 하지 말아야 할 일을 한 책임이 있다. 전자는 현행 과세 모형을 지키는 데 실패한 것이고, 후자는 통화 관리를 소홀히 하고 역외 체제의 발전을 지원한 것이다. 이 때문에 많은 자산관리 전문가는 조세 회피를 엄중히 단속하려는 OECD와 다른 기관들이 위선적이라고 느낀다. 런던에 있는 자산관리사 루이스는 이렇게 말했다. "브뤼셀에서는 한편으로 자유무역을 지지하지만, 또 그걸 막으려고 필사적이에요. 정부들은 예전에는 영향력을 행사할 수 있었지만 지금은 파산해서, 부를 창출하는 사람들한테 의지하고 있어요. 그게 문제의 핵심이에요. 게다가 브뤼셀에 있는 사람들은 (브뤼셀에 유럽연합 본부가 있다-옮긴이) 사방에서 세금이 새고 있다고 될 대로 되라는 식이죠. 제트기 여행이 수월해지고, 출입국 관리가 부족한 시대에는 사람들의 이동을 통제할 수가 없다는 거예요.

---

* 자국 통화의 보유자가 그 통화를 일정한 교환비율로 다른 나라 통화와 어떤 목적에서든 교환할 수 있는 권리를 말한다. 통화 태환성이 가져다주는 중요한 이점은 소비자와 생산자가 최대한 만족을 얻는 시장 거래를 할 수 있다는 것이다. 즉 소비자가 국내 시장의 재화나 용역으로 만족할 수 없을 때에는 자국 통화를 다른 나라 통화와 교환해 해외 시장에서 구입할 수가 있다.

이런 갈등이 특히 2008년 금융 위기와 뒤이은 유로화 지역의 금융 위기 여파 속에서 가열되었다. 두 위기를 거치면서 정부들은 세수 쟁탈전을 벌이고 조세 회피를 엄중히 단속하게 되었다. 국가 재정 부족이 절박해서 위기를 겪는 에스파냐와 키프로스 같은 나라는 주로 러시아, 중국, 중동 출신의 고액 순자산 보유 개인들이 시민권을 바꾸도록 설득하고 있다.[19] 이 부자들은 새로운 조국에 투자하고 세금을 내는 대가로 자동적으로 유럽연합 여권을 획득해, 부자가 아닌 사람들은 거쳐야 하는 장황하고 불확실한 요식 절차를 피할 수 있다.[20] 유럽연합집행위원회는 이런 합법적인 '여권 팔이' 계획이 국가 권위의 정당성을 약화시킨다고 공격하고 있다.[21]

다른 나라들은 만연하는 조세 회피에 직면해서 국고를 강화하기 위해 훨씬 더 극단적인 조치를 취한다. 독일과 영국은 수백만 달러를 내고 스위스와 리히텐슈타인의 프라이빗뱅크에서 불법으로 취득한 자료를 입수하고 있다. 여기에는 부자 고객들의 이름, 주소, 역외 보유 자산이 자세히 나와 있고, 이들 가운데 일부는 조세 의무를 불법으로 기피하고 있다.[22] 하지만 시민권 판매와 마찬가지로, 이런 전략은 국가의 정당성과 지불 능력을 충돌이 불가피한 상황으로 몰아넣는다. 정부가 도난당한 자료를 통해 탈세자를 추적해서 국가 재정에 뜻밖의 소득을 가져오더라도, 정부 역시 법규를 지켜야 할 의무를 위반한 까닭에 비도덕적이고 범죄를 저질렀다는 비난이 이어진다.[23] 예를 들어, 독일이 500만 달러를 지불하고 사들인 자료를 바탕으로 3000만 달러 이상의 체납 세금을 징수하자, 독일 언론과 덴마크는 신랄하게 비난했다. 덴마크의 조세장관 Skatteminister은 이 조치를 두고 "장물 취급의 발전된 형태"라고 꼬집었다.[24]

일부 자산관리사는 국가에 대한 자신의 봉사가 지불 능력과 정당성이 충돌하는 상황에서 벗어나는 방법을 제공해준다고 믿는다. 자본의 이동을 가능하게 하고 정부에 고액 순자산 보유 개인들의 사업을 유치하는 최선책을 제시함으로써, 다른 경제적 경로로 세수 손실을 벌충하도록 도울 수 있다고 주장한다. 미국에서 이루어진 힌 실증적 연구는 이런 생각을 뒷받침한다. 미국의 일부 주^州가 신탁의 영속성을 금지하는 규칙을 폐지하기 시작하자(이 조치로 신탁자금은 특정한 연방세를 면제받았다), 이 규칙을 없앤 주들은 60억 달러의 신탁자산을 추가로 끌어들여 신탁사업을 평균 20퍼센트 증가시켰다. 이 조치로 세수를 끌어올리지는 못했으나, 관리 자산이 더 늘어나 금융회사와 금융 전문가로부터 거둬들일 수 있는 수수료와 다른 지대^{rent}*의 액수가 증가했다.[25]

런던에 기반을 둔 캐나다인 자산관리사 드류는 이런 현상이 국제 차원에서도 존재한다고 주장했다. 드류의 법률회사는 고액 순자산 보유 고객에게 영향을 미치는 법률에 관해 수시로 영국 의회에 정보를 제공한다. 이 일에는 특히 부동산 투자를 이용해 세금을 내지 않고 재산을 보호하려는 고액 순자산 보유 외국인을 영국으로 끌어들이기 위한 법률의 변경이 포함된다. 드류는 이렇게 말했다. "영국 경제는 20년 동안 재산 가치의 증가에 기초해 있었어요. 영국이 초고액 순자산 보유자들을 끌어오려고 그렇게 열심히 경쟁하는 이유죠. 영국이 그 사람들한테 과세할 순 없지만, 그 사람들은 조세 회피 수단으로 부동산을 사들여 차례로 모든 사람들의 재산 가치를 올려놓기 때문이죠. 사람들은 자기 집의 가치가 올라가는 걸 보면서 안정감을 느끼고, 안정감을 느끼면 쓰게 되거든요. 그래서 경제 순환의 바퀴가 돌아가는 거예요." 드류는 런던의 부동산을 사들인 외국인 투자자의 부가 결국 영국에 경제적으로 유익

---

* 원래는 토지를 생산과정에 제공한 대가로 받는 보수를 말하지만, 일반적으로 공급이 상대적으로 고정되어 있는 생산요소에 대해 지불하는 비용을 지대라고 부른다.

하리라 생각한다. 외국인 투자자나 그들의 가족이 영국에서 재화와 용역을 소비하고 판매세, 재산세 등을 내기 때문이다. 이것이 관할권 경쟁이라는 제로섬 게임에서 이기는 것으로 간주된다. 이 관할권 경쟁에서 "이들 국가의 목표는 소득이 다른 나라에 축적되지 않도록 해 지대 잉여를 끌어오는 것이다."[26] 따라서 드류와 그의 동료들은 그 지대를 차지하는 최선책에 관해 정부에 조언한다.

하지만 관할권 경쟁이 부자가 아니거나 금융 서비스 산업에 종사하지 않는 영국 주민과 시민에게 이익을 가져다줄까? 런던의 부동산을 사들인 외국인들이 재화와 용역을 소비하리라는 드류의 주장은 지지되지 못할 것이다. 외국인은 소유하는 많은 조세 회피용 부동산을 계속 비워두기 때문이다. 식료품을 사거나 가정 도우미를 고용할 가정이 없는 것이다.[27] 게다가 해외에서 온 고액 순자산 보유자가 런던의 부동산을 구매해 확실히 재산 가치를 올려놓기는 하지만, 이로 인해 다른 사람들은 부동산이 너무 비싸서 거의 살 수 없는 지경이 된다.[28] 한 추산에 따르면, 런던에서 부동산 가치는 2009년과 2012년 사이에 49퍼센트 올랐다. 이는 영국 전체의 재산 가치 증가분보다 다섯 배 이상이다. 이미 런던에 부동산을 소유한 사람들에게는 희소식이지만, 영국 내 언론은 이런 상황을 폭넓게 외국의 '침략'이라고 본다.[29]

부동산 소유자에게 유리하고 다른 사람들에게는 피해를 주는 이런 비대칭의 영향은 자산관리사가 법 제정에 영향을 미치는 것과 같은 오래된 제도적 편향을 반영하는 것일지 모른다. 예를 들어, 드류가 다니던 법률회사의 일부 직원은 '의회대리인Parliamentary Agent, PA'으로 활동한다. 의회대리인은 역사적으로 영국 사회에서 부자들이 자신의 이익을 증진하기 위해 이용해온 대단히 영향력 있는 지위다. 드류는 이렇게 일러주었다. "영국에는 모두 14명의 의회대리인이 있어요. 그 가운데 많은 이들이 여기서 일하죠. PA들은 법안을 기초하고 또 비판해요. 의회에서 법 제정을 위해 발언합니다. 의원이 아니면서 유일하게 의회에서 연설할 수 있어요. 14명의 자리는 고정되어 있고 세습됩니다. 의회대리인을 두는 게 엄청나게 이득을 가져다주었던 때는 철도 건설 시대였죠. 특정 회사에 독점권과 법정 권한을 줘서 공유지를 수용해 런던에서부터 스코틀랜드까지 철도를 건설하게 했어요. 이런 식으로 19세기에 개인 재산이 만들어진 거죠."

의회대리인의 이런 역할은 STEP가 하는 것처럼 영향력을 행사하거나 영국 수상의 장인과 친분이 있는 런던의 자산관리사 제임스처럼 특정한 정치인의 눈에 드는 것을 넘어선다(3장 참조). 그것은 사회 부유층의 대리인에게 정부의 최상층부(의회)에서 발언할 제도화된 권리를 부여한다. 의회대리인은 한때 영국의 상류 지주 계층과 철도 부호의 대리인을 의미했지만, 드류의 법률회사 의회대리인(과 다른 사람들)은 이제 대체로 나라 밖 고액 순자산 보유 개인들의 이익을 위해 목소리를 낸다.[30] 최근 런던의 한 기사는 자산관리업이 "영국에는 특별히 흥미가 없고 은행가들에게는 'EMEA'로 알려진 지역, 즉 유럽, 중동, 아프리카에 서비스를 제공하기 위해 존재한다"고 보도했다.[31]

국가 권한에 도전하는 세습재산

자산관리 전문가는 초국가적인 고객을 위해 법률 제정과 정책에서 강력한 목소리를 냄으로써 국가와 부자들 사이의 권력 균형에서 일어나는 변화에 영향을 미친다. 이는 법률 제정에의 직접적인 개입뿐 아니라 자산관리가 가능하게 만드는 재산의 규모에 의해서도 추동된다. 두바이에서 일하는 영국인 자산관리 전문가 마크는 능숙한 자산관리가 이루어진 덕에 두바이 부자들이 세계의 어느 곳보다도 더 부자가 되고 있다고 말했다. "개인 재산이 수천억 달러예요. 두바이 왕의 남동생은 런던 법원에서 심문 중에 자산이 190억 달러라고 인정했죠. 이 액수는 작은 나라나 유럽 국가의 GDP와 맞먹어요." 실제로, 이 수치는 전 세계 다른 51개국의 GDP뿐 아니라 유럽연합 회원국인 몰타의 GDP를 넘는다.[32]

이런 경제력 덕분에 부유한 개인과 그 가족은 그들의 재산을 관할하는 나라와 거래할 때 흔치 않은 정도의 영향력을 행사할 수 있다. 예를 들어, 저지섬에서는 초갑부들이 자산관리사를 보내 그 섬의 공무원들과 비밀 거래를 주선해 "자기가 낼 세율을 협상할 수 있다"고 보도되었다.[33] 저지섬의 최고 과세 등급은 20퍼센트로 정해져 있지만, 일부 부자들은 비밀 합의를 통해 낮은 법정 세율의 일부만 내거나 아예 세금 납부를 피할 수 있다. 이런 거래로 인한 세수 손실은 부분적으로 소비세 인상으로 벌충된다. 그리고 이런 조세 전가의 결과로, 이 섬에 상주하는 주민들의 45퍼센트가 매달 청구대금을 치르느라 쪼들린다.[34]

법을 유리하게 만들거나 바꾸어준다고 해서 세계의 부자들이 "민주주의의 규제에서 벗어나 자유"를 찾는 일을 그만두지는 않는다.[35] 극단적인 경우, 그것은 법과 국가 권한을 완전히 무시한다는 의미이고, 한편으로 국가는 알고도 눈감아준다. 취리히에서 자산관리사가 되기 전에 그린피스에서 일한 독일인 에리카는 특히 본인이 '국가와 법 위'에 있다고 여기는 부자 고객들로 인해 애를 먹었다. 무슨 말인지 예를 들어달라고 부탁하자, 에리카는 한 고객과 직접 만나 상담한 이야기를 들려주었다. 그 고객은 부정적인 결과를 불러오는 일 없이 여러 나라의 법을 무시하는 방법을 찾는 듯했다. 그는 대단히 영향력 있어서 적어도 에리카와 그녀의 상사가 그를 위해 일하는 동안은 두 사람까지 이런 면책 특권을 누릴 수 있게 해주었다.

고객을 만나기 위해 우리 회사의 CEO와 비행기를 타고 유럽 밖으로 가야 했어요. 그런데 내가 손가방에 여권을 두고 온 거예요. 고객이 우릴 취리히 공항으로 데려갈 리무진과 전용기를 보냈죠. 나는 공항에서 여권을 가지고 오지 않은 걸 알고서 CEO한테 도로 집에 가야 한다고 말했어요. CEO가 그러더군요. "걱정 말아요." 내가 말했죠. "하지만 우린 유럽을 떠날 거고 난 내 여권이 필요하다고요." 그러자 CEO가 말했어요. "정말로 필요 없다니까요. 집에 도로 갈 필요 없어요." 그래서 나는 괜찮다는 걸 알았죠. 'CEO가 여권을 가지러 안 가도 된다고 두 번이나 말했으니 더 이상 재우치지 말아야겠어. 억류돼서 공항에서 꼼짝 못하면 그러라지' 하고 생각했죠. 우리가 취리히에서 비행기를 탔는데, 아무도 우리 서류를 살펴보지 않았어요. 고객이 있는 곳에 도착하자 리무진이 대기하고 있다가 우릴 바로 고객에게 데려다줬죠. 아무도 우리 여권을 요구하지 않았어요. 심지어 우리가 고객의 제트기로 스위스로 돌아왔을 때도요. CEO 말이 옳았어요. 이 사람들, 그러니까 부자 고객들은 법 위에 있어요. 그건 아주 위험할 수 있죠.

이런 사람들은 부유하고 영향력이 있는 만큼 여전히 에리카 같은 전문가의 서비스가 필요하다. 이에 대해 질문하자, 에리카는 자신이 일하는 회사가 고객을 부자로 만들어주지는 않지만 다른 방식으로 도움을 준다고 대답했다. 고객의 재산을 낭비할 가능성이 있는 소송, 이혼, 실망스러운 상속인 등의 영향에서 확실히 보호해주고, 동시에 고객의 비밀을 신중히 지켜준다고 했다. "그 사람들은 신중성과 충실성 때문에 우리 회사로 와요." 에리카는 이렇게 결론지었다.

부가 정치경제에 미치는 영향

자산관리 전문가는 때로 고객이 나라 전체의 GDP에 버금갈 정도로 개인 재산을 축적하고 유지하도록 도움으로써 국가의 행동 방식을 변화시킨다. 이런 변화는 때로 국가 권력 자체를 손상시키고, 그 나라 주민과 시민의 권리와 행복을 해친다. 예를 들어, 저지섬이 자산관리 중심지로 성공하면서 토지, 재화, 용역의 가격이 높아져 이 섬의 경제에 기여했던 관광업과 농업이 크게 약화되었다.[36] 그 결과 저지섬은 경제 자급자족도가 낮아지고 세계의 다른 곳에서 일어나는 금융 침체에 더욱 취약해졌다. 저지섬은 오로지 역외 금융에만 전념하면서 결국 발목을 잡힌 듯하다. '기적 같은 풍요의 시기(세율이 낮은 복지국가)'는 재정 적자라는 블랙홀로 이어졌다. 다른 경제 기반이 남아 있지 않기 때문에, 정부는 직원을 해고하고 연금수급자나 아동 같은 극빈자에게 가는 혜택을 삭감하고 있다.[37]

자산관리업이 고객을 국가 권한에서 자유롭게 하는 데 성공하면서 또한 국가 권한의 정당성을 전반적으로 약화시켰다. 만약 어떤 개인이 법 위에 있으면서 조세 규제부터 국경 통제까지 모든 걸 받아들이기를 거부한다면, 다른 사람들은 왜 그런 제약을 받아야 할까?[38] 저지섬에서는 섬에서 태어난 사람들의 절반이 저지섬을 떠나는 쪽을 선택하며, 거주민 대부분이 더 이상 정부나 사법부를 신뢰하지 않아 투표율이 곤두박질쳐 국가 정당성이 위기를 겪고 있다.[39] 하지만 이런 불신에 따른 대응은 저항보다는 무관심이다. 이런 현상은 저지섬에서만 나타나는 게 아니다. 실제로 역외 금융 중심지에서 파괴적인 모노컬처경제^{monoculture economy}*로 인해 시민사회의 공동화가 되풀이되는 이런 양상은 '금융의

---

* 한 나라의 경제가 매우 적은 수의 1차산품 생산으로 유지되는 경제를 뜻한다. 브라질의 커피, 말레이시아의 고무와 주석 등의 예를 찾을 수 있다.

저주'라 불리게 되었다.[40]

나와 인터뷰한 자산관리 전문가들이 이를 모를 리 없었다. 많은 사람들이 자산관리업의 성공이 사회 전체에, 특히 부자가 아닌 사람들에게 어떤 영향을 미쳤을지 드러내놓고 의심했다. 두바이에서 일하는 영국인 자산관리사 폴은 세계적으로 자유로이 이동하는 고객들을 위해 세금우대 조치를 협상한 일에 관해 이야기했다. "악순환이죠. 이동하지 않는 사람들의 조세 부담이 늘어나기 때문입니다. 그래서 사람들은 분개하면서 자기도 조세를 회피할 방법을 짜내려고 하죠." 쿡 제도에서 성공한 현지 어민과 우연히 만나 자산관리산업이 나라에 미친 영향에 대한 토박이 주민의 관점을 알 수 있었다. "자산관리사 때문에 모든 사람들이 우릴 '크룩 제도Crook Islands*'라고 불러요. 그 사람들이 우리 정부를 자기네 호주머니에 홀랑 집어넣어 버렸다니까." 그는 말했다. "난 그들이 이 나라에 한 짓을 증오해요."

따라서 자산관리사가 새로운 부의 정치경제학을 만들어내는 데 주요한 역할을 한다고 할 수 있다. 자산관리사는 국가 권력을 사용하는, 또는 에리카의 예에서처럼 사용하지 않는 방식을 만들뿐더러 국가가 부응하는 유의 유권자들에게 영향을 미친다. 가장 놀라운 것은 자산관리 전문가의 개입으로 국가의 관심이 국가에 투표할 수 없는 독립적인 단체의 이익으로 옮겨갔다는 점이다. 국가에 투표할 수 있는 사람들을 희생해서 말이다. 런던에 기반을 둔 자산관리 전문가 루이스는 이런 권력 배열 형태의 윤곽을 이렇게 그렸다. "이제 정부가 작은 행정교구에 지나지 않는다는 걸 사람들이 깨닫지 못하는 것 같아요. 프록터앤드갬블Procter & Gamble, P&G**과

---

* 쿡 제도(Cook Islands)를 살짝 비튼 크룩 제도는 '사기꾼 섬'이라는 뜻이다.
** 프록터앤드갬블은 미국의 대표적인 비누, 세제, 식품, 위생용품 제조업체로, 흔히 피앤지(P&G)로 알려져 있다.

프랑스 정부 가운데 누가 더 영향력이 있다고 생각해요? 물론 피앤지죠. 그들은 원하는 세계 어느 곳에나 사업체를 만들 수 있어요. 고액 순자산 보유 고객도 마찬가지죠. 정부는 어느 정도 그걸 알아요. 그래서 사람들이 미국이나 영국이나 다른 어느 나라에서 제공하는 세금혜택 같은 것에 응해서 전 세계를 돌아다니는 거죠." 루이스가 말한 세금혜택은 흔히 그와 같은 전문가들이 만들어낸 작품이다(4장과 5장 참조). 이것은 초갑부들의 이동 양상에 영향을 미침으로써 정치에 영향을 미친다. 최근의 한 연구는 이렇게 말한다. "금융자본의 조류는 이런 세금혜택에서 생기는 작은 변화에 반응해서 전 세계를 돌아다닌다."[41]

루이스가 염두에 둔 개인들은 그들이 가진 부가 그들을 사실상 '세계 시민'으로 만드는 집단이다. 그들은 하나 이상의 여권을 가지고 있다. 그리고 경제력 덕분에 마음대로 시민권을 포기하거나 획득할 수 있다. 실제로, 최근 역외 조세 회피에 대한 단속이 엄중해지면서 시민권을 포기하는 사례가 기록적인 수치를 보이고 있다.[42] 역내의 기업을 포기하고 역외에 다시 기업을 만들어 절세하려는 회사들과 마찬가지로, 점점 증가하고 있는 고액 순자산 보유 개인들은 '주권국가라는 울타리'에서 도망쳐 나옴으로써 시민의 의무를 지우려는 국가의 노력에 대응하고 있다.[43] 대개 자산관리사가 지휘하는 과정을 거쳐, 고액 순자산 보유자들은 보통 세금이 낮거나 없는 관할권에서 그야말로 더 편리한 시민권을 획득한다.[44] 그래서 루이스 같은 자산관리 전문가의 개입으로, 고액 순자산 보유 개인들은 다국적 기업과 마찬가지로 조세와 규제를 피하는 많은 수단을 얻게 되고, 따라서 국민국가의 권력에 버금가는 권력을 축적할 수 있다.

풀려난 크로이소스[*]

국가와 부자 시민들 사이의 권력 투쟁은 새로운 게 아니다. 최초의 신탁 관리자가 왕의 세금과 상속법을 모면하도록 봉건 영주를 도운 이래로, 자산관리업의 선조들은 그 투쟁에서 중요한 역할을 했다(2장 참조). 19세기와 20세기에, 초기의 자산관리업은 고객이 부를 유지하도록 돕고 사회 및 국가와의 관계와 관련해서 권력 엘리트들에게 본보기를 제공했다. 특히, 세습재산의 보호를 위해 발전한 제도는 명목상으로는 실력주의, 자본주의, 그리고 동등한 기회를 위해 힘을 쏟는 사회에서 부자 집안들이 여전히 우위를 차지하도록 합법화하는 모범사례가 되었다. 신탁과 수탁자(신탁관리자) 역할은 "민주정체와 시장경제에서 기관 설립을 통해 지도력을 발휘하는 상류층과 그 직원들이라는 이념을 제공했다. (…) 이때 상류층은 사회의 수탁자 역할을 한다."⁴⁵ 이로써 광범위한 정치 및 경제의 변화가 우위를 위협할 법한데도, 가족이라는 소집단은 가족, 시장, 국가라는 세 가지 제도의 선두에 서게 되었다.

경우에 따라서는 엘리트 가족이 만든 기관을 일반사람들에게 개방함으로써 이런 효과를 보았다. 한때 국가 통제에서 벗어난 자주성을 제공해 부자 집안의 독자적인 권력 기반 역할을 하던 조직이, 나중에 '수탁자 역할'을 금융, 교육, 보건 등 이전에 국가가 수행하던 기능으로 구조적으로 확대하는 데 이용되었다.⁴⁶ 신탁 구조와 수탁자가 제공하는 모형은 부자 집안이 이런 주요한 제도적 서비스의 공급을 통해 국가에 도전할 수 있는 수단을 제공했다. 세습재산이 국가에 영향력을 미쳐 이를 이루기는 매우 쉬웠다. 예를 들어, 미국에서 부자들은 오래전부터 규제를 받

---

* 리디아 최후의 왕으로 세력을 크게 확장해서 소아시아 연안의 그리스 여러 도시를 정복했다. 헤로도토스의 《역사(histories apodexis)》에 큰 부자로 기록되어 있다.

262 국경 없는 자본

지 않거나 규제가 가벼운 신탁회사 형태로 집안의 은행을 만들 수 있었다.[47] 이런 방식으로 피프스 가*와 록펠러 가에만 서비스하기 위해 만들어진 베서머트러스트와 록펠러트러스트(현재는 록펠러앤드코Rockefeller & Co.)는 나중에 전 세계 고객의 1500억 달러 자산을 총괄하는 주요 자산관리회사가 되었다.[48]

놀랍게도, 현대의 자산관리는 고액 순자산 보유 집안이 이런 방식으로 계속해서 국가나 시장이 만들어낸 것과 견줄 만한 기관을 발전시키도록 아주 노골적으로 권장한다. 이 연구에 참여한 사람들은 1997년에 나온 한 책을 자주 언급했다. 그 책은 재산 보호를 위해 가급적 공화국처럼 구성되는 대리인 관리 체제를 만들어 실행하는 것이 필요한 부자 집안에 조언하는 자산관리 전문가들의 경전이라고 했다.[49] 《가족 재산: 재산의 유지Family Wealth: Keeping It in the Family》는 2세대인 한 자산관리사가 쓴 책으로, 자산관리에 관한 다른 책에 자주 인용된다.[50] 이 연구에 참여한 많은 사람들이 장기적인 자산 보호 전략을 교육시키기 위해 이 책을 대량으로 사서 고객에게 주었다고 말했다.

이런 전략에는 고액 순자산 보유 집안이 스스로를 통제하고, 정기적으로 만나 가족 재산과 가족이 만든 기관의 관리에 관한 사항을 결정하는 대표회의를 구성하기 위한 성문화된 규약을 만드는 것이 포함된다. '가족 은행'을 사용하는 것이 한 사례인데, 이는 가족 재산을 활용하는 수단을 제공한다. 가족 구성원이 상업적으로는 이용할 수 없는 조건으로 대출을 이용할 수 있게 하는 것이다.[51] 대출은 사업계획서를 갖추는 등 공식화된 조건을 따르고, 가족의 장기적인 재산 보호 계획에 기여한

---

* 피프스 가는 19세기 초에 헨리 피프스(Henry W. Henry, Jr.)가 영국에서 이주해오면서 미국에 정착했다. 헨리 피프스는 앤드류 카네기와 친구이자 이웃으로 함께 성장했다. 성인이 되어 카네기철강회사의 2대 주주가 되고 부동산에도 투자해 엄청난 부자가 되었다.

바에 기초해서 받게 될 것이다.[52] 다시 말해, 부자 집안들은 국가나 시장이 제공하는 것을 반영하지만 그것과는 중대한 차이가 있는 기관을 만들도록 교육 받는다. 즉 부자 집안의 기관은 시간이 흐를수록 그 가족을 더 부유하게 한다는 단 하나의 목적을 위해 만들어진다. 이 기관은 결국 국가와 경쟁하는 '사적 복지체제'다. 단 하나의 가족에 서비스를 제공하며 충분한 부를 축적하게 하고, 기관을 충분히 지속시켜서 일반 사람들을 상대로 하는 활동에 관여함으로써 국가와 경쟁한다.[53]

이런 활동에는 자선활동이 포함된다. 자선활동은 국가와 경쟁하고 고액 순자산 보유 개인의 이익을 공적 영역에서 제도화하는 단연코 가장 효과적이고 대중적인 수단이다. 자선활동은 신탁이 영구히 지속되도록 하며(영속성을 금지하는 규정이 광범위하게 폐지되기 전에 자선신탁은 항상 세금을 면제받았다) 부자 집안이 국가의 이념과 정당성에 도전하는 기관을 만들 수 있게 해주었다. 엘리트들과 그 대리인인 자산관리사들은 자선신탁을 이끌면서 가족 재산이 아닌 일반적인 공공질서의 사적 수탁자가 될 수 있었다.[54] 그 영향은 때로는 매우 긍정적이었다. 세계의 많은 주요 대학, 박물관, 병원이, 자선신탁이나 재단으로 이 기관들을 만든 부유한 후원자의 이름을 달고 있다.

한편 부자 집안은 자산관리사의 도움을 받아, 선출된 정부와 다른 공적 국가경영 조직의 정책 및 계획과 의도적으로 경쟁하는 기관을 만들고 있다. 미국에서는 '큰 정부'는 실패한다거나 민간 계획이 공공 제도보다 더 효과적이고 능률적이라는 생각에서, 일부 고액 순자산 보유 집안과 개인이 자선신탁과 재단을 이용해 교육과 빈곤 등의 사회문제를 다루려 하고 있다. 이것은 공적 책임성이 없어 흔히 엇갈린 결과를 낳는다.[55] 저개발 국가들에서는 부유한 자선가들이 공공 부문은 무능하거나 비효율적이라고 생각해서 그것을 우회해, 그들이 국가경영의 공백이라고 보는 부분을 대신 메운다. 그래서 일부 개발도상국에서는 신제국주의 정책이 자선을 가장해 추진되고 있다는 인식이 생겨났다. 예를 들어, 빌 게이츠와 멜린더 게이츠 재단이 후원하는 말라리아 연구는 개발도상국에서 국가 제도를 약화시켜 "세계 보건 정책 수립 과정에 위험한 결과"를 불러오는 '카르텔'로 규정되었다.[56]

발전과 탈식민주의의 난제

이 장에서는 자산관리사가 국가 권한을 지지하는지 약화시키는지 대답해보려 한다. 두 가지 답이 다 맞을 듯싶다. 자산관리사가 국가 권한에 미치는 영향은 어느 나라가 언제 연관되느냐에 달려 있다. 어떤 국가들에는, 자산관리사를 활용해 자국 관할권이 고액 순자산 보유 개인을 최대한 끌어들이는 게 실익이 될 수 있다. 특히 국가 간 조세 경쟁이라는 매개변수는 더 작은 나라에 유리한 경향이 있다. "작은 나라는 상실할 국내 과세 기반이 거의 없고 차지할 외국 과세 기반은 많"기 때문이다.[57] 이런 나라에서 세금을 낮추거나 없애는 것은 경제적으로 많은 비용이 들지 않을 것이다. 반면에, 고액 순자산 보유 고객을 끌어들이면 '경제 오지(1970년대 중반까지 영국령 버진 제도는 이렇게 불렸다)'를 금융 중심지로 바꿔놓을 수 있다.[58] 영국령 버진 제도는 대부분의 세금을 없애고 혁신적인 법을 만들어 국제기업이 자국 관할권의 조세를 피하도록 돕고 있다. 영국령 버진 제도는 이제 세계 역외 사업의 40퍼센트를 유치하고 있는데, 이는 기업과 개인의 재산 수천억 달러에 해당한다.[59] 그러나 뒤에서 설명하겠지만, 이런 경제 격동은 영국령 버진 제도 현지인에게 축복이자 저주이기도 하다. 현지인들은 조세 부담이 늘어나고 민주적 절차가 위태로워지는 현실을 보고 있다.

자산관리, 세계화, 그리고 탈식민주의의 발전

세계적 금융화가 단연코 영미권의 현상이라면, 이는 대체로 18세기와 19세기에 영국제국의 팽창과 더불어 퍼져나간 신탁 및 신탁관리자의 역할 때문이다.[60] 식민주의의 직접적인 결과로, 자산관리업의 가장 중요한 수단인 신탁과 신탁관리 개념이 모든 식민지 지역의 법체계로 확산되었다. 그 틀의 잔재를 오늘날 주요 역외 금융 중심지에서 찾아볼 수 있다. 대부분 역외 금융 중심지는 과거에 영국 식민지였거나 현재까지도 그렇다. 여기에는 싱가포르, 홍콩, 채널 제도, 버뮤다, 케이맨 제도, 영국령 버진 제도가 포함된다. 거의 한 세기 전에 한 학자는 이렇게 지적했다. "보통법이 침투하는 곳이면 어디든 손아래 누이인 형평법을 데리고 온다. 신탁 장치 일체 그리고 법적 소유권과 형평법상 소유권의 구분과 함께 말이다."[61]

과거 식민지였던 이들 관할권에서는 현재 많은 법률상의 혁신과 자산관리 수단이 생겨나고 있다.[62] 어떤 의미에서, 1950~1960년대에 일어난 많은 독립운동은 과거 식민지 국가들이 제국 열강이 주도하는 세계 금융에서 다시금 비공식 식민지가 되도록 했다. 제국의 엘리트들은 재산을 고국의 과세로부터 숨기기 위해 식민지를 이용했다.[63] 식민지들이 제국 열강으로부터 정치적으로 분리되자, 엘리트들은 새로운 조세도피처가 필요하다는 사실을 깨달았다. 특히 당시 역내의 한계세율*이 90퍼센트를 상회할 수도 있었기 때문이다.[64]

당시 탈식민주의 정책이 신생국을 세계 금융과 자유무역 중심지로

---

* 세금이 총수입 기준에 따라 계산되면 평균세율이고, 수입의 초과분에 대해서만 계산되면 한계세율이라고 한다.

개발하는 데 중점을 두었던 것은 놀라운 일이 아니다. 이들 중심지의 주요 매력은 유럽 열강에서 유래한 유산법 체계와 결합된 낮은 세율이었다. 엘리트들의 재정적 동기는 당시 팽배해 있던 정치적 정서와 잘 들어맞았다. 과거 제국주의 국가였던 몇몇 나라들, 특히 영국과 네덜란드는 "식민지 지배자라는 시대착오적인 역할이 불편했고, 그래서 과거 식민지들의 (…) 역외에 대한 열망을 지원했다."[65]

다른 산업에 비해 사회간접자본이 필요치 않은 금융 부문을 개발하는 것은 식민지를 발전시켜 경제적으로 자족하게 만드는 가장 빠른 방법이었다. 현재 파나마시티에서 자산관리업을 하는 트레버는 이 과정에서 주도적인 역할을 했다. "1969년에 영국 정부가 나를 터크스케이커스 제도로 보냈죠. 금융사업법을 검토해서 금융사업위원회를 설립하라는 거예요. 당시 내 소관은 이런 거였어요. '이 섬들은 영국 납세자들이 엄청난 비용을 치르게 하고 있다. 따라서 섬의 경제적 독립성이 발전하도록 역외 금융과 역외 기업을 권장하기를 바란다.'" 터크스케이커스 제도는 1970년대 중반에 정치적으로 독립했고, 현재 금융 서비스 부문에서 GDP의 30퍼센트를 거둬들이고 있다.[66]

경제적 자급자족을 위한 다른 선택지가 거의 없는 작은 나라들에서 자산관리 서비스 공급자가 되는 것은 경제적 독립으로 가는 대단히 매력적인 지름길이다. 그 결과, 많은 역외 정부가 자국의 경제 복지를 촉진하기 위해 금융 서비스 산업의 규제 당국만이 아니라 금융 서비스 산업의 개발자 역할도 한다. 그래서 세이셸 제도의 한 금융 규제 담당자(세이셸 토박이)는 자기네 정부기관이 그 섬을 세계무대에서 좀 더 매력적으로 만들기 위해 어떻게 사회기반시설을 세웠는지 이야기해주었다. "그래요, 우린 그 산업을 개발해서 키우려 노력하고 있어요. 우리가 만든 정부기관인 세이셸경영연구소Seychelles Institute of Management를 통해서 말이죠. 거기

강사에는 규제 담당자들이 포함되어 있어요. (⋯) STEP처럼 이 기관은 역외 업계의 기초 자격증을 제공해서 금융 서비스 산업을 현지인들에게 가르치죠." 세이셸 제도가 아프리카의 가장 부유한 나라가 되는 데는 이런 전략이 도움이 되었다.[67] 이 섬은 역외 사업에서 성공을 거두었고 일부 토착민들은 이런 성취에 자부심을 느낀다. 이것이 '유해한 조세 경쟁'에 연루된 조세도피처를 블랙리스트에 올리려던 OECD의 노력이 '재정 식민주의'와 '경제 식민주의'로 비판받은 이유다.[68]

자본이 세계적으로 이동할수록, 식민지에서 벗어난 작은 나라들이 자국의 영토 경계와 주권의 독립성을 강조하는 데서 유래하는 이점이 더 커진다. 예를 들어, 쿡 제도의 지리적 원격성은 그곳이 자산보호신탁의 주요 관할권으로서 갖는 주된 매력이다. 이런 위치뿐만 아니라 한때 스위스를 금융 강국으로 만든 국제조약망으로부터 전략적으로 거리를 둠으로써 별 제재 없이 국제 압력을 묵살할 수 있었고, 쿡 제도는 깨지지 않는 성공 기록을 세웠다(4장 참조). 쿡 제도와 멀리 떨어진 다른 조세도피처들은 위치 덕분에 주권이 제공하는 가능성을 실행할 수 있다. 이런 가능성 가운데 가장 중요한 것은 자국 법 이외의 법은 인정하지 않을 권한이다. 내륙국인 스위스의 사례가 보여주는 대로, 중심에 위치하는 나라들은 때로 지리적 편리성이 골칫거리다. 그로 인해 국제법 및 국제 금융체제에 얽혀들어 외압의 의지에 굴복하기 쉽다.

과거 에스파냐의 식민지였다가 그 후 영국의 분할 지배하에 있었던 파나마는 현재 쿡 제도와 비슷한 입장에서 주권을 행사한다. 쿡 제도는 두드러진 지리적 특성 덕분에 조세도피처 사업에 대한 개입을 줄이라는 OECD와 미국의 압력을 견딜 수 있다. 현재 파나마시티에서 자산관리사로 일하는 영국인 닉은 이렇게 일러주었다. "OECD는 조세 정보를 공유하지 않는 나라들을 블랙리스트에 올리겠다고 위협하고 있어요. 하지만 파나마는 영향력을 행사할 수단이 있거든요. 보복법^{Retaliation Act}이라는 걸 갖고 있어요. 그래서 공격에 반격하기 위해 경제적 수단을 이용할 수가 있죠. 바로 운하를 폐쇄한다는 의미예요. 운하는 파나마와 한 세기 이상 맏형^{Big Brother} 관계*를 맺어온 미국에게 특히 중요하거든요. 그래서 파나마는 OECD와 미국의 실력 행사에 맞서 이용할 확실한 위협책을 갖고 있는 거예요. 즉 원한다면 미국 동부 해안의 경제를 폐쇄해버릴 수 있는 거죠." 보복법 같은, 국제 압력에 대한 제도화된 저항은 분명히 탈식민주의 사고에서 나온다. 탈식민주의 사고는 역외 금융 그리고 자산관리업과의 연대가 정치적 독립성과 국가의 자존심을 주장하는 일이라고 여긴다.

이 연구에 참여한 많은 자산관리사가 자신이 과거 식민지들의 경제적 독립에 꼭 필요하고 대단히 긍정적인 역할을 하고 있다고 보았다. 그들은 자신이 하는 일이 국제개발처들이 맡은 임무를 민간 부문에서 수행하는 것이라고 이야기했다. 홍콩에 기반을 둔 영국인 자산관리사 스티브는 자산관리업의 이런 측면에 대한 이해가 아주 부족하다며 낙담했다. "우리 직업이 없다면, 경제 개발에 연료를 제공하기 위해 이용할 수 있는 거대한 자본 공급원이 없을 거예요. 그래서 전부는 아니지만 많은 이들이 우리가 하는 일은 주로 사람을 돕는 일이라고 본답니다. 단지 우리 고객만이 아니라 일반적으로 투자와 경제 성장을 위해 자본 흐름을 유지하도록 돕는 거죠. 하지만 우리는 이걸 효과적으로 이해시킬 수가 없어요. 하는 일의 속성상 우린 비밀과 신중성을 키우거든요. 그래서 이 직업은 우리와 자산관리산업에 대한 주장에 대응할 준비가 전혀 되어

---

* 미국의 '맏형' 정책은 1880년대에 남아메리카의 여러 나라에 대한 유럽의 간섭에 대처하기 위해 나온 먼로주의를 확대한 것이다. 미국이 주도해서 남아메리카 나라들을 결집시키고 그들의 시장을 미국 무역업자들에게 열게 하려는 것이 목적이다.

있지 않아요. 솔직히 말해, 우린 공개적으로 이길 수가 없는 거예요."

이런 관점을 표명한 건 스티브 같은 백인 유럽인만이 아니었다. 자신이 일하는 나라의 토박이인 자산관리사들 역시 비슷한 견해를 나타냈다. 예를 들어, 인도 혈통의 모리셔스 토박이 아르준은 자산관리업과 그것이 역외에서 하는 일에 대한 '부정적인 이미지'가 곤혹스럽다고 말했다. 자산관리사가 모리셔스와 인도 사이의 조세조약을 촉진하고 고객이 그것을 이용하도록 돕지 않았다면 "아마도 인도는 지난 10년 동안 받은 투자를 받을 수 없었"을 거라고 했다. 전직 법학 교수였고 지금은 자신이 태어난 곳인 홍콩에서 자산관리업을 하는 진은 자기가 하는 일이 미치는 영향에 관해 비슷한 의견을 말했다. 홍콩의 부자 집안들이 역외의 재산을 아프리카의 천연자원과 뉴욕의 증권거래소에 투자하도록 도움으로써 "우린 해결 방법을 제시하는 거죠. 우리의 제도가 따라오는 동안 우리나라가 경제 발전을 이룰 수 있도록 말입니다. 우리는 세상이 우릴 지나쳐가는 동안 우리의 경제체제와 정치제제가 성숙해지도록 여러 세대를 기다리고 싶지 않거든요."

하지만 자산관리사가 식민지에서 벗어난 후의 경제 발전에 긍정적으로 기여한다는 이런 서사는 자산관리업과 역외 금융 서비스에 진출하지 않은 많은 과거 식민지가 보여주는 증거로 인해 약화된다. 이 나라들은 엘리트들이 해외의 조세도피처를 이용하는 까닭에 더 심한 재정적 어려움에 내몰렸다. 예를 들어 과거 영국 식민지였던 나이지리아는 자본의 해외 도피로 3000억 달러 이상의 세수를 잃었다. 이는 그 나라의 외채를 몇 번이나 갚을 수 있는 액수였다.[69] 나이지리아의 개인 재산 830억 달러 가운데 4분의 1 이상이 현재 단 두 곳, 즉 영국의 부동산과 스위스의 은행계좌에 있다.[70]

이것은 세계 자본의 흐름에서 보이는 더 큰 양상과도 일치한다. 세계의 신흥부자들은 대부분 유럽과 북아메리카 바깥에서 생겨나고 있다. 하지만 그들 재산 가운데 많은 부분이 결국 자산관리 사업의 전통적인 중심지로 간다.[71] 이런 식으로, 자산관리는 개발도상국의 기반을 약화하는 한편으로 그 나라의 엘리트들이 역외에 독립적인 '세력 기반'을 다지도록 돕는다. 형편이 좋지 않은 동포들을 희생해 엘리트의 개인 재산을 확실히 늘리는 것이다.[72]

해킹당한 주권

사람들이 잘 인식하지 못하는 세계화의 역설 가운데 하나는, 자산관리사는 역외 금융 중심지를 세계적인 자본을 위한 '초超자유 지역'으로 만드는 일을 돕는 반면에, 역외 금융 중심지 자체는 보통 '대단히 억압적인 곳'이라는 점이다.[73] 어떤 사람들은 이런 상황을 쿠바의 관타나모만에 있는 미국 해군 기지의 상황과 비교하면서, 쿠바의 해군 기지 부지가 미국을 위한 것이듯 역외가 과거 식민지 열강을 위한 것이라고 말한다. 이런 곳에서는 지원 국가가 "역내에서는 불법인 일을 역외에서" 할 수가 있다.[74] 대테러전에서 미국의 불법 작전이 수행되는 해외의 블랙사이트black site처럼, "조세도피처는 지원하는 주요국의 보호와 지지를 받는다. 하지만 지원국은 그 조세도피처가 자국 책임이 아니기에 통제할 수 없다고 주장하기에 충분할 만큼 독립성이 있다.[75] 예를 들어, 케이맨 제도는 1980년대 이란-콘트라사건Iran-Contra affair*을 가능하게 하는 데 중요한 역할을 했다. 당시 미국은 이란에 불법으로 무기를 판매한 수익금을 케

---

* 미국 국가안전보장회의가 레바논에 억류되어 있는 미국인 인질을 석방시킬 목적으로 비밀리에 이란에 무기를 판매하고 그 대금의 일부를 니카라과의 콘트라 반군에 지원한 사건이다. 이란에 대한 무기판매는 전쟁 중인 이란에 지원하지 않고 테러리스트와 흥정하지 않는다는 미국 행정부의 공식 입장에 위배되고, 콘트라 반군 지원은 콘트라 반군에 대한 일체의 직간접적 지원을 금지한 의회의 볼런드수정법을 위반했다.

이맨 제도의 계좌를 통해 보내서 니카라과에서 벌어지고 있는 불법 전쟁에 자금을 댔다.[76] 1장에서 탁월한 '경제적' 셸 게임을 이야기했는데, 이는 탁월한 '정치적' 셸 세임인 셈이다.[77] 역외 금융 중심지는 부유한 개인과 집안을 위한 비밀 관할권 역할을 하고, 일부 역내 국가에 뒤로 빠져나갈 구멍을 제공한다. 이란-콘트라사건이나 최근에 있었던 테러 용의자의 '특별송환extraordinary rendition*' 사건에서처럼 말이다. 이는 정확한 위치를 파악할 수 없는 지배 구조를 성장시킨다.[78] 경제적 세계화와 대응 관계에 있는 역외 정부와 역내 정부 사이의 이런 세력 배열은 많은 방면에서 어떤 공식적인 장치도 없는 '식민지 관계'를 다시 아로새긴다. 따라서 이 관계에는 한때 지배 열강과 식민지의 관계를 규정하던 정도의 책임과 책무도 없다.

물론 국가가 '포로가 되는' 현상은 한 가지 의문을 제기한다. 누구에 의한 포로일까? 그 답은 과거 식민 정부가 아닌, '초국가적 계층'인 것 같다. 이 초국가적 계층에는 고객 순자산 보유 개인과 더불어, 자산관리사처럼 그들의 대리인 역할을 하는 엘리트 전문가가 포함된다. 이 전문가들은 대가quid pro quo를 주고 현지 엘리트들의 협조를 얻거나, 적어도 묵인된다. 예를 들어, 4장에서 이야기한 '애엄마 신탁'의 앨런 스탠퍼드는 본질적으로 카리브해의 안티과섬을 사들임으로써 그 정부에 대출을 해주었다. 이것은 정치 지도자들이 공공연하게 생색을 낼 수 있는 병원을 짓도록 3000만 달러를 제공한 대가로, 스탠퍼드가 수많은 법적·경제적 혜택을 받았다는 의미다. 결국 스탠퍼드의 개인 재산은 22억 달러로 불어났다. 이는 안티과 GDP의 거의 두 배에 달했다. 스탠퍼드는 이 섬에서

---

* 변칙송환 또는 강제송환이라고도 한다. 주로 미국 정부가 지원해서 다른 나라의 동의를 받아 테러 용의자를 납치해 사법 절차에 의하지 않고 한 나라에서 다른 나라로 이송하는 것을 말한다.

두 번째로 큰 고용주가 되었을 뿐 아니라 주요 신문의 사주가 되었다. 대신에 안티과 현지 정치 엘리트들은 부자가 되고, 스탠퍼드가 은밀히 대준 자금으로 국민들에게 선심을 베풀 듯이 보임으로써 정치권력을 계속 유지했다.[79]

이런 상황에서, 국가 권력은 점점 그 나라의 주민도 시민도 아닌 사람들의 이익에 기여한다. 게다가 민주정치가 돈벌이 (또는 뒷돈 받기) 사업에 개입해서 방해할 위험이 거의 없다.[80] 역외 금융 중심지의 이런 정치 풍조는 초국가적인 자본과 대리인이 선호하는 것에 방해가 되면 흔히 현지인의 권리가 축소된다는 것을 의미한다. 더욱이 기자와 연구자를 구금, 국외추방, 위협해서 조사와 투명성을 단념시킨다.[81] 그리고 모든 수단이 실패하면, 현지 엘리트들은 제국주의 카드를 쓸 수 있다. 금융산업이 자국 정치와 경제에 행사하는 부당위압undue influence*에 의문을 제기하기만 해도 독립국가의 시민인 그들의 대리인을 모욕하는 것이라 주장하는 것이다. 이런 수사修辭 전략은 이 세기 초에 일부 역외 금융 중심지들을 블랙리스트에 올리려는 OECD의 시도를 피하는 데 대단히 효과가 있었다.[82]

인터넷에 연결된 컴퓨터는 원격 지휘하에 해킹을 당해 무차별 광고성 전자우편을 보내거나 바이러스를 퍼트릴 수 있다. 대개 컴퓨터 소유자가 알아차리지 못하는 채로 말이다. 조세도피처에서 나온 증거는 국가가 해킹을 당해 외국 엘리트들의 노리개가 될 수 있음을 보여준다. 이런 과정은 공식적으로는 이렇게 묘사된다. "초국가적 자본가계급은 공식적인 국가를 뛰어넘는 초국가적 제도와 관계의 촘촘한 망을 통해, 국가

---

* 부당위압은 영미법상 개념으로, 계약 체결 당시 부적절한 영향으로 인해 계약이 자유의지로 체결되지 않았음을 의미한다. 당사자 간의 권력 관계가 이렇게 불평등하면 독립된 의지를 자유로이 행사할 수 없기 때문에 한쪽 당사자의 동의가 무효화될 수 있다.

정부들을 영토로 묶인 사법 단위(국가 간 체제)로 이용함으로써 계급 권력을 행사한다. 이때 국가 정부들은 전달벨트^{transmission belts}* 와 여과장치로 변형된다."[83] 현재 세계를 주도하는 역외 금융 중심지의 하나인 영국령 버진 제도는 이런 현상에 대한 생생한 사례연구를 제공한다.

포로 국가?

1984년 영국령 버진 제도는 국제기업법(IBC법)을 통과시켰다. 이 법으로 인해 역외 금융산업은 빠르게 변화했고, 영국령 버진 제도는 세계를 주도하는 조세도피처라는 현재 위치에 올라섰다.[84] 이 법은 현지 국민의 이익을 대표하는 국가와, 전 세계 고액 순자산 보유 개인들에게 한정된 이익을 대표하는 자산관리사 사이의 관계를 흥미진진하게 보여준다.

IBC법은 미국이 영국령 버진 제도와의 이중과세 조약을 취소한 데 따른 대응으로 만들어졌다. 이런 변화는 영국령 버진 제도의 경제에 급격한 침체를 가져올 우려가 있었다. 하지만 이 법은 영국령 버진 제도의 입법자들이 입안한 게 아니었다. 대신에 "월가 변호사의 도움을 받아 런던에서 온 조세 전문 법정변호사** 가 대부분 일을 했다."[85] 이 법을 만드는 데는 6개월이라는 기록적인 시간이 걸렸다. 당시 영국령 버진 제도의 입법 조직은 특별결의를 거쳐 이 법안을 당일로 통과시켰다.[86] 이렇게 해서 일어날 수 있는 공적 논쟁을 막아버렸다. 실제로 특별결의에 참석한 영국령 버진 제도의 한 정부 각료는 이렇게 말했다. "나는 어떤 논쟁도 필요치 않다고 봅니다."[87] 그래서 주로 영국과 미국의 전문가들이 쓴 법

안이 영국령 버진 제도의 법이 되었다. 국민에게는 아무런 의견도 구하지 않고 말이다.

STEP 문헌은 이런 유의 입법 과정이 작은 역외 국가와 일할 때 누릴 수 있는 이점이라고 말한다. "관할권이 작고 금융에 대단히 집중되어 있으면 금융산업에서 일어나는 변화를 이용해 법과 규칙을 빠르게 수정할 수 있다. 매우 다양화된 경제는 많은 이해당사자를 고려해 협상해야만 한다."[88] 다양한 이해당사자를 고려해서 협상하는 것은 민주주의가 건강하고 잘 기능한다는 신호로 여겨진다. 하지만 또 이런 과정은 시간이 걸리고 결과에 대한 불확실성을 높여서 외국 투자자들 사이에 불안감을 불러일으킨다.

영국령 버진 제도는 이런 불편함을 제거하는 데 신속하다. 부분적으로 자국의 문화와 제도를 일부 고액 순자산 보유 개인의 구미에 기꺼이 맞추려 한다는 점에서 이렇게 평가할 수 있다. 1988년 홍콩에서 일하던 한 오스트레일리아인 회계사는 영국령 버진 제도의 정부 공무원에게 중국 고객이 8월 8일에 영국령 버진 제도 회사를 설립할 수 있도록 법인 등기소를 열어달라고 "간청, 협박 또는 회유했다"(역사는 이를 기록하고 있지 않다). 중국인에게 88년 8월 8일은 최고의 행운을 가져다주는 날이기 때문이다.[89] 대개 영국령 버진 제도의 모든 관공서는 매년 8월 8일을 포함한 3일 간의 노예제 폐지 기념일에 문을 닫는다. 하지만 역외 사업이 그 섬에 새로운 우선사항을 만들어내, 가장 악랄한 식민주의 제도에서 해방되었음을 기념하는 중요한 날을 대체해버린 것이다. 과거 영국 식민지 두 곳에 기반을 둔 전문가들 사이의 협력으로 이런 교묘한 조치가 이루어졌다는 점은, 새로운 형태의 은밀한 제국주의가 작동하고 있음을 보여준다. 이런 은밀한 제국주의가 "지브롤터에서 저지섬까지, 케이맨 제도에서 영국령 버진 제도까지, 해가 지지 않는 영국의 조세도피처 제국"

에서 구현되었다.[90]

　이후 수년간, 영국령 버진 제도는 자산관리산업과 고객의 이익을 보호하기 위해 탈세와 범죄 수사를 벌이는 역내 국가로부터의 정보 제공 요청을 거듭 묵살했다. 이렇게 한 건 영국령 버진 제도만은 아니었다. 4장에서 이야기한 대로 쿡 제도에서도 이런 일은 흔하다. 하지만 영국령 버진 제도는 쿡 제도와 달리, 다른 관할권과 역외 고객에 대한 정보 교환을 약속하는 수많은 조약에 서명했다. 이렇게 합의하고도 외국의 요청으로 실제 수익자가 확인된 경우는 많지 않다. 프랑스가 요청한 59건은 묵살당했다.[91]

　그래서 영국령 버진 제도 정부의 탈식민주의 발전 전략은 그 나라를 자산관리산업과 고객에게 가능한 한 쾌적하게 만드는 것이라고 할 수 있다. 하지만 이는 이 나라가 자국의 제도와 조약을 저버린다는 의미다. 이런 전략은 정치에 영향을 미칠 뿐 아니라 불가피하게 현지인들의 경제적·문화적 환경을 형성한다. 한편으로, 역외 금융 사업 덕에 현지인들은 이웃보다 더 잘 살게 된다. 영국령 버진 제도는 다른 카리브해 지역에 비해 훨씬 더 높은 생활수준을 누린다고 한다.[92] 적어도 그 나라 GDP의 60퍼센트가 역외 금융에서 나온다. 현지 자산관리 전문가인 셔먼은 그 수치가 70퍼센트라고 말했다.[93] 이 많은 부분이 IBC법에 직접적인 원인이 있다. IBC법은 외국의 고액 순자산 보유 개인과 기업에게 대단히 매력적이어서, 영국령 버진 제도는 최소 6150억 달러에 달하는 IBC 자산을 포함해서 전 세계 역외 사업 시장의 40퍼센트를 점유한다.[94] "금융산업을 개발하려는 다른 관할권들은 이 섬나라의 성공을 감안해서 IBC법의 언어를 글자 그대로 베끼고 있다."[95]

　하지만 현지인들은 영국령 버진 제도가 외국인에게 제공하는 법과 서비스를 이용할 수 없다. 예를 들어, 영국령 버진 제도의 국제기업은 그

섬의 시민과 거래를 하거나 사업을 하는 것이 허용되지 않는다. 게다가 2004년에 잠재적인 IBC 이용자를 더 많이 끌어들이기 위해 개인 소득세와 법인 소득세를 폐지했을 때, 임금법이 통과되어 그 나라의 재정 부담을 아래로 전가시켰다. 각 지역의 급여가 8퍼센트 깎인 것이다. 역외 산업에서 가장 영향력 있고 최고의 보수를 받는 일자리는 여전히 영국, 북아메리카, 남아프리카공화국 출신의 남성 국외 거주자가 장악하고 있다는 점이 이런 사실을 분명히 보여준다.[96] 그래서 현지인은 국적, 성별, 인종으로 인해 역외 산업 내에서 위로 올라갈 수 있는 기회가 대단히 제한되어 있다.

내가 인터뷰를 진행한 영국령 버진 제도, 세이셸 제도, 그리고 다른 많은 조세도피처 섬나라의 모든 사무실에서 고객을 상대하는 일자리는 거의 영어권 나라 출신의 백인 남성이 장악하고 있었다. 반면에 고객을 직접 상대하지 않는 부서의 일을 하는 건 주로 현지 유색인 여성이었다. 영국령 버진 제도에서 보기 드물게 고객을 상대하는 일을 맡고 있는 아프리카계 카리브해인 콘스턴스는 이렇게 말했다. "이 산업은 국제적으로 운영되고 있어요. 게다가 영국인이나 남아프리카공화국인 등 외국인에 의해 운영되죠. 신탁 산업에 종사하는 사람들 가운데 80~90퍼센트 정도가 영국인이에요. 그래서 내 동료 한 사람은 '재再식민지화'라고 하죠." 콘스턴스는 식민지 역사에서 선교사가 주요한 역할을 했다는 데 동의하면서 이렇게 덧붙였다. "여기 와서 일하는 영국 사람들은 일종의 복음주의 방식으로 STEP를 함께 가져오고 있어요."

자산관리산업이 영국령 버진 제도에 진출해서 누구의 이익에 이바지하는지 보여주는 또 다른 예가 있다. 영국령 버진 제도의 수도에 있는 한 고등학교에서는 최근 교사와 어린 학생들 사이에 다음과 같은 대화가 오갔다고 전해진다. 딸려 있는 사진으로 판단하건대, 이들은 모두 유색인이다.

　"버진 제도는 이곳에 근거지를 둔 투자자의 자산과 비밀을 보호하는 것을 목표로 한다." 학생들은 한 목소리로 읊었다.

　"세금을 징수하는 건 누구죠?" 교사인 스캐플리프-에드워즈가 묻는다.

　"정부예요, 그렇지 않나요?"

　"네, 그렇습니다!"

　"사람들이 세금 내는 걸 좋아할까요?"

　"아니요!"

　"그렇다면 사람들에게는 세금을 제일 적게 내는 쪽을 선택할 권리가 있지 않을까요?"

　"네, 그렇습니다!"

　"선택의 자유는 시민의 기본권이에요." 교사는 교사답게 결론짓는다. "그래서 사람들이 버진 제도를 선택하는 건 바람직한 일입니다."[97]

　이 대화는 금융 과목 수업 도중에 이루어졌다. 하지만 그 이념적 요소가 의도하는 바는 영국령 버진 제도의 유권자들이 역외 금융산업과 이것이 사회에 미치는 영향에 대한 비판적인 시각을 발전시킬 가능성을 낮추어 '주권을 해킹하는' 것인 듯하다. 그래서 영국령 버진 제도는 형식적인 면에서는 여전히 민주국가이지만, 자산관리산업과 고객의 세력에 의해 민주적 절차가 왜곡되었다.

결론

영국령 버진 제도에서 IBC법의 통과로 이어진 사건들은 세계화된 부가 국가 권력에 미치는 영향을 살펴보는 데 유용하다. 이 사건들은 또한 식민지 시대와 관련된 '권력 관계'가 어떻게 역외 금융과 자산관리사가 하는 일에 다시 아로새겨질 수 있는지 말해준다. 국외 거주 전문가들이 법안을 작성하는 역할을 맡고 영국령 버진 제도의 공무원들은 논쟁 없이 그 법안이 통과되도록 협조하는 상황은, 역내와 역외가 대항하는 세력이 아니라 오히려 '상호 의존하고 관련된 공간'임을 분명하게 보여준다.[98]

IBC법의 사례는 또한 이 장을 통해 은연중에 품게 되는 의문을 표면 위로 떠오르게 한다. 이렇게 주권과 전문성을 이용해서 누가 이익을 얻는가? 1장에서 말한 대로, 전문직업은 역사적으로 "그들이 하는 일이 사회와 공공의 복지에 특별히 중요하다"는 관점에서 그들의 특권이 정당화된다고 여겨졌다.[99] 마찬가지로, 영국령 버진 제도의 입법기관처럼 민주주의에 입각한 입법기관은 그 나라 모든 시민의 의지와 최선의 이익을 대표한다고 여겨진다. 확실히, 영국령 버진 제도는 역외 금융에서 하는 역할을 통해 경제적 이익을 얻는다. 정부 재원으로 들어오는 세수의 무려 절반 이상이 역외 금융 사업에서 나온다. 하지만 그들의 민주주의, 그리고 심지어 교육제도는 그 성과는 상관없는 고객을 대변하며, 그 나라 사람들의 행복과 발전에 실제적인 이해관계가 없는 자산관리사들에 의해 부당한 압박을 받고 있다.

역외 금융 중심지의 현지인은 자산관리업이 역외 국가에 미치는 이러한 두 가지 영향으로 인해 자산관리업에 '애증'을 느낀다. 자산관리업은 단기적으로는 그들 나라에 경제적 번영을 가져다준다. 하지만 결국 그 대가로 현지인들이 주요 제도를 포기할 것을 요구한다. 이런 파우스트식 거래를 받아들이는 국가는 만일 그들의 '은인'이 어려운 시기를 맞이한다면 결국 경제적으로 모든 것을 잃고 정치는 제대로 기능하지 않는 결과에 봉착할 수 있다. 예를 들어, 안티과는 앨런 스텐피드의 금융사기가 실패하고 하룻밤 사이에 GDP의 10퍼센트와 관광수입 25퍼센트를 잃었다.[100] 최근에는 역외 금융산업이 위축되면서 저지섬이 비슷한 위기에 빠졌다고 보도되었다. 저지섬의 경제는 파산으로 치닫고 있고 정치, 교육, 사회 제도 역시 역외 금융에 의존해온 까닭에 심각하게 약화되었다고 한다.[101] 이들 나라가 초국가적 부에 서비스하기 위해 그렇게 많은 것을 넘겨주고도 회복할 수 있을지는 두고 볼 일이다.

역외 세계를 연구하는 한 학자는 이렇게 지적한다. "세계화가 일어나면서 (…) 희생되고 있는 건 국가나 통치권이 아니라 국민 주권입니다."[102] 이 말은 부자들이 국가의 권위에 계속해서 제기하는 도전에도 똑같이 적용된다. 부자 집안들은 공적으로 책임이 있는 제도를 무시하면서 자선신탁을 통해 그들을 위한 지배 모형을 만들어낸다. 이런 노력은 정당성을 얻고 있으며, 오늘날 자산관리업의 선구격인 신탁관리라는 모형을 통해 조직적 효율성을 얻고 있다. 현대의 자산관리사는 이 전통을 이어서 자산관리 고객이 개인 은행과 다른 수단을 만들도록 한다. 국가 제도에 도전하기 위한 자본뿐 아니라 국가 권한으로부터 자유로운 구역을 제공하는 수단 말이다.

하지만 이런 활동이 결코 국민국가를 무의미하게 만들지는 않는다. 대신에 자산관리 전문가 같은 대리 행위자를 통해 국가 권력을 '해킹'해서 국가의 주민도 시민도 아닌 사람들의 이익에 봉사하게 한다. 명목상 민주주의인 역외 국가에서 공익에의 공헌은 주로 초국가적 자본의 소유주에게 맞춰진 법과 정책의 부차적인 결과다. 자산관리가 국가 권력을 강화하느냐 약화시키느냐 하는 문제에 대한 답은 둘 다. 개인 자산관리 전문가, 고객, 자산관리업에 무엇이 가장 유리한지에 따라서 말이다. 초갑부와 다른 모든 사람들이 점점 더 분리되는 현상과 더불어, 이런 불안정한 동맹은 세계화의 규범이다. 최근의 한 연구는 이렇게 지적한다. "현대의 금권정치는 부유한 조직과 개인 사이의 항상 변화하는 동맹일 뿐이다. 서로의 이해관계가 겹치기에 경쟁할 뿐 아니라 이따금 협력하는 것이 유익하다는 사실을 그들은 안다."[103]

확실히, 경쟁은 오래전부터 국제 정치경제의 일부분이었다. 하지만 상당히 최근까지 국가 권력의 척도는 도전자를 억제하는 능력이었다.[104] 현대의 환경에서 달라진 것은 억압보다는 선출co-optation이 지배적인 동력이라는 점이다. 초국가적인 엘리트라는 행위자는 (주도적인 역할을 하는 자산관리사와 더불어) 지배를 위한 공개적인 투쟁 대신 조용한 무혈 쿠데타를 잇달아 수행한다. 이런 국가 포획 과정이 큰 성공을 거두며 계속되고 있다.

역내에서는 낙관론이 일어나는 많은 이유가 있다. 최근의 한 연구는 이스라엘이 자산관리 전문가를 통해 고액 순자산 보유 개인이 벌이는, 탈세를 포함한 불법행위의 엄중한 단속에 성공하고 있다고 전한다. 모든 탈세자를 엄중 단속하는 데 필요한 인력이 부족한 이스라엘의 세입 당국은 정부가 자산관리 전문가와 고객 모두를 위한 비용·수익 계산법을 바꾸는 법률을 만들도록 설득했다. 자산관리 고객은 이제 외국 자산관리사와 일할 동기가 줄어들었다. 반면에 이스라엘 자산관리 전문가들은 한때 조세 회피를 가능하게 해주고 얻은 만큼의 수익을 확실한 조세 준수를 통해 얻을 수가 있다. 이 연구는 이렇게 결론짓는다. "따라서 규제 당국자들은 자산관리 전문가와 고객 사이의 통상적인 동맹을 갈라놓고, 그 대신에 전문가와 규제 당국자 사이의 규제 준수를 지지하는 동맹을 일궈냈다."[105]

이런 혁신이 다른 나라 상황에 적용될 수 있는지는 두고 볼 일이다. 어떤 사람들은 이스라엘이 전통적으로 사회 연대 수준이 높기 때문에 특별한 경우라고 주장한다. 또 어떤 사람들은 최근 이스라엘 사람들을 대상으로 한 여론조사가 사회 연대 수준이, 특히 경제 불평등과 그것을 방지하기 위한 대책에 관한 한 아주 낮다는 사실을 보여준다고 지적한다.[106] 후자의 사람들은 이스라엘이 자국 밖으로 세금이 새어나가는 것을 막으려는 역내 국가들에 유익한 선례를 제공할 수 있다고 말한다.[117]

7장

자산관리의
미래

조앤 디디온Joan Didion은 이렇게 썼다. "돈과 권력이 가진 은밀한 점은 돈으로 살 수 있는 것들도 아니고 권력을 위한 권력도 아니다. (…) 절대적인 개인의 자유, 이동성, 비밀 보호다."[1] 이 책이 제공하는 중요한 통찰은 전문가들이 이런 목표를 이룰 수 있게 도와준다는 점이다. 즉 특별한 형태의 금융·법률 전문지식을 자산관리에 적용하면 세계의 고액 순자산 보유 개인들에게 자유, 이동성, 비밀 보호를 제공할 수 있다. 자산관리사는 신탁, 재단, 기업을 전략적으로 이용해 고객을 위해 이런 특혜를 얻어내고 지킨다. 세계적인 전문직업이 형성되는 과정에서 이러한 관행이 어떻게 발전했는지 추적하는 것이 이 책의 주요한 주제 가운데 하나다.

또 다른 주제는 자산관리가 사회 조직에 미치는 영향을 검토하는 것이다. 나는 이런 유형의 전문직이 고액 순자산 보유 개인이라는 소규모 고객 기반의 훨씬 너머까지 영향을 미친다고 본다. 관리하는 자본 흐름의 규모와 입법 과정에서 하는 역할을 고려하면, 자산관리사는 가족과 시장을 포함한 사회 제도, 그리고 불평등 같은 광범위한 사회구조의 양상에 중대한 영향력을 행사한다. 이들은 흔히 이런 사회생활 영역에서 갈등과 변화의 최전선에 서 있다. 이들이 하는 일이 공적 영역과 사적 영역의 경계를 가로지르면서, 세습 구조를 전 세계 정치경제와 연결하기 때문이다.

자산관리사는 세계의 대규모 개인 재산의 배치를 지휘해서 '제도 삼 인방'인 시장, 국가, 가족 전체에 영향을 미친다. 경제 영역에서는 다수 영토에 걸처 있는 현재 형태의 현대 금융에 기여하면서, 이른바 새로운 신탁자본주의^{fiduciary capitalism}* 시대를 만들고 있다.[2] 자산관리업은 세계 금 융시장의 '복잡성'에 힘입어 정치적으로 활발하게 활동할 수 있다. 즉 관 할권 주장을 확실히 하고 개별 국민국가 법들 사이의 충돌과 공백을 이 용할 수 있는 것이다. 자산관리업에 대한 한 연구는 이렇게 지적했다. "단순한 문제와 명백한 해결책은 전문성의 독점에 도움이 되지 않는 다."[3] 자산관리업은 고객의 재산을 전 세계로 이동시키는 법과 구조의 복잡성을 바탕으로 번창한다. 자산관리 전문가는 이를 달성하기 위해 제도를 혁신해서 오래된 금융 구조를 새로운 환경에 맞추고 심지어 일 부 관할권의 법안을 (재)작성하기도 한다.[4]

　　그런데도 학자들은 자산관리사의 작용과 그것이 사회 조직에 미치 는 영향을 간과해왔다. 나는 이 전문직업이 사회적, 경제적, 정치적 이해 관계의 주요 쟁점에 미친 영향을 찾아내어 이런 누락을 바로잡으려 한 다. 이 장의 나머지 부분에서는 자산관리에 대한 더 나은 이해를 통해 어떻게 불평등, 가족, 세계화, 직업화 과정, 국가 권한에 관한 새로운 통 찰을 촉발할 수 있는지 검토한다. 자산관리의 미래에 대한 언급과 정책 입안자를 위한 의견으로 이 책을 마무리 지을 것이다.

---

* 연금펀드나 뮤추얼펀드 등 개인 투자자의 재산을 맡아 관리하는 신탁기관들이 주주로서 기 업의 의사결정에 큰 영향을 미치는 자본주의 모형을 말한다.

이론과 연구에 대한 의견

불평등

불평등은 분명 치열한 현대 담론의 주제다. 수세대에 걸쳐 처음으로 학술 연구의 초점이 계층구조의 최상층으로 옮겨갔다.[5] 이 연구는 이런 여세를 기반으로 해서 두 가지 방향으로 불평등 논쟁을 밀고 나간다. 첫째, 소득에서 재산으로 주의를 돌리고, 둘째, 계층화 체계의 발전에서 대리인이 하는 역할을 상세히 이해할 수 있게 한다. 즉 누가 어떻게 불평등을 불러일으키는지 밝힌다.

모든 자료가 재산에 기초한 불평등이 소득에 기초한 불평등보다 규모가 훨씬 더 크다는 사실을 말해준다. 그리고 5장의 그림 10에 대략 표시한 개입 덕분에 재산 불평등이 훨씬 더 빠른 속도로 크게 증가하고 있다.[6] 하지만 5장에서 대략 이야기했던 다양한 이유로, 우리는 이 문제에 관해 거의 아는 바가 없다. 이 책은 계층화 연구에서 재산의 역할을 재평가할 것을 주장한다. 재산은 소득보다 불평등과 관련해서 중요한 점을 훨씬 더 많이 포착하기 때문이다. 소득은 해마다 변동을 거듭하지만 재산은 안정적이다. 재산은 사회구조 내 개인의 지위에 여러 세대에 걸쳐 엄청난 영향을 미칠 수 있는 교육, 주택, 건강관리 등의 요인에 장기간 투자할 기반을 제공한다. 마지막으로, 재산은 상속될 수 있다. 토마 피케티와 다른 사람들이 보여준 대로, 사회경제적 특권을 누리는 지위를 유지하는 데 상속재산이 갖는 중요성이 최근 상당히 증가하고 있다.[7] 소득 불평등을 연구하는 경제학자들도 자기네 연구 결과의 중요성은 시간이 흐르면서 소득이 어떻게 축적 재산을 형성하는가에 있다는 점을 인정한다.[8] 재산을 소멸시켜 '부자 삼대 못 간다'는 양상을 낳는 영향력에 맞서, 자산관리 전문가가 어떻게 재산 불평등을 키우고 확대하는지 보여주는 것이 이 책의 주요한 주제다.

이 연구는 자산관리사가 고객 재산에 개입하는 일을 검토하면서, 계층화라는 더 큰 양상을 만들어내는 데 대리인이 어떻게 작용하는지 매우 상세히 살펴보았다. 다른 불평등 연구가 주로 구조에 중점을 두는 반면, 이 연구는 그 구조를 만들어내는 사람들을 검토했다. 재산과 상속을 역사적으로 검토한 한 연구는 "돈이 돈을 번다"고 지적한다. 축적이 자연스럽거나 불가피해서가 아니라, 부자는 최고의 투자 고문, 최고의 회계사, 최고의 변호사, 요컨대 최고의 자산관리 전문가를 쓸 수 있기 때문이다.

이 책은 불평등의 역학 관계를 이해하려면 더 큰 제도를 만들어내는 행위자를 검토하는 일이 중요하다고 주장한다. 그러려면 1장의 부록에 쓴 대로 '잠입 문화기술지'에 장기 투자가 필요했다. 불평등에 대한 양적 분석에서는 흔히 대리인의 역할이 잘 보이지 않는다. 하지만 자산관리 교육과정을 2년 동안 거친 다음 전 세계 18개국으로 자산관리 전문가들과 돈을 쫓아다니면서, 나는 재산에 기초한 세계적 계층화의 거시 구조를 뒷받침하는 복잡한 작용과 상호작용의 망을 종합할 수 있었다.

이 연구가 앞으로의 연구에 시사하는 한 가지는 불평등을 증가시키는 장치로서 상속이 중요하다는 점이다. 대부분 학자와 대중이 부자들이 조세 회피와 투자 자문으로 받는 특별한 혜택에 주목하는 반면, 이 연구는 이런 것들은 구조적으로 가장 중요한 사건, 즉 재산의 세대 간 이전을 위한 장을 마련할 뿐이라고 말한다. 자산관리사는 조세 회피와 특별한 투자 기회를 통해 창출한 한 세대의 잉여를 세습재산으로 바꿔놓아 시간이 흐를수록 계층 분화가 굳건해지도록 기여한다. 자산관리 전문가는 신탁, 역외 기업, 재단을 이용해서 혁명이 일어나지 않는 한 뒤집기 어려운 정도로 불평등을 지속시키고 확대할 수 있다. 고액 순자산 보유자는 이렇게 집중된 재산을 통해 결국 자신에게 가장 유리한 정치 및 경제 조직을 매수하고, 자신에게 유리한 미래를 만들어나갈 수 있다.

전문가의 개입이 성공해서 소수 유력한 집안에 부가 다시 집중되는 현상은 어떤 점에서 봉건적인 환경에의 귀환을 암시한다. 하지만 한때 엘리트층이 자신의 지배 아래 살아가는 사람들을 먹이고, 재우고, 입히는 책임을 지던 노블레스 오블리주는 없다. 아주 두드러지게 중세와 현대를 뒤섞어놓는 것은 부의 집중도만이 아니라 이것이 성취되는 방식이다. 신탁은 중세 시대보다 더 오래 살아남았을 뿐 아니라 현대의 세계 금융에서 사적 개인에게나 공적 기업에 모두 꼭 필요한 역할을 하게 되었다.[9] 놀랍게도, 자산관리사가 이끄는 전통적인 신탁 구조 내에 일어난 법적·금융적 혁신은, 봉건시대는 아니지만 적어도 도금시대와 비슷한 계층화 구조로 가는 새로운 경로를 만드는 데 주로 기여한다.[10]

예를 들어, 1997년 케이맨 제도의 STAR는 현대에 한정상속제와 장자상속제를 재확립하는 경로를 제공한다. 한정상속제와 장자상속제는 토지와 다른 자산이 나뉘지 않고 가족 내에, 다시 말해 신탁설정자가 의도한 상속인(대개 장자)에게 전해지도록 하는 수백 년 된 관습이다.[11] 이런 관습은 현재 대부분의 역내 국가에서 불법이지만, STAR 신탁은 부자 집안에 현대적인 해결법을 제공한다. 즉 자산을 '고정된locked in' 신탁에 보유하는 것이다. 이는 수익자가 팔 권리를 가지고 있지 않으며, 법원에서 신탁 조건에 이의를 제기할 수 없음을 의미한다.[12] STAR 신탁과 중세 신탁의 주요한 차이는 후자는 가족 토지만 포함할 수 있는 반면에, 전자는 주식, 채권, 그리고 오늘날 가장 흔한 가족사업을 비롯해 어떤 종류의 자산도 포함할 수 있다는 점이다.[13] 하지만 과거 수세기 동안의 토지 상속인과 마찬가지로, STAR 신탁의 수익자는 대단히 상세한 조건에 따라 영구적인 가족 세습의 의무를 진다. 그래서 그가 상속재산을 이

어받기보다는 어떤 면에서는 상속재산이 그를 이어받는다.[14]

가족

STAR 신탁 사례는 사회 제도로서의 가족과 관련된 자산관리의 모순을 두드러지게 보여준다. 직업으로서의 자산관리사는 막스 베버가 이야기한 전문가 권위를 대표한다. 하지만 이들의 일은 서비스하는 가족 내에서 에밀 뒤르켕Émile Durkheim이 분석한 '종족 연대'를 재생산하는 데 기여한다. 어떤 면에서 이는 결혼으로 맺어지지 않은 다른 성인과의 관계, 또는 사생아로 태어난 아이들과의 관계같이 고객에게는 의미가 있지만 법적 정당성을 갖지 못하는 개인 간 유대 관계를 인정한다는 의미다. 신탁, 역외 기업, 재단의 이용을 통해 이런 관계들이 경제적으로 인정받을 수 있다. 평생 수입, 생활비 제공, 또는 상속을 통해서 말이다. 어떤 사회과학자들, 특히 인류학자들은 법적 구분보다 이런 이전이 가족의 유대와 경계를 더 강력하게 규정한다고 주장한다.[15] 이런 식으로 자산관리는 베버가 "충돌하는 가치 영역"이라고 한 것들을, 다시 말해 합리적이고 타산적인 공식 조직의 세계와 인간 관계라는 사회정서적 세계를 통합한다.[16]

소멸시키려는 많은 영향력에 맞서 가족 재산을 보호하려면, 보통 가족 구성원보다는 전문가가 조직하는 여러 세대 간의 협력이 필요하다. 이런 방식으로 가족을 이끄는 전문가의 권위는 "특정한 사람들의 지속적이고 개별적인 이해관계가 아니라 (…) 그 부분들의 합 이상인 뒤르켕적인 전체에 대한 서비스 또는 관리의 요구"에서 유래한다.[17] 물론 이런 이상적인 관리 자체는 봉건 영주의 가족 관리에서 유래하는 중세의 유물이다.[18] 비슷하게, 사회생활의 한 가지 구성 원리인 가족은 계몽주의 시대 이전에, 즉 개인주의의 승리 이전에 생겨났다.[19]

그래서 가족에 관한 한, 자산관리는 현대 금융의 수단을 이용해서 근본적으로 현대성과 불화하는 것을 만들어낸다. 이는 파편화, 다양성, 그리고 빠른 구조 변화에 초점을 두는 현대 사회과학의 가족 이론에 도전을 제기한다.[20] 자산관리사는 적어도 고객의 가족 사이에 안정성과 집산주의 성향을 조성하기 위해 가능한 모든 일을 한다.[21] 자유로운 행위자로서의 자아와 반대되는 이런 자아로의 가족 내 성향 전환은 가족의 소유 경영체제 또는 6장에서 이야기한 가족 은행을 만드는 것과 같은 수단을 통해 제도적으로 강화된다. 결국 이렇게 해서 보통 서로 상반된다고 여겨지는 두 가지 형태의 조직, 즉 관료국가와 가족이 충돌한다. 자산관리사가 고객이 현대 기업에서 차용한 형태에 동화되도록 권장하면서, 가족은 "동일 종족에 기초한 집단과 상반된다고 여겨지는 공식 조직의 성격"을 띠게 된다.[22] 이것이 어떻게 가족의 역학 관계를 변화시켰는지는 앞으로의 연구에서 탐구될 과제로 남아 있다.

세계화

이 연구는 현재 가족생활 모형의 수정을 제안하고, 세계화를 바라보는 새로운 방식을 암시한다. 특히 고객, 동료, 정책 입안자와의 거시 차원의 상호작용을 중시함으로써, 전 지구적 변화의 주요 행위자인 전문가의 역할에 관한 연구를 확대한다.[23] 이 연구를 통해 나온 자료는 1990년대 후반 이후 전문가들이 초국가적인 무대에서 심판관과 제도 입안자 역할을 시작하리라는 세계화 연구 학자들의 예측과 어느 정도 일치한다.[24] 세계적인 거래에서 법의 충돌과 규제 공백이 발생할 경우, 주로 금융과 법률 분야 전문가의 혁신이 그 체제를 조화시킨다.

하지만 세계화 연구 학자들의 예측은 회사나 전문가 협회 같은 조직의 집단 활동으로서의 전문가 활동이라는 관점에 기초한 것이었다. 게다가 그 활동은 '비판적인 기획' 주변에서 전략적으로 계획되리라고 기대되었다.[25] 전문가가 이끄는 세계화라는 이런 관점은 실증 연구에서 어느 정도 입증되고 있지만, 특히 '미시 과성과 제도의 연결'에 관한 한 대리인의 역할에 대해서는 여전히 공백으로 남아 있다.[26] 이 연구는 이 부족한 부분을 다루기 위해, 세계화가 부분적으로 개인 행위자, 특히 엘리트 전문가 같은 특권을 가진 지위에 있는 개인 행위자의 즉흥성을 통해 발생하는 과정이라고 상정한다. 앞선 장들에서 검토한 자료는 "세계무대와 세계적 과정이 아래로부터 만들어진다"는 관찰을 예시한다.[27] 이 책에서 제시하는 가장 중요한 한 가지 통찰은 그 '아래'가 자산관리사와 그 고객, 동료, 정책 입안자 사이의 상호작용 같은, 개인 간 상호작용의 차원에서 시작한다는 점이다.

이 연구는 세계적 현상을 관계적으로 분석해서, 다시 말해 개인 행위자와 개인적인 만남에 중점을 두어 분석해서 제도 변화의 역학 관계에 좀 더 섬세한 검토를 세계화 연구에 제공한다. 앞선 연구가 "세계성은 지역성과의 관계 바깥에, 좀 더 분명하게 말해 지역의 실제에서 구체화된 것 바깥에 존재하지 않는다"고 인정했지만, 초국가적 제도에 관한 연구는 대부분 대인 관계 차원을 무시한다.[28] 전문가들이 세계적 제도 변화에 중요한 역할을 한다는 데는 광범위한 동의가 이루어지고 있다. 하지만 이런 일이 어떻게 직업 협회나 조직에 의한 행위라는 맥락 바깥에서 일어나는지 설명하는 모형은 거의 없다.[29]

개인 차원의 상호작용과 대리 행위를 살피는 연구들도 전문가가 주도하는 모든 세계적 변화가 "의식적이고 체계적인 기획"인지 어떤지와 같은 중요한 문제에 답하지 않는다.[30] 현재의 대부분 연구가 그렇다고 생각하지만, 이 책에서 제시한 자료는 창의성과 즉흥성이 세계적 변화에서 아주 중요한 역할을 한다는 사실을 말해준다. 예를 들어, 3장은 영미권의 신탁을 사우디아라비아와 중국의 고객을 위해 '현지화'하는 식으로, 자산관리사가 즉석에서 만들어내는 혁신에 관한 몇 가지 이야기를 제시했다.[31] 마호메트의 삶에 신탁을 연관 지은 것은 단지 탁월한 판매술만은 아니라 효과적인 세계화 방식이기도 하다. 이 경우에 현대의 중동 고객이 중세 영국의 제도를 이용하도록 설득해서 전혀 다른 문화와 역사의 맥락 속에서 세계화를 전파하고 있다.

이런 관점의 세계화는, 중요하지만 흔히 무시되는 전문가 활동의 측면인 즉흥성을 강조한다.[32] 일반적으로 전문직은 표준화에 저항한다. 판에 박히지 않은 문제 해결은 이런 전문직을 규정하는 특징이다.[33] 세계화로 인해 행위자들이 다양한 법률, 경제, 문화 체계를 가로지르게 되면서 유연성과 적응성에 대한 요구가 심화되고 있다. 자산관리에서 일반적인 이런 상황에서, '새로운 제도의 복잡성'은 거의 지속적이고 점진적인 혁신을 요구한다.[34] 이 책을 위해 인터뷰한 자산관리 전문가들이 일러준 대로, 혁신은 특정한 문제의 해결을 바라는 고객의 요구로 유발된다. 그 결과로 신탁 같은 지역 제도가 세계무대로 확대되건 한 나라 전체의 법 체계가 변화하건, 촉매 작용을 하는 사건은 대인 간 상호작용을 통해 일어난다.

이는 세계화의 역학 관계에 관한 관계 분석이 필요하다는 사실을 보여준다. 구체적으로 이것은 사회 세계를, 계획적이고 질서정연한 방식으로 구조에 생겨나는 일정한 규칙의 세계가 아니라 "역동적으로 전개되는" 일련의 "관계"로 다룬다는 의미다.[35] 관계적 관점은 사회 행위자를 고정된 분석적 기정사실로 이해하는 상호작용 분석과 구별되고, 또 주로 대인 간 유대 관계의 구조와 '역학적' 속성에 중점을 두는 망 이론과도 구별된다.[36] 제도 변화와 관련해서 가장 중요한 관계의 분석은 돌연변이, 변화, 즉흥성을 허용한다. 관계적 관점은 제도 이론에서 흔히 무시되는 전문직이라는 측면을, 특히 불확정성과 전문성의 전략적이고 창의적인 이용을 분석할 수 있게 해준다.[37]

일부 사람들이 관찰한 대로, 만약 제도 이론이 직업 환경에서의 대리인에 관한 더 나은 분석을 필요로 한다면, 이 연구가 지지하는 관계적 관점은 이런 목적을 이루는 수단을 제공한다.[38] 세계화가 제도 변화의 역학 관계에서 갖는 중요성을 고려하면, 이것은 특히 주목할 만한 문제다. 세계화에 관한 문헌은 월가의 법률회사와 신탁 같은 "세계화된 지역주의"를 포함해 "성공적으로 세계화된 현지 제도적 해법"을 만들어내는 데서 전문가가 하는 역할을 지적한다.[39] 하지만 우리는 대리인을 설명하기 위해 '관계 이론'에, 구체적으로 말해서 한 국가와 제도 상황으로부터 "(지역) 관습을 이탈시켜" 다른 국가와 제도 상황에 "다시 묻어들게 하는re-embedding" 미시 차원의 과정에 의지해야 한다.[40]

요컨대, 이 연구가 제안하는 이론 모형은 제도 변화의 원천인 상황에 따른 즉흥성의 역할을 특히 중시함으로써 전문가가 세계화에 미치는 영향에 관한 이해를 확대한다. 이것은 제도 이론에서 무시되는 차원인 대리인을 다룬다. 제도 이론은 너무도 흔히 의도성과 선견지명에 특권을 부여해서 우발성과 창의성을 배제시킨다.[41] 현대 전문 서비스의 상황은 '행위자'가 계획이 아니라 실천을 통해 "그들의 이해관계를 실현하고 발전시키는 실제적이고 가치평가적인 즉흥성"을 요구한다.[42] 이것은 특히 전문가들이 관할권을 가로지르며 겪는 법률, 직업 규정, 문화 등 새로운 제도 환경에 맞닥뜨리는 국제 영역에서 그렇다.[43] 이런 경우에 '표준화된 일련의 상호작용' 또는 '확립된 절차'에 기초한 기관 대리인에 대한 좁은 이론 구성은 전문가 활동의 중요한 부분을 배제한다.[44]

직업화

이 연구에서 발전시킨 관계적 관점은 직업화에 관한 연구에도 새로운 통찰을 제공한다. 이것은 전문직업의 기원, 다시 말해 각 전문직업에 독특한 형태를 부여하는 행위자, 사건, 제도와 함께 전문직업이 생겨난 환경에 관한 연구다. 독일 사회학자 노르베르트 엘리어스Norbert Elias가 영국 해군 장교에 관한 유명한 논문에서 이론화한 대로, 전문직업은 "사람들이 직업과 관련된 기술 또는 제도와 인간의 필요를 연결하려 하는 시행착오의 과정"에서 발전한다. "이런 방향으로 나아가는 각 단계는 모두 개인들에 의해 수행된다. 하지만 그 과정 자체, 즉 전문직 또는 다른 직업의 발생과 발전은 개인들의 행위의 총합 이상이다. 그것은 그 자체의 양상을 갖는다."[45] 전문직의 탐색적이고 반복적인 특성을 인정하는 엘리어스의 모형은 관계적 관점이 즉흥성에 중점을 두는 것과 일치한다. 엘리어스는 결국 일련의 관습을 직업화하는 것은 이런 시행착오 기법을 제도로 굳히는 것이라고 쓰고 있다. 이것은 일의 방식을 제도화하며, 사람들이 다른 사람들의 특화된 필요에 부응해서 수행하는 전문화된 사회적 기능으로 이루어진 일련의 제도화된 인간 관계를 만들어낸다.[46]

자산관리는 이런 제도화 과정을 실시간으로 관찰하는 특별한 기회를 제공한다. 2장에서 이야기한 대로, 자산관리사의 직업화는 여전히 진행 중이며, 변호사와 회계사의 직업화에 비하면 상당히 늦게 시작되었다. 예를 들어, 법률과 회계 분야는 1800년대 초반과 중반에 직업 협회와 자격인정 관례를 만들었지만, 자산관리는 한 세기가 훌쩍 넘어서까지도 이런 중요한 단계에 이르지 못했다.[47] 신탁및상속전문가협회가 1991년 창립총회를 개최할 무렵 세계화와 금융화가 한창 진행 중이었는데, 이것이 자산관리업에 국제화 지향 같은 두드러지게 현대적인 일부 특성을 부여했다.[48] 이는 출현한 지역 상황에 깊이 묻어들어embedded* 있

는 관련 전문직업들과는 아주 다르다.[49]

　자산관리의 직업화가 갖는 다른 두 가지 특별한 측면은 사회과학 이론과 연구에 흥미롭고 새로운 방향을 제시한다. 첫째, 우선 자산관리가 직업화되는 데 대한 저항의 역사가 있다. 둘째, 다른 전문직업이 보이는 양상과 대조적으로, 중산층 또는 노동자 계층 출신의 자산관리 전문가들이 충돌 없이 융합되고 있는 것으로 보인다는 점이다. 이런 두드러진 특징이 함축하는 바를 지금부터 논의하려 한다.

직업화에 대한 저항　아마추어가 직업화를 시도하는 사례는 자산관리만이 아니다. 실내장식과 요리 같은 창의적인 직업도 이런 양상을 보여준 주목할 만한 예다.[50] 하지만 자산관리는 직업화가 적극적인 저항에 부딪혔던 몇 안 되는 사례 가운데 하나에 해당한다. 2장에서 보여준 대로, 이런 저항은 문화적·제도적으로, 공식적·비공식적으로 계속되었다. 18세기 법학자인 프랜시스 샌더스Francis Sanders의 유명한 언명을 되풀이하자면, 우리가 지금 자산관리로 알고 있는 일은 "위탁받는 사람(신탁관리자)의 명예와 양심에 지우는 부담"으로 인식되었지, 금전상의 동기에서 맡는 게 아니었다.[51] 제도적으로는 법원이 이런 관습을 확인해주었다. 자산관리사는 그들이 하는 일로 보수를 받는 일이 금지되었다. 다만 그들이 고객으로부터 받는 지시에 '보수 규정'이 추가되는 경우는 예외였다.[52] 21세기가 되어서야, 즉 2000년에 미국의 통일신탁법Uniform Trust Code과 영국의 신탁관리자법Trustee Act이 만들어지고서야 법은 자산관리 전문가가 자신이 하는 일에 보수를 받을 권리를 공식적으로 확인하여 자산관리의

---

* 칼 폴라니의 용어로, 경제가 경제이론에서 말하는 것처럼 자율적인 것이 아니라 사회 관계 안에 뿌리를 내리고 있으므로 그 안에서 경제를 이해하고 접근해야 함을 의미한다.

직업화를 인정했다.[53]

자산관리의 직업화에 대한 저항에서 보이는 이런 흔치 않은 양상은 스포츠 분야에서도 찾아볼 수 있다. 자산관리와 마찬가지로, 스포츠 분야의 변화는 기술 혁신과 세계화가 결합되어 추동되었다. 이 과정은 올림픽 경기와 관련해서 극적으로 발생했다. 자산관리와 마찬가지로 스포츠에서 아마추어 정신은 오랫동안 상류층이 예시하는 바와 같은 명예와 신사적인 행동의 보호 장치로 여겨졌다. 1890년대에 피에르 드 쿠베르탱 남작이 창설한 올림픽 경기는 프로 선수들을 불신하는 "엄격하고 제한적이며 귀족적인" 규정에 기초했다.[54] 아마추어만이 참가할 수 있다는 원칙은 1988년까지 올림픽 헌장의 규약으로 소중히 간직되었다. 이 규약은 프로 선수가 올림픽 경기에 참여하는 것을 배제했고 프로로의 전향을 고려하기만 해도 국제올림픽위원회가 참가 자격을 박탈할 수 있었다.[55]

스포츠에서 이렇게 아마추어를 이상으로 삼는 분위기는 국제 경쟁이 잦아지고 의학 기술의 발전으로 경기 능력이 향상되면서 무너지고 있다. 선수의 신진대사, 심장과 폐 기능, 그리고 동작을 측정하는 장치가 점점 더 정교해지면서 경기 기록 수준이 매우 높아질 수 있었다.[56] 경기 실적에 대한 기대가 조금씩 높아지면서, 대중 매체가 최고의 선수들을 일찍이 그 어느 때보다도 폭넓은 관중에게로 이끌어, 그들에게 유명인사 신분과 경기 기록에 따라 극적으로 증가하는 수익을 제공했다.[57]

자산관리의 직업화는 특히 기술과 세계화의 역할 면에서 이런 양상의 일부를 공유하지만, 다른 면에서는 여전히 독특한 서사를 갖는다. 운동선수와 달리, 자산관리사는 유명인사가 되지도 않았고 스타 운동선수가 받는 것과 같은 보수의 유혹을 받지도 않았다. 자산관리사에게, 보수 문제에서의 '대약진'은 규범과 법이 바뀌어 평판에 금가는 일 없이 어쨌든 보수를 받을 수 있게 된 것이었다. 오히려 프로 운동선수가 버는 정도로 돈을 번다면 신탁관리자로서의 신뢰성을 의심받게 될 것이다. 기술의 발전으로 금융 정보와 전문 서비스의 판매가를 조사하기가 쉬워져 자산관리사의 수수료가 인하 압력을 받고 있는 현재 상황에서는 특히 그렇다.[58]

진입과 사회계층 어떤 면에서 자산관리의 역사는 영국 해군 장교단의 채용에 관한 노르베르트 엘리어스의 설명과 유사하다. 수세기 동안 상류층 출신 외에는 자산관리업으로의 진입이 거의 차단되었다. 신탁과 관련해서 신사는 자기 돈을 신사가 다뤄주기를 원했다.[59] 신탁은 문화자본의 역할, 그리고 3장에서 이야기한 대로 돈에 대한 직접적인 언급을 회피하는 것과 같은 대단히 구체적인 상호작용 규범을 특히 중시했다.

엘리어스는 세심히 조사한 연구에서, 같은 이유로 귀족이 영국 해군을 장악했다고 말했다. 가장 기본인 배를 부리는 기술이 부족한데도 귀족만이 장교가 될 수 있었다. 사실 귀족은 바다에서 필요한 기술을 습득하기를 꺼렸다. "신사가 뱃사람의 기술과 기능을 배우는 것은 세상 사람들이 보기에 체면을 구기는 것이라 생각"했기 때문이다.[60] 시간이 흐를수록 신사와 '방수포(상류층 출신이 아닌 해군 장교의 별명)' 사이의 이런 엄격한 구분은 누그러졌고, 그래서 서로 다른 계층 출신의 장교들이 동시에 성장했다. 이들은 명목상 바다에서는 동등하지만 다른 모든 곳에서는 깊이 불화했다. 두 계층의 장교들 사이에 일어나는 경쟁과 마찰은 수세기 동안 이어졌다. 그들 사이의 적대감이 격렬해서 당시 주요 정부 관료 사이에서 이 문제의 해결책이 논의될 정도였다.[61]

노동자 계층과 중산층 출신이 자산관리 전문가로 진입하는 경우가 점점 더 늘어나고 있지만, 자산관리업에서는 사회계급과 직업 지위 사이의 이런 갈등이 일어나지 않은 듯하다. 예를 들어 닉(원래 배를 만들다가 요트 선원이 되었던 이 영국인은 엘리어스의 용어로 하자면 '방수포'라 불렸을 것이다)은 노동자 계층 출신이라고 해서 직업 경력에 방해를 받지는 않았다. 셔먼과 일레인 같은, 이 연구에 참여한 비슷한 출신의 다른 사람들도 마찬가지였다. 셔먼과 일레인은 둘 다 자산관리업으로 들어오기 전에 대학 교육을 받지 않고 하급 은행 사무원으로 일을 시작했다.

나는 금융화로 인해 자산관리업이 '신사' 계층 외의 사회집단으로부터 인력을 채용할 수 있었다고 본다. 여전히 여러모로 영미권 출신의 백인 남성이 자산관리업을 장악하고 있지만, 1장의 표 1이 보여주듯 중산층과 노동자 계층 출신의 사람들뿐만 아니라 여성들과 유색인들도 자산관리업에 진입하고 있다. 하지만 그것이 엘리어스가 다양한 출신 배경의 해군 장교들 사이에서 보았던 적대감을 불러일으킨 것 같지는 않다. 이는 자산관리사에게 좀 더 기술적인 전문성을 요구하는 금융화와 같은 폭넓은 사회 변화를 반영하는 것일지 모른다. 예를 들어, 고객 재산이 대체 가능해지고 토지보다는 주식과 채권으로 더 많이 구성되면서, 자산관리사들은 새로운 금융적·법적 기술을 숙달해야 했다. 외부 고문을 고용하기는 하지만, 고객을 대신해 받는 전문가의 조언을 선별하려면 스스로 그 분야를 충분히 알고 있어야 했다.

그렇다고 문화자본에 대한 요구가 없어졌다는 말은 아니다. 3장에서 보여준 대로, 부자 고객의 어법으로 신뢰성을 구현하는 능력은 여전히 기본적인 수완이다. 하지만 자산관리사에 대한 이런 요구에 새로운 기술적 차원이 더해지면서, 채용 경로가 지난 수세기 동안보다 더 폭넓은 출신의 사람들에게 열렸다. 이런 의미에서 자산관리의 직업화는 현대성에 관한 이야기, 그리고 귀속성과 사회계급보다 전문성과 성취가 우위를 차지하는 이야기다.[62]

요컨대, 엘리어스의 모형을 통해서, 우리는 자산관리의 직업화가 개인이라는 작은 집단(원래는 부유한 영국의 지주들을 의미한다)의 필요에 부응하도록 만들어진 기법과 더불어 시작된 과정이라고 이해할 수 있다. 자산관리사는 여전히 고액 순자산 보유 개인이라는 비교적 작은 고객 기반에 서비스를 하지만 지난 180년 동안 그 관계로부터 점차 제도들이 발전해왔다. 이 과정은 자산관리에 두 가지 두드러진 특성을 부여한 세계화나 금융화 같은 세계사의 변화와 일치한다. 이 두 가지 특성은 출신 사회계급과 무관하게 기술적으로 숙련된 신참에 대한 개방성(하지만 엘리트 고객이 기대하는 행동 규범을 숙달할 수 있어야 한다)과, 국경을 제한 요인보다는 이용할 수 있는 자원으로 여기는 대단히 폭넓은 직업 관할권 개념이다.

정치경제학

앞 장에서 보여준 대로, 자산관리는 국가 권력과 특별한 관계를 맺으면서 대부분 다른 전문직업에는 없는 독립성을 어느 정도 누린다. 자산관리사의 일은 흔히 국가에 양가적인 영향을 미쳐서, 어떤 면에서는 국가 권력을 강화하고 또 어떤 면에서는 약화시킨다. 한편으로, 자산관리업은 국가 주권의 전략적 이용을 옹호하면서, 역내와 역외를 모두 포함하는 일부 관할권이 자국으로 고액 순자산 보유 고객을 끌어들이도록 법을 만드는 일을 돕는다. 이는 부자들을 위한 금융 서비스에서 나오는 수수료 형태나 재산세 세액의 발생 같은 다른 수단을 통해서 많은 국가에 상당한 수익을 안겼다.

한편으로, 자산관리업은 부자들과 그들의 재산을 국가 권력으로부터 분리시킴으로써 많은 사람들이 보기에 정부의 정당성을 손상시키고 국민 주권을 약화시켰다.[63] 이는 자산관리업이 새로운 부의 정치경제학을 추동하고 있음을 보여준다. 이 새로운 부의 정치경제학에서는 국가가 유권자의 뜻에 부응하는 게 아니라 '국적 없는 초갑부'들에게 부응한다.[64] 이 책에서 제시한 자료는 많은 국가들이 자국 정부의 선출된 대표들보다는 세계의 부자들을 대리해서 행위하는 자산관리사들에게 더 포용적이고 접근가능성이 열려 있음을 말해준다. 그래서 고액 순자산 보유 고객의 이해관계와 충돌하는 국가의 법과 제도를 무시하도록 자산관리사가 정부를 설득하는 여러 가지 사례를 6장에서 이야기했다. 최소한, 베스트팔렌 체제 모형의 '기생 쌍둥이*'라 일컬을 수 있을 국가 체제가 부분적으로 이 엘리트 전문가들의 노력을 통해 생겨나고 있는 듯하다.

이런 관찰은 사회과학 이론에서 고전적인 문제인 국가 권력의 원천과 정당성, 그리고 사회에서 엘리트들이 하는 역할에 관한 문제와 자산관리를 연결 짓는다. 앞으로의 연구와 정책에 시사해주는 바가 있을 만한 것들을 아래에 자세히 열거한다.

국적 없는 초갑부   앞서 보여준 대로, 한 국가의 모든 주민들에게 적용되리라고 여겨지는 법이, 자산관리사의 개입으로 고액 순자산 보유 고객에게는 무관한 것이 될 수 있다. 부는 항상 국가 권한을 피하는 이런 자유를 어느 정도 제공해왔다. 1909년 체스터턴^G.K. Chesterton 은 이렇게 썼다. "가난한 사람은 국가와 뿌리 깊은 관계를 맺는다. 부자는 그렇지가 않다. 그는 자기 요트를 타고 뉴기니로 가버릴 수 있다. 가난한 사람들은 때때로 나쁜 통치에 반대해왔고, 부자들은 항상 모든 통치에 반대해왔다. 귀

---

* 기생 쌍둥이는 쌍둥이 배아가 자궁 내에서 성장을 시작하면서 둘이 완전히 분리되지 않을 때 발생한다. 하나의 배아가 다른 배아를 희생시키면서 우세하게 성장을 계속하는 것이다. 쌍둥이 중 제대로 성장하지 못한 한쪽은 그 형태가 불완전하거나, 또는 완벽한 태아의 신체 기능에 전적으로 의존하여 기생한다.

족은 항상 무정부주의자다."[65]

세월이 흐르는 동안 변한 것은 부자가 원치 않는 통치로부터 자신을 분리시키는 일이 점점 너 수월해졌다는 섬이다. 더 이상 뉴기니로 가는 요트나 여행은 필요치 않다. '여권 팔이' 같은 것이 발전한 덕분에, 부자 대상의 법적 제한이 그들의 재산에 영향을 미치는 정권만큼이나 쉽게 바뀔 수 있다. 바꿔 말하면, 자본의 대체 가능성에 이어 시민권과 거주 의무의 대체 가능성이 점점 더 증가하고 있다. 가장 유리한 조건을 누리기 위해 전 세계로 부를 이동하는 것이 더 쉬워짐에 따라, 부자들 자신의 국가 소속을 조작하기도 더 쉬워졌다. 그 결과, 자산관리사의 개입을 통해 부자들이 기본적으로 법을 위반하는 일 없이 자발적으로 법을 준수할 수 있게 되었다. 법원 명령과 가족에 대한 의무를 피할 수 있고, 예술품은 아무런 제재 없이 유산법을 위반하면서 전 세계로 이동할 수 있다.

누구나 범법자가 될 수 있지만, 형식상 법을 위반하지 않으면서 법의 정신을 무산시키는 것은 특별한 특권이다. 자산관리사를 고용하는 대가로 일부 엘리트들은 이런 특권을 성취할 수 있고, 특별히 그들의 이익을 염두에 두고 만들어진 법의 혜택을 누릴 수 있다. 3장과 6장에서 자세히 이야기한 대로, 자산관리업은 세계적인 고액 순자산 보유 고객들이 그들이 거주하지 않는 나라들의 정부 최상층부에서 제도화된 목소리를 낼 수 있게 한다.[66]

자산관리 전문가는 초국가적 고객을 위해 법의 입안과 정책에서 강력한 목소리를 냄으로써, 국가와 부자들 사이의 권력 균형에서 생겨나는 변화에 영향을 미치고 있다. 이런 권력은 특히 역외 금융에 관여함으로써 식민지에서 벗어난 후의 독립성을 추구하는 작은 나라들에서 정치적 과정을 왜곡한다. 게다가 이런 권력은 흔히 부자들이 지던 조세 부담을 줄이거나 없애기 위해 행사되기 때문에, 국가는 더 한층 정당성을 상실한다. 재정상, 공익을 위해 규제하고 서비스를 제공할 수 없게 되기 때문이다.

더욱이 국적 없는 초갑부들이 세금을 내도록 설득할 수가 없는데, 단지 경제적 이해타산 때문만은 아니다. 초갑부들은 특별히 어디에도 속하지 않기 때문에 세계적 기업처럼 마음대로 이동할 수 있다. 애국심이나 시민의 의무에 대한 이념적 호소는 무의미하다. 오히려, 국가들은 이제 비록 일시적이기는 하지만 자국 영역 내에 부자들을 두는 걸 다행으로 여기는 듯하다.

자산관리사는 고객을 특정 국가에 대한 의무와 충성으로부터 분리함으로써 고액 순자산 보유 개인이 어느 법이든, 어느 장소든 거기에 따를 필요를, 그리고 아마도 의향을 약화시킨다. 사회과학자들이 수세대에 걸쳐 알고 있는 대로, 시민이 법을 준수하는 것은 집단에의 소속감에 달려 있다. 집단에의 소속감에서 규칙을 수용하고 엄수하게 된다. "권리와 의무에 대한 의식은 정치 공동체에의 소속감과 동질감, 그리고 그 정치 공동체가 가진 제도의 정신, 실천, 기대에서 비롯되"기 때문이다.[67]

자산관리사가 고객을 국가 권한으로부터 자유롭게 하는 데 성공하고, 이것이 국가 권한의 정당성을 약화시킨 것이 부자들 사이에서 '세습 재산'의 윤리가 쇠퇴한 현상을 일부 설명한다. 공공 서비스와 모범적인 시민 행동에 대한 의무감이 때로 겉치레로 조롱받거나 노블레스 오블리주로 야유를 받지만, 이는 실제적인 영향력이 있다.[68] 부자들이 여전히 어딘가에 속해 있던 시대에 대한 증거는 앤드류 카네기가 세운 수천 개의 공립도서관이나, 또는 엘리트들의 저항을 거의 받지 않고 최고 한계세율 70퍼센트에서 90퍼센트를 부과할 수 있었던 연방정부가 제2차 세계대전 후 수십 년 동안 만든 주간州間 고속도로와 인터넷 체계 같은 형태로 여전히 쉽게 찾아볼 수 있다.[69]

이렇게 국적 없는 초갑부들 사이에 국가 권한에 대한 존경심이 줄어들고 시민으로서의 의무감이 부족한 문제를 다루기 위해 몇 가지 정책 방향이 제안되었다. 한쪽 극단에서는, 미국의 정책 입안자들이 엄한 국가 권력을 재도입해 시민권을 포기하는 고액 순자산 보유 개인을 처벌하고자 한다. 포기하는 데 드는 미국 영사 수수료가 최근 442퍼센트 대폭 인상되었고(이는 다른 선진국들의 평균보다 20배가 더 높다), 만약 그것이 충분한 억지력을 제공하지 못하면 예전 미국 시민들 가운데 몇몇의 미국 재입국을 금지시킨다.[70] 다른 극단에서는, 일부 논평자들이 베스트팔렌조약 체제의 붕괴를 순순히 받아들여 시민권 개념을 완전히 포기하는 게 더 낫다고 주장한다. 정책학에 관한 최근의 한 책은 "국경을 폐지하고 모든 사람들이 세계 시민이 되게" 할 것을 제안한다.[71] 이 제의가 진지하게 받아들여지는 것은 국가, 주권, 시민권이라는 수백 년 된 세계 체제가 얼마나 깊이 손상되었는지 말해준다. 그것은 부분적으로 자산관리사들이 하는 일 때문이다.

새로운 국가 체제? 경제학자 가브리엘 주크만Gabriel Zucman의 최근 저작은 이 주제를 다루면서, 역외 금융 체제가 성장해 오래된 베스트팔렌 체제를 위협하고 있으며 그것이 국가의 미래 자체에 의문을 제기한다고 주장한다. 주크만의 주장은 주로 그가 '절도'라고 일컫는 조세 회피에 기초해 있다.[72] 매년 전 세계의 세수 손실이 무려 2000억 달러에 이르는데, 자산관리사들은 납세자들이 자국 정부로부터 이를 훔치게 함으로써 국가 체제를 경제적 곤경에 빠지게 할 수 있다고 그는 주장한다.

주크만은 룩셈부르크의 사례에 초점을 맞춘다. 그 나라 생산의 거의 절반은 외국의 개인과 조직에게 수익을 가져다준다. 이런 공간은 국가보다는 자유 무역 지역과 더 비슷하다고 그는 말한다. 특히 그곳에 일시적으로 거주하는 자산관리사를 제외한 모든 사람들에게 지역생활 환경의 "쇠퇴가 가속화되고" 있기 때문이다.[73] 다른 사람들은 저지섬에 대해 비슷한 지적을 한다. 자산관리업이 경제와 정치를 지배하기 때문에, 저지섬은 실로 더 이상 어떤 유의미한 주권 국가가 아니다(자세한 내용은 6장을 참조하라). 한 기자가 "매혹적인 중간지역"이라고 일컬은 곳에 존재하는 저지섬은 대다수 시민들에게 주권국으로서의 이익과 보호를 제공하지는 않으면서 그 주권이 갖는 온갖 특권을 주장할 수 있다.[74] 통상적인 의미로, 저지섬은 "국가가 아니다." 그보다는 "자치권을 가진 애매한 상태의 116제곱킬로미터"다.[75] 이런 사례는 주크만에게 "국가란 무엇인가?"라는 의문을 불러일으킨다.[76] 역외 금융의 결과로 국가 체제에 나타난 단층선이 새로운 형태의 국가 권력을 만들어내고 있는데, 이는 어쩌면 부자가 아닌 사람들에게는 대단히 나쁜 조짐이라고 주크만의 연구는 말한다.

이 연구는 주크만의 논리를 지지하면서, 장차 연구의 기초가 될 세 가지 새로운 요소를 덧붙인다. 첫째, 앞서 강조한 대로, 이 책은 전통적인 국가 체제를 약화시키는 원인이 되는 대리인에 관해 좀 더 구체적인 내용을 제공한다. 이 연구에 참여한 자산관리 전문가들에게서 나온 자료는 이 과정에서 역외 국가가 갖는 중요성에 대한 주크만의 주장을 확인시켜준다. 여기에 덧붙여 자산관리사가 이 과정에서 핵심 요인임을 보여주는 데도 도움이 된다. 물론 역외 체제는 자주적으로 관리되지 않고, 엘리트 전문가 같은 행위자들에 의해 직간접적으로 조작된다. 이 대리인은 역외 국가의 법안을 작성하고 역내와 역외의 정부 지도자들에 대한 특권인 비공식적 접근권을 누린다.

둘째, 이 연구에서 나온 증거는 훨씬 더 많은 세수의 손실이 베스트팔렌 체제를 약화시키고 있음을 말해준다. 역외 활동의 결과로 국가의 정치적 정당성이 쇠퇴하고 있음을, 이 연구는 주크만의 연구보다 훨씬 더 큰 정도로 강조한다. 역외 세계는 무법지대를 만들고 있다. 조세법과 관련해서만이 아니라 모든 법에서 그렇다. 일부 논평자들이 주목한 대로, 자산관리에는 '무정부주의적'인 측면이 있다. 역외든, 월가든, 아니면 시티오브런던이든 역외 활동이 일어나는 현장은 해적방송 플랫폼 같은, 좌익 무정부주의자들이 만든 천국과 놀랍도록 비슷해 보인다.[77] 이런 비교는 단지 비유에 그치지 않는다. 자산관리의 무정부주의적 영향은 2008년에 터져 나온 혼란 속에서 관찰할 수 있다. 당시 모호한 역외 수단 속에 규제기관들로부터 감춰져 있던 악성 부채와 위험이 처치 곤란한 정도로 커져서 거의 세계 금융체제를 파괴할 지경에 이르렀다.

역외와 자산관리사가 "기꺼이 누구든, 어디로부터건, 무엇이든 피하도록 돕"는 곳이 되어가고 있다는 사실이 충분히 인식되고 있지 않다.[78] 목적이 조세를 피하는 것인지 이혼 수당 지불을 기피하는 것인지, 또는 무역 제재를 우회하는 것인지는 별로 중요하지 않다. 그보다 이들 지역의 의미는 이들이 우리에게 제공해주는 증거에 있다. 부자들과 그들에게 봉사하는 엘리트 전문가들이 선택적 무법상태와 아주 유사한 세계를 만들어내고 있다는 증거 말이다. 고액 순자산 보유 개인이 자신의 이해관계에 적합한 법의 혜택은 계속해서 누리는 반면 자신에게 불편한 법은 무시할 수 있다는 점에서 선택적이다. 어떤 사람들은 항상 그래왔다고 주장할지 모른다. 이는 어느 정도 사실임에 분명하다. 하지만 이 연구에서 나온 자료는 이 문제가 예전에는 거의 상상할 수 없었을 정도로 커지고 있음을 말해준다. 봉건시대에는 가장 부유한 사람들과 특권을 누리는 개인들에게까지 법을 적용하는 의미 있는 권력을 보유한 (유럽의 로마가톨릭교회 같은) 당국이 존재했다. 오늘날에는 더 이상 그런 당국이나 권력이 존재하는 것 같지 않다. 세계의 고액 순자산 보유 개인들은 대체로 통제되지 않고 통제할 수도 없다. 베스트팔렌 체제에 대해 텅 빈 국고보다 훨씬 더 심각한 위협을 제기하는 것은 바로 이것이다.

여기서 국가와 정치경제를 다룬 이 책의 3장과 6장으로 돌아가겠다. 이 장들은 일종의 유사 국가 체제가 부자들을 위해 생겨나고 있음을 말해준다. 이 체제는 대체로 눈에 띄지 않게 작동한다. 우리가 살고 있는 세계를 혼란에 빠트릴 때를 빼고는 말이다. 이 체제는 베스트팔렌 체제 모형의 기생 쌍둥이처럼 작동한다. 의학 문헌은 생물학적으로 기생 쌍둥이를 '불균형한 비대칭의 쌍둥이'로 규정한다. 이때 기생하는 쌍둥이는 숙주보다 덜 발달해서 그 숙주에 의존한다.[79] 이것은 역외 세계와 전통적인 국가가 맺는 관계를 적절히 표현하는 비유로 보인다. 하지만 생물학적 쌍둥이와 달리, 기생하는 정치체제의 구성원들은 조직적이고 체계적인 절도를 통해 자원을 뽑아간다. 주크만은 "버진 제도, 룩셈부르크, 스위스라는 사악한 삼인방"을 특별히 언급한다. 이들은 이런 절도 과정의 다양한 요소들을 전문화하면서 협력한다.[80]

아마도 이런 체제에서 가장 문제가 되는 것은 이 기생 쌍둥이가 숙주의 입법권을 모두 가지고 있다는 점이다. 역외 국가는 베스트팔렌 체제 내의 주권 국가로서 자국의 규칙을 만들고 다른 나라의 주권을 무시할 동일한 권리가 있다. 하지만 기생 국가의 목적은 완전히 다르다. 기생 체제는 일반 대중에게 국가경영과 공공 서비스를 제공하기보다는 국가의 허가를 받은 무법지대를 제공한다. 이 무법지대는 오로지 세계적 엘리트에게만 이익을 가져다준다. 기생 체제가 베스트팔렌 숙주 체제에 대해 하는 일은 어떤 면에서 전자상거래가 실제 상거래에 대해 하는 것과 비슷하다. 경쟁 상대를 밑바닥까지 파괴하는 것이다. 주요한 차이는 전자상거래의 이익은 인터넷으로 연결되어 있는 사람이라면 사업주와 소비자 모두에게 열려 있는 반면에, 기생 국가 체제의 혜택은 세계적인 부자들에게만 제공된다는 점이다. 숙주 국가로부터의 조직화된 자원 추출과 숙주 국가의 정당성 약화는 대다수 사람들의 삶을 지속적으로 악화시키는 반면, 소수 사람들은 이득을 보게 한다.

자산관리의 미래

이 책은 자산관리가 친구와 친척이 자원해서 하는 일에서 전문가 권력 형태로 발전해나가는 과정을 추적했다. 현지 당국과 국제 당국의 이의 제기가 있었지만, 자산관리업은 기본적으로 국가로부터 독립성을 획득하는 덕분에 급속히 성장할 수 있었다. 심지어 고객이 조세를 회피하거나 재산 관련 비밀을 유지하도록 돕는 것과 같은 자산관리업의 주축을 이루는 활동이 비난을 받을 때조차 말이다. 많은 학자들은 이런 비난이 의미 있는 반향을 일으키리라는 시각에 회의적이다. 자산관리 전문가가 고객의 부를 강화하는 데 대단히 성공을 거두고 있기 때문이다. 경제 불평등의 확대는 고액 순자산 보유 개인들의 경제적·정치적 영향력을 크게 증대시켜, 금융 위기가 세계 시장을 계속해서 흔들어놓으면 그들에 대한 국가의 의존성을 높인다. 한 연구가 결론지은 대로, OECD와 다른 국제기관들의 반대 선언이 있었지만 "금융의 비밀 보호와 불투명성이 폐지되기는 요원한 일"이고, 이는 자산관리업이 계속해서 번창하리라는 의미다.[81]

이 연구를 위해 인터뷰한 자산관리 전문가들은 학자들의 평가에 동의한다. 영국령 버진 제도에서 일하는 카리브해 지역 토박이 자산관리사 콘스턴스는 자산관리업의 미래 성장 전망을 낙관한다고 말했다. "세계의 부가 부족하지는 않을 것이고 (…) 큰 부자를 위해 봉사하는 곳이 언제나 존재할" 것이기 때문이라고 했다. 취리히에 기반을 둔 독일인 자산관리사 에리카도 비슷한 견해를 보였다. 두바이에서 일하는 영국인 자산관리 전문가 마크는 자신이 하는 일을 "양복 같은 특상의 맞춤 서비스"의 제공에 비교했는데, 에리카는 그의 의견을 그대로 되풀이하면서 자산관리에 대한 수요는 항상 있을 것이라 생각한다고 말했다. "오트쿠튀르 시장이 항상 있을 것처럼 말이죠."

이는 자산관리산업에 영향을 미치는 세계 변화를 무시하는 것은 아니다. 예를 들어 이 연구를 위해 인터뷰한 사람들 가운데 많은 이들이 사실상 변화를 일으키는 동인으로 비밀 보호의 쇠퇴와 규제 준수 비용의 증가를 언급했다. 파나마시티에서 자산관리 전문가로 일하는 아시아 여성 린은 "결국에는 더 이상 감출 수가 없고, 그와 더불어 규제 준수가 점점 더 늘어나 일부 고객들이 겁먹어" 자산관리 서비스를 떠날 거라고 말했다. 하지만 파나마 토박이 자산관리사인 일리어스는 새로운 제약이 한층 더한 금융적·법적 혁신과 "다른 차원의 부자를 위한 은닉법"으로 이어지리라고 주장했다.

최근의 증거는 일리어스의 예측을 지지해준다. 그 증거는 조세 회피와 다른 자산관리의 목적을 방지하려는 국가와 국제사회의 노력이 '창의적인 규제 준수'로 방해받고 있음을 보여준다.[82] 예를 들어, 2005년 유럽연합이 탈세를 방지하기 위해 저축이자과세법Savings Tax Directive을 시행했으나, 자산관리사들은 즉시 빠져나갈 구멍을 찾아냈다. 저축이자과세법이 시행되는 동안 세금을 물어야 하는 고객의 개인 계좌를 과세되지 않는 유령회사 명의의 계좌로 옮긴 것이다. 이런 이동은 완전히 합법이지만 의도한 법의 효과를 약화시킨다. 실제로 조세 회피가 증가하자, 10년 후 유럽연합은 저축이자과세법을 폐지했다. 일부 사람들은 이 정책의 실패가 "의도적이고 대대적으로 저축이자과세법을 공격한" 유럽 자산관

리 전문가들에게 직접적인 책임이 있다고 본다.[83]

새로운 성장 기회

그래서 이 연구에 참여한 한 사람이 자신이 하는 일을 묘사한 대로, '전 세계 조세 당국을 가지고 노는' 이 게임이 이내 끝날 것 같지는 않다. 그 사이에 자산관리업은 새로운 방향으로 계속해서 성장하고 있다. 예를 들어, 홍콩에 기반을 둔 영국인 자산관리사 스티브는 중재가 자산관리 전문가들의 주요 성장 영역이 되리라고 예측했다. 그가 말한 "세대와 문화의 분쟁"이 증가하면서 그렇게 되리라는 거였다. 민법이나 샤리아 체제로 통치되는 나라 출신의 사람들이 신탁을 이용하고, 비밀 유지에 대한 관심이 확산되면서 이런 "세대와 문화의 분쟁"이 추동되리라는 거였다. 프리츠커 가와 와일리 형제 사례가 보여준 대로(1장과 4장을 참조하라), 갈등이 심화되어 결국 법원에 가면 사적 계약이 공적으로 기록되기 때문에 신탁 구조에 의한 비밀 보호는 완전히 실패한다. 스티브는 이렇게 설명해주었다. "그 결과 법원에 의지하지 않고 해결해줄 수 있는 사람이 필요하게 되죠. 신탁은 사적이니 비밀로 해두고 싶다는 생각인 거예요. 중재로 그렇게 할 수 있어요."

다른 자산관리 전문가들은, 자산관리업이 개인 고객과 기업 모두를 위해 여러 국가에 걸친 복잡한 자본의 흐름을 가능하게 하는 특별한 전문성을 기반으로 성장하고 있다고 말했다. 과거에는 이런 노력의 목적이 규제를 피하는 것이었지만, 이제는 규제 준수와 협력을 가능하게 하는 것이 새로운 점이다. 아르헨티나인 자산관리 전문가 카를로스는 독일에 계좌를 가지고 있는 한 고객에 관해 이런 이야기를 들려주었다. "도이치 방크Deutsche Bank는 내 고객에게 이렇게 말했죠. '계좌에 있는 자산이 아르헨티나 조세 당국에 신고된 거라는 사실을 증명하지 못하면 계좌를 폐쇄하겠다'고요. 만약 은행이 그렇게 하면, 계좌를 폐쇄하고 수표를 보내줘요. 여기 아르헨티나에서는 수표로 뭘 하는지 알아요? 똥닦개나 하는 거죠." 이런 상황에서, 고객이 법을 준수하도록 돕는 일은 최선의 재산 보호 전략이다. 이 예는 6장에서 이야기한, 최근 이스라엘에서 이루어진 연구와 일관된다. 이스라엘의 연구는 비용-수익 분석이 변화하면서 점점 더 많은 자산관리 전문가들이 국제 규제 준수 전문가로 전환하고 있음을 말해준다.[84] 카를로스는 이렇게 결론지었다. "자산관리업의 미래는 고객의 자금이 신고되지 않은 자금에서 신고된 상태로 이동하도록 돕는 거예요. 신고되지 않은 돈의 시대는 끝난 거죠."

이는 조세 회피의 종말을 알리는 듯이 들리지만, 단지 '창의적인 규제 준수'라는 새로운 회전回戰이 시작될 것임을 알리는 데 지나지 않는다. 역외 금융 중심지는 이런 일의 지속에 기여한다. 예를 들어, 벨리즈와 케이맨 제도 같은 관할권은 수익소유권 등기소를 만들어서 신고되지 않은 재산의 흐름을 막으려는 국제적 요구에 부응해 공식적으로는 "규제를 준수했다." 하지만 등기소가 존재하기는 하나, 대중이 접근할 수 없고 특별한 상황에서 법 집행 대리인만 이용할 수 있다.[85] 이런 체제 덕분에 카를로스 같은 자산관리 전문가는 명목상 신고되었으나 실은 예전 체제에서처럼 은닉된 구조에 고객의 재산을 넣어둘 수 있다.

법적 갈등이 덜한, 또 다른 성장 기회도 나타났다. 기업의 급여, 연금, 보험료의 복잡한 국제적 망을 만들고 관리하는 것 말이다. 세계화가 여러 나라가 참여하는 사업과 국외 거주 노동력을 증가시키면서, 관계자를 위한 복잡한 초국가적 금융 방식이 점점 더 필요해진다.[86] 현재 5000만 명으로 추산되는 사람들이 자국 바깥에서 일하고 있다. 이 수치는 2009년 이래 매년 대략 2.5퍼센트씩 꾸준히 증가하고 있다.[87] 이들 노동자 대부분은 일반적으로 자산관리사의 서비스를 받는 유의 고액 순자산 보유 개인이 아니다. 하지만 이들의 고용주는 대규모 자본 공급원을 운영해서, 복잡한 국제적 지불 방식을 관리할 전문가를 충분히 고용할 만하다. 두바이에서 이야기를 나눈 영국인 자산관리사 폴은 전형적인 시나리오를 이렇게 설명했다.

전 세계에 고용인을 둔 국제적인 기업을 위한 연금 계획과 급여 지불 계획이 포함될 거예요. 급여 지불은 조세 때문에 가급적 역외 지역을 중심으로 체계화되어야 합니다. 고용인들이 어쩌면 20개국의 서로 다른 국적을 가지고 있을 수 있기 때문이죠. 그리고 고용주는 또 다른 관할권에 있고요. 만약 영국에서 일하는 미국 국적인에게 급여를 지불한다면 원천징수 의무나 다른 방식으로 이중과세 문제가 생기죠. 하지만 만약 역외, 즉 세금이 없는 관할권에서 직원 급여를 지불하면, 다양한 국가들의 온갖 규제를 처리하는 책임을 피하게 되는 거예요. 게다가 이런 규제는 항상 변하거든요. 대신에 조세 의무의 책임을 고용인에게 지우고 고용주는 고용인에게 총액을 지불하는 거죠.

그래서 고액 순자산 보유 고객에게 조세 회피 전략과 비밀 보호를 제공하는 일은 없어지더라도, 자산관리업은 증가하는 노동의 세계화와 노동자들의 초국가적 이동에 기반을 두고 계속해서 번창할 수 있다. 이 새로운 방향은 자산관리 기술을, 기업을 고객 기반으로 하는 서비스로 돌리는 것이다. 자산관리업이 부자 고객에 대한 개인 서비스에서 공직으로 방향을 돌린다면, 최근 자산관리업의 평판을 손상시키고 있는 해로운 관계로부터 거리를 두는 데 도움이 될 것이다.

새로운 정책 방향

이제 초갑부들의 특혜를 축소하기 위한 직접적인 노력이 비효율적이라는 점은 아주 분명하다. 부와 그 소유주의 이동성은 자산관리사의 법적·금융적 기술과 결합되어, 공식적으로는 법을 지키면서 너무나 쉽게 법의 정신을 위반하게 만든다. 이런 점에 비추어, 이 연구가 시사하는 바는 다음과 같다. 엘리트들이 정당한 몫의 세금을 내고 법규에 따르도록 하는 데 관심이 있다면 정치 지도자들이 부유한 개인이 아닌, 그들에게 봉사하는 전문가에게 관심을 돌려야 한다는 점이다.

이때 정책 입안자들의 역할은 가족 분쟁을 중재하거나 복잡한 국제적 급여 지불 계획을 만들어내는 일이 조세 규제와 다른 법의 '창의적 준수'보다 더 매력적인 사업 원천이 되도록 장려하는 구조로 변화시키는 것이다. 목표는 자산관리사가 자신이 가진 상당한 법적, 조직적, 금융적 기술을 국가와 사회에 덜 해로운 (심지어 유익한) 방식으로 사용하도록 독려하는 것이다. 이렇게 되면 국가 권력과 자산관리업의 전문기술이 정면충돌하는 것을 피할 수 있다. 이런 정면충돌 전략 또한 비효율적인 것으로 드러났기 때문이다.[88] 대신에 정책 입안자들은 방향을 바꾸거나 다른 방향으로 돌려서 그들의 자원을 이용할 수 있다. 도로 기술자들이 범람하기 쉬운 강의 흐름을 바꾸어 물이 공동체를 파괴하기보다는 공동체에 봉사하도록 할 수 있는 것처럼 말이다.

이런 접근법에는 어떤 전망이 있어야 한다. 이는 6장에서 이야기한 이스라엘에서 이루어진 것과 같은 최근의 실증 연구만이 아니라 이 연구를 위해 인터뷰한 자산관리사들이 장차 자산관리업이 어떤 방식으로 발전할지 이야기한 데서도 암시된다.[89] 자산관리업의 제도 발전과 국가 통제로부터의 두드러진 독립성을 고려할 때, 자산관리업이 여러모로 벗어나고 싸우고자 했던 국가 권한을 마침내 지지하는 쪽으로 기울어진다면 아이러니가 아닐 수 없다.

감사의 말

이 책은 색다른 연구의 산물이다. 통상적이지 않은 접근법을 통해 자료를 수집했고, 한 주요기관으로부터 규모가 큰 보조금을 받기보다는 여러 군데에서 연구기금을 지원받았다. 내가 2007년 이 연구를 시작했을 때, 불평등은 지금처럼 학자들이나 매체에서 큰 쟁점이 아니었다. 그래서 학술 기금지원 기관이 이 주제를 여러 해 동안 연구하는 데 큰 금액을 선뜻 내주도록 설득하기가 어려웠다. 게다가 직접 자산관리 교육을 받아 비밀스러운 자산관리업계의 자료를 수집하려는 나의 계획(이 전략에 관해서는 1장의 부록에 자세히 나와 있다)이 어떤 사람들에게는 굉장히 위험해 보였던 모양이다. 이론적으로는 나의 계획을 지지하는 사람들도 외부로 드러나는 것에 대한 자산관리업계의 저항이 만만찮아서 실패할 것이라 생각했다. "도대체 왜 그 사람들이 너하고 이야기를 나누려 하겠니?"라는 게 일반적인 반응이었다.

그래서 자산관리 교육과정을 마친 다음 18개국으로 초갑부들의 '돈을 뒤쫓아다니기' 위해 내 호주머니를 포함해 아주 다양한 재원에서 수십만 달러를 끌어 모아야 했다. 결국 이 연구의 기반이 된 자산관리사들과의 심층 인터뷰 65건을 모으는 데 8년이 걸렸다(부분적으로 많은 보조금 지원서를 써야 했기 때문에 이 과정은 점점 더 늘어졌다). 이 과정이 재정적으로 굴러가게 해준 데 대해, 다음에 언급하는 분들과 기관들에 대단히 감사한다(순서는 연구기금을 지원받은 시간 순서에 따른다).

- 옌스 베케르트와 독일 쾰른에 있는 막스플랑크사회연구소
- 미시건대학교의 소득 역학관계 패널연구
- 미국사회학회 학문발전기금
- 알렉산더폰훔볼트재단의 연구 장학금
- 레오나르드 세아브루케(이 분은 두 번이나 보조금을 주셨다. 유럽연구위원회의 국제 정치경제학 전문가 프로젝트, 그리고 FP7의 '세계 재편성: 유럽 네트워크를 통한 발전' 프로젝트)
- 나의 어머니. 어머니의 마일리지 덕분에 나는 쿡 제도에 갈 수 있었다.

CBS 동료인 옌스, 렌, 엘레니 칭구, 전前 예일대 교수이자 CBS 비상근 동료인 존 캠벨, 막스플랑크연구소의 옛 동료인 지그리트 크바크, 예루살렘 헤브라이대학교의 법학교수인 애덤 호프리에게 빚을 졌다. 이 분들은 이 연구의 초고와 발표에 훌륭한 피드백을 해주어 주요한 통찰로 이끌었다. 마지막으로, 예전 브라운대학교에서 내가 가르친 학생인 찰스 댄비에게 고맙다는 인사를 전하고 싶다. 댄비는 내가 이 연구계획을 처음 생각했던 15년 전 나의 연구조수였다.

많은 소중한 친구들과 사랑하는 사람들이 정신적이고 실질적인 지원을 제공해주어 이 연구를 진행할 수 있었다. 피팔루크와 페리는 아이들을 집으로 불러 놀게 해줘서 내가 책을 쓸 수 있는 여분의 시간을 주었다. 두 분께 크자나르사크quianarsuaq(이누이트어로 '감사한다'는 뜻). 일명 홈스킬렛이라 불리는 커스틴은 내가 코펜하겐 한복판에서 미국 문화와 우정에 대한 환상을 키우도록 거들었다. 게다가 커스틴은 많은 음식을 거저 가져다주고 아이가 자고 오는 밤샘파티를 열어주어 도움이 되었다. 세라와 토머스는 막막한 대서양 이편에 있는 중서부 지역 같은 최고의

이웃이었다. 루앤의 도움이 없었다면, 아르헨티나와 우루과이로의 여행은 불가능했을 것이다. 어머니와 케렘은 내 연구를 지원해주는 지주였다. 그에 한없이 감사하는 마음을 전한다. 우리 아들 팬더는 용감하게 13시간 동안의 비행과, 때로는 머리카락이 쭈뼛해지는 모험을 견뎠다. 나는 팬더를 부에노스아이레스에서 상하이로, 요하네스버그에서 라로통가섬으로 끌고 다녔다. 팬더는 또 이 연구계획 과정의 시간 경과를 상징했다. 나는 팬더가 태어나기 전 가까스로 자산관리 교육과정을 마쳤다. 그런 다음 이 원고의 제작 편집본을 검토하고 있을 때, 팬더는 가까이 앉아서 자신의 최초 이야기를 쓰기 시작했다("고양이가 운전하고 있었습니다……"). 이 책을 팬더에게 바친다.

주

1장 자산관리사는 누구인가

주

1   Charles Dickens, *Bleak House* (London: Penguin Classics, 2003[1853]), 19. [국역본,《황폐한 집》, 동서문화사, 2014.]

2   George Marcus, "The Fiduciary Role in American Family Dynasties and Their Institutional Legacy," in George Marcus, ed., *Elites: Ethnographic Issues*, 221–256 (Albuquerque: University of New Mexico Press, 1983), 222.

3   Dickens, *Bleak House*, 540. 또한 다음을 참조하라. Max Weber, "Bureaucracy," in Hans Gerth and C. Wright Mills, eds., *From Max Weber*, 196–244 (New York: Oxford University Press, 1946 [1922]), 233.

4   Marcel Mauss, *Essai sur le don* (London: Routledge and Kegan Paul, 1969 [1924]).

5   Pierre Bourdieu, *Outline of a Theory of Practice* (Cambridge, UK: Cambridge University Press, 1977).

6   James Hughes, *Family Wealth: Keeping It in the Family* (Princeton Junction, NJ: NetWrx, 1997), 119.

7   Michel Pinçon and Monique Pinçon-Charlot, *Grand Fortunes: Dynasties of Wealth in France*, trans. Andrea Lyn Secara (New York: Algora, 1998), 35.

8   Brooke Harrington, "Trust and Estate Planning: The Emergence of a Profession and Its Contribution to Socio-economic Inequality," *Sociological Forum* 27 (2012): 825–846.

9   Ibid.

10 Jonathan Beaverstock, Sarah Hall, and Thomas Wainwright, "Servicing the Super-rich: New Financial Elites and the Rise of the Private Wealth Management Retail Ecology," *Regional Studies* 47 (2013): 834–849.

11 D. Maude, *Global Private Banking and Wealth Management: The New Realities*

(Chichester, UK: Wiley, 2006).

12   Brooke Harrington, "From Trustees to Wealth Managers," in Guido Erreygers and John Cunliffe, eds., *Inherited Wealth, Justice, and Equality*, 190–209 (London: Routledge, 2012).

13   '재정의 연금술사'에 관해서는 다음을 참조하라. Peter Pexton, "Fast Forward: 2015," *STEP Journal*, April 2010. '거래 설계자'에 관해서는 John Langbein, "The Contractarian Basis of the Law of Trusts," *Yale Law Journal* 105 (1995): 630를, '소득 방어 제공자'에 관해서는 Jeffrey Winters, *Oligarchy* (Cambridge, UK: Cambridge University Press, 2011), 219를 참조하라.

14   Mark Del Col, Andrew Hogan, and Thomas Roughan, "Transforming the Wealth Management Industry," *Journal of Financial Transformation* 9 (2003): 105–113. 또한 다음을 참조하라. Pexton, "Fast Forward."

15   Anton Sternberg and Michael Maslinski, "Trustees: The True Wealth Managers," *STEP Journal*, April 2008, 29.

16   Cap-Gemini, *World Wealth Report* (Paris: Cap-Gemini, 2014).

17   한정상속은 제한적인 형태의 토지 소유권으로, 상속 조건으로서 토지를 팔거나 저당 잡히지 못하게 한다. 따라서 한정상속된 토지의 상속인은 완전한 의미에서의 소유주라기보다는 종신 임차인이었다. 한정상속은 또 특정한 사람들에게, 즉 대개 애초에 토지를 한정상속한 사람의 직계 자손에게 토지의 소유를 한정했다. 직계 자손들 가운데서도 흔히 가족 중 나이가 가장 많은 남성으로 한층 더 상속이 한정되었다. 이 관습은 장자상속제로 알려져 있다. 더 자세한 논의를 보려면 다음을 참조하라. Jens Beckert, "The Longue Durée of Inheritance Law: Discourses and Institutional Development in France, Germany and the United States since 1800," *Archives of European Sociology* 48 (2007): 79–120.

18   Harrington, "Trust and Estate Planning."

19   Lawrence Friedman, *Dead Hands: A Social History of Wills, Trusts, and Inheritance Law* (Stanford, CA: Stanford University Press, 2009).

20   Ronen Palan, Richard Murphy, and Christian Chavagneux, *Tax Havens: How Globalization Really Works* (Ithaca, NY: Cornell University Press, 2010).

21   Robert Shiller, *Finance and the Good Society* (Princeton, NJ: Princeton University Press, 2012). [국역본, 《새로운 금융시대》, 알에이치코리아, 2013.]

22   Michael Parkinson, *Trustee Investment and Financial Appraisal*, 4th ed. (Birmingham, UK: Central Law Training, 2008), 20.

23   Michael Parkinson, *Trust Creation: Law and Practice* (Birmingham, UK: Central Law Training, 2005), 220.

24   Stephane Fitch, "Pritzker vs. Pritzker," *Forbes*, November 24, 2003.

25 Graham Moffat, *Trust Law: Text and Materials* (Cambridge, UK: Cambridge University Press, 2009), 5.

26 Remi Clignet, *Death, Deeds and Descendants* (New York: Aldine de Gruyter, 1991), 29.

27 전문직업과 불평등에 관해서는 다음을 참조하라. Laura Hansen and Siamak Movahedi, "Wall Street Scandals: The Myth of Individual Greed," *Sociological Forum* 25 (2010): 367-374. 또한 다음을 참조하라. John Heinz and Edward Laumann, *Chicago Lawyers: The Social Structure of the Bar* (Evanston, IL: Northwestern University Press, 1994). '대체할 수 없는 관계자'에 관해서는 Palan, Murphy, and Chavagneux, *Tax Havens*, 12를 참조하라.

28 Karen Ho, *Liquidated: An Ethnography of Wall Street* (Durham, NC: Duke University Press, 2009). [국역본,《호모 인베스투스》, 이매진, 2013.] 또한 다음을 참조하라. Mitchel Abolafi a, *Making Markets: Opportunism and Restraint on Wall Street* (Cambridge, MA: Harvard University Press, 1996).

29 Thorstein Veblen, *The Theory of the Leisure Class* (New York: Penguin, 1994 [1899]). [국역본,《유한계급론》, 우물이있는집, 2012.]

30 Jonathan Dunlop, "Healthy Competition," *STEP Journal*, April 2008, 31.

31 Cap-Gemini, *World Wealth Report*.

32 William Robinson, "Social Theory and Globalization: The Rise of a Transnational State," *Theory and Society* 30 (2001): 165.

33 James Davies, Rodrigo Lluberas, and Anthony Shorrocks, *Global Wealth Report* (Zurich: Credit Suisse, 2013).

34 Ibid.

35 Thomas Piketty, *Capital in the Twenty-first Century* (Cambridge, MA: Harvard University Press, 2014). [국역본,《21세기 자본》, 글항아리, 2014.]

36 Melvin Oliver and Thomas Shapiro, *Black Wealth, White Wealth: A New Perspective on Racial Inequality* (New York: Routledge, 1995).

37 Palan, Murphy, and Chavagneux, *Tax Havens*, 12.

38 21조 달러라는 수치에 대해서는 Heather Stewart, "Wealth Doesn't Trickle Down-It Just Floods Offshore, New Research Reveals," *The, Guardian*, July 21, 2012를 참조하라. 세수 손실 수치에 대해서는 다음을 참조하라. Gabriel Zucman, *The Hidden Wealth of Nations* (Chicago: University of Chicago Press, 2015.) [국역본,《국가의 잃어버린 부》, 앨피, 2016.]

39 Jonathan Beaverstock, Philip Hubbard, and John Short, "Getting Away with It? Exposing the Geographies of the Super-rich," *Geoforum* 35 (2004): 401-407.

40 Nicholas Shaxson, *Treasure Islands: Tax Havens and the Men Who Stole the World*

(London: Random House, 2011). [국역본,《보물섬》, 부키, 2012.]

41 Michael Cadesky, "A question of Legitimate Tax Policy," *STEP Journal*, March 2010. 또한 다음을 참조하라. Marshall Langer, *Tax Agreements with Tax Havens and Other Small Countries* (London: STEP, 2005).

42 Gregory Jackson and Stephen Brammer, "Grey Areas: Irresponsible Corporations and Reputational Dynamics," *Socio-Economic Review* 12 (2014): 153–218.

43 Harrington, "Trust and Estate Planning."

44 Prem Sikka, "Accountants: A Threat to Democracy: The Tax Avoidance Industry Has a Veto on What Services the Government Can Provide," *The Guardian*, September 5, 2005.

45 Organisation for Economic Co-operation and Development (OECD), *Final Seoul Declaration* (Seoul, Korea: OECD, 2006), 4.

46 Carl Levin, "The US Tax Shelter Industry: The Role of Accountants, Lawyers, and Financial Professionals," statement before U.S. Senate Permanent Subcommittee on Investigations, November 18, 2003.

47 Dennis Jaffe and Sam Lane, "Sustaining a Family Dynasty: Key Issues Facing Multi-generational Business-and Investment-Owning Families," *Family Business Review* 17 (2004): 5–8; Fitch, "Pritzker vs. Pritzker."

48 Yoser Gadhoum, Larry Lang, and Leslie Young, "Who Controls US?" *European Journal of Financial Management* 11 (2005): 342.

49 Gerard Hanlon, "Institutional Forms and Organizational Structures: Homology, Trust and Reputational Capital in Professional Service Firms," *Organization* 11 (2004): 190.

50 Werner Conze and Jurgen Kocka, "Einleitung," in Werner Conze and Jürgen Kocka, eds., *Bildungsburgertum im 19. jahrhundert, vol. 1: Bildungssystem und professionalisierung in internationalen vergleichen,* 9–26 (Stuttgart, Germany: Klett-Cotta, 1985), 18.

51 Rachel Sherman, "'Time Is Our Commodity': Gender and the Struggle for Occupational Legitimacy among Personal Concierges," *Work and Occupations* 37 (2011): 81–114.

52 C. Wright Mills, *The Power Elite* (New York: Oxford University Press, 1956), 107. [국역본,《파워 엘리트》, 부글북스, 2013.]

53 Michael Luo and Mike McIntire, "Offshore Tactics Helped Increase Romneys' Wealth," *New York Times*, October 1, 2012.

54 Beckert, "The Longue Duree of Inheritance Law."

55   Talcott Parsons, *The Social System* (New York: Free Press, 1951).

56   Ian Hodder, *Çatalhöyük*: The Leopard's Tale (London: Thames and Hudson, 2006). 또한 다음을 참조하라. Laurence Kotlikoff and Lawrence Summers, "The Role of Intergenerational Transfers in Aggregate Capital Accumulation," *Journal of Political Economy* 89 (1981): 706–732.

57   Karl Marx and Friedrich Engels, *The Communist Manifesto* (London: Penguin, 2004 [1848]), 222. [국역본,《공산당 선언》, 펭귄클래식코리아, 2010]

58   Jaffe and Lane, "Sustaining a Family Dynasty."

59   Timothy Colclough, "To PTC or Not to PTC," *STEP Journal*, November / December 2009, 51–53.

60   Friedman, *Dead Hands*.

61   Jason Sharman, Havens in *a Storm: The Struggle for Global Tax Regulation* (Ithaca, NY: Cornell University Press, 2006).

62   Daniel Bell, *The Cultural Contradictions of Capitalism*, 2nd ed. (London: Heinemann Educational Books, 1976). 또한 다음을 참조하라. Joseph Schumpeter, "The Crisis of the Tax State," in Wolfgang Stolper and Richard Musgrave, eds., *International Economic Papers*, no. 4, 5–8 (New York: Macmillan, 1954 [1918]).

63   Bruce Carruthers and Terence Halliday, *Rescuing Business: The Making of Bankruptcy Law in Britain and the United States* (Oxford: Oxford University Press, 1998), 60.

64   Sigrid Quack, "Legal Professionals and Trans-national Law Making: A Case of Distributed Agency," *Organization* 14 (2007): 643–666.

65   Winters, *Oligarchy*, 222.

66   Friedman, *Dead Hands*.

67   Hughes, *Family Wealth*.

68   Schumpeter, "The Crisis of the Tax State."

69   Beckert, "The Longue Duree of Inheritance Law," 85.

70   Robert Miller and Stephen McNamee, "The Inheritance of Wealth in America," in Robert Miller and Stephen McNamee, eds., *Inheritance and Wealth in America*, 1–22 (New York: Plenum Press, 1998).

71   David Cay Johnston, "Dozens of Rich Americans Join in Fight to Retain the Estate Tax," *New York Times*, February 14, 2001.

72   Shaxson, *Treasure Islands*.

73   Adam Hofri, "Professionals' Contribution to the Legislative Process: Between Self, Client and the Public," *Law and Social Inquiry* 39 (2014): 96–126. 또한 다

음을 참조하라. George Marcus and Peter Hall, *Lives in Trust: The Fortunes of Dynastic Families in Late Twentieth-Century America* (Boulder, CO: Westview Press, 1992).

74 Michael Gilding, "Motives of the Rich and Powerful in Doing Interviews with Social Scientists," *International Sociology* 25 (2010): 755–777.

75 Laura Nader, "Up the Anthropologist: Perspectives Gained from Studying Up," in D. Hynes, ed., *Reinventing Anthropology*, 284–311 (New York: Pantheon, 1972), 302.

76 David Cay Johnston, "Costly Questions Arise on Legal Opinions for Tax Shelters," *New York Times*, February 9, 2003.

77 Marcus, "The Fiduciary Role."

78 Sharman, *Havens in a Storm*.

79 Robin Lakoff, "The Logic of Politeness: Or, Minding Your P's and Q's," *Papers from the Ninth Regional Meeting of the Chicago Linguistic Society*, 292–305 (Chicago: Chicago Linguistic Society, 1973).

80 Leah Goodman, "Inside the World's Top Offshore Tax Shelter," *Newsweek*, January 16, 2014. 굿먼의 국외추방과 결국 영국 내 여행 금지를 철회한 것에 관한 자세한 내용은 굿먼의 웹사이트인 http://leahmcgrathgoodman.com/2013/07/18/when-journalism-works에 2013년 8월 18일자로 올라와 있는 '언론이 움직일 때(When Journalism Works)'라는 제목의 글을 참조하라.

81 Brooke Harrington, "Immersion Ethnography of Elites," in K. Elsbach and R. Kramer, eds., *Handbook of Qualitative Organizational Research*, 134–142 (New York: Routledge, 2015).

82 Brooke Harrington, "The Social Psychology of Access in Ethnographic Research," *Journal of Contemporary Ethnography* 32 (2003): 592–625.

83 John van Maanen, "Observations on the Making of Policemen," *Human Organization* 32 (1973): 407–418.

84 Clifford Geertz, *The Interpretation of Cultures: Selected Essays* (New York: Basic Books, 1973). [국역본, 《문화의 해석》, 까치, 2009.]

85 Joseph Conti and Moira O'Neil, "Studying Power: Qualitative Methods and the Global Elite," *Qualitative Research* 7 (2007): 63–82.

86 Bourdieu, *Outline of a Theory of Practice*.

87 William Harvey, "Strategies for Conducting Elite Interviews," *Qualitative Research* 11 (2011): 431–441.

88 Philip Davies, "Spies as Informants: Triangulation and the Interpretation of Elite Interview Data in the Study of the Intelligence and Security Services,"

Politics 21 (2001): 73 – 80.

89   Max Weber, *Economy and Society* (New York: Bedminster Press, 1968[1925]), 1: 4. [국역본,《경제와 사회》, 나남출판, 2009.]

90   Jens Beckert and Wolfgang Streeck, "Economic Sociology and Political Economy: A Programmatic Perspective," Working Paper 08/4, 2008, Max Planck Institute for the Study of Societies, Cologne, Germany.

91   Harrington, "The Social Psychology of Access." 또한 다음을 참조하라. Brooke Harrington, "Obtrusiveness as Strategy in Ethnographic Research," *Qualitative Sociology* 25 (2002): 49 – 61.

92   '세계 정치체 접근법'에 관해서는 다음을 참조하라. John Meyer, John Boli, George Thomas, and Francisco Ramirez, "World Society and the Nationstate," *American Journal of Sociology* 103 (1997): 144 – 181. '국가와 계급을 통한 접근법' 은 다음을 참조하라. Nicos Poulantzas, *State, Power, Socialism* (London: Verso, 2000). Theda Skocpol, *States and Social Revolutions: A Comparative Analysis of France, Russia, and China* (Cambridge, UK: Cambridge University Press, 1979).

93   Bruce Carruthers and Terence Halliday, "Negotiating Globalization: Global Scripts and Intermediation in the Construction of Asian Insolvency Regimes," *Law and Social Inquiry* 31 (2006): 521 – 584.

94   David Richards, "Elite Interviews: Approaches and Pitfalls," *Politics* 16 (1996): 200.

95   Robert Mikecz, "Interviewing Elites: Addressing Methodological Issues," *Qualitative Inquiry* 18 (2012): 483.

96   자산관리업계에서 이용할 수 있는 자격증에 관한 정보는 미국 금융산업규제기관 (Financial Industry Regulatory Authority, FINRA)의 웹사이트 http://apps. finra.org/DataDirectory/1/prodesignations.aspx에서 찾아볼 수 있다.

97   Harrington, "Trust and Estate Planning."

98   Ann Ryen, "Ethical Issues in Qualitative Research," in Clive Seale, Giampietro Gobo, Jaber Gubrium, and David Silverman, eds., *Qualitative Research Practice*, 230 – 247 (Thousand Oaks, CA: Sage Publications, 2004).

99   이 횟수는 홍콩을 상하이와 함께 중화인민공화국에 속하는 것으로 해서 계산한 것이다. 하지만 저지섬과 건지섬은 별개의 나라로 해서 계산했다. 이런 상황은 거의 1000년 전 노르만 정복 시대에 존재했던 봉건국가 체제의 '최후의 잔재'인 그들의 역사를 반영한다. James Minahan, *The Complete Guide to National Symbols and Emblems* (San Francisco: Greenwood, 2009), 419.

100   Andrew Cook, James Faulconbridge, and Daniel Muzio, "London's Legal Elite: Recruitment through Cultural Capital and the Reproduction of Social

Exclusivity in City Professional Ser vice Fields," *Environment and Planning* 44 (2012): 1744–1762.

101 Bar Council, *Statistics: Demographic Profile of the Bar* (London: Bar Council, 2010). 또한 다음을 참조하라. American Bar Association (ABA), *The Lawyer Statistical Report* (Chicago: American Bar Association, 2012).

2장 직업으로서의 자산관리

1 Talcott Parsons, "The Professions and Social Structure," *Social Forces* 17 (1939): 457–467.

2 Steven Brint and Jerome Karabel, *The Diverted Dream: Community Colleges and the Promise of Educational Opportunity in America*, 1900–1985 (New York: Oxford University Press, 1989).

3 Steven Brint, *In an Age of Experts: The Changing Role of Professionals in Politics and Public Life* (Princeton: Princeton University Press, 1994).

4 Harlan Stone, "The Public Influence of the Bar," *Harvard Law Review* 48 (1934): 1–14.

5 Eliot Krause, *The Death of the Guilds: Professions, States and the Advance of Capitalism* (New Haven, CT: Yale University Press, 1996).

6 Stephen Haseler, *The Super-Rich: The Unjust New World of Global Capitalism* (New York: Palgrave, 2000), 72. 독일 쾰른에 있는 막스플랑크사회연구소 소장인 옌스 베케르트(Jens Beckert)가 개인적인 대화에서 지적한 대로, 이런 말은 봉건시대에 불공평할지 모른다. 그 시대의 귀족들은 그들에게 의지하는 사람들에 대한 의무를 일부 졌기 때문이다. 그에 반해, 오늘날의 부유한 엘리트들은 사회경제적 사다리의 낮은 단계에 있는 사람들에게 설사 의무를 거의 지지 않는다. 더 적절한 비교는 걷잡을 수 없는 착취가 이루어졌던 19세기 말과 20세기 초 도금시대일 것이다.

7 조지섬과 건지섬에 관해서는 다음을 참조하라. James Minahan, *The Complete Guide to National Symbols and Emblems* (San Francisco: Greenwood, 2009), 419. 리히텐슈타인에 관해서는 Gwillim Law, *Administrative Subdivisions of Countries: A Comprehensive World Reference 1900 through 1998* (Jefferson, NC: McFarland, 2010), 220를, 몰타나 다른 국가에 관해서는 Martin Lewis, "The Knights of Malta: Sovereignty Without Territory," *Geocurrents*, March 18, 2010를 참조하라.

8 수치는 다음을 참조하라. Boston Consulting Group, *Global Wealth 2015: Winning the Growth Game* (Boston: BCG, 2015), www.bcg.it/documents/file190567.pdf. 인용은 다음을 참조하라. Nicholas Shaxson, *Treasure Islands: Tax Havens and the Men Who Stole the World* (London: Random House, 2011). [국역본, 《보물섬》, 부

키, 2012.] 색슨(Shaxson)은 역시 런던 메트로폴리탄대학교 교수인 모리스 글래스맨(Maurice Glassman)의 말을 인용한다.

9   George Marcus and Peter Hall, *Lives in Trust: The Fortunes of Dynastic Families in Late Twentieth-Century America* (Boulder, CO: Westview Press, 1992), 64.

10 Eliot Freidson, *Professionalism: The Third Logic* (London: Polity, 2001). [국역본, 《프로페셔널리즘》, 아카넷, 2007.]

11 John Langbein, "Rise of the Management Trust," Trusts & Estates 142 (2004): 52–57. 또한 다음을 참조하라. John Langbein, "The Contractarian Basis of the Law of Trusts," *Yale Law Journal* 105 (1995): 625–675.

12 Frederic Maitland, *Equity: A Course of Lectures* (Cambridge: Cambridge University Press, 2011 [1909]), 23.

13 Anita Cervone, *Sworn Bond in Tudor England: Oaths, Vows and Covenants in Civil Life and Literature* (Jefferson, NC: McFarland, 2011).

14 A. Gurevich, "Representations of Property in the High Middle Ages," *Economy and Society* 6 (1977): 1–30.

15 Bernard Hibbitts, "Coming to Our Senses: Communication and Legal Expression in Per for mance Cultures," *Emory Law Journal* 41 (1992): 873–960.

16 John Austin, *Philosophical Papers* (Oxford, UK: Oxford University Press, 1961); Walter Beale, *Learning from Language: Symmetry, Asymmetry, and Literary Humanism* (Pittsburgh, PA: University of Pittsburgh Press, 2009).

17 R. B. Outhwaite, *The Rise and Fall of the English Ecclesiastical Courts, 1500–1860* (Cambridge, UK: Cambridge University Press, 2006).

18 R. J. Barendse, "The Feudal Mutation: Military and Economic Transformations of the Ethnosphere in the Tenth to Thirteenth Centuries," *Journal of World History* 14 (2003): 515.

19 Ibid.

20 Dan Terkla, "Cut on the Norman Bias: Fabulous Borders and Visual Glosses on the Bayeux Tapestry," *Word and Image* 11 (1995): 264–290.

21 Langbein, "The Contractarian Basis."

22 George Marcus, "The Fiduciary Role in American Family Dynasties and Their Institutional Legacy," in George Marcus, ed., *Elites: Ethnographic Issues*, 221–256 (Albuquerque: University of New Mexico Press, 1983), 231.

23 유럽대륙, 그리고 남아메리카의 많은 지역과 중동을 지배하는 민법은 신탁을 인정하지 않는다. 하지만 민법 국가들의 시민들은 관습법 관할권에서 신탁을 만들 수 있고 흔히 그렇게 한다. 여기에 관해서는 4장에서 좀 더 자세히 분석한다.

24 Chantal Stebbings, "Trustees, Tribunals and Taxes: Creativity in Victorian

Law," *Amicus Curiae* 70 (2007): 3.

25   Frederic Maitland, *Selected Essays*, ed. Dexter Hazeltine, Gaillard Lapsley, and Percy Winfield (Cambridge, UK: Cambridge University Press, 1936), 175.

26   Langbein, "The Contractarian Basis," 638.

27   Barendse, "The Feudal Mutation."

28   Scott Waugh, "Tenure to Contract: Lordship and Clientage in Thirteenth-Century England," *English Historical Review* 101 (1986): 811–839.

29   Jason Sharman, *Havens in a Storm: The Struggle for Global Tax Regulation* (Ithaca, NY: Cornell University Press, 2006). 이 싸움은 그 옛날 중세시대의 수세기 동안 지속되었다. 예를 들어 16세기에 헨리 8세는 엘리트들의 토지 소유를 다시 완전히 왕실 통제하에, 따라서 정부의 세입 체계 안에 두기 위해 수익이용권법(용익권법, Statute of Uses)을 내놓았다. 우리는 현재 주로 금융자산으로 이루어진 재산에 대한 소유권과 과세권이 걸린, 국제 감독 기관과 세계의 사회경제적 엘리트들 사이에 비슷하게 벌어지는 결론 없는 논쟁을 목격하고 있다.

30   Tamar Frankel, "Cross-Border Securitization: Without Law, but Not Lawless," *Duke Journal of Comparative and International Law* 8 (1998): 258.

31   1999년 6월 10일 하버드대학교에서 진행된 알란 그린스펀(Alan Greenspan)의 졸업 연설. www.federalreserve.gov/boarddocs/speeches/1999/ 199906102. htm.

32   Roscoe Pound, *An Introduction to the Philosophy of Law* (New Haven, CT: Yale University Press, 1922), 236.

33   신탁 언어에서 여전히 중세의 흔적을 찾을 수 있다. 예를 들어, 영주가 보좌관의 봉사를 유지하기 위해 이용하던 수단인 '계약서(indenture)' 개념은 오늘날의 '신탁증서(trust indenture)'에까지 이어지고 있다. 예를 들어, 채권과 다른 공채가 들어있는 상업 신탁을 통제하는 미국 법의 신탁증서법(Trust Indenture Act)을 보라.

34   Michael Parkinson, *Trust Creation: Law and Practice*, 3rd ed. (Birmingham, UK: Central Law Training, 2005).

35   Frank Easterbrook and Daniel Fischel, "Contract and Fiduciary Duty," *Journal of Law and Economics* 36 (1993): 426–427.

36   Langbein, "The Contractarian Basis."

37   Francis Sanders, *An Essay on the Nature and Laws of Uses and Trusts, Including a Treatise on Conveyances at Common Law and Those Deriving Their Effect from the Statute of Uses* (London: E. & R. Brooke, 1791), 256, 강조와 철자는 원문에 따른 것이다.

38   American Bar Association, *Uniform Prudent Investor Act* (Chicago: ABA, 1994), www.law.upenn.edu/bll/archives/ulc/fnact99/1990s/upia94.pdf. 신탁의 수

탁 관리는 또한 많은 하위 규칙에 의해 통제된다. 여기에는 계산서를 정리하고 결과를 보고하며, 신탁자산을 상대로 한 청구를 집행하고 방어하며, 비용을 최소화하는 의무가 포함된다.

39 이렇게 폭넓기는 하지만, 수탁자 의무 위반에 대해 신탁관리자에게 제기된 많은 성공적인 소송이 증언해주듯 규칙은 여전히 의미 있고 시행할 수 있다. 몇 가지 흥미로운 사례들을 보려면 다음을 참조하라. John Harper, "The Ethical Trustee," *STEP Journal*, September 2010, 17.

40 Benjamin Cardozo, opinion in *Meinhard v. Salmon*, 164 N.E. 545 (N.Y. 1928), at 546.

41 Geoffrey Chaucer, *Canterbury Tales* (Mineola, NY: Dover, 1994 [1478]). [국역본,《캔터베리 이야기》, 동서문화사, 2013.]

42 Langbein, "The Contractarian Basis," 638.

43 Langbein, "Rise of the Management Trust," 53.

44 1720년의 거품법(Bubble Act)은 칙허장에 의한 경우 외에는 새로운 합자회사의 설립을 금지했다. 이 법안을 통과시킨 것은 그전 해에 감당할 수 없는 남해거품사건을 불러온 투기를 방지하기 위함이었다. Brooke Harrington, "States and Financial Crises," in Benedikte Brincker, ed., *Introduction to Political Sociology*, 267–282 (Copenhagen: Gyldendal Akademisk, 2013).

45 Michael Parkinson and Dai Jones, *Trust Administration and Accounts*, 4th ed. (Birmingham, UK: Central Law Training, 2008), 111.

46 Ibid.

47 Stebbings, "Trustees, Tribunals and Taxes."

48 Viviana Zelizer, "Payments and Social Ties," *Sociological Forum* 11 (1996): 481–495.

49 Bernard Rudden, review of *The Restatement of Trusts, Modern Law Review* 44 (1981): 610. 또한 다음을 참조하라. John Langbein, "The Secret Life of the Trust: The Trust as an Instrument of Commerce," *Yale Law Journal* 107 (1997): 165–189.

50 Peter Hall, "Family Structure and Class Consolidation among the Boston Brahmins," Ph.D. diss., State University of New York at Stony Brook, 1973, 282.

51 Stebbings, "Trustees, Tribunals and Taxes," 7.

52 이 역사적인 사례에서, 맥린 가의 수익자(하버드대학교)는 신탁자산을 주식에 투자해 손해를 입어서 수익자가 받을 금액을 격감시킨 데 대해 신탁관리자(프랜시스 애머리)에게 소송을 제기했다. 법원은 신탁관리자의 편을 들어주면서 (회사 주식에 투자하도록 신탁증서에 의해 명시적으로 지시받은) 애머리가 신중히 행동했으며 가격에 내재된 불안정성에 대해 비난을 받아서는 안 된다고 진술했다. 다

음을 참조하라. Samuel Putnam, "Harvard College versus Amory," *Journal of Portfolio Management* 3 (1976): 67–71.

53 Lawrence Friedman, *Dead Hands: A Social History of Wills, Trusts, and Inheritance Law* (Stanford, CA: Stanford University Press, 2009), 115.

54 Keith Macdonald, *The Sociology of the Professions* (London: Sage, 1995). [국역본, 《전문직의 사회학》, 일신사, 1999.]

55 Marcus and Hall, *Lives in Trust*, 65.

56 Langbein, "Rise of the Management Trust."

57 Stebbings, "Trustees, Tribunals and Taxes," 4.

58 Jonathan Beaverstock, Philip Hubbard, and John Short, "Getting Away with It? Exposing the Geographies of the Super-rich," *Geoforum* 35 (2004): 401–407.

59 Jeffrey Winters, *Oligarchy* (New York: Cambridge University Press, 2011), 219.

60 Ibid.

61 Zygmunt Bauman, *Community: Seeking Security in an Insecure World* (Cambridge, UK: Polity, 2000). 또한 다음을 참조하라. L. Sklair, "The Transnational Capitalist Class," in James Carrier and Daniel Miller, eds., *Virtualism: A New Political Economy*, 135–159 (Oxford, UK: Berg, 1997).

62 Marcus and Hall, *Lives in Trust*, 70. 또한 다음을 참조하라. Marion Fourcade, "The Construction of a Global Profession: The Transnationalization of Economics," American Journal of Sociology 112 (2006): 145–194.

63 STEP, *STEP: The First Fifteen Years* (London: Society of Trust and Estate Practitioners, 2006), 1.

64 2012년 5월 28일 진행된 STEP South Africa conference에서의 발언.

65 Scott Devine, "Revealed: Incompetence and Dishonesty of Cowboy Will Writers," news release, STEP, January 26, 2011.

66 Ronen Palan, Richard Murphy, and Christian Chavagneux, *Tax Havens: How Globalization Really Works* (Ithaca, NY: Cornell University Press, 2010).

67 Sharman, *Havens in a Storm*.

68 Magali Larson, *The Rise of Professionalism: A Sociological Analysis* (Berkeley: University of California Press, 1977), 50.

69 Sigrid Quack, "Legal Professionals and Trans-national Law Making: A Case of Distributed Agency," *Organization* 14 (2007): 643–666. 또한 다음을 참조하라. Royston Greenwood, Roy Suddaby, and C. R. Hinings, "Theorizing Change: The Role of Professional Associations in the Transformation of Institutionalized Fields," *Academy of Management Journal* 45 (2002): 58–80.

70 Peter Haas, "Introduction: Epistemic Communities and International Policy

Coordination," International Organization 46 (1992): 1–35.

71 Jane Jenson and Boaventura de Sousa Santos, "Introduction: Case Studies and Common Trends in Globalizations," in Jane Jenson and Boaventura de Sousa Santos, eds., *Globalizing Institutions: Case Studies in Regulation and Innovation*, 9–26 (Aldershot, UK: Ashgate, 2000).

72 Greenwood 외, "Theorizing Change," 59.

73 Jennifer Palmer-Violet, "Championing the Cause," *STEP Journal*, October 2012.

74 Ward L. Thomas and Leonard Henzke, "Trusts: Common Law and IRC 501(C)(3) and 4947," 2003 EO CPE Text, U.S. Internal Revenue Service, Washington, DC, 2003, www.irs.gov/pub/irs-tege/eotopica03.pdf.

75 Andrew Abbott, *The System of Professions: An Essay on the Division of Expert Labor* (Chicago: University of Chicago Press, 1988).

76 Randall Collins, *The Credential Society* (New York: Academic Press, 1979); John Heinz and Edward Laumann, *Chicago Lawyers: The Social Structure of the Bar* (Evanston, IL: Northwestern University Press, 1994).

77 David Sciulli, "Revision in Sociology of the Professions Today," *Sociologica* 3 (2008): 34.

78 Pierre Bourdieu and Loic Wacquant, *Invitation to Reflexive Sociology* (Chicago: University of Chicago Press, 1992). [국역본,《성찰적 사회학으로의 초대》, 그린비, 2015.]

79 Karen Ho, *Liquidated: An Ethnography of Wall Street* (Durham, NC: Duke University Press, 2009). [국역본,《호모 인베스투스》, 이매진, 2013.]

80 U.S. Bureau of Labor Statistics, data for the category "Other Financial Investment Activities," which includes financial advisers and managers, 2013, www.bls.gov/oes/current/oes113031.htm.

81 Louise Story, "Executive Pay," *New York Times*, March 3, 2011.

82 Louise Story and Eric Dash, "Banks Prepare for Big Bonuses, and Public Wrath," *New York Times*, January 9, 2009.

83 Martin Williams, "Finance Industry Wages Rise Faster than Any Other Sector," *The Guardian*, February 26, 2013.

84 Philip Ruce, "Anti-Money Laundering: The Challenges of Know Your Customer Legislation for Private Bankers and the Hidden Benefits for Relationship Management ('The Bright Side of Knowing Your Customer')," *Banking Law Journal* 128 (2011): 548–564.

85 Tjun Tang, Brent Beardsley, Jorge Becerra, Bruce Holley, Daniel Kessler, Matthias Naumann, and Anna Zakrzewski, *Global Wealth 2013: Maintaining*

Momentum in a Complex World (Boston: Boston Consulting Group, 2013).

86 McKinsey & Company, *Searching for Profitable Growth in Asset Management: It's about More than Investment Alpha* (New York: McKinsey, 2012).

87 Freidson, *Professionalism*, 17.

88 Michel Pinçon and Monique Pinçon-Charlot, *Grand Fortunes: Dynasties of Wealth in France* (New York: Algora, 1998), 29.

89 Peer Fiss and Paul Hirsch, "The Discourse of Globalization: Framing and Sensemaking of an Emerging Concept," *American Sociological Review* 70 (2005): 29–52.

90 Patrik Aspers, *Orderly Fashion: A Sociology of Markets* (Princeton, NJ: Princeton University Press, 2010).

91 Vincent Manancourt, "Wealth Man agers Are Having to Merge to Survive as Regulation Gets Tighter," *Financial Times*, September 19, 2014.

92 Deborah DeMott, "Internal Compliance Officers in Jeopardy?" *Australian Law Journal* 87 (2013): 451–454.

93 Ruce, "Anti-Money Laundering."

94 Joe Nocera, "The Good, the Bad and the Ugly of Capitalism," *New York Times*, March 16, 2012.

95 Richard Adams, "Goldman Sachs Senate Hearing: As It Happened," *The Guardian*, April 27, 2010.

96 Rudden, review of *The Restatement of Trusts*, 610.

97 Marcus and Hall, *Lives in Trust*, 71.

98 실제로 만약 어밀리어가 골드먼의 모형을 채용했다면, 자산관리로 받는 통상의 수수료보다 처참할 결과를 불러올 거래로 인해 고객이 낼 수수료로 훨씬 더 많은 돈을 벌 수 있었을 것이다. 혹은 고객의 반대편에 돈을 걸어서(공매[空賣]를 해서) 말이다. 조 노세라는 기사 〈The Good, the Bad and the Ugly of Capitalism〉에서 이를 '간 빼 먹는' 자본주의라고 말했다.

99 Barbara Reskin and Patricia Roos, *Job Queues, Gender Queues* (Philadelphia: Temple University Press, 1990).

100 Paul Oyer, "The Making of an Investment Banker: Stock Market Shocks, Career Choice, and Lifetime Income," *Journal of Finance* 63 (2009): 2601–2628.

101 STEP, "What Do STEP Members Do?" http://www.step.org/for-the-public. 이 제목과 언급해둔 글은 내가 이 장을 쓴 이후 약간 바뀌었다. 하지만 가족들을 돕는다는 점을 강조하는 것은 여전하다.

102 Gregg Van Ryzin, "The Curious Case of the Post-9/11 Boost in Government Job Satisfaction," *American Review of Public Administration* 44 (2014): 59–74.

103 Robert Frank, "Another Widening Gap: The Haves vs. the Have-Mores," *New York Times*, November 15, 2014.

104 Peter Hall and George Marcus, "Why Should Men Leave Great Fortunes to Their Children? Class, Dynasty and Inheritance in America," *Inheritance and Wealth in America*, 139–171 (New York: Plenum, 1998).

105 Rachel Emma Silverman, "A Burden of Wealth: Family-Office Hunting," *Wall Street Journal*, January 3, 2008.

106 Robert Milburn, "Family Office Boom," *Barron's*, April 21, 2014.

107 Ibid.

108 Susan Cartwright and Nicola Holmes, "The Meaning of Work: The Challenge of Regaining Employee Engagement and Reducing Cynicism," *Human Resource Management Review* 16 (2006): 199–208.

109 Langbein, "The Contractarian Basis," 644.

110 Robert Clark, *Corporate Law* (New York: Aspen, 1986), 676.

111 Viviana Zelizer, "Circuits within Capitalism," *The Economic Sociology of Capitalism*, 289–321 (Princeton, NJ: Princeton University Press, 2005).

112 Lynne Zucker, "Production of Trust: Institutional Sources of Economic Structure, 1840–920," *Research in Organizational Behavior* 8 (1986): 53–111.

113 Ibid., 100–101.

3장 고객 관계

1 최근의 한 연구에서는 변호사와 의뢰인의 관계가 최소 3년 지속되었으면 오래된 것으로 여겨졌다. Harris Kim, "Market Uncertainty and Socially Embedded Reputation," *American Journal of Economics and Sociology* 68(2009):679-701. 금융 서비스 고객의 행동에 관한 한 연구는 대부분(64퍼센트) 고객이 투자 고문과 관계를 지속하는 기간이 6년 미만이라고 결론지었다. Barry Howcroft, Paul Hewer, and Robert Hamilton, "Consumer Decision-making Styles and the Purchase of Financial Services," *Service Industries Journal* 23 (2003): 63–81.

2 John Langbein, "The Contractarian Basis of the Law of Trusts," *Yale Law Journal* 105 (1995): 661.

3 James Hughes, *Family Wealth: Keeping It in the Family* (Princeton Junction, NJ: NetWrx, 1997). 또한 다음을 참조하라. George Marcus and Peter Hall, *Lives in Trust: The Fortunes of Dynastic Families in Late Twentieth-Century America* (Boulder, CO: Westview Press, 1992).

4 Max Weber, "Bureaucracy," in Hans Gerth and C. Wright Mills, eds., *From Max*

Weber, 196–244 (New York: Oxford University Press, 1946 [1922]), 233.

5   Jessie O'Neill, *The Golden Ghetto: The Psychology of Affluence* (Milwaukee, WI: The Affluenza Project, 1997).

6   Michel Panoff and Michel Perrin, *Dictionnaire de l'ethnologie* (Paris: Payot, 1973), 259.

7   Donald Ferrin and Nicole Gillespie, "Trust Differences across National-Societal Cultures: Much to Do, or Much Ado about Nothing?" in Mark Saunders, Denise Skinner, Graham Dietz, Nicole Gillespie, and Roy Lewicki, eds., *Organizational Trust: A Cultural Perspective*, 42–86 (Cambridge, UK: Cambridge University Press, 2010), 44.

8   Nicholas Shaxson, Treasure Islands: Tax Havens and the Men Who Stole the World (London: Random House, 2011), 230. [국역본,《보물섬》, 부키, 2012.]

9   Langbein, "The Contractarian Basis." 또한 다음을 참조하라. Michael Parkinson, *Trust Creation: Law and Practice*, 3rd ed. (Birmingham, UK: Central Law Training, 2005).

10   Alison Wylie, "The Promise and Perils of an Ethic of Stewardship," in Lynn Meskell and Peter Pells, eds., *Embedding Ethics*, 47–68 (London: Berg Press, 2005).

11   O'Neill, *The Golden Ghetto*.

12   Jeffrey Bradach and Robert Eccles, "Price, Authority, and Trust: From Ideal Types to Plural Forms," *Annual Review of Sociology* 15 (1989): 108.

13   Scott Waugh, "Tenure to Contract: Lordship and Clientage in Thirteenth-Century England," *English Historical Review* 101 (1986): 825.

14   The Trusts (Guernsey) Law, 1989, Section 18.1, http://bpt-offshore.com / downloads /offshorelegislation /Guernsey /The-Trusts-%28Guernsey%29-Law1989.pdf, accessed April 11, 2015.

15   Marcus and Hall, *Lives in Trust*, 60.

16   Ibid., 70, 강조는 지은이가 한 것이다.

17   See Arlie Hochschild, *The Managed Heart: The Commercialization of Human Feeling* (Berkeley: University of California Press, 1983).

18   Langbein, "The Contractarian Basis."

19   Christian Stewart, "Family Business Succession Planning: East versus West," *STEP Journal*, January 2010, 27–29.

20   Erving Goffman, *The Presentation of Self in Everyday Life* (New York: Doubleday, 1956). [국역본,《자아 연출의 사회학》, 현암사, 2016.]

21   Gerard Hanlon, "Institutional Forms and Organizational Structures:

Homology, Trust and Reputational Capital in Professional Service Firms," *Organization* 11 (2004): 205.

22   Madeline Levine, *The Price of Privilege* (New York: Harper, 2006).

23   John van Maanen and Ed Schein, "Toward a Theory of Organizational Socialization," *Research in Organizational Behavior* 1 (1979): 226.

24   Pierre Bourdieu, "The Force of Law: Toward a Sociology of the Juridical Field," *Hastings Law Journal* 38 (1987): 817.

25   Pierre Bourdieu, *Outline of a Theory of Practice* (Cambridge, UK: Cambridge University Press, 1977), 94.

26   Andrew Cook, James Faulconbridge, and Daniel Muzio, "London's Legal Elite: Recruitment through Cultural Capital and the Reproduction of Social Exclusivity in City Professional Ser vice Fields," *Environment and Planning* 44 (2012): 1749.

27   Louise Ashley and Laura Empson, "Differentiation and Discrimination: Understanding Social Class and Social Exclusion in Leading Law Firms," *Human Relations* 66 (2013): 221.

28   Kathryn Haynes, "Body Beautiful? Gender, Identity and the Body in Professional Ser vices Firms," *Gender, Work and Organization* 19 (2012): 490.

29   Liz McDowell, "Elites in the City of London: Some Methodological Considerations," *Environment and Planning* 30 (1998): 2135.

30   Michael Hogg, "Social Identity and the Group Context of Trust: Managing Risk and Building Trust through Belonging," in Michael Siegrist, Timothy Earle, and Heinz Gutscher, eds., *Trust in Cooperative Risk Management: Uncertainty and Scepticism in the Public Mind*, 51–72 (London: Earthscan, 2007).

31   Keith Macdonald, *The Sociology of the Professions* (London: Sage, 1995), 31. [국역본,《전문직의 사회학》, 일신사, 1999.]

32   Michael Useem, *The Inner Circle: Large Corporations and the Rise of Business Political Activity in the US and UK* (New York: Oxford University Press, 1986).

33   Marcus and Hall, *Lives in Trust*, 66.

34   Michel Pinçon and Monique Pinçon-Charlot, *Grand Fortunes: Dynasties of Wealth in France*, trans. Andrea Lyn Secara (New York: Algora, 1998).

35   Pierre Bourdieu, *Distinction: A Social Critique of the Judgement of Taste* (Cambridge, MA: Harvard University Press, 1994), 475. [국역본,《구별짓기》, 새물결, 2005.]

36   Pete Mitchell, "Risky Business," *STEP Journal*, August 2011.

37   James Faulconbridge, Daniel Muzio, and Andrew Cook, "Institutional Legacies

in TNCs and Their Management through Training Academies: The Case of Transnational Law Firms in Italy," *Global Networks* 12 (2012): 48–70.

38 Bourdieu, *Outline of a Theory of Practice*, 167.

39 Parkinson, *Trust Creation*, 33, emphasis added.

40 Ashley and Empson, "Differentiation and Discrimination."

41 Pierre Bourdieu, *The Logic of Practice* (Cambridge, UK: Polity, 1990).

42 Danny Quah, "The Global Economy's Shifting Centre of Gravity," working paper, London School of Economics, 2010, http://econ.lse.ac.uk/staff/dquah/p/2010.07-GEShiftingCG-DQ.pdf.

43 Suzi Dixon, "Singapore 'Could Be the World's Largest Offshore Finance Centre by 2015,'" *The Telegraph*, January 19, 2014.

44 Clifford Geertz, "The Bazaar Economy: Information and Search in Peasant Marketing," *American Economic Review* 68 (1978): 28–32.

45 John Langbein, "Questioning the Trust Law Duty of Loyalty: Sole Interest or Best Interest?" *Yale Law Journal* 114 (2005): 929–990.

46 Lusina Ho, *Trust Law in China* (Andover, UK: Sweet & Maxwell, 2003), 67.

47 Paul Zak and Stephen Knack, "Trust and Growth," *Economic Journal* 111 (2001): 295–321.

48 Patricia Doney, Joseph Cannon, and Michael Mullen, "Understanding the Influence of National Culture on the Development of Trust," *Academy of Management Review* 23 (1998): 601–620.

49 Ferrin and Gillespie, "Trust Differences," 44.

50 Jan Delhey and Kenneth Newton, "Predicting Cross-National Levels of Social Trust: Global Pattern or Nordic Exceptionalism?" *European Sociological Review* 21 (2005): 311–327.

51 Bruce Carruthers and Terence Halliday, "Negotiating Globalization: Global Scripts and Intermediation in the Construction of Asian Insolvency Regimes," *Law & Social Inquiry* 31 (2006): 530.

52 Chanthika Pornpitakpan, "The Effect of Cultural Adaptation on Perceived Trustworthiness: Americans Adapting to Chinese Indonesians," *Asia Pacific Journal of Marketing and Logistics* 17 (2005): 70–88.

53 Sami Zubaida, "Max Weber's *The City* and the Islamic City," *Max Weber Studies* 6 (2006): 111–118.

54 Max Weber, *Economy and Society*, vol. 2 (Berkeley: University of California Press, 1978). [국역본,《경제와 사회》, 나남출판, 2009.]

55 Monica Gaudiosi, "The Influence of the Islamic Law of Waqf on the

Development of the Trust in Eng land: The Case of Merton College," *University of Pennsylvania Law Review* 136 (1988): 1231‒1261. 이는 이런 의문을 제기한다. 왜 현대의 이슬람교도들은 자산관리를 위해 신탁 구조 대신에 와크프(바크프라고노 하는데 이 책에서는 와크프로 쓴다)를 이용하지 않을까? 한 가지 이유는 와크프에 넣은 재산은 결국 자산 목적을 위해 분배되어야 하기 때문이다. 신탁은 이런 식으로 한정되지 않는다. 신탁은 자선사업을 위해 이용할 수 있지만 훨씬 더 폭넓게 응용된다. 게다가 신탁은 국제적으로 훨씬 더 널리 인정을 받고, 이로 인해 신탁이 현대 금융에서 더 많은 호감을 살 것이다.

56   Max Weber, *From Max Weber: Essays in Sociology* (New York: Oxford University Press, 1946).

57   Cheris Chan, "Creating a Market in the Presence of Cultural Resistance: The Case of Life Insurance in China," *Theory and Society* 38(2009): 300‒301.

58   Langbein, "The Contractarian Basis."

59   Cap‒Gemini, *World Wealth Report*, 2014, https://www.worldwealthreport.com/download.

60   Simon Gray, "VISTA Trusts Allow BVI to Slough off Past and Attract Global Businesses," *The Lawyer*, January 17, 2005. 또한 다음을 참조하라. Marcus Leese, "Settle Down," *STEP Journal*, February 2012.

61   Geert Hofstede, *Masculinity and Femininity: The Taboo Dimension of National Cultures* (Thousand Oaks, CA: Sage Publications, 1998).

62   Guido Mölleringa, "Leaps and Lapses of Faith: Exploring the Relationship between Trust and Deception," in Brooke Harrington, ed., *Deception: From Ancient Empires to Internet Dating*, 137‒153 (Stanford, CA: Stanford University Press, 2009).

63   Chan, "Creating a Market."

64   Haynes, "Body Beautiful?"

65   Brooke Harrington, "The Social Psychology of Access in Ethnographic Research," *Journal of Contemporary Ethnography* 32 (2003): 592‒625.

66   Macdonald, "The Sociology of the Professions," 188.

67   Kathryn Lively, "Client Contact and Emotional Labor: Upsetting the Balance and Evening the Field," *Work and Occupations* 29 (2002): 198‒225. 또한 다음을 참조하라. Erving Goffman, *Asylums* (New York: Doubleday, 1961).

68   Rachel Sherman, "'Time Is Our Commodity': Gender and the Struggle for Occupational Legitimacy among Personal Concierges," *Work and Occupations* 37 (2011): 81‒114.

69   Pierre Bourdieu, *Language and Symbolic Power* (Cambridge, MA: Harvard

University Press, 1999), 234.

70   Molly George, "Interactions in Expert Service Work: Demonstrating Professionalism in Personal Training," *Journal of Contemporary Ethnography* 37 (2008): 110.

4장 자산관리의 전략과 기법

1   Jürgen Habermas, *The Theory of Communicative Action*, vol. 2, *Life-world and System: A Critique of Functionalist Reason* (Boston: Beacon Press, 1985). [국역본, 《의사소통행위이론》, 나남출판, 2006.]

2   Katherine Rehl, "Help Your Clients Preserve Values, Tell Life Stories and Share the Voice of Their Hearts through Ethical Wills," *Journal of Practical Estate Planning* 5 (2003): 17.

3   Norman Peagam, "Nine Centres Worth Finding on the Map," *Euro-money*, May 1989, 4–10.

4   Thorstein Veblen, *The Theory of the Leisure Class* (Oxford, UK: Oxford University Press, 2009 [1899]), 155. [국역본, 《유한계급론》, 우물이있는집, 2012.]

5   Zygmunt Bauman, *Community: Seeking Security in an Insecure World* (Cambridge, UK: Polity, 2000).

6   Greta Krippner, "The Financialization of the American Economy," *Socio-Economic Review* 3 (2005): 173–208. 또한 다음을 참조하라. Giovanni Arrighi, *The Long Twentieth Century* (London: Verso, 1994).

7   Philip Genschel, "Globalization and the Transformation of the Tax State," *European Review* 13 (2005): 53–71.

8   Jonathan Beaverstock, Philip Hubbard, and John Short, "Getting Away with It? Exposing the Geographies of the Super-rich," *Geoforum* 35 (2004): 401–407.

9   Michel Pinçon and Monique Pinçon-Charlot, *Grand Fortunes: Dynasties of Wealth in France*, trans. Andrea Lyn Secara (New York: Algora, 1998).

10   Stuart Turnbull, "Swaps: A Zero-Sum Game?" *Financial Management* 16 (1987): 15–21.

11   Graham Moffat, *Trust Law: Text and Materials* (Cambridge, UK: Cambridge University Press, 2009), 113.

12   U.S. Congress Joint Committee on Taxation, *Report of Investigation of Enron Corporation and Related Entities Regarding Federal Tax and Compensation Issues, and Policy Recommendations,* Report JCS-3-03 (Washington, DC: General Printing Office, 2003), 260.

13 Peagam, "Nine Centres."

14 Ibid.

15 Krippner, "The Financialization of the American Economy"; Arrighi, *The Long Twentieth Century.*

16 "Trawling for Business: The Gambia Looks to Join a Beleaguered Club," *The Economist*, August 24, 2013.

17 Brent Beardsley, Jorge Becerra, Federico Burgoni, Bruce Holley, Daniel Kessler, Federico Muxi, Matthias Naumann, Tjun Tang, and Anna Zakrzewski, *Global Wealth 2014: Riding a Wave of Growth* (Boston: Boston Consulting Group, 2014). 또한 다음을 보라. Jorge Becerra, Peter Damisch, Bruce Holley, Monish Kuman, Matthias Naumann, Tjun Tang, and Anna Zakrzewski, *Shaping a New Tomorrow: How to Capitalize on the Momentum of Change* (Boston: Boston Consulting Group, 2011).

18 역외 금융 중심지들에서의 부의 분배에 관해서는 다음을 참조하라. Beardsley 외, *Global Wealth* 2014. 전 세계 역외 금융 중심지의 수에 관해서는 다음을 참조하라. Ronan Palan, "Tax Havens and the Commercialization of State Sovereignty," *International Organization* 56 (2002): 151–176; Robert Miller, "Offshore Trusts: Trends Toward 2000," *Trusts & Trustees* 1 (1995): 7–10.

19 Michael Parkinson, *Certificate in International Trust Management*, 4th ed. (Birmingham, UK: Central Law Training, 2004).

20 Ibid., 11.

21 Nicholas Shaxson, Treasure Islands: Tax Havens and the Men Who Stole the World (London: Random House, 2011), 10, 8. [국역본, 《보물섬》, 부키, 2012.]

22 Palan, "Tax Havens and the Commercialization of State Sovereignty."

23 Ian Fazey, "World Banking System Is 'a Money Launderer's Dream,'" *Financial Times*, May 26, 1998.

24 자산관리 전문가들은 불법 금융 행위에 관여하지 않으려 한다. 이는 개인과 직업의 윤리를 생각해서만이 아니라 불법 거래를 도모한 데 따른 법적 처벌이 점점 더 가혹해지고 있기 때문이기도 하다. 5장을 참조하라.

25 Prem Sikka, "Accountants: A Threat to Democracy: The Tax Avoidance Industry Has a Veto on What Ser vices the Government Can Provide," *The Guardian*, September 5, 2005.

26 Centre des Archives Économiques et Financières, *La bourse de Paris: Origines et historique, 1826–1926* (Paris: Éditions G. Gorce, 1926).

27 Alfred Fierro, *Histoire et dictionnaire de Paris* (Paris: Éditions Robert Laffont, 1999).

28 Palan, "Tax Havens and the Commercialization of State Sovereignty," 159.

29 Merritt Fox, "The Legal Environment of International Finance: Thinking about Fundamentals," *Michigan Journal of International Law* 17 (1996): 729.

30 Sigrid Quack, "Legal Professionals and Trans-national Law Making: A Case of Distributed Agency," *Organization* 14 (2007): 643–666.

31 Tamar Frankel, "Cross-Border Securitization: Without Law, but Not Lawless," *Duke Journal of Comparative and International Law* 8 (1998): 255–282.

32 Richard Deeg and Mary O'Sullivan, "The Political Economy of Global Finance Capital," *World Politics* 61 (2009): 731–763.

33 첫 번째 인용한 내용은 Quack, "Legal Professionals," 653을 참조하라. 두 번째 인용한 내용은 Frankel, "Cross-Border Securitization," 255를 참조하라.

34 Ibid.

35 David Leigh, Harold Frayman, and James Ball, "Offshore Secrets: British Virgin Islands, Land of Sand, Sea and Secrecy," *The Guardian,* November 25, 2012.

36 Michael Parkinson, *Diploma in International Trust Management: Trust Creation: Law and Practice*, 3rd ed. (Birmingham, UK: Central Law Training, 2005), 277.

37 Ibid., 276. '몰수나 다름없는 조세형태'에 관해서는 다음을 참조하라. Miller, "Offshore Trusts," 9.

38 Shaxson, *Treasure Islands*, 230. 강조는 지은이가 한 것이다.

39 Ibid. 또한 다음을 참조하라. Jason Sharman, *Havens in a Storm: The Struggle for Global Tax Regulation* (Ithaca, NY: Cornell University Press, 2006).

40 Timothy Colclough, "To PTC or Not to PTC," *STEP Journal,* November / December 2009.

41 Christian Stewart, "Family Business Succession Planning: East versus West," *STEP Journal*, January 2010, 27–29.

42 Rosemary Marr, "Jersey: Riding the Tides of Change," *STEP Journal*, November 2014, 75.

43 Peter Wonacott, "As Reforms Stall, Calls Rise to Seize South Africa Farms," *Wall Street Journal*, June 21, 2011.

44 Shaxson, *Treasure Islands*, 25.

45 Transparency International, *Corruption Perceptions Index 2014*, www.transparency.org / cpi2014 / results.

46 John Letzing, "Swiss Banks Say Goodbye to a Big Chunk of Bank Secrecy," *Wall Street Journal*, July 1, 2014.

47 Beardsley 외, *Global Wealth 2014*.

48 Martin Sixsmith, *Putin's Oil: The Yukos Affair and the Struggle for Russia* (New

York: Continuum, 2010).

49   Jamil Anderlini, "Flood of Rich Chinese Settle in UK," *Financial Times*, January 13, 2015.

50   Rosa Prince, "Wealthy Foreigners Trade London Homes for New York," *The Telegraph*, July 1, 2014.

51   Louise Story and Stephanie Saul, "Stream of Foreign Wealth Flows to Elite New York Real Estate," *New York Times*, February 7, 2015.

52   Nicholas Shaxson, "A Tale of Two Londons," *Vanity Fair*, April 2013.

53   Ministry of Commerce, People's Republic of China, "Outward Investment and Cooperation Maintain Steady and Sound Development," press release, April 30, 2014, http://english.mofcom.gov.cn/article/newsrelease/significantnews/201405/20140500570450.shtml.

54   Keith Bradsher, "China to Crack Down on Tax Collection from Multinational Companies," *New York Times*, February 4, 2015.

55   Shaxson, *Treasure Islands*.

56   Megha Bahree and Deborah Ball, "Island Tax Haven Roils India's Ways," *Wall Street Journal*, August 29, 2012.

57   Leigh, Frayman, and Ball, "Offshore Secrets."

58   Andrey Ostroukh and Alexander Kolyandr, "Russians Park Money in British Virgin Islands," *Wall Street Journal*, August 16, 2013.

59   Demetri Sevastpulo, "British Virgin Islands Suffers amid Push against Money Laundering," *Financial Times*, September 16, 2014.

60   Andrew Thorp and Simon Hudd, "The BVI Company in a Russian Context," *IFC Caribbean Review*, 2012, 34–35.

61   Nicholas Shaxson, "Why Do Chinese Companies Flock to the BVI?" May 23, 2011, http://treasureislands.org/why-chinese-companies-flock-to-the-bvi.

62   Jennifer Holmes and Sheila Amin Gutiérrez de Piñeres, "Corruption: Is Dollarization a Solution?" in Kartik Roy and Jörn Sideras, eds., *Institutions, Globalisation and Empowerment*, 130–147 (Cheltenham, UK: Edward Elgar, 2006).

63   Nicolas Malumian, "Forced Heirship," *STEP Journal*, February 2011.

64   Robert Nozick, *Anarchy, State and Utopia* (New York: Basic Books, 1977). [국역본, 《로버트 노직, 무정부·국가·유토피아》, 커뮤니케이션북스, 2017.]

65   David Sicular, "The New Look-Through Rule: W(h)ither Subpart F?" *Tax Notes*, April 23, 2007, www.paulweiss.com/media/104725/subpartf04-may-07.pdf.

66 Kerry Hannon, "Family Foundations Let Affluent Leave a Legacy," *New York Times*, February 10, 2014.

67 Iris Goodwin, "How the Rich Stay Rich: Using a Family Trust Company to Secure a Family Fortune," *Seton Hall Law Review* 40 (2010): 467–516.

68 Hannon, "Family Foundations."

69 "Flat-Pack Accounting," *The Economist*, May 11, 2006.

70 Mark Wilson, "IKEA Is a Nonprofit, and Yes, That's Every Bit as Fishy as It Sounds," *Fast Company*, September 15, 2014.

71 "Flat-Pack Accounting."

72 Richard Orange, "IKEA Founder Pledges £1bn to Charity Following Nazi Past Revelations," *The Telegraph*, September 18, 2011.

73 Adam Hofri, "The Stripping of the Trust: A Study in Legal Evolution," *University of Toronto Law Journal* 65 (2015).

74 Dhana Sabanathan and Shu-Ping Shen, "A Brush with Death Taxes," *STEP Journal*, July 2014, 69.

75 Ibid.

76 Parkinson, *Diploma in International Trust Management: Trust Creation*, 279.

77 Parkinson, *Certificate in International Trust Management*, 109.

78 George Marcus and Peter Hall, *Lives in Trust: The Fortunes of Dynastic Families in Late Twentieth-Century America* (Boulder, CO: Westview Press, 1992).

79 Gary Watt, *Equity and Trusts Law Directions*, 4th ed. (Oxford, UK: Oxford University Press, 2014), 139.

80 Mark Trumbull, "The Tougher Terms Now Facing the Bankrupt," *Christian Science Monitor*, October 17, 2005.

81 Hofri, "The Stripping of the Trust," 24.

82 Leslie Wayne, "Cook Islands, a Paradise of Untouchable Assets," *New York Times*, December 15, 2013.

83 Hofri, "The Stripping of the Trust," 24.

84 Brief for Appellant Fannie Mae, *State of Minnesota v. Andrew C. Grossman*, State of Minnesota Supreme Court, dockets A10-1336 and A10-1505, 2011, http://mn.gov/lawlib//briefs/pdfs/a101336sca.pdf.

85 Leslie Wayne, "Unlocking the Secrets of the Cook Islands," International Consortium of Investigative Journalists, December 16, 2013, www.icij.org/blog/2013/12/unlocking-secrets-cook-islands.

86 Wayne, "Cook Islands, a Paradise of Untouchable Assets."

87 Rashneel Kumar, "Cook Islands on EU Blacklist," *Cook Islands News*, June 19,

2015, www.cookislandsnews.com /national /politics /item /52427-cook-islands-on-eu- blacklist.

88 Paul Southgate and John Lucas, *The Pearl Oyster* (Amsterdam: Elsevier, 2008), 333.

89 Ibid.

90 Douglas Martin, "Marc Rich, Financier and Famous Fugitive, Dies at 78," *New York Times*, June 27, 2013.

91 Cammie Fisher, "R. Allen Stanford Doesn't Face His Many Victims," *San Francisco Chronicle*, May 25, 2015.

92 Emile de Willebois, Emily Halter, Robert Harrison, Ji Won Park, and Jason Sharman, *The Puppet Masters: How the Corrupt Use Legal Structures to Hide Stolen Assets and What to Do about It* (Washington, DC: World Bank, 2011), 45.

93 Katia Savchuk, "Jury Finds Wyly Brothers Engaged in Fraud by Hiding Trades in Offshore Trusts," *Forbes*, August 5, 2014.

94 Joseph Guinto, "Sam Wyly's $550 Million Problem," *D Magazine*, February 2013.

95 Snejana Farberov, "Dallas Billionaire Who Used to own Michaels Arts and Crafts Chain Files for Bankruptcy One Year after $400M Judgment in SEC Fraud Case," *Daily Mail*, October 20, 2014.

96 Jonathan Kandell, "Baron Thyssen-Bornemisza, Industrialist Who Built Fabled Art Collection, Dies at 81," *New York Times*, April 28, 2002.

97 Marc Weber, "The New Swiss Law on Cultural Property," *International Journal of Cultural Property* 13 (2006): 99–113.

98 Mar Cabra and Michael Hudson, "Mega-rich Use Tax Havens to Buy and Sell Masterpieces," International Consortium of Investigative Journalists, April 3, 2013, www.icij.org /offshore /mega-rich-use-tax-havens-buy-and-sell-masterpieces.

99 George Marcus, "The Fiduciary Role in American Family Dynasties and Their Institutional Legacy," in George Marcus, ed., *Elites: Ethnographic Issues*, 221–256 (Albuquerque: University of New Mexico Press, 1983), 222.

100 Ibid.

101 이혼금융분석연구소(Institute for Divorce Financial Analysts)를 참조하라. 이 연구소의 웹사이트 https://www.institutedfa.com에 따르면 이곳은 미국과 캐나다의 5000명 이상의 자산관리 전문가에게 자격증을 수여했다.

102 Andrew Lynn, "Split-up Trusts," *STEP Journal*, December 2014.

103 Lorraine Wheeler, "Cases in Point," *STEP Journal*, April 2015.

104　John Heilprin, "Dmitry Rybolovlev: Most Expensive Divorce Costs Russian Billionaire £2.7bn," *The Independent*, May 20, 2014.

105　Frederic Maitland, *Selected Essays* (Cambridge, UK: Cambridge University Press, 1936), 157.

106　Francis Sanders, *An Essay on the Nature and Laws of Uses and Trusts, Including a Treatise on Conveyances at Common Law and Those Deriving Their Effect from the Statute of Uses* (London: E. & R. Brooke, 1791).

107　Joan Gunderson, "Women and Inheritance in America: Virginia and New York as a Case Study: 1700–860," in Robert Miller and Stephen McNamee, eds., *Inheritance and Wealth in America*, 91–118 (New York: Plenum Press, 1998).

108　Adel Gonczi and Pamela Rideout, "Family Planning," *STEP Journal*, June 2013.

109　Julian Washington, "Keeping It in the Family," *STEP Journal*, April 2013.

110　Peagam, "Nine Centres."

111　Julian Washington, "Estate Planning: The New Era," *STEP Journal*, March 2014.

112　Katheryn Voyer, "Continuity the Trend Toward Equality: The Eradication of Racially and Sexually Discriminatory Provisions in Private Trusts," *William & Mary Bill of Rights Journal* 7 (1999): 944.

113　Parkinson, *Diploma in International Trust Management: Trust Creation*, 261.

114　Ibid.

115　Bonnie Steiner, "A Rock, a Hard Stone, and the Unknown," *STEP Journal*, December 2012.

116　Ibid.

117　Parkinson, Diploma in International Trust Management: Trust Creation.

118　Ibid., 336.

119　"Trawling for Business."

120　Frankel, "Cross-Border Securitization," 643.

121　Adam Hofri, "Professionals' Contribution to the Legislative Process: Between Self, Client, and the Public," *Law & Social Inquiry* 39 (2014): 96–126.

122　Shaxson, *Treasure Islands*, 42.

123　Austin Scott, "The Trust as an Instrument of Law Reform," *Yale Law Journal* 31 (1922): 457–58.

124　Hofri, "Professionals' Contribution."

125　Parkinson, *Diploma in International Trust Management: Trust Creation*.

126　Ibid. 한 예로, 버뮤다의 많은 신탁의 도피조항은 1973년에 일어난 이 섬 총독의 암살로 촉발되었다. Keith Johnston, "A New Finance Centre Emerges," *STEP*

Journal, February 2009.

127 Hofri, "The Stripping of the Trust," 25.

128 Robert Sitkoff and Max Schanzenbach, "Jurisdictional Competition for Trust Funds: An Empirical Analy sis of Perpetuities and Taxes," *Yale Law Journal* 115 (2005): 356–437.

129 John Langbein, "The Secret Life of the Trust: The Trust as an Instrument of Commerce," *Yale Law Journal* 107 (1997): 165–189.

130 John Langbein, "The Contractarian Basis of the Law of Trusts," *Yale Law Journal* 105 (1995): 627.

131 Frank Easterbrook and Daniel Fischel, "Contract and Fiduciary Duty," *Journal of Law and Economics* 36 (1993): 427.

132 Hofri, "Professionals' Contribution." 또한 다음을 참조하라. Brooke Harrington, "Going Global: Professions and the Micro-Foundations of Institutional Change," *Journal of Professions and Organizations* 2 (2015): 1–19.

133 Parkinson, *Diploma in International Trust Management: Trust Creation*, 327.

134 Donald Ferrin and Nicole Gillespie, "Trust Differences across National-Societal Cultures: Much to Do, or Much Ado about Nothing?" in Mark Saunders, Denise Skinner, Graham Dietz, Nicole Gillespie, and Roy Lewicki, eds., *Organizational Trust: A Cultural Perspective*, 42–86 (Cambridge, UK: Cambridge University Press, 2010).

135 Russell Clark, "Founding Father," *STEP Journal — Guernsey Supplement*, November 2012, 8–9.

136 de Willebois 외, *The Puppet Masters*, 47.

137 Ibid.

138 Brian McAlister and Timothy Yoder, "Advising Private Foundations," *Journal of Accounting*, April 1, 2008.

139 Richard Schmalbeck, "Avoiding Federal Wealth Transfer Taxes," in William Gale, James Hines, and James Slemrod, eds., *Rethinking Estate and Gift Taxation*, 113–163 (Washington, DC: Brookings Institution, 2001).

140 William Barrett, "Controversial Charity Files for Bankruptcy," *Forbes*, January 28, 2009.

141 Parkinson, *Diploma in International Trust Management: Trust Creation*, 5.

142 de Willebois 외, The Puppet Masters, 167.

143 Ibid.

144 Langbein, "The Secret Life of the Trust," 184.

145 Brooke Harrington, "States and Financial Crises," in Benedikte Brincker, ed.,

Introduction to Political Sociology, 267–282 (Copenhagen: Gyldendal, 2013).

146   Moffat, *Trust Law*.

147   Krippner, "The Financialization of the American Economy."

148   Hofri, "The Stripping of the Trust."

149   de Willebois 외, *The Puppet Masters*.

150   Michael Parkinson, *Diploma in International Trust Management: Company Law and Practice*, 5th ed. (Birmingham, UK: Central Law Training, 2006).

151   Ibid., 34.

152   Sicular, "The New Look-Through Rule."

153   Parkinson, *Certificate in International Trust Management*.

154   de Willebois 외, The Puppet Masters, 60.

155   Ibid.

156   Langbein, "The Secret Life of the Trust," 179.

157   de Willebois 외, *The Puppet Masters*, 88.

158   Parkinson, *Diploma in International Trust Management: Trust Creation*, 171.

159   Parkinson, *Diploma in International Trust Management: Company Law and Practice*.

160   Ibid., 261.

161   de Willebois 외, *The Puppet Masters*, 52.

162   Liz Moyer, "Private Trusts for the Very Rich," *Wall Street Journal*, December 14, 2014.

163   Colclough, "To PTC or Not to PTC," 51–53.

164   Goodwin, "How the Rich Stay Rich."

165   Colclough, "To PTC or Not to PTC," 53.

166   Parkinson, *Diploma in International Trust Management: Trust Creation*.

167   de Willebois 외, *The Puppet Masters*, 47.

168   Goodwin, "How the Rich Stay Rich," 468.

5장 자산관리와 불평등

1   Emma Duncan, "Your Money, His Life," *Intelligent Life* (supplement to The Economist), September 2007, 73–79.

2   George Marcus, "The Fiduciary Role in American Family Dynasties and Their Institutional Legacy," in George Marcus, ed., *Elites: Ethnographic Issues* (Albuquerque: University of New Mexico Press, 1983), 227.

3   Thomas Piketty, *Capital in the Twenty-First Century* (Cambridge, MA: Harvard

University Press, 2014). [국역본,《21세기 자본》, 글항아리, 2014.] 또한 다음을 참조하라. Arthur Kennickell, "Ponds and Streams: Wealth and Income in the US, 1989 to 2007," Federal Reserve Board Finance and Economics Discussion Series, Washington, DC, 2009, www.federalreserve.gov/pubs / feds/2009/200913/200913pap.pdf. 또한 다음을 참조하라. Melvin Oliver and Thomas Shapiro, Black Wealth, *White Wealth: A New Perspective on Racial Inequality* (New York: Routledge, 1995).

4 Ronald Chester, Inheritance, *Wealth and Society* (Bloomington: Indiana University Press, 1982), 128.

5 Carl Levin, "The US Tax Shelter Industry: The Role of Accountants, Lawyers, and Financial Professionals," 조사 중인 미국 상원 상임분과위원회 앞에서 한 진술, 2003년 11월 18일. 또한 다음을 참조하라. Ronen Palan, Richard Murphy, and Christian Chavagneux, *Tax Havens: How Globalization Really Works* (Ithaca, NY: Cornell University Press, 2010).

6 Nicholas Shaxson, *Treasure Islands: Tax Havens and the Men Who Stole the World* (London: Random House, 2011), 28. [국역본,《보물섬》, 부키, 2012.]

7 Kennickell, "Ponds and Streams."

8 Wojciech Kopczuk and Emmanuel Saez, "Top Wealth Shares in the United States, 1916–000: Evidence from Estate Tax Returns," *National Tax Journal* 57 (2004): 445–487.

9 James Davies, Susanna Sandstrom, Anthony Shorrocks, and Edward Wolff, "The World Distribution of House hold Wealth," World Institute for Development Economics Research, Helsinki, Discussion Paper 2008/03, 2008, 17.

10 Santiago Budria, Javier Diaz-Gimenez, Jose-Victor Rios-Rull, and Vincenzo Quadrini, "Updated Facts on the US Distributions of Earnings, Income, and Wealth," *Federal Reserve Bank of Minneapolis Quarterly Review* 26 (2002): 2–35.

11 Sheelah Kolhatkar, "Inside the Billionaire Service Industry," *The Atlantic*, September 2006. 또한 다음을 참조하라. Barbara Demick, "The 400 Richest: Many Folks Try to Stay Off List," *Philadelphia Inquirer*, October 7, 1990.

12 Heather Stewart, "Wealth Doesn't Trickle Down —It Just Floods Offshore, New Research Reveals," *The Guardian*, July 21, 2012.

13 Michel Pinçon and Monique Pinçon-Charlot, *Grand Fortunes: Dynasties of Wealth in France*, trans. Andrea Lyn Secara (New York: Algora, 1998), 8.

14 Michael Parkinson, *Certificate in International Trust Management*, 4th ed. (Birmingham, UK: Central Law Training, 2004), 9.

15 Simon Bowers, "Luxembourg Tax Whistle blower Says He Acted out of

Conviction," *The Guardian*, December 15, 2015. 또한 다음을 참조하라. David Gauthier-Villars and Deborah Ball, "Mass Leak of Client Data Rattles Swiss Banking," *Wall Street Journal,* July 8, 2010.

16   Pinçon and Pinçon-Charlot, *Grand Fortunes.*

17   Blair Bowie and Adam Lioz, "Billion-Dollar Democracy: The Unprecedented Role of Money in the 2012 Elections," Demos. org, January 2013.

18   Davies 외, "The World Distribution of House hold Wealth." 또한 다음을 참조하라. Lisa Keister and Stephanie Moller, "Wealth Inequality in the United States," *Annual Review of Sociology* 26 (2000): 63 – 81.

19   Kennickell, "Ponds and Streams."

20   Thomas Shapiro, Tatjana Meschede, and Sam Osoro, "The Roots of the Widening Racial Wealth Gap: Explaining the Black-White Economic Divide," Research and Policy Brief, Institute on Assets & Social Policy, Brandeis University, Waltham, MA, 2013.

21   Oliver and Shapiro, *Black Wealth, White Wealth,* 3.

22   Shamus Khan, *Privilege: The Making of an Adolescent Elite at St. Paul's School* (Princeton, NJ: Princeton University Press, 2012).

23   Javier Díaz-Giménez, José-Victor Ríos Rull, and Andy Glover, "Facts on the Distributions of Earnings, Income, and Wealth in the United States: 2007 Update," *Federal Reserve Bank of Minneapolis Quarterly Review* 34 (2011): 2 – 31.

24   George Marcus and Peter Hall, *Lives in Trust: The Fortunes of Dynastic Families in Late Twentieth-Century America* (Boulder, CO: Westview Press, 1992).

25   Charles Collier, *Wealth in Families* (Cambridge, MA: Harvard University Alumni Affairs and Development Communications, 2002).

26   C. Wright Mills, *The Power Elite* (New York: Oxford University Press, 1956), 105. [국역본, 《파워 엘리트》, 부글북스, 2013.]

27   Budría 외, "Updated Facts," 6.

28   Díaz-Giménez, Rull, and Glover, Facts.

29   Piketty, *Capital*, 18.

30   Edward Wolff, "The Asset Price Meltdown and the Wealth of the Middle Class". 이는 2012년 11월 10일 메릴랜드주 볼티모어에서 열린 공공정책분석및운영협회 (Association for Public policy Analysis and Management)의 연례 회의에 제출한 논문이다. 이 단체의 소득과 재산에 대한 추정은 상당히 다르지만, 소득과 재산 사이 차이의 규모는 전체 추정치들에 걸쳐 놀랍도록 일관된다.

31   United States Census Bureau, 2009 – 2013 *American Community Survey 5-Year Estimates* (Washington, DC: U.S. Department of Commerce, 2014); Edward

Wolff, "House hold Wealth Trends in the United States, 1962–013: What Happened over the Great Recession?" NBER Working Paper 20733, 2014.

32 Wolff, "The Asset Price Meltdown."

33 Christopher Ingraham, "If You Thought Income Inequality Was Bad, Get a Load of Wealth Inequality," *Washington Post*, May 21, 2015.

34 Kennickell, "Ponds and Streams."

35 Jacob Davidson, "Wealth Inequality Doubled over Last 10 years, Study Finds," *Money*, June 25, 2014.

36 Kerri Anne Renzulli, "House hold Wealth Is the Highest Ever. Probably Not Your House hold's, Though," *Money*, March 13, 2015; Jesse Bricker, Lisa Dettling, Alice Henriques, Joanne Hsu, Kevin Moore, John Sabelhaus, Jeffrey Thompson, and Richard Windle, "Changes in US Family Finances from 2010 to 2013: Evidence from the Survey of Consumer Finances," *Federal Reserve Bulletin* 100 (2014): 1–1. 또한 다음을 참조하라. Cap-Gemini, *World Wealth Report* (Paris: Cap-Gemini, 2011).

37 Cap-Gemini, *World Wealth Report* (Paris: Cap-Gemini, 2015).

38 Bricker 외, "Changes in US Family Finances from 2010 to 2013."

39 Jill Treanor, "Half of World's Wealth Now in Hands of 1% of Population — Report," *The Guardian*, October 13, 2015.

40 고액 순자산 보유자의 수와 그들의 재산액을 보려면 다음을 참조하라. Cap-Gemini, *World Wealth Report*. GDP 수치를 보려면 다음을 참조하라. International Monetary Fund, *World Economic Outlook* (Washington, DC: IMF, 2015).

41 Lawrence Friedman, *Dead Hands: A Social History of Wills, Trusts, and Inheritance Law* (Stanford, CA: Stanford University Press, 2009), 4.

42 Edward Wolff and Maury Gittleman, "Inheritances and the Distribution of Wealth: Or What ever Happened to the Great Inheritance Boom?" Bureau of Labor Statistics, Working Paper 445, 2011.

43 Ibid., Table 7, section B, 35.

44 "Inherited Wealth," Buttonwood's Notebook blog, *The Economist*, March 18, 2014.

45 Jens Beckert, "Political and Social Interests in the Transfer of Property," *Archives of European Sociology* 46 (2005): 359–368.

46 Thomas Piketty, "On the Long-Run Evolution of Inheritance: France 1820–2050," Working Paper, Paris School of Economics, 2010.

47 Randall Morck, Daniel Wolfenzon, and Bernard Yeung, "Corporate

Governance, Economic Entrenchment, and Growth," *Journal of Economic Literature* 43 (2005): 655–720.

48 Jens Beckert, *Inherited Wealth* (Princeton, NJ: Princeton University Press, 2008), 18.

49 Gabriel Zucman, *The Hidden Wealth of Nations* (Chicago: University of Chicago Press, 2015), 53. [국역본,《국가의 잃어버린 부》, 앨피, 2016.]

50 Federico Cingano, "Trends in Income Inequality and Its Impact on Economic Growth," OECD Social, Employment and Migration Working Papers 163, 2015.

51 Deborah Hardoon, "Wealth: Having It All and Wanting More," *Oxfam Issue Briefing*, January 2015.

52 Friedman, *Dead Hands*, 5.

53 Piketty, *Capital*. 또한 다음을 참조하라. Kennickel, "Ponds and Streams."

54 Alexis de Tocqueville, *Democracy in America* (New York: Knopf, 1945 [1835]), 1:53. [국역본,《미국의 민주주의》, 한길사, 2002.]

55 Kopczuk and Saez, "Top Wealth Shares in the United States."

56 Jean-Jacques Rousseau, *The Social Contract and Discourses* (London: J. M. Dent and Sons, 1913 [1762]). [국역본,《사회계약론》, 문예출판사, 2013.] 또한 다음을 참조하라. Jens Beckert, "The *Longue Durée* of Inheritance Law: Discourses and Institutional Development in France, Germany and the United States since 1800," *Archives of European Sociology* 48 (2007): 79–120.

57 Karl Marx and Friedrich Engels, "Manifesto of the Communist Party," in Robert Tucker, ed., *The Marx-Engels Reader* (New York: Norton, 1978[1848]), 499.

58 Friedman, *Dead Hands*.

59 Ibid., 113.

60 Sven Steinmo, "The Evolution of Policy Ideas: Tax Policy in the 20th Century," *The British Journal of Politics and International Relations* 5 (2002): 206–236.

61 John McKinnon, "House Passes Bill to Repeal Estate Tax," *Wall Street Journal*, April 16, 2015.

62 Jonathan Beaverstock, Philip Hubbard, and John Short, "Getting Away with it? Exposing the Geographies of the Super-rich," *Geoforum* 35 (2004): 402.

63 Thomas Volscho and Nathan Kelly, "The Rise of the Super-Rich: Power Resources, Taxes, Financial Markets, and the Dynamics of the Top 1 Percent, 1949 to 2008," *American Sociological Review* 77 (2012): 679–699.

64 Nicholas Confessore, Peter Lattman, and Kevin Roose, "Close Ties to Goldman

Enrich Romney's Public and Private Lives," *New York Times*, January 27, 2012.

65   Mayer Zald and Michael Lounsbury, "The Wizards of Oz: Towards an Institutional Approach to Elites, Expertise and Command Posts," *Organization Studies* 31 (2010): 980.

66   Zucman, *The Hidden Wealth of Nations*, 47.

67   Ibid., 46.

68   Ibid.

69   Friedman, *Dead Hands*, 135.

70   Marcus and Hall, *Lives in Trust*, 233.

71   Tocqueville, *Democracy in America*, 1:50–51.

72   Marcus and Hall, Lives in Trust, 55, 79, 강조는 지은이가 한 것이다.

73   David Cay Johnston, "Costly Questions Arise on Legal Opinions for Tax Shelters," *New York Times*, February 9, 2003.

74   Karen Burke and Grayson McCouch, "COBRA Strikes Back: Anatomy of a Tax Shelter," *Tax Lawyer* 62 (2008): 64–65.

75   Michael Parkinson, *Trustee Investment and Financial Appraisal*, 4th ed. (Birmingham, UK: Central Law Training, 2008). '투자 위험 프리미엄'에 관한 중요한 연구는 다음을 참조하라. Franco Modigliani and Merton Miller, "The Cost of Capital, Corporation Finance and the Theory of Investment," *American Economic Review* 48 (1958): 261–297.

76   Pinçon and Pinçon-Charlot, *Grand Fortunes*.

77   David Golumbia, "High-Frequency Trading: Networks of Wealth and the Concentration of Power," *Social Semiotics* 23 (2013): 1–2. 또한 다음을 참조하라. Mila Getmansky, "The Life Cycle of Hedge Funds: Fund Flows, Size, Competition, and Per for mance," *Quarterly Journal of Finance* 2 (2012): 1–3.

78   Jenny Anderson, "For Hedge Funds, Life Just Got a Bit More Complicated," *New York Times*, March 31, 2006.

79   David Rynecki, "How to Profit from Falling Prices," *Fortune*, September 15, 2003.

80   Douglass North, "Economic Performance through Time," Nobel Lecture, December 9, 1993, www.nobelprize.org/nobelprizes/economic-sciences/laureates/1993/north-lecture.html.

81   Bricker 외, "Changes in US Family Finances," 4.

82   Ibid.

83   Matthew Miller and Duncan Greenberg, "The Richest People in America," *Forbes*, September 30, 2009.

84   Peter Bern stein and Annalyn Swan, *All the Money in the World: How the Forbes 400 Make-and Spend-Their Fortunes* (New York: Knopf, 2007), 14.

85   Marcus and Hall, *Lives in Trust.*

86   James Hughes Jr., *Family Wealth: Keeping It in the Family* (Princeton Junction, NJ: NetWrx, 1997).

87   Piketty, *Capital*, 26.

88   John Dryden, *The Dramatick Works of John Dryden, Esq., Volume the Sixth* (London: Jacob Tonson, 1717), 364.

89   Marcus, "The Fiduciary Role in American Family Dynasties."

90   Pinçon and Pinçon-Charlot, *Grand Fortunes*, 15.16.

91   Collier, *Wealth in Families.*

92   Marcus, "The Fiduciary Role in American Family Dynasties," 233. 또한 다음을 참조하라. Friedman, *Dead Hands.*

93   Timothy Colclough, "To PTC or Not to PTC," *STEP Journal*, November / December 2009, 51.53.

94   Frederic Stimson, *My United States* (New York: Charles Scribner's Sons, 1931), 76.

95   Alvin Gouldner, "Organizational Analysis," in Robert Merton, Leonard Broom, and Leonard Cottrell, eds., *Sociology Today: Problems and Prospects* (New York: Harper, 1959), 2:405.

96   Pinçon and Pinçon-Charlot, *Grand Fortunes*, 209.

97   Nelson Aldrich, Old Money: The Mythology of Wealth in America (New York: Allworth, 1997). 또한 다음을 참조하라. Peter Collier and David Horowitz, *The Rockefellers: An American Dynasty* (New York: Holt, Rinehart and Winston, 1976).

98   Pinçon and Pinçon-Charlot, *Grand Fortunes*, 100.

99   Max Weber, *Economy and Society* (Berkeley: University of California Press, 2013 [1922]), 2:1096.1097.

100   Timur Kuran, "Why the Middle East Is Economically Underdeveloped: Historical Mechanisms of Institutional Stagnation," *Journal of Economic Perspectives* 18 (2004): 71.

101   Beckert, *The Longue Duree of Inheritance Law.*

102   Piketty, *Capital.*

103   Bashkar Mazumder, "The Apple Falls Even Closer to the Tree than We Thought: New and Revised Estimates of the Intergenerational Transfer of Earnings," in Samuel Bowles, Herbert Gintis, and Melissa Osborne Groves, eds.,

Unequal Chances: Family Background and Economic Success (New York: Russell Sage Foundation, 2005), 96.

104 Stephen McNamee and Robert Miller, "Inheritance of Wealth in America," in Robert Miller and Stephen McNamee, eds., *Inheritance and Wealth in America* (New York: Plenum Press, 1998), 20.

105 *Tax Me if You Can*, Frontline documentary film의 스크립트, 2004, 2, www. pbs. org /wgbh /pages /frontline /shows /tax /etc /script.html. 또한 다음을 참조하라. Zucman, *The Hidden Wealth of Nations*.

106 Austin Mitchell, Prem Sikka, John Christensen, Philip Morris, and Steven Filling, *No Accounting for Tax Havens* (Basildon, UK: Association for Accountancy & Business Affairs, 2002).

107 Friedrich Schneider, "The Shadow Economy and Shadow Economy Labor Force: What Do We (Not) Know?" Discussion Paper 5769, Institute for the Study of Labor, Bonn, Germany, 2011. 또한 다음을 참조하라. Alain Parguez, "Modern Austerity Policies (MAP): An Analysis of the Economics of Decadence and Self Destruction," paper presented at the annual meeting of the Eastern Economic Association, Boston, 2012.

108 Palan 외, *Tax Havens*, 12.

109 Thomas Piketty, "Foreword," in Gabriel Zucman, *The Hidden Wealth Of Nations* (Chicago: University of Chicago Press, 2015), viii.

110 Adam Hofri, "The Stripping of the Trust: A Study in Legal Evolution," *University of Toronto Law Journal* 65 (2015): 27–28.

111 Catherine Dunn, "Widespread Costs of Predatory Lending Limit Economic Mobility: Report," *International Business Times,* June 16, 2015.

112 Iris Goodwin, "How the Rich Stay Rich: Using a Family Trust Company to Secure a Family Fortune," *Seton Hall Law Review* 40 (2010): 515.

113 Simon Gray, "VISTA Trusts Allow BVI to Slough off Past and Attract Global Businesses," *The Lawyer,* January 17, 2005.

114 Goodwin, "How the Rich Stay Rich," 468.

115 Andrea Campbell, "Self-Interest, Social Security and the Distinctive Participation Patterns of Se nior Citizens," *American Political Science Review* 96 (2002): 565.

116 Volscho and Kelly, "The Rise of the Super-Rich."

117 Bowie and Lioz, "Billion-Dollar Democracy," 14.

118 Daron Acemoğlu and James Robinson, *Why Nations Fail: The Origins of Power, Prosperity, and Poverty* (New York: Crown, 2012), 365.

119 Brooke Harrington, "Can Small Investors Survive Social Security Privatization?" in David Canon and John Coleman, eds., *Faultlines: Debating the Issues in American Politics*, 308 – 313 (New York: W. W. Norton, 2007). 또한 다음을 참조하라. Brooke Harrington, "What Is Social, or Secure, about Social Security?" in Dimitri Papadimitriou, ed., *Government Spending on the Elderly*, 343 – 346 (New York: Palgrave, 2007).

120 Benjamin Page, Larry Bartels, and Jason Seawright, "Democracy and the Policy Preferences of Wealthy Americans," *Perspectives on Politics* 11 (2013): 51. 또한 다음을 참조하라. Paul Krugman, "Pension-Cutters and Privatizers, Oh My," *New York Times*, August 19, 2015.

121 Alonso Soto, "Brazil May Tax Inheritances instead of Wealth — Minister," Reuters, March 17, 2015.

122 Tom Phillips, "High above Sao Paulo's Choked Streets, the Rich Cruise a New Highway," *The Guardian*, June 20, 2008.

123 Goodwin, "How the Rich Stay Rich," 516.

124 Graham Moffat, *Trust Law: Text and Materials* (Cambridge, UK: Cambridge University Press, 2009), 60.

125 Michael Norton and Dan Ariely, "Building a Better America — One Wealth Quintile at a Time," *Perspectives on Psychological Science* 6 (2011): 9 – 12.

126 Michael Parkinson and Dai Jones, *Trust Administration and Accounts*, 4th ed. (Birmingham, UK: Central Law Training, 2008).

127 Michael Cadesky, "A Question of Legitimate Tax Policy," STEP Journal, March 2010. See also Marshall Langer, *Tax Agreements with Tax Havens and Other Small Countries* (London: STEP, 2005).

128 Parkinson and Jones, *Trust Administration and Accounts*, 267.

129 Jason Sharman, *Havens in a Storm: The Struggle for Global Tax Regulation* (Ithaca, NY: Cornell University Press, 2006).

130 Parkinson and Jones, *Trust Administration and Accounts*, 268, 강조는 지은이가 한 것이다.

131 Michael Parkinson, *Trust Creation: Law and Practice*, 3rd ed. (Birmingham, UK: Central Law Training, 2005), 295.

132 Palan 외, *Tax Havens*, 7.

133 Beckert, The Longue Duree of Inheritance Law, 6. 또한 다음을 참조하라. Sighard Neckel, *Flucht nach vorn: Die erfolgskultur der marktgesellschaft* (Frankfurt am Main: Campus, 2008).

134 Roger Cotterrell, "Power, Property and the Law of Trusts: A Partial Agenda for

Critical Legal Scholarship," *Journal of Law and Society* 14 (1987): 77–90.

135 Gregory Jackson and Stephen Brammer, "Grey Areas: Irresponsible Corporations and Reputational Dynamics," *Socio-Economic Review* 12 (2014): 153–218.

136 Blake Ashforth and Glen Kreiner, "Dirty Work and Dirtier Work: Differences in Countering Physical, Social and Moral Stigma," *Management and Organization Review* 10 (2014): 81–108.

137 Rémi Clignet, *Death, Deeds and Descendants* (New York: Aldine de Gruyter, 1991), 29.

138 Luc Boltanski and Laurent Thevenot, *On Justification: Economies of Worth* (Princeton, NJ: Princeton University Press, 2006).

6장 자산관리와 국가

1 Gerard Hanlon, "Institutional Forms and Organizational Structures: Homology, Trust and Reputational Capital in Professional Service Firms," *Organization* 11 (2004): 205.

2 Eliot Freidson, *Professionalism: The Third Logic* (London: Polity, 2001), 128. [국역본,《프로페셔널리즘》, 아카넷, 2007.]

3 Doreen McBarnet, "After Enron: Corporate Governance, Creative Compliance and the Uses of Corporate Social Responsibility," in Justin O'Brien, ed., *Governing the Corporation: Regulation and Corporate Governance in an Age of Scandal and Global Markets*, 205–222 (New York: John Wiley & Sons, 2005).

4 Tim Bartley, "Institutional Emergence in an Era of Globalization: The Rise of Transnational Private Regulation of Labor and Environmental Conditions," *American Journal of Sociology* 113 (2007): 298.

5 Greta Krippner, "The Financialization of the American Economy," *Socio-Economic Review* 3 (2005): 202.

6 William Robinson, "Social Theory and Globalization: The Rise of a Transnational State," *Theory and Society* 30 (2001): 160.

7 Krippner, "The Financialization of the American Economy."

8 Richard Deeg and Mary O'Sullivan, "The Political Economy of Global Finance Capital," *World Politics* 61 (2009): 731–763.

9 Bill Maurer, "Complex Subjects: Offshore Finance, Complexity Theory, and the Dispersion of the Modern," *Socialist Review* 25 (1995): 113–145.

10 Anthony Giddens, *The Consequences of Modernity* (Stanford, CA: Stanford

University Press, 1990), 21.

11   Michael Parkinson, *Certificate in International Trust Management*, 4th ed. (Birmingham, UK: Central Law Training, 2004), 3.

12   George Connor and Christopher Hammons, *The Constitutionalism of American States* (Columbia: University of Missouri Press, 2008).

13   Constitution of the Commonwealth of Massachusetts, Part I, Article VII, www.malegislature.gov / Laws / Constitution.

14   Jack Goldstone, *Revolution and Rebellion in the Early Modern World* (Berkeley: University of California Press, 1991). 또한 다음을 참조하라. Joseph Schumpeter, *Die Krise des Steuerstaats* (Graz, Austria: Leuschner & Lubensky, 1918).

15   Edmund Burke, *Reflections on the Revolution in France* (Oxford, UK: Oxford University Press, 1999 [1790]). [국역본, 《프랑스혁명에 관한 성찰》, 한길사, 2017.]

16   Philipp Genschel, "Globalization and the Transformation of the Tax State," *European Review* 13 (2005): 60.

17   Thomas Piketty, "Foreword," in Gabriel Zucman, *The Hidden Wealth of Nations* (Chicago: University of Chicago Press, 2015), xii.

18   Ibid. 또한 다음을 참조하라. Ronen Palan, "Trying to Have Your Cake and Eating It: How and Why the State System Has Created Offshore," *International Studies Quarterly* 42 (1998): 625 – 644.

19   Kim Gittleson, "Where Is the Cheapest Place to Buy Citizenship?" BBC News, June 4, 2014.

20   Dan Bilefsky, "Give Malta Your Tired and Huddled, and Rich," *New York Times*, January 31, 2014.

21   Gittleson, "Where Is the Cheapest Place to Buy Citizenship?"

22   Edward Taylor, Matthias Inverardi, and Mark Hosenball, "Special Report: How Germany's Taxman Used Stolen Data to Squeeze Switzerland," Reuters, November 1, 2013. On the United Kingdom, see David Jolly, "Tax-Evasion Case Spreads to U.K. from Germany," *New York Times*, February 24, 2008.

23   Sebastian Fischer, "Stolen Data Prompts Wave of Remorse: German Authorities Expect Tax Evaders to Fess Up," *Der Spiegel*, February 3, 2010.

24   Harry de Quetteville, "Liechtenstein and Europe's Tax Men," *The Telegraph*, February 27, 2008.

25   Robert Sitkoff and Max Schanzenbach, "Jurisdictional Competition for Trust Funds: An Empirical Analy sis of Perpetuities and Taxes," *Yale Law Journal* 115 (2005): 356 – 437.

26   Ronen Palan, "Tax Havens and the Commercialization of State Sovereignty,"

International Organization 56 (2002): 152.

27   Nicholas Shaxson, "A Tale of Two Londons," *Vanity Fair,* April 2013.

28   Ibid.

29   David Leigh, Harold Frayman, and James Ball, "Offshore Secrets: British Virgin Islands, Land of Sand, Sea and Secrecy," *The Guardian*, November 25, 2012.

30   Hanlon, "Institutional Forms and Organizational Structures."

31   Stephen Moss, "Special Report: An Outsider's Guide to the City of London," *The Guardian*, May 27, 2014.

32   International Monetary Fund, "Report for Selected Country Groups And Subjects," *World Economic Outlook Database*, April 2015 (Washington, DC: IMF, 2015).

33   Austin Mitchell, Prem Sikka, John Christensen, Philip Morris, and Steven Filling, *No Accounting for Tax Havens* (Basildon, UK: Association for Accountancy & Business Affairs, 2002).

34   Leah Goodman, "Inside the World's Top Offshore Tax Shelter," *Newsweek*, January 16, 2014.

35   George Monbiot, "Our Economic Ruin Means Freedom for the Super-rich," *The Guardian*, July 30, 2012.

36   David Boyle, *The Little Money Book* (Bristol, UK: Alastair Sawday, 2003).

37   Oliver Bullough, "The Fall of Jersey: How a Tax Haven Goes Bust," *The Guardian*, December 8, 2015.

38   Palan, "Commercialization of State Sovereignty," 168.

39   Goodman, "Inside the World's Top Offshore Tax Shelter."

40   Bullough, "The Fall of Jersey."

41   Nicholas Shaxson, *Treasure Islands: Tax Havens and the Men Who Stole the World* (London: Random House, 2011), 5. [국역본,《보물섬》, 부키, 2012.]

42   Robert Wood, "Americans Renouncing Citizenship up 221%, All Aboard the FATCA Express," *Forbes*, February 6, 2014.

43   Palan, "Commercialization of State Sovereignty," 168.

44   John McKinnon and Scott Thurm, "U.S. Firms Move Abroad to Cut Taxes," *Wall Street Journal*, August 28, 2012.

45   George Marcus and Peter Hall, *Lives in Trust: The Fortunes of Dynastic Families in Late Twentieth-Century America* (Boulder, CO: Westview Press, 1992), 78–79.

46   Ibid., 69.

47   Iris Goodwin, "How the Rich Stay Rich: Using a Family Trust Company to Secure a Family Fortune," Seton Hall Law Review 40 (2010): 467–516.

48 베서머 신탁에 관한 자료는 2015년 9월 9일 www.bessemertrust.com /portal /
site / bessemernew /menuitem.c4974f7d4e9b050ed0db70106e730a6c에 접속한
결과이고, 록펠러앤코에 관한 자료는 2015년 9월 9일 www.rockco.com /our-
history에 접속한 결과다.

49 James Hughes Jr., Family Wealth: Keeping It in the Family (Princeton Junction,
NJ: NetWrx, 1997), 2.

50 예를 들어 다음을 참조하라. Charles Collier, *Wealth in Families* (Cambridge,
MA: Harvard University Alumni Affairs and Development Communications,
2002).

51 Hughes, *Family Wealth*, 75.

52 Ibid.

53 Marco Albertini, Martin Kohli, and Claudia Vogel, "Intergenerational Transfers
of Time and Money in European Families: Common Patterns —Different
Regimes?" *Journal of European Social Policy* 17, no. 4 (2007): 320.

54 Marcus and Hall, *Lives in Trust*, 69.

55 Stephanie Strom, "Big Gifts, Tax Breaks and a Debate on Charity," *New York
Times*, September 6, 2007.

56 Donald McNeil, "WHO Official Criticizes Gates Foundation 'Cartel' on
Malaria Research," *New York Times*, February 18, 2008.

57 Genschel, "Globalization and the Transformation of the Tax State," 58.

58 Colin Riegels, "The BVI IBC Act and the Building of a Nation," *IFC Review*,
March 1, 2014.

59 40퍼센트라는 수치는 Emile de Willedbois, Emily Halter, Robert Harrison, Ji
Won Park, and Jason Sharman, *The Puppet Masters: How the Corrupt Use Legal
Structures to Hide Stolen Assets and What to Do about It* (Washington, DC: World
Bank, 2011)에서 나온 것이다. 이 평가치는 IMF의 산출 결과다. 다음을 참조하
라. International Monetary Fund, "British Virgin Islands: Financial Sector
Assessment Program Update —Financial System Stability Assessment," IMF
Country Report No. 10 /323, 2010.

60 Natasha van der Zwan, "Making Sense of Financialization," *Socio-Economic
Review* 12 (2014): 114 –115. 또한 다음을 참조하라. Deeg and O'Sullivan, "The
Political Economy of Global Finance Capital," 738.

61 Robert Lee, "The Civil Law and the Common Law: A World Survey," *Michigan
Law Review* 14 (1915): 99 –100.

62 Parkinson, *Certificate in International Trust Management*.

63 Emily Erikson and Peter Bearman, "Malfeasance and the Foundation for Global

Trade: The Structure of English Trade in the East Indies, 1601–833," *American Journal of Sociology* 112 (2006): 195–230.

64　Bullough, "The Fall of Jersey."

65　Norman Peagam, "Nine Centres Worth Finding on the Map," Euromoncy 1989, 4–10.

66　U.S. Bureau of International Narcotics and Law Enforcement Affairs, "International Narcotics Control Strategy Report, Volume II: Money Laundering and Financial Crimes, Turks and Caicos," U.S. Department of State, Washington, DC, 2014.

67　Matthew Shaer, Michael Hudson, and Margot Williams, "Sun and Shadows: How an Island Paradise Became a Haven for Dirty Money," International Consortium of Investigative Journalists, Washington, DC, 2014.

68　Anthony van Fossen, "Money Laundering, Global Financial Instability, and Tax Havens in the Pacific Islands," *The Contemporary Pacific* 15 (2003): 237–275.

69　Heather Stewart, "Wealth Doesn't Trickle Down — It Just Floods Offshore, New Research Reveals," *The Guardian*, July 21, 2012.

70　CNBC Africa, "Nigerian Millionaires on the Rise," February 12, 2015.

71　Anna White, "Is the Luxury London Housing Bubble about to Burst?" *The Telegraph*, November 1, 2014. 또한 다음을 보라. Rosemary Marr, "Jersey: Riding the Tides of Change," *STEP Journal*, November 2014, 75.

72　Andrew Sayer, *Why We Can't Afford the Rich* (Bristol, UK: Policy Press, 2015), 237.

73　Shaxson, *Treasure Islands*, 10.

74　Sayer, *Why We Can't Afford the Rich*, 256.

75　Ibid., 257.

76　Maurer, "Complex Subjects."

77　Stephane Fitch, "Pritzker vs. Pritzker," *Forbes*, November 24, 2003.

78　Maurer, "Complex Subjects," 117.

79　Ed Pilkington, "Islanders Count Cost of Billionaire's Collapsed Empire," *The Guardian*, February 21, 2009.

80　Shaxson, *Treasure Islands*, 10.

81　Goodman, "Inside the World's Top Offshore Tax Shelter." Goodman, 또한 이 책의 1장 부록에 실어둔 영국령 버진 제도에서의 나의 경험담을 참조하라.

82　Jason Sharman, *Havens in a Storm: The Struggle for Global Tax Regulation* (Ithaca, NY: Cornell University Press, 2006).

83　Robinson, "Social Theory and Globalization," 173.

84 Riegels, "The BVI IBC Act and the Building of a Nation."

85 Harneys, "Harneys Marks BVI's Landmark IBC Act's Anniversary with New Video," press release, July 15, 2014.

86 Kris Devasabai, "Crisis Legislation Leads to Thriving Industry," *Hedge Funds Review*, BVI Supplement, Risk. net, May 4, 2009.

87 Ibid.

88 Jonathan Dunlop, "Healthy Competition," *STEP Journal,* April 2008, 29.

89 Riegels, "The BVI IBC Act and the Building of a Nation."

90 Ben Judah, "London's Laundry Business," *New York Times*, March 8, 2014.

91 Anne Michel, "Inside the British Virgin Islands: A Forbidden City," International Consortium of Investigative Journalists, Washington, DC, 2014.

92 Ibid.

93 Ibid.

94 40퍼센트라는 수치는 Willebois et 외, *The Puppet Masters*에서 나왔다. 이 평가치는 IMF의 산출 결과다. 다음을 참조하라. International Monetary Fund, "British Virgin Islands: Financial Sector Assessment Program Update."

95 Harneys, "Harneys Marks BVI's Landmark IBC Act's Anniversary."

96 Michel, "Inside the British Virgin Islands."

97 Ibid.

98 Palan, "Trying to Have Your Cake and Eating It," 635.

99 Werner Conze and Jurgen Kocka, "Einleitung," in Werner Conze and Jurgen Kocka, eds., *Bildungsburgertum im 19. jahrhundert,* vol. 1, *Bildungssystem und professionalisierung in internationalen vergleichen* (Stuttgart, Germany: Klett-Cotta, 1985), 18.

100 Stephen Brenkley, "England Tour of West Indies: Dark Shadow of Allen Stanford Grips Antigua," *The Independent*, February 28, 2014.

101 Bullough, "The Fall of Jersey."

102 Palan, "Trying to Have Your Cake and Eating It," 630.

103 Sayer, *Why We Can't Afford the Rich*, 239.

104 Charles Tilly, *From Mobilization to Revolution* (Reading, MA: Addison-Wesley, 1978).

105 Adam Hofri, "Professionals' Contribution to the Legislative Process: Between

106 Self, Client, and the Public," *Law & Social Inquiry* 39 (2014): 117.

107 Tamar Hermann, Ella Heller, Chanan Cohen, Gilad Be'ery, and Yuval Lebe, "The Israeli Democracy Index 2014," Israeli Democracy Institute, Jerusalem, 2014.

7장 자산관리의 미래

1   Joan Didion, "7000 Romaine, Los Angeles 38," *Slouching towards Bethlehem*, 67–72. (New York: Farrar, Straus, and Giroux, 1968).

2   Ibid.

3   Ronen Shamir, *Managing Legal Uncertainty: Elite Lawyers in the New Deal* (Durham, NC: Duke University Press, 1995).

4   Jeffrey Winters, *Oligarchy* (New York: Cambridge University Press, 2011), 219.

5   Jens Beckert, *Inherited Wealth* (Princeton, NJ: Princeton University Press, 2009).

6   Arthur Kennickell, "Ponds and Streams: Wealth and Income in the US, 1989 to 2007," Finance and Economics Discussion Series, Federal Reserve Board, Washington, DC, 2009.

7   Thomas Piketty, "On the Long-Run Evolution of Inheritance: France 1820 – 2050," Working Paper, Paris School of Economics, 2010.

8   Santiago Budria, Javier Diaz-Gimenez, Jose-Victor Rios-Rull, and Vincenzo Quadrini, "Updated Facts on the US Distributions of Earnings, Income, and Wealth," *Federal Reserve Bank of Minneapolis Quarterly Review* 26 (2002): 2–35.

9   John Langbein, "The Secret Life of the Trust: The Trust as an Instrument of Commerce," *Yale Law Journal* 107 (1997): 165–189.

10 Thomas Piketty, *Capital in the Twenty-First Century* (Cambridge, MA: Harvard University Press, 2014). [국역본, 《21세기 자본》, 글항아리, 2014.]

11 Holly Brewer, "Entailing Aristocracy in Colonial Virginia: 'Ancient Feudal Restraints' and Revolutionary Reform," *William and Mary Quarterly* 54 (1997): 307–346.

12 Jens Beckert, "The Longue Duree of Inheritance Law: Discourses and Institutional Development in France, Germany and the United States since 1800," *Archives of European Sociology* 48 (2007): 79–120.

13 Michael Parkinson, Trust Creation: Law and Practice, 3rd ed. (Birmingham, UK: Central Law Training, 2005).

14 Michel Pinçon and Monique Pinçon-Charlot, *Grand Fortunes: Dynasties of Wealth in France*, trans. Andrea Lyn Secara (New York: Algora, 1998), 10.

15 Annette Weiner, *Inalienable Possessions*: The Paradox of Keepingwhile-Giving (Berkeley: University of California Press, 1992). 또한 다음을 참조하라. Ian Hodder, *Çatalhöyük: The Leopard's Tale* (London: Thames & Hudson, 2006).

16 Rogers Brubaker, *The Limits of Rationality: An Essay on the Social and Moral Thought of Max Weber* (Abingdon, UK: Routledge, 2006).

17   George Marcus and Peter Hall, *Lives in Trust: The Fortunes of Dynastic Families in Late Twentieth-Century America* (Boulder, CO: Westview Press, 1992), 242.

18   Alison Wylie, "The Promise and Perils of an Ethic of Stewardship," in Lynn Meskell and Peter Pells, eds., *Embedding Ethics*, 47–68 (London: Berg Press, 2005).

19   Helen Berry and Elizabeth Foyster, "Introduction," in Helen Berry and Elizabeth Foyster, eds., *The Family in Early Modern England*, 1–17 (New York: Cambridge University Press, 2007).

20   Brian Powell, Laura Hamilton, Bianca Manago, and Simon Cheng, "Implications of Changing Family Forms for Children," *Annual Review of Sociology* 42 (2016).

21   Marcus and Hall, *Lives in Trust*, 4.

22   Ibid., 15.

23   Daniel Muzio, David Brock, and Roy Suddaby, "Professions and Institutional Change: Towards an Institutionalist Sociology of the Professions," *Journal of Management Studies* 50 (2013): 699–721.

24   Tamar Frankel, "Cross-Border Securitization: Without Law, but Not Lawless," *Duke Journal of Comparative and International Law* 8 (1998): 255–282.

25   Peer Fiss and Paul Hirsch, "The Discourse of Globalization: Framing and Sensemaking of an Emerging Concept," *American Sociological Review* 70 (2005): 29–52.

26   Bertrand Malsch and Yves Gendron, "Re-theorizing Change: Institutional Experimentation and the Struggle for Domination in the Field of Public Accounting," *Journal of Management Studies* 50 (2013): 872.

27   Marion Fourcade and Joachim Savelsberg, "Introduction: Global Processes, National Institutions, Local Bricolage: Shaping Law in an Era of Globalization," *Law & Social Inquiry* 31 (2006): 514.

28   인용은 Ibid., 516쪽에서 나온 것이다. 대인 관계 차원이 무시되는 것과 관련된 내용은 다음을 참조하라. Bruce Carruthers and Terence Halliday, "Negotiating Globalization: Global Scripts and Intermediation in the Construction of Asian Insolvency Regimes," Law & Social Inquiry 31 (2006): 521–584.

29   Muzio, Brock, and Suddaby, "Professions and Institutional Change."

30   Ibid., 702.

31   Carruthers and Halliday, "Negotiating Globalization."

32   Paul Boreham, "Indetermination: Professional Knowledge, Organization and Control," *Sociological Review* 31 (1983): 693–718.

33 Eliot Freidson, *Professionalism: The Third Logic* (Chicago: University of Chicago Press, 2001). [국역본,《프로페셔널리즘》, 아카넷, 2007.] 또한 다음을 참조하라. Andrew Abbott, "The Order of the Professions: An Empirical Analysis," *Work and Occupations* 18 (1991): 355–384.

34 Michael Smets, Tim Morris, and Royston Greenwood, "From Practice to Field: A Multilevel Model of Practice-Driven Institutional Change," *Academy of Management Journal* 55 (2012): 899.

35 Mustafa Emirbayer, "Manifesto for a Relational Sociology," *American Journal of Sociology* 103 (1997): 281–317.

36 상호작용에 관해서는 다음을 참조하라. Andrew Abbott, *The System of the Professions: An Essay on the Division of Expert Labor* (Chicago: University of Chicago Press, 1988). 망 이론에 관해서는 다음을 참조하라. Peter Dicken, Philip Kelly, Kris Olds, and Henry Yeung, "Chains and Networks, Territories and Scales: Towards a Relational Framework for Analyzing the Global Economy," *Global Networks* 1 (2001): 89–112.

37 Boreham, "Indetermination."

38 Eugene McCann and Kevin Ward, "Relationality/Territoriality: Toward a Conceptualization of Cities in the World," *Geoforum* 41(2010): 175–184.

39 세계화의 지역주의에 관해서는 다음을 참조하라. Boaventura Santos, *Toward a New Legal Common Sense: Law, Globalization and Emancipation* (London: Butterworths, 2002). 월가의 법률회사에 관해서는 다음을 참조하라. Yves Dezalay, "The Big Bang and the Law," in Mike Featherstone, ed., *Global Culture: Nationalism, Globalization and Modernity*, 279–294 (London: Sage, 1990).

40 James Faulconbridge, "Relational Networks of Knowledge Production in Transnational Law Firms," *Geoforum* 38 (2007): 926.

41 Thomas Lawrence and Roy Suddaby, "Institutions and Institutional Work," in Stewart Clegg, Cynthia Hardy, Thomas Lawrence, and Walter Nord, eds., *The Sage Handbook of Organization Studies,* 2nd ed., 215–254 (London: Sage, 2006).

42 Michael Smets and Paula Jarzabkowski, "Reconstructing Institutional Complexity in Practice: A Relational Model of Institutional Work and Complexity," *Human Relations* 66 (2013): 1282–1283.

43 Patricia Thornton, William Ocasio, and Michael Lounsbury, *The Institutional Logics Perspective: A New Approach to Culture, Structure and Process* (Oxford, UK: Oxford University Press, 2012). 또한 다음을 참조하라. Giuseppe Delmestri, "Streams of Inconsistent Institutional Influences: Middle Managers as Carriers of Multiple Identities," *Human Relations* 59 (2006): 1515–1541.

44 Ronald Jepperson, "Institutions, Institutional Effects and Institutionalism," in Walter Powell and Paul DiMaggio, eds., *The New Institutionalism in Organizational Analysis* (Chicago: University of Chicago Press, 1991), 143.

45 Norbert Elias, *The Genesis of the Naval Profession* (Dublin: University College Dublin Press, 2007), 28.

46 Ibid., 27, 강조는 지은이가 한 것이다.

47 변호사업에 대해서는 Abbott, *The System of the Professions*를 참조하고, 회계업에 관해서는 다음을 참조하라. Hugh Willmott, "Organising the Profession: A Theoretical and Historical Examination of the Development of the Major Accountancy Bodies in the U.K.," Accounting, *Organizations and Society* 11 (1986): 555–580.

48 Giovanni Arrighi, The Long Twentieth Century (London: Verso, 1994). 또한 다음을 참조하라. Greta Krippner, "The Financialization of the American Economy," *Socio-Economic* Review 3 (2005): 173–208.

49 Brooke Harrington, "Going Global: Professionals and the Microfoundations of Institutional Change," *Journal of Professions and Organization* 2 (2015): 1–19.

50 Grace Lees-Maffei, "Introduction: Professionalization as a Focus in Interior Design History," *Journal of Design History* 21 (2008): 1–18.

51 Francis Sanders, *An Essay on the Nature and Laws of Uses and Trusts, Including a Treatise on Conveyances at Common Law and Those Deriving Their Effect from the Statute of Uses* (London: E. & R. Brooke, 1791), 194, 강조와 철자는 원문에 따른 것이다.

52 Peter Hall, "Family Structure and Class Consolidation among the Boston Brahmins," Ph.D. diss., State University of New York at Stony Brook, 1973, 282.

53 미국 통일신탁법에서 관련된 부분을 보려면. 이 법의 708항을 참조하라. www.cobar.org/index.cfm/ID/593/subID/2551/TRUST/SECTION-708.-COMPENSATION_OF_TRUSTEE. 2000년의 영국 신탁관리자법에서 관련된 부분을 보려면, 5편 5항을 참조하라. www.legislation.gov.uk/ukpga/2000/29/section/28.

54 Eugene Glader, *Amateurism and Athletics* (West Point, NY: Leisure Press 1978), 158.

55 Christoph Bertling, "The Loss of Profit? The Rise of Professionalism in the Olympic Movement and the Consequences That Arise for National Sport Systems," *Journal of Olympic History* 2 (2007): 50–59.

56 Ibid.

57 Mathew Dowling, Jonathon Edwards, and Marvin Washington,

"Understanding the Concept of Professionalisation in Sport Management Research," *Sport Management Review* 17 (2014): 520–529.

58   Robert McGraw, "The Road to Sustainable Growth in Wealth Management: Transformation through New Operating and Service Models," KPMG, New York, 2014.

59   Keith Macdonald, *The Sociology of the Professions* (London: Sage, 1995), 31. [국역본,《전문직의 사회학》, 일신사, 1999.]

60   Elias, *The Genesis of the Naval Profession*, 31.

61   Ibid.

62   Talcott Parsons, *The Social System* (London: Routledge and Kegan Paul, 1951). 또한 다음을 참조하라. Alvin Gouldner, *The Future of Intellectuals and the Rise of a New Class* (New York: Seabury Press, 1979).

63   Ronan Palan, "Trying to Have Your Cake and Eating It: How and Why the State System Has Created Offshore," *International Studies Quarterly* 42 (1998): 630.

64   Elizabeth Paton, "Sexy Fish Caters to London's Stateless Superrich," *New York Times*, December 11, 2015.

65   G. K. Chesterton, *The man Who Was Thursday: A Nightmare* (Eastford, CT: Martino, 2011 [1909]), 104. [국역본,《목요일이었던 남자》, 펭귄클래식코리아, 2010]

66   Stephen Moss, "Special Report: An Outsider's Guide to the City of London," *The Guardian*, May 27, 2014.

67   James March, "Bounded Rationality, Ambiguity and the Engineering of Choice," *Bell Journal of Economics* 9 (1978): 595.

68   Nelson Aldrich, *Old Money: The Mythology of America's Upper Class* (New York: Vintage Books, 1988).

69   Eduardo Porter, "The Case for Raising Top Tax Rates," *New York Times*, March 27, 2012.

70   Robert Wood, "Citizenship Renunciation Fee Hiked 442% and You Can't Come Back," *Forbes*, January 13, 2015.

71   Richard Bellamy, review of *The Cosmopolites: The Coming of the Global Citizen*, by Atossa Araxia Abrahamian, *New York Times*, January 11, 2016.

72   Gabriel Zucman, *The Hidden Wealth of Nations* (Chicago: University of Chicago Press, 2015), 79. [국역본,《국가의 잃어버린 부》, 앨피, 2016.]

73   Ibid., 91.

74   Oliver Bullough, "The Fall of Jersey: How a Tax Haven Goes Bust," *The*

Guardian, December 8, 2015.

75 Ibid.

76 Zucman, *The Hidden Wealth of Nations*, 89.

77 Bullough, "The Fall of Jersey."

78 Ibid.

79 Manish Bhansali, Deepti Sharma, and Vijay Raina, "Epigastric Heteropagus Twins: 3 Case Reports with Review of Literature," *Journal of Pediatric Surgery* 40 (2015): 1204–1208.

80 Zucman, *The Hidden Wealth of Nations*, 34.

81 Ibid., 30.

82 Doreen McBarnet, "After Enron: Corporate Governance, Creative Compliance and the Uses of Corporate Social Responsibility," in Justin O'Brien, ed., *Governing the Corporation: Regulation and Corporate Governance in an Age of Scandal and Global Markets*, 205–222 (New York: John Wiley & Sons, 2005).

83 Zucman, *The Hidden Wealth of Nations*, 73.

84 Adam Hofri, "Professionals' Contribution to the Legislative Process: Between Self, Client, and the Public," *Law & Social Inquiry* 39 (2014): 96–126.

85 Zucman, *The Hidden Wealth of Nations*.

86 David Campbell, "Mining the African Frontier of Wealth Management with Aston," *Wealth Manager*, May 16, 2013.

87 Finaccord, *Global Expatriates: Size, Segmentation and Forecast for the Worldwide Market* (London: Finaccord, 2014).

88 Jason Sharman, *Havens in a Storm: The Struggle for Global Tax Regulation* (Ithaca, NY: Cornell University Press, 2006).

89 Hofri, "Professionals' Contribution."

찾아보기